Die vorliegende Sammlung interpretiert deutsche Gedichte von Luther bis Paul Celan auf ihre Eigentümlichkeit hin, immer wieder: dieses Gedicht. Und sie fragt nach der deutschen Lyrik als einem Vorrat epochal maßgeblicher individueller Sinnentwürfe, die uns angehen, herausfordern, begleiten, freilassen.

Im Zeichen des Neostrukturalismus erwägt Michel Foucault die Wette, »daß der Mensch verschwindet wie am Meeresufer ein Gesicht im Sand«. Selbst wenn diese mit triumphalem Unterton vorgetragene Überlegung einiges für sich haben sollte – wollen wir sie zu bewahrheiten helfen, indem wir uns als Individuen freiwillig in Strukturen, Systemen, sozialen und politischen Ordnungen zum Verschwinden bringen? Jeder Mensch ist ein konkretes Ich, einzig und unwiederholbar. Die Dichtung, allem voran die Lyrik, hier vor allem die Lyrik seit der Goethe-Zeit, spricht unüberhörbar von der Würde und dem Recht der Einzelheit: dem einzelnen Menschen. Wer sich aber im Wahrnehmen des Individuellen übt, erfährt dessen Kraft, wird ein Individuum.

Gerhard Kaiser, geboren 1927, Ordinarius für Neuere deutsche Literaturgeschichte an der Universität Freiburg im Breisgau, hat zahlreiche Veröffentlichungen vorgelegt, die vom Barock bis zur Moderne reichen. Seine Hauptforschungsgebiete sind Aufklärung, Klassik und Realismus.

insel taschenbuch 978
Gerhard Kaiser
Augenblicke deutscher Lyrik

Augenblicke deutscher Lyrik

*Gedichte von Martin Luther
bis Paul Celan
interpretiert durch Gerhard Kaiser*
Insel Verlag

Zustande gekommen ist dieser Band
durch die konzentrierte Mitwirkung meiner
eigenverantwortlichen Hilfskräfte Bärbel Heid,
Jacqueline Sichler und
Peter Villwock.

insel taschenbuch 978
Erste Auflage 1987
Originalausgabe
© Insel Verlag Frankfurt am Main 1987
Alle Rechte vorbehalten
Vertrieb durch den Suhrkamp Taschenbuch Verlag
Umschlag nach Entwürfen von Willy Fleckhaus
Satz: MZ-Verlagsdruckerei, Memmingen
Druck: Nomos Verlagsgesellschaft, Baden-Baden
Printed in Germany

2 3 4 5 6 – 92 91 90 89 88 87

INHALT

Mutter Natur als Himmelsbraut.

IV. Das Gedicht als seine Kritik

V. Das Gedicht als seine Wirklichkeit

VI. Sprache

AUGENBLICKE.
GEGENWART UND GESCHICHTE
IM GEDICHT

Nach einer berühmten Formulierung ist das lyrische Gedicht ein punktuelles Zünden der Welt im Subjekt.[1] Gedichte rufen Zeitpunkte hervor, Epik und Drama ein Zeitkontinuum, das von einer Vergangenheit in eine Zukunft läuft. Der Zeitpunkt des Gedichts ist ein Jetzt, eine Gegenwart, ein Augenblick. Selbst wenn Gedichte von Vergangenheit und Zukunft sprechen und nach ihnen fragen, geht es darum, was Vergangenheit und Zukunft für den jetzigen Zeitpunkt, im Augenblick des Gedichts bedeuten.

> »Warum gabst du uns die tiefen Blicke,
> Unsre Zukunft ahndungsvoll zu schaun …«[2]

Die Eröffnungsfrage von Goethes Briefgedicht an Frau von Stein sucht nicht wirklich die Antwort, warum etwas in der Vergangenheit geschah und welche Zukunft das Schicksal den Liebenden bereiten will. Mit Hilfe von Zukunftsahnung und Vergangenheitserinnerung wird vielmehr eine Gegenwart ausgesprochen, in der das Ich in seiner Liebe zwischen Klage und Bejahung schwankt; die Vergangenheitserinnerungen werden sogar eigens erfunden als Ausdruck einer Gegenwart. Weil es jetzt so ist, muß es einst anders gewesen sein. Entsprechendes gilt selbst für Gedichte, die in Vergangenheit oder Zukunft aufzugehen scheinen wie die eschatologischen Liedverse von Johann Matthäus Meyfart:

> »JErusalem, du hochgebawte Stadt,
> Wolt Gott, wer Ich in dir!«[3]

oder das Novalis-Gedicht:

Es sind Gedichte, denen die Vergegenwärtigung des Zu-
künftigen zu nichts anderem dient als zur Gebärde einer
verzehrenden gegenwärtigen Sehnsucht. Es gibt Gedichte,
die auf eine Gegenwart als bloße Negativität zielen, dadurch
charakterisiert, daß sie nicht mehr ist, was war, und noch
nicht, was sein wird.

Allerdings besteht eine Grenze, an der Gedichte ihren
Zeitpunkt-Charakter verlieren. So stellt Schillers »Lied von
der Glocke« episch eine Handlung – den Glockenguß – dar,
die sinnbildlich auf Grundsituationen des menschlichen Le-
bens verweist. Hier geht der Weg zum Handlungsgedicht,
das sich in der Ballade stimmungshaft auflädt und drama-
tisch zuspitzen kann, und zum philosophischen Lehrge-
dicht, z. B. Schillers »Spaziergang«, der seine Geschichts-
philosophie enthält, oder Goethes »Metamorphose der
Pflanzen«. Aber es ist Vorsicht bei solchen Abgrenzungen
geboten. Manche Gedichte scheinen nur auf den ersten
Blick Handlungsgedichte zu sein. »Mahomets-Gesang«
von Goethe etwa verfolgt zwar den Lauf eines Flusses von
der Quelle zur Mündung, aber dieser vermeintlich epische
Gang ist aufgehoben im Einheitsmoment der Begeisterung,
in der unter dem Bild des Flusses vom großen Menschen
gesprochen wird. Jedes Detail des Berichts steigert diese ge-
genwärtige Begeisterung, bis am Ende der Enthusiasmus
der Rede-Gegenwart zusammenfließt mit dem enthusiasti-
schen Augenblick, dem die Rede vom Lebenslauf des Flus-
ses zustrebt: Er gibt sich hin an die große umfassende, seine
Begrenzung in Zeit und Raum sprengende Einheit mit dem
Meer, »dem erwartenden Erzeuger«.

Sogar im *Überschreiten* der Grenze zum Handlungsge-
dicht oder philosophischen Lehrgedicht kann noch einmal
die Eigenart der Lyrik aufblitzen. »Der Spaziergang« be-

ginnt und endet im Blick auf die Sonne, die immergleiche. Der Gedankengang in die Tiefe der Geschichte führt zurück zur Anschauung der gegenwärtigen Natur, einer Anschauung, die sich in diesem Gedankengang dreistufig entfaltet hat. Ähnlich steht es mit der Ballade. Die von Herder neugefaßte schottische Edward-Ballade läßt in einem Dialog zwischen Mutter und Sohn das grausige Geschehen eines Vatermordes offenbar werden, aber dieses Handlungsmotiv geht auf und unter in der kreisenden Gegenwärtigkeit einer schrecklichen Qual und Leidenschaft, durch die Mutter und Sohn aneinandergeschmolzen sind. Sie bricht sich Bahn in der penetranten Wiederholung des Interjektions-Lautes o. Man könnte sagen, er ist der Augenblick des Gedichts.

Eine Geschichte der Lyrik unterscheidet sich von der Geschichte der Epik oder Dramatik dadurch, daß die Werke, von denen sie spricht, in sich selbst nicht direkt auf Geschichte und Geschichten konzentriert sind, sondern auf den Augenblick. Sie sprechen von dem Augenblick, aus dem heraus sie sprechen. Sie schaffen Gegenwart. Goethes Gedicht »Es schlug mein Herz ...« bündelt einen Ereignisablauf im Brennpunkt einer Stimmung, die aus der Erinnerung aufsteigt. Wenn man sich fragt, was es zwischen einem Sonett des barocken Lyrikers Philipp von Zesen und einem Gedicht von Paul Celan an Gemeinsamkeiten geben kann, dann ist es dreierlei: Erstens die relative Kürze von Gedichten. Zweitens die äußerste Verdichtung der Sprache auf Variationen in Gleichbleibendem, sei es in der begrifflichen Mitteilung, in der Bildlichkeit, in Klangbeziehungen, in Reim, Metrum, Strophenbau. Drittens das Herstellen von Gegenwart. Genauer besehen, laufen diese drei Bestimmungen in die eine zusammen: Gedichte sind Augenblicke. Wären sie lang, würde ihre Erstreckung in sich selbst, die Zeit, die überm Lesen und Hören verginge, das Jetzt des Gedichts auflösen. Monotonie oder Variationen in Gleichbleibendem – Begriffs-, Bild-, Klangwiederholungen, Reim und Metrum –

löschen die Zeiterfahrung aus bis zum ekstatischen Aufgehen im Augenblick, der zur Unendlichkeit wird. Mag ein Arbeitslied Zeit- und Bewegungsabläufe rhythmisieren, tut es das doch zugunsten der Herstellung voller Präsenz im Moment. Das Ticken einer Uhr macht nicht Zeit erlebbar, sondern läßt in der endlosen Wiederholung des gleichen Geräuschs mit der Zeit auch die Zeiterfahrung vergehen in einer endlosen Gegenwart. Das Bewußtsein geht unter in der Realisation der monotonen Reize. Gewiß beschreibt das nicht Lyrik generell, sondern Grenzwerte; aber sie hat eine Tendenz dahin. Goethes Formel »Der Augenblick ist Ewigkeit« findet sich nicht zufällig in einem Gedicht »Vermächtnis«.[5] Sie ist vielmehr das Vermächtnis des Gedichts als ganzem. Es vermag uns einen verewigten Augenblick zu ›vermachen‹.

Dennoch sind Gedichte nicht zeit- und geschichtslos. Der tiefgreifende Unterschied zwischen einem Zesen-Sonett und einem Celan-Gedicht ist nicht einfach das Ergebnis individualpsychologischer Unterschiede zwischen zwei Lyrikern. Diese Unterschiede sind gar nicht abhebbar von den Unterschieden der Epochen, die sie als Lyriker geprägt haben – passiv und aktiv. Im absoluten Augenblick des Gedichts gerinnt eine historisch spezifische Erfahrung der Welt und des Menschen, ja der absolute Augenblick des Gedichts ist sogar ein Beitrag zur Herstellung je spezifischer Erfahrungen der Welt und des Menschen. Denn indem Gedichte, Kunst überhaupt, sagen, was ist, sagen sie immer schon, was sein soll. So sind der absolute Augenblick eines Zesen-Gedichts und eines Celan-Gedichts grundverschieden voneinander als Summe und Programm der geschichtlichen Existenz der Autoren, obwohl die Gedichte nicht von Geschichte, sondern von Gegenwart handeln. Gegenwart, selbst ekstatische, zeitsprengende Gegenwart, selbst Geschichte negierende oder gar nicht wahrnehmende Gegenwart, ist immer historisch gegeben.

Dabei liegt in Gedichten eine Versuchung und ein Angebot für den, der sich auf sie einläßt. Die Versuchung geht dahin, einen Kurzschluß zwischen der Gegenwart des Gedichts und der eigenen Gegenwart herzustellen. Dabei entsteht bestenfalls eine falsche Unmittelbarkeit, die nach zwei Seiten hin die Geschichtlichkeit der Erfahrung von Gegenwart negiert. Der Hörer oder Leser gerät in ein Zwischenreich, in dem er eigene Erwartungen, Bedürfnisse und Erlebnisse soweit ihrer Eigentümlichkeit entkleidet, bis sie eine vage Resonanz in der Welt des Gedichts finden, die ihrerseits ihrer Eigentümlichkeit entkleidet worden ist. Das wirkliche Angebot des Gedichts aber besteht in folgendem: Gerade in der Verabsolutierung des Augenblicks, die das Gedicht vollzieht, indem es nichts als Gegenwart ist, liegt eine extreme Konzentration bei gleichzeitiger Öffnung der Geschichtserfahrung. Der intensive Augenblick ist ein Fokus, in dem alles versammelt ist, was sonst extensiv auseinanderliegt. Indem ein Gedicht von nichts anderem zu reden scheint als von einer Lindenallee und wasserspendenden Brunnen im Sommerlicht, spricht es von Liebe und Tod, Sprache und Gefühl, Kunst und Natur, Gesellschaft und ihrem Gegenbild, Ordnung und Unordnung, Mensch und Welt da, wo sich alles mit allem verknüpft, im sprechenden Menschen.[6] Das Gedicht zeigt uns die Innenseite der Außenseite der Geschichte.

Und die Öffnung, die im Gedicht liegt? Indem es die Aufmerksamkeit weg vom Zeitkontinuum auf eine Gegenwart richtet, indem es noch das Zeitkontinuum nur als Bewußtseins- und Stimmungsmoment einer Gegenwart zuläßt, sprengt es das Kontinuum der Geschichte tendenziell auf. Epik und Dramatik stellen die Frage: Wie kam eins aus dem anderen oder wie fließt eins aus dem anderen. Das Gedicht sagt, was jetzt ist, und damit vollbringt es das Wunder, im Kreis seiner Geltung und Wirkung die Zeit anzuhalten. Es gibt eine Dramenszene, die von dieser Fähigkeit des

Gedichts spricht: die Verlobung Fausts und Helenas im Reimerfindungsspiel von Goethes »Faust II«. Wie in die stille Mitte eines Orkans tauchen Faust und Helena, Figuren größter kultureller und geschichtlicher Tiefe, ins Glück reinen Daseins ein, ja in die Pflicht da zu sein:

>»Dasein ist Pflicht, und wär's ein Augenblick« (V 9418).

In diesem Kreis sind Faust und Helena unanfechtbar. Aber das Drama sagt noch mehr. Mit Helena »ins heiterste Geschick« flüchtend (V 9571), entfesselt Faust Tod und Verderben. Überläßt die machtgeschützte Innerlichkeit die Macht sich selbst, wird sie zum Verhängnis. Mehrfach spricht Goethes Dichtung von dieser Gefahr, die in der Hingabe an den absoluten Augenblick in der Lyrik liegt. Sie spricht jedoch auch von der Möglichkeit, in der Verabsolutierung des lyrischen Augenblicks aufleuchten zu lassen, was sein sollte: wo nicht höchstes Glück, so höchste Intensität des Daseins. Im Lied des Knaben in Goethes »Novelle« zum Beispiel scheint eine universale eschatologische Versöhnung auf und wird für den Augenblick des Gedichts wahr. Den Weg zu dieser vollen Harmonie wissen wir nicht, aber von ihr zu wissen setzt einen Anspruch für unser Leben.[7]

Die Frage des Gedichts: was ist? öffnet auch den Zugang zu ihm für uns, die Leser. Weil Gedichte so intensiv Gegenwart herstellen, können sie uns auch so intensiv Geschichte vergegenwärtigen – als die Gegenwart, die sie einmal war, zusamt den Glücksentwürfen und Sehnsüchten, an denen diese Gegenwart sich maß. Als Innenseite der Außenseite der Geschichte sind Gedichte auch Sammelpunkte nicht verwirklichter Alternativen, die auf Einlösung warten. Weil Gedichte Geschichte als die Gegenwart, die sie einmal war, vor diesen Horizont stellen, können sie ihn auch für uns in unserer Gegenwart öffnen.

>>Hier lieg' ich auf dem Frühlingshügel:
Die Wolke wird mein Flügel ...«[8]

Im Festhalten solcher Augenblicke innigsten Daseins, wie
sie die Gedichte heraufrufen, kann Leben als Kontinuum
bestanden, vielleicht sogar verändert werden, denn je rei-
cher und tiefer wir gelernt haben, Gegenwart zu erfahren,
um so mehr bringen wir auch in die Lebenssphäre mit, in
der folgerichtige Handlungen und Haltungen von uns ver-
langt sind. Der Weg zur Gegenwärtigkeit führt allerdings
nur über die Geschichtlichkeit der Gedichte. Wir müssen
sie im Anderssein ihrer Sprache, ihrer Erfahrungen und ih-
res Denkens begreifen, damit sie uns ergreifen können in
einer Weise, bei der sich Selbsterfahrung und Selbsterweite-
rung verbinden.

Die hier vorgelegten Studien ergeben zusammen keine
Geschichte der deutschen Lyrik, aber sie befinden sich im
Vorfeld einer entstehenden Gesamtdarstellung. Auf den er-
sten Blick könnte sich vielleicht der Eindruck ergeben, daß
unter einem allzu kleinen gemeinsamen Nenner – die Au-
genblicklichkeit von Gedichten – drei völlig verschiedene
thematische Stränge nebeneinander herlaufen, von einigem
Beiwerk umkleidet: religiöse Gedichte, Gedichte des Indi-
viduums und poetologische Gedichte. Gewiß bleiben hier
wichtige Linien der Lyrik-Geschichte außer Betracht, so
fast die gesamte appellative Lyrik seit der Goethezeit, sei
sie politisch, anthropologisch oder heilsgeschichtlich-
geschichtsphilosophisch. *Die* Stränge jedoch, die ausgezo-
gen werden, sind eng miteinander verflochten. Vor der
Goethezeit spricht das Gedicht von Normen, die in allen
Lebensbereichen gelten und das gesamte Leben des Einzel-
nen und der Gesellschaft übergreifen. Noch der Ausbruch
aus den Ordnungen bestätigt sie. Die Garantiemacht, in der
alle Lebensordnungen und menschlichen Beziehungen ver-
ankert sind, ist der christliche Vatergott, der den Menschen

die Sprache als Orientierungs- und Herrschaftswerkzeug in der Welt gegeben hat. Seit der Goethezeit ist diese Garantie-macht und mit ihr die Sprache in Frage gestellt. Die moderne Seele leitet sich aus einem Binnenraum der Familie ab, der sich auf Mutter Natur bezieht. Gemessen an ihr sind die Normen der Gesellschaft und das Kultursystem Sprache gleichermaßen inadäquat. Eine Seelensprache der Dichtung versucht Naturlaute des Herzens zu artikulieren und wird sich darin problematisch. Hier gründet das seelenhafte ›Erlebnisgedicht‹ und das selbstreflexive poetologische Gedicht, das zu seiner Kritik wird. Angefochten von der als fremd erlebten Gesellschaft, wird sich das Individuum in seinem familiären Rückbezug zweifelhaft. Das isolierte Ich rettet sich ins Gedicht, um sich dort erst voll zu erzielen. So entspringt das Gedicht, das sich selbst zur Wirklichkeit wird. Fragwürdig vor der Garantiemacht Gott, wird Mutter Natur entmächtigt und retheologisiert. Umgriffen von der Seelensprache Poesie, wird die vatergöttliche Religion poetisiert. So greifen die Momente ineinander.

Jedes der erörterten Gedichte, jede erörterte Gedicht-gruppe soll ganz für sich stehen – als absoluter Augenblick, der das Gedicht ist. Deshalb setzt die Erörterung jeweils abrupt ein. Erst im Verfolgen der Linien, die im Fokus des Gedichts gesammelt sind, werden andeutungsweise auch literaturgeschichtliche Verläufe und epochale Schnitte ansichtig. Im Skizzieren solcher Verläufe ist grundsätzlich die Ungleichzeitigkeit des Gleichzeitigen in der Geschichte zu bedenken. Wenn der Reisende noch vor 20 Jahren in Süditalien direkt an der Autostraße Bäuerinnen beim Ziegenhüten sehen konnte, die mit der Handspindel Wolle spannen, begegnete er in seiner Gegenwart einer archaischen Vergangenheit, die auch ›heute‹ war. Theodor Storm, gewiß ein großer Lyriker, aber kein Neuerer, konnte noch reine ›Erlebnislyrik‹ schreiben, als Heine solche Lyrik schon längst grundsätzlich in Frage gestellt hatte – ja Heine selbst konnte es. Auch im einzelnen Autor liegen die Zeiten nebeneinander und verschichtet ineinander.

So folgt auch die Anordnung der Beiträge nicht einfach der Chronologie der Gedichtentstehung. Ich bilde vielmehr Gruppen nach der lyrischen Haltung der Gedichte. Sie wechselt von der repräsentativen Rede, die für Kollektive einsteht, zum individuellen Erlebnisausdruck und schließlich zur Etablierung des Gedichts als seiner eigenen Wirklichkeit und Fragwürdigkeit. Die Formierung dieser Haltungen freilich steht in einer idealtypischen Chronologie insofern, als sie einander je voraussetzen und aufeinander antworten. Ich betone schon in der Gedichtauswahl das Zukunftweisende, was nicht unbedingt poetisch das Wertvollere sein muß. Überlappungen und Wiederholungen in einzelnen meiner Beiträge sollen dazu dienen, Leitgesichtspunkte locker festzuhalten und zu variieren. Ich beginne und ende mit Gedichten, die über Sprache sprechen, um damit auf den Ort zu weisen, den Gedichte im Sprachsystem der Moderne und Postmoderne einnehmen. Ich beginne mit *klassischen* Sprachgedichten, weil sich in den Sprachgedichten Schillers und Goethes die epochale Umbruchsituation reflektiert, mit der die Moderne beginnt. Der Rückgang von Schiller und Goethe bis zu Luther und Gedichten des Barock macht kontrastiv und konsekutiv die Eigentümlichkeit der Moderne faßbar.

In der zweiten Auflage wurden einige Verbesserungen vorgenommen.

Der im folgenden eingeschlagene Weg der Interpretation
geht von einer Werkästhetik aus. Sie fragt nach der Produk-
tionssituation des Autors und der Werke allenfalls im Hin-
blick darauf, wie sie sich in der Endgestalt des Texts nieder-
geschlagen hat. Sie fragt nur hilfsweise nach Gestaltungsab-
sichten, soweit sie jenseits der Werke – etwa als Poetik des
Autors – formuliert sind. Sie fragt nicht nach der Bedeu-
tung, die das Produzieren und das Produkt für die Biogra-
phie des Autors haben. Alles das wären Themen einer Pro-
duktionsästhetik. Es wird hier gleichfalls nicht eine Wir-
kungsästhetik eingesetzt, die das Werk anhand seiner Wir-
kung beschreibt, so wie das etwa Aristoteles in seiner Dra-
maturgie für die Tragödie als Gattung getan hat. Er konnte
es tun, weil die relative Einheitlichkeit des griechischen
Theaterpublikums und sein Erscheinen als Kollektiv eine
idealtypische Beschreibung möglich machte, die das struk-
turgebende Wirkungsziel der Werke und die erzielte Wir-
kung in eins faßte. Für das moderne Lyrik-Publikum aus
Einzellesern, die Gedichte aus allen Kulturen und Zeiten
vor sich haben, ist ein solcher Idealtypus der Wirkung nicht
zu gewinnen.

Auch das rezeptionsästhetische Interesse wird nur am
Rande berücksichtigt. Welche Erwartungen an das Publi-
kum der Autor hegt, auf welche Erwartungen das Werk im
Publikum seiner Zeit trifft, wie seine Rezeptionsgeschichte
verläuft, bleibt weitgehend unerörtert. Was die Publikums-
orientierung der Werke anlangt, gehe ich davon aus, daß der
mitgedichtete Leser – etwa der, den der Erzähler im Roman
mit einer Geste des Einverständnisses anredet – auch Ge-
genstand der Werkästhetik ist. Die Erwartungen des *gege-
benen* Publikums aber und seine Reaktionen sind – jeden-

falls im Hinblick auf frühere Zeiten – schwer zu ermitteln und insgesamt – einschließlich aller Fehlurteile, Fehlerwartungen und Fehlreaktionen – wichtiger für eine Geschmacksgeschichte als für eine literaturhistorische Erörterung, die – wie diese – herausfinden will, was die Werke zu sagen haben.[1]

Und zwar – wie schon betont – die Werke als einzelne: immer wieder *dieses* Gedicht, das gewiß auf Traditionen, Konventionen, Normen, Regelsysteme aller Art zurückgreift, eingebettet ist in übergreifende Schreib-, Denk- und Erfahrungsgewohnheiten der Epoche, des Autors, seiner Lebensphasen, das sie aber allesamt auch überschreitet, einzig ist und damit die Standards verändert. In der Ausrichtung auf dieses Ausgezeichnete unterscheidet sich der hier praktizierte Ansatz auch von der Linguistik und ihren Poetikentwürfen, die, wie exemplarisch Umberto Ecos »Einführung in die Semiotik« zeigt, unüberwindliche Schwierigkeiten mit dem Problem des Eigentümlichen haben. Selbst wenn Eco den linguistischen Begriff des Idiolekts auf die Werke überträgt, wird er damit ihrem Individuellen nicht gerecht[2] – denn ein Idiolekt hat seine sinnvolle Entsprechung allenfalls im Individualstil des Autors, nicht in dem des Einzelwerks.

Auch die Annahme eines Codes des Einzelwerks[3] führt nicht weiter, denn erstens vermischt sie sich logisch ständig mit der Auffassung des Codes als eines übernommenen oder neu installierten Regelsystems von überindividueller Reichweite, zweitens faßt auch der Code »Gedicht x« nur die Regularitäten, indem es von den Irregularitäten abstrahiert. Da hilft weder der Rückgriff auf statistische Methoden, die ja gerade den Einzelfall nicht erklären, noch die Hypothese, das Einmalige des Einzelwerks resultiere aus der Überschichtung von Codes auf verschiedenen Ebenen, die untereinander im Verhältnis der Homologie stehen.[4] Häufig besteht eben *keine* Homologie, oder es läßt sich nicht definieren, was eine Homologie sein soll, und trotzdem haben wir ein individuelles Ganzes vor uns. Was ist die Homologie von Nase, Mund, Ohren, Augen in einem Gesicht? Was ist die Homologie von Metrum, Reim, Rhythmus und Bildlichkeit in einem Gedicht, speziell wenn es etwa vom Entsetzlichen in äußerstem Wohllaut spricht oder imaginativ in Strophen von eherner Geschlossenheit die Welt in die Luft sprengt?

Die hier im Gegensatz zu allen eben angespielten Ästhetiken praktizierte Werkästhetik, der die Einbeziehung von Regularitäten und Traditionen dazu dient, den einzigartigen Fall zu fassen, geht von einem Ausdrucks- und Aussagecharakter der Werke aus. Sie sind nicht Schachspiele, die lediglich Regeln vorgeben, unter deren Einhaltung wir *unser* Spiel spielen oder, wie Claude Lévi-Strauss gesagt hat, »eine Art Rohrschach-Testbild, das keine eigene Bedeutung hat, sondern nur diejenige, die ihm von jeder Epoche und jedem Leser gegeben wird«.[5] Werke sind wie Partituren, in deren Realisierung wohl individuelle Momente eingehen, die sich aber an der Partitur müssen messen lassen, und zwar unter dem Gesichtspunkt, ob sie dem Ausdruck und der Aussage der Partitur im Ganzen und im Detail dienen. Ausdruck und Aussage der Dichtung vollziehen sich durch Darstellung. Dichtungen machen in einem Raum, der vom Praxisdruck entlastet ist, Lebenssituationen vor, die uns einladen, sie nachzumachen und positiv oder negativ auf unsere Lebenspraxis zu beziehen. Noch die Ausnahme – das pure Sprachspiel – bezieht die Wirkungsmächtigkeit aus der Provokation, eine Ausnahme zu sein.

Dichtungen werden jedenfalls nicht dadurch zu dem, was sie sind, daß sie eine zweideutige Botschaft erfinden, deren Zweideutigkeit die Aufmerksamkeit des Publikums auf die Machart lenkt.[6] Ecos Beispiel für diese These, die Orestie, beweist exakt das Gegenteil. Daß ein Sohn seine Mutter tötet, ist nicht, wie Eco annimmt, zweideutig, vielmehr außerordentlich, deshalb schwer verständlich. Indem dieses Außerordentliche durch Motivation glaubhaft gemacht wird, wird es verständlich. Wieder spielen Ausnahmen mit dem Reiz des Exzeptionellen. Gewiß gibt es in Dichtungen – zunehmend mit der Moderne – auch mehrdeutige Situationen und Formulierungen; es gibt die Verweigerung von Klarheit, die Überschichtung gegenläufiger Lesemöglichkeiten. Aber auch solche Texte und Textstellen sind nicht Tummelplätze der Beliebigkeit. Sie signalisieren exakt und wiederum eindeutig den Umfang und die Eigenart der jeweiligen Mehrdeutigkeit. Noch die Absurditäten des absurden Theaters sagen etwas Bestimmtes: daß die Welt absurd ist.

Weder ist das Publikum der Orestie aufgefordert, die Hohlräume eines Handlungsgerüsts mit selbsterfundenen Motivationen anzufüllen – die Motivationen gibt vielmehr das Werk –, noch fordert die Orestie auf, »eine solche Botschaft ... zu beobachten, um zu sehen, wie sie gemacht ist«.[7] Die Orestie fordert vielmehr zur Identifikation auf, indem sie dem Publikum nachvollziehbar macht, was geschieht. Damit erregt sie Furcht und Mitleid und führt zur Katharsis, nicht zum Blick auf das Rezept. Die Selbstreflexivität, die sich besonders in neueren Werken zeigt, ist kein beigepackter und versteckter Bauplan oder eine Gebrauchsanweisung; sie verweist weniger darauf, wie die Werke gemacht oder zu verwenden sind, als darauf, was sie sind. Dichtung ist keine Kochkunst für Köche, vielmehr für Esser. Auch der Kritiker sollte zunächst einmal Publikum sein, obwohl gewiß ist, daß er ein um so besserer Leser werden kann, je besser er als Kritiker ist.

Überhaupt hat das Modell von Codierung und Decodierung die fundamentale Schwäche, von der Vorgegebenheit von Inhalten auszugehen, die lediglich verschlüsselt und dann wieder entschlüsselt werden, wobei dann alles Interesse der Art der Verschlüsselung, ihrer Neuheit, Kompliziertheit und Komplexion zufällt und die Inhalte belanglos werden. Aber etwas anders zu sagen, bedeutet, etwas anderes zu sagen. So möchte ich im folgenden etwa zu zeigen versuchen, daß Gedichte nicht nur vorhandene Erlebnisse formulieren oder vorhandene Erlebnisdispositionen aktivieren, sondern daß sie Erlebnisse kreieren – sowohl *dieses* Erlebnis in der Artikulation *dieses* Gedichts als auch die *Kategorie* Erlebnis als eine neue Art, Erfahrungen zu machen. Klopstocks »Frühlingsfeier« hat nicht nur die literarische ›Codierungsweise‹ der Gewittererfahrung verändert, sondern die Erfahrung Gewitter selber und sogar die Erfahrung der Liebe. Siehe die berühmte Szene in Goethes »Leiden des jungen Werthers«: Das Stichwort »Klopstock« vergewissert Lotte und Werther ihrer Seelengemeinschaft im Angesicht eines Gewitters in der Landschaft, weil sie damit einander mitteilen, daß sie dieses Gewitter in der gleichen Weise erleben – einer Weise, die Klopstock hervorgebracht hat.

So kann Oscar Wilde in seinem Essay »Der Verfall des Lügens« in paradoxer Zuspitzung sagen: »Woher, wenn nicht von den Impressionisten, kommen jene wundervollen braunen Nebel, die durch unsre Straßen kriechen, die Gaslampen verschleiern und die Häuser in ungeheuerliche Schatten verwandeln? Wem sonst als ihnen und ihren Meistern verdanken wir den anmutig-silbernen Duft, der über unsern Flüssen lagert, der die geschwungene Brücke, die schwankende Barke zu lieblich graziösen Linien verschwimmen läßt? Die seltsame Wandlung des Klimas, die in London während der letzten zehn Jahre Platz griff, ist einfach ein Ergebnis dieser besondern Kunstrichtung … Es mag vielleicht schon seit Jahrhunderten in London Nebel gegeben haben. Ich bin sogar überzeugt, daß das der Fall ist. Aber niemand hat den Blick dafür gehabt, und so haben wir nichts darüber erfahren. Es hat keine Nebel gegeben, bis die Kunst sie erfand.« »Das Leben ahmt die Kunst weit mehr nach als die Kunst das Leben.«[8]

Der beliebte Vorwurf, Interpretation sei eo ipso tautologisch, weil sie nur die Botschaft noch einmal umschreibe, die das Werk gibt, wogegen es gerade darauf ankomme, das Codierungsverfahren für die Botschaft zu beschreiben, ist deshalb so banal, weil die Interpretation dem Anspruch nach gerade auf der Einsicht beruht, daß alle formalen Anstrengungen im Werk dazu dienen, eine Botschaft hervorzubringen, die durch das Werk neu in die Welt kommt. Der Vorwurf ist genauso banal in der Spielart, die Interpretation lege, vom Werk verführt, diesem Sinngehalte unter, die es nicht enthält – als sei das Werk in der Präsentation inhaltlich irrelevanter Verschlüsselungsapparaturen so etwas wie eine body building-Maschine, die zu Muskelspielen der Sinnerfindung einlädt. Auch die abgeschwächte Version dieser Hypothese – Dichtungen offerierten Leerstellen an das Publikum als Anreiz, diese mit Sinn aufzufüllen – greift zu kurz. Daß Autoren bis zur Selbstzerstörung um Artikulation im Werk ringen, macht deutlich: es geht um die Hervorbringung von Sinn im Dichtwerk, den sie im Leben nicht haben. Daß etwa Kafka in seinen Romanen Leerstellen von Sinn läßt, zeigt: er steht selber im Leeren. Ich gehe davon aus, daß nur Sinnentwürfe die Sinnfrage herausfordern. Ich halte es eher für möglich, daß Autoren unwillentlich Sinn produzieren, als daß sie sinnlose Sinnerfindungsmaschinen in die Welt setzen. Wer allerdings die Kategorie Sinn destruiert, wird natürlich nicht auf Sinn, sondern nur auf Camouflagen von Sinn stoßen.

Bleibt der Einwand, der Sinn, die Botschaft der Werke sei nicht auszumachen, da sie sich schon durch die Produktion, zumindest durch die Veröffentlichung und fortschreitend im historischen Prozeß ihres Überdauerns von der Intention der Autoren entfernten.[9] So wie ein griechischer Tempel von uns nicht mit den Augen des Architekten oder seines Zeitgenossen betrachtet werden könne, weil sich der kulturelle Zusammenhang grundlegend verändert hat, so wie wir, selbst beim Versuch der Imitation der zeitgenössischen Aufführungspraxis, ein Beethovensches Klavierkonzert nie mehr so zu hören vermöchten, wie es zu Beethovens Zeiten gehört worden ist, weil wir inzwischen Klavierkonzerte bis zu Schönberg und – moderne Konzertflügel gehört haben, so fülle die Interpretation ein ursprüngliches Angebot von Vorstellungen und Bedeutungen aufgrund des Wandels der Welt, der Gesellschaft, des Wortgebrauchs, der Erfahrungsweisen in einer Art auf, die fragen lasse, ob wir heute wirklich noch dasselbe Faust-Drama lesen, das seine ersten Leser lasen. Schon das wiedergelesene Werk sei ein anderes.

Noch mehr: Jede Verständigung über ein Werk und in einem Werk sei lediglich partiell, weil nicht nur historisch, sondern auch individuell die Begriffsinhalte variieren. In jedem Verständigungsakt ändere sich die Sache, über die man sich verständige, fließe dem Einverständnis auch eine Hefe der Mißverständnisse ein, die in verschiedenen Richtungen weitergäre. All das ist richtig, aber kein Grund zu der resignativen Feststellung: Interpretationen sind beliebig und erzeugen, wenn nicht den Sinn, so doch die Sinnfülle der Werke durch sich selbst. Der primäre Grund der Sinnfülle liegt in den Werken. Indem nicht nur die bewußte Begrifflichkeit, vielmehr der Gesamtbestand der Erfahrungen des Autors, auch der unbewußten, in sie einfließt, sind sie reicher und tiefer, gewiß auch spannungsvoller als die Meinungen ihrer Autoren. Freilich sind sie dadurch auch individueller, schwerer faßbar, in ihrem Appell diffuser, vielschichtiger und offener als begriffliche Äußerungen und erschweren somit die Verständigung über sich. Der historische Abstand zu den Werken der Dichtung ist noch beachtlicher als etwa zu den Werken der Philosophie, weil philosophisches Denken sich durch Abstraktion vom individuellen Erfahrungsgrund ablöst, wogegen dichterisches Darstellen der Fülle, individuellen Eigenart und Konkretheit der Erfahrung Raum gibt. Aus dem Ganzen der Existenz der Autoren fließend, bringen dichterische Werke auch das Ganze unserer Existenz ins Spiel.

Dennoch gibt es einen Halt für den Interpreten und Kriterien der Interpretation. Es ist nicht alles gleich richtig und gleich falsch. Erstens ist die Interpretation ein begriffliches Verfahren, das auf Argumentation und Textverweis beruht. Zwar vollzieht sich auch im Argumentieren ein ununterbrochener Prozeß des individuellen Divergierens noch in der Konvergenz der Meinungen, aber dieser steht unter der Kontrolle des Problembewußtseins und des Argumentationszusammenhanges, in dem sich die Implikate erläutern. Wäre dem nicht so, gäbe es überhaupt keine Plausibilität, kein Verifizieren und Falsifizieren, und zwar nirgends, wo gesprochen wird, nicht nur im Bereich der Interpretationen. Zweitens bringt die Wiederlektüre nicht einfach ein anderes, sondern ein vertieftes Verständnis hervor; vertieft insofern, als in der Wiederlektüre die Ergebnisse der Erstlektüre mitreflektiert und noch einmal an den Text gehalten sind, wobei sie korrigiert, bestätigt, differenziert, relativiert werden. So auch in der Rezeptionsgeschichte und der damit nicht einfach identischen Forschungsgeschichte. Im Unterschied zum ungeschulten Leser vermag der Literaturhistoriker nicht nur, vergangene Rahmenbedingungen, frühere Bedeutungsnuancen von Wörtern, Bildern, Ideen zu erschließen, er bedenkt auch den eigenen historischen und individuellen Ort und damit die Perspektivik seines Betrachtens, die nicht den Gegenstand, aber seinen Aspekt verändert. Wir können zwar Beethoven nicht mehr hören, wie er gehört worden ist, aber wir können ein Hammerklavier seiner Zeit hören, und wir können uns vergegenwärtigen, was beim ersten Erklingen ›unerhört‹ war. Wir können ferner die Ergebnisse von 150 Jahren musikwissenschaftlicher Deutung und praktischer Aufführung nutzen, um – hypothetisch, doch um Konsens bemüht – in der Aufführung hörbar zu machen, was aus der Perspektive der damaligen

Zeit noch nicht wahrnehmbar war und was mit den Mitteln der damaligen Zeit noch nicht hörbar gemacht werden konnte, jedoch im Werk liegt und lag:

Generationen von Faust-Forschern haben angesichts von Fausts Tod nach Gewinn oder Verlust der Wette, Läuterung oder tragischem Scheitern der großen Entelechie gefragt. Erst aus der Perspektive heutiger Erfahrungen wird in Fausts Großunternehmen der Kolonisation, bei dem er in verhängnisvoller Blindheit um der Zukunftsvision eines freien Volks auf freiem Grund willen in der Gegenwart Arbeiterheere versklavt und mit Hilfe der Technik ein neues Paradies errichten will, ein fürchterlicher Hohn auf die leitenden Utopien des 19. und 20. Jahrhunderts hörbar.

>>Es ist die Menge, die mir frönet,
Die Erde mit sich selbst versöhnet ...<<
(Vers 11540)

– dieser geradezu blasphemische Reim *steht im Text*. Goethe konnte als Zeitgenosse aus ersten Ansätzen ahnen, was heraufkam; aber wußte er ganz, was er schrieb, und wer hat es gelesen? Historische Entfernung vom Werk kann zum Erkenntnisvorteil, die Individualität des Betrachters, seine historische und individuelle Lebenserfahrung zum Erkenntnisorgan werden.

Was liegt und lag im Werk? Auch dafür gibt es keine Antwort mit absolutem, aber eine mit relativem Geltungsanspruch. Interpretationen werden zuletzt dadurch plausibel, daß sie – den historischen Abstand und die Fülle vorliegender Forschungsgesichtspunkte und -ergebnisse mitbedenkend – möglichst viele Details des Werks auf möglichst verschiedenen Ebenen möglichst integral und möglichst strikt auf den historischen Zusammenhang bezogen erfassen. Wie und warum Begrifflichkeit, Bildlichkeit, Klanglichkeit, Satzbau, Metrum, Reim, Rhythmus eines Gedichts als im Text vorfindbare Größen spannungsvoll zu einzigartigem, bis in die Nuance sprechendem Ausdruck zusammentreten – das ist einleuchtend zu machen. Ein solches Ergebnis ist in dem prinzipiell unabschließbaren Geschäft der folgenden Interpretationen nicht außer Kraft zu setzen, vielmehr aus neuen historischen und individuellen Perspektiven aufzuheben. Die gute Interpretation *nach* der guten Interpretation ist die bessere – auf den Schultern ihrer Vorgängerin.

Natürlich ist das ein idealer Anspruch, hinter dem die Praxis zurückbleibt, gewiß jedenfalls die meine. In der heutigen Wissenschaftssituation der Hochspezialisierung gibt es für viele Dichter und literarische Strömungen bessere Fachleute als mich. Aber die Addition von Spezialistenergebnissen ergibt meist kein Ganzes. Je weiter der Horizont gespannt ist, in dem die Einzelinterpretation steht, desto eindringlicher wird auch das Detail. Dafür muß ein Beisatz von Dilettantismus in Kauf genommen werden. »Das Wort ist von den Künsten her im Verruf, wo man freilich entweder nichts oder ein Meister sein und das Leben an die Sache wenden muß, weil die Künste wesentlich die Vollkommenheit voraussetzen.

In den Wissenschaften dagegen kann man nur noch in einem begrenzten Bereiche Meister sein, nämlich als Spezialist, und irgendwo *soll* man dies sein. Soll man aber nicht die Fähigkeit der allgemeinen Übersicht, ja die Würdigung derselben einbüßen, so sei man noch an möglichst vielen anderen Stellen Dilettant, wenigstens auf eigene Rechnung, zur Mehrung der eigenen Erkenntnis und Bereicherung an Gesichtspunkten; sonst bleibt man in allem, was über die Spezialität hinausliegt, ein roher Geselle. Dem Dilettanten aber, weil er die Dinge liebt, wird es vielleicht im Lauf seines Lebens möglich werden, sich auch noch an verschiedenen Stellen wahrhaft zu vertiefen.«[10]

I. SPRACHE

FRIEDRICH SCHILLER:
»SPRACHE«

> »Warum kann der lebendige Geist dem Geist nicht erscheinen!
> *Spricht* die Seele so spricht ach! schon die *Seele* nicht mehr.«[1]

Schillers Distichon »Sprache« aus dem Musenalmanach auf
das Jahr 1797 scheint erst in der zweiten Zeile zum Thema
zu kommen, die denn auch fast zum geflügelten Wort ge-
worden ist. Die erste Zeile spricht nicht von einem akusti-
schen, sondern von einem optischen Phänomen. Überdies
wechselt das Subjekt, dem die Aussagen gelten. Es ist in der
ersten Zeile der lebendige Geist, in der zweiten die Seele.
Man könnte diese Unstimmigkeit auflösen, indem man
beide Aussagen in einem Vergleichsverhältnis sieht. Die
Frage, warum der lebendige Geist dem Geist nicht erschei-
nen kann, würde dann durch den Vergleich beantwortet: Er
kann es so wenig, wie die Seele zu sprechen vermag. Damit
wäre aber eine neue Unstimmigkeit entstanden, denn die
Überschrift stellt ja eine Äußerung zur Sprache, nicht über
den lebendigen Geist in Aussicht.

Eine andere Möglichkeit wäre, lebendiger Geist einfach
als Synonym für Seele zu lesen, so daß die Frage nach dem
lebendigen Geist auch als Frage nach der Seele gelten
könnte. Aber auch diese Lösung befriedigt nicht. Seele und
Geist stammen zwar gleichermaßen vom Atem ab; auch ha-
ben Seele und Geist beide ein weites, zu keiner Zeit exakt
umschriebenes Bedeutungsfeld, aber bedeutungsgleich sind
und waren sie nicht. Vollends das Wort »lebendiger Geist«
beschwört einen spezifischen Traditionszusammenhang
herauf, in dem sich Friedrich Schiller (1759-1805) bewegt.
Es ist die theologische Tradition des Christentums, und hier
schon wird dem Geist ein prekäres Verhältnis zum Opti-
schen zugedacht. ›Erscheinen‹ in seiner ursprünglichen Be-

deutung meint das Aufgehen eines Glanzes, der erleuchtet und zugleich blenden kann. Der Tag, die Sonne, ein Stern erscheint. Es gibt Göttererscheinungen, Engelserscheinungen, Geistererscheinungen, Teufelserscheinungen, denen allen etwas von einer Irritation des Sehens anhaftet. Es gibt biblisch das Erscheinen Gottes – wenn auch meist als erhofftes oder zukünftig erwartetes; es gibt Epiphanias, das Fest der Erscheinung Christi. Doch der Geist – in seiner höchsten Potenz als Heiliger Geist – erscheint nicht in der Welt des Sichtbaren. Er kann sich in optischen Zeichen – als Flamme, Taube, Nimbus – bezeugen, die auf ihn hinweisen, aber deren materielles Substrat anderer Art ist als er. Deshalb verstehen die Nichtwissenden diese Zeichen auch nicht; sie können sie nicht lesen. Bei der Ausgießung des Heiligen Geistes bekundet er sich in Flammen, und doch mißdeuten die Ungläubigen die Begeisterung als Alkoholrausch. Der Geist »bläst, wo er will, und du hörst sein Sausen wohl« (Joh. 3,8), aber erschiene er, wäre er nur *ein* Geist, nicht *der* Geist, von dem Schillers Distichon doch spricht. Indem es *lebendiger* Geist sagt, deutet es zurück auf den Apostel Paulus, der im Römerbrief wiederholt πνεῦμα und γράμμα, Geist und Buchstaben, gegenüberstellt (2,27; 7,6) und im zweiten Korintherbrief verkündet: »... der Buchstabe tötet, aber der Geist macht lebendig« (3,6). So nennt denn auch ein altes evangelisches Kirchenlied von Johann Franck (1618-1677) Gott den Heiligen Geist

> »BRunquell aller güter,
> Herrscher der gemüther,
> Lebendiger wind ...«[2],

wobei die alte Betonung »lébendiger« Wind diesen Geist besonders lebendig erscheinen läßt.

Der Heilige Geist hat die Evangelisten inspiriert, nach orthodoxer Lehre hat er ihnen sogar den Wortlaut der Bibel eingegeben, aber die Worte, die da geschrieben stehen, *sind*

als optische Zeichen nicht Erscheinung des Geistes. Sie sind
es so wenig, daß die Auseinandersetzung um den lebendi-
gen Geist und den toten Buchstaben durch die Kirchenge-
schichte und die weltliche Geschichte geht. Noch Hegel be-
steht darauf: »... denn der Geist, die Gesinnung ist ein zu
ätherisches Wesen, als daß er sich in gebietenden Buchsta-
ben ... festhalten ... ließe.«³ Fichte schreibt »Über Geist
und Buchstab in der Philosophie« (1794). Schiller verwen-
det Geist und Buchstabe als Formeln für zwei wesentlich
verschiedene Größen in der Rezension der Gedichte Fried-
rich Matthissons (1794), wenn er an ihnen lobt: »... der
tote Buchstabe der Natur wird zu einer lebendigen Geister-
sprache ...«⁴ Das satirische Distichon »Der Geist und der
Buchstabe«, auch aus dem »Musenalmanach auf das Jahr
1797«, sieht das Verhältnis beider wie das von Marken oder
Rechenpfennigen, die beim Rechnen Münzen vertreten
können, aber in sich keinen Wert haben, zum Beutel voll
Münzen, deren Metallwert damals noch für ihren Nenn-
wert einzustehen hatte.⁵

Ist nun auch die Seele aus der zweiten Zeile des Disti-
chons die unsterbliche Seele der christlichen Tradition?
Wäre das Distichon von Klopstock, die Antwort müßte ›ja‹
lauten. Er ruft in den ersten Versen seines Großepos »Der
Messias«, das 1748 zu erscheinen beginnt, die unsterbliche
Seele als christlich und innerlich gewordene Muse auf, der
sündigen Menschheit Erlösung zu singen.⁶ Auch die un-
sterbliche Seele gerät dabei in Sprachnot, aber diese Sprach-
not ist anders begründet als bei Schiller. Die von Klopstock
als Muse apostrophierte Seele stammelt und erliegt ange-
sichts der großen, stellvertretend für die Christenheit zu be-
wältigenden Aufgabe, die unaussprechliche Herrlichkeit
Gottes, das über alle Begriffe und Vorstellungen gehende
Wunder der Erlösung der sündigen Menschheit auszuspre-
chen. Ihr Problem ist damit das Zentralproblem aller
Sprachtheorien bis in die zweite Hälfte des achtzehnten

33

Jahrhunderts: Erreichen die Wörter ihre Gegenstände? Gibt es eine Entsprechung zwischen Sprache und Objektwelt? Auch ist von alters die Beteuerung geläufig, daß bestimmte Zustände – etwa eine übermäßige Liebe oder die unio mystica der Seele mit Gott – unaussprechlich sind, und schon die Mystik kennt die bei Schiller im folgenden herauszuarbeitende Situation, daß die Sprache von Gott spricht, indem sie ihn verfehlt. Aber Schiller ist dem allen gegenüber radikal. Die Seele kann *grundsätzlich* nicht sprechen. Sie kann *sich* nicht aussprechen.[7] Es geht um das Verhältnis der Bezeugung zum Subjekt des Bezeugens, es geht, wie allgemein in der deutschen Sprachphilosophie seit dem jungen Johann Gottfried Herder (1744-1803), zentral um die Frage des Verhältnisses von Sprache und Seele.

*

Warum kann die Seele, wie sie in Schillers Distichon gemeint ist, nicht sprechen? Die Antwort: weil sie moderne, individuelle Seele ist, die ihre Eigentümlichkeit als Wert erfährt. »... mein Herz habe ich allein«, sagt Werther in seinem Brief vom 9. Mai 1772[8] und hebt sich so mit Herz und Seele über alle gesellschaftlichen Wertungen, die auf allgemeinverbindlichen Leistungs- und Tugendnormen beruhen, hinaus. »Der tiefste Grund unsres Daseyns ist individuell, so wohl in Empfindungen als Gedanken«, sagt Herder in seiner Abhandlung »Vom Erkennen und Empfinden der menschlichen Seele« (1778).[9] Der Satz der mittelalterlichen Philosophie »individuum est ineffabile«, das Individuum ist unaussprechlich, meint zunächst, daß Singularitäten an den Erscheinungen nicht sprachlich ausgedrückt werden können. Jetzt heißt es: Der Mensch als Individuum ist in seinem Kern sprachlos, weil in seiner Einzigkeit jenseits der generalisierenden Begriffe. So schreibt Schiller an Lotte von Lengefeld am 10. Februar 1790: »Jede Empfin-

dung ist nur einmal in der Welt vorhanden, in dem einzigen
Menschen der sie hat; Worte aber muß man von tausenden
gebrauchen, und darum passen sie auf Keinen.«[10]

Das Stichwort Empfindung begründet weiter, warum die
moderne Seele nicht sprechen kann. Das ausgehende 18.
Jahrhundert gewinnt einen faszinierten Blick für die Tiefe
des Unbewußten, in der die Seele gründet. In Goethes Lied
»An den Mond« will das Ich genießen,

> »Was, von Menschen nicht gewußt
> Oder nicht bedacht,
> Durch das Labyrinth der Brust
> Wandelt in der Nacht.«[11]

Aber natürlich ist dieses Labyrinthische unaussprechlich.
Der liebende Faust weiß, daß er für »das Gefühl, für das
Gewühl« in seiner Brust keinen Namen finden wird
(V 3059f), denn – mag er das Gefühl vergöttlichen oder das
Göttliche in Gefühl auflösen – »Gefühl ist alles; Name ist
Schall und Rauch« (V 3456f). Die Sprache reicht nicht bis
zum Grund des Lebens- und Erlebnisstroms, wo Körper
und Seele ungeschieden sind, so daß der Körper an der Indi-
vidualisierung der Seele teilnimmt. Wenn Goethe in der
Überarbeitung seines Sesenheimer Liedes »Kleine Blumen,
kleine Blätter« die Verse

> »Einen Kuß, geliebtes Leben,
> Und ich bin belohnt genung.«

umwandelt in

> »Einen Blick, geliebtes Leben!
> Und ich bin belohnt genung«[12],

bedeutet das nicht, daß der Sprecher nicht mehr geküßt sein
wollte und sich mit weniger zufrieden gäbe. Der Wechsel-
blick, die geistigste Form der Verschmelzung, ist vielmehr
eine Überbietung des Kusses, der als kleine Münze anakre-

ontischer Erotik einem geistreichen Spiel mit freischweifenden, anonymen Triebwünschen dient. Der Blick der Liebe meint *alles* an Gemeinsamkeit als Personales, Eines und Ganzes. Umgekehrt setzt Gretchens Gesang im »Urfaust«

> »Mein Schoß, Gott! drängt
> Sich nach ihm hin« (V 1098 f)

mit der Nachbarschaft von Schoß und Gott das kühne Zeichen dafür, daß – laut Clemens Brentanos romantischem Roman »Godwi« – ». . . die Umarmung der Liebe . . . der geistigste und körperlichste Gedanke des Lebens« ist.[13] Wegen dieser wesentlichen Ungeschiedenheit kann Faust, noch wo er seine seelische Gespaltenheit erfährt, neben der nach oben strebenden Seele eine andere in sich wissen, die in derber Liebeslust sich an die Welt mit klammernden Organen hält (V 1100 ff). Auch das ist in seinem Selbstverständnis und in seinen eigenen Worten »Seele«, nicht lediglich Sinnlichkeit.

Als Individuum steht der moderne Mensch der Welt gegenüber. Er kann sich ihr öffnen, sogar sich an sie entäußern; er kann sich aber auch vom Äußeren der Erscheinungswelt auf sich zurückziehen. Er kann die Welt zum Spiegel seines Ich, aber auch sich zum Spiegel der Welt machen. »Das Äußre fühlte ich in meiner Seele in einem stillen Weben, und mich das Äußre bildend und von ihm gebildet« schreibt Brentanos Romanheld Godwi in sein Tagebuch.[14] Individuell wie das Subjekt wird so das, was ihm begegnet. Der Anlaß, von dem ältere Poesie berichtete, indem sie allgemeine Aussage aus dem Besonderen herausentwickelte, wird zum ›Erlebnis‹, dessen Einmaligkeit aufbewahrt werden soll; er setzt sich in intime Schwingungen um, denen nachgelauscht wird. Der Zustand der Offenheit des Ich für Eindrücke, die ihm zuströmen, wird eigens empfunden und verlangt nach Darstellung. Stimmungen werden in ihrem Kommen und Gehen wichtig genommen. Stimmungsvolle

Situationen des Zusammenklangs von Ich und Welt heben sich heraus, die den Erlebnissen tiefe Resonanz geben; aber auch Situationen der Mißstimmung, in denen sich die Resonanzlosigkeit des Ich oder der Welt herausstellt. Erleben, Stimmung, Intimität machen ›Innerlichkeit‹ aus – alles Worte, die an der Wende des 18. zum 19. Jahrhundert Signifikanz gewinnen.

*

Fragt man nach dem Zusammenhang, in dem die neue Auffassung der Individualität erscheint, stößt man auf zwei Größen, die nicht ohne Wechselwirkung sind. Vor allem im protestantischen Raum, der für die Dichtung im 18. Jahrhundert maßgeblich wurde, entsteht gegen Ende des 17. Jahrhunderts eine Frömmigkeitsbewegung, die gegenüber der orthodoxen Lehrkirche auf persönliche Erfahrung und Aneignung der Heilstatsachen drängt und dabei auch an mystische Traditionen einer sinnenhaften Annäherung an den Seelenbräutigam Christus anknüpft. »Kein Glaube wo nicht sinliche Erfahrung zum Grund ligt«, behauptet Susanna Katharina von Klettenberg, Freundin von Goethes Mutter und Mittelpunkt eines Kreises von Frommen pietistischer Färbung in Frankfurt.[15] In dem Maße wie im aufklärerischen 18. Jahrhundert die religiöse Energie dieses sogenannten Pietismus verblaßt, wird aus der persönlichen Gotteserfahrung eine Erfahrung der Persönlichkeit und aus dem Gefühlsgenuß der Nähe Gottes der Genuß des Gefühls. Die Empfindsamkeit ist ein Vorläufer, der Sturm und Drang die Grundwelle dieser Emotionalität. Johann Georg Hamann (1730-1788), ein Königsberger Kaufmann, der eine der pietistischen Erfahrung verwandte religiöse Bekehrung erlebt hat, wurde zu einem Bahnbrecher des Sturm und Drang, indem er gegen das Abstraktionswissen der Aufklärung und der in ihr wurzelnden modernen Naturwissenschaften eine ganzheitliche Welterfahrung ins Feld

37

führte, die in seiner Gotteserfahrung wurzelt. Je mehr alle unsere Sinne sich für Gott öffnen, um so tiefer, umfassender und individueller wird unser Eindruck von ihm. Genauso individuell und ganzheitlich ist die Welt aufzunehmen.

Vielleicht noch wichtiger, vor allem für den Gedanken der leibseelischen Einheit des Menschen, wird ein zweiter Strang. Gegen Ende des 18. Jahrhunderts entsteht eine neue Programmatik der Familie, wobei schwer zu entscheiden ist, ob am Anfang gesellschaftliche Veränderungen oder veränderte Erfahrungsweisen stehen. Ehe und Familie wurden in älterer Zeit primär als Rechts- und Wirtschaftsordnungen, damit als kleinste Einheiten von Staat und Gesellschaft verstanden. Familia bedeutet noch im 17. Jahrhundert Hausgemeinschaft und umfaßt alle, die unter einem Dache wohnen: Eltern, Kinder, Verwandte, Lehrlinge und Gesellen, Dienerschaft, Gesinde. Diese Hausgemeinschaft ist als Rechts- und Wirtschaftseinheit definiert. Im Bauernhof, in der adligen Grundherrschaft, im Handwerksbetrieb durchdringen einander familiäres Leben und Wirtschaftsleben. Im höfischen Bereich sind Privates und Öffentliches ungeschieden. Mann, Frau oder Kind zu sein, bedeutet im bäuerlichen Haushalt noch bis in die fünfziger Jahre unseres Jahrhunderts eine Berufsrolle mit bestimmten wirtschaftlichen Zuständigkeiten. Hier überdauern die alten Strukturen am längsten. Der familiengeschichtliche Umbruch am Ausgang des 18. Jahrhunderts bahnt sich zuerst in der kulturell führenden, gehoben bürgerlichen Schicht an. Hier entsteht ein Verständnis von Ehe und Familie als Liebesgemeinschaft; Liebe eben im Sinne leibseelischer Totalität gedacht. Die Familie gilt nun als eine Naturordnung, nicht mehr als kleinste Zelle der Gesellschaft, der Ökonomie und des Staates. Sie grenzt sich gegen diese Sphären ab und beharrt auf ihrem eigenen Rechtfertigungsgrund. Mann und Frau haben nicht mehr auf gleicher Ebene verschiedene Aufgaben; sie repräsentieren vielmehr verschiedene Lebensssphären. Der Ehemann bzw. Vater vertritt die Familie nach außen in die Gesellschaft und vermittelt deren Ansprüche in den familiären Binnenraum. Dessen Zentrum ist die Frau bzw. Mutter. In der Geschlechterphilosophie der deutschen Klassik verkörpert der Mann den Geist, die Mutter die Natur; der Mann die Logik, die Mutter die Phantasie. Goethes berühmter Spruch

> »Vom Vater hab' ich die Statur,
> Des Lebens ernstes Führen,
> Von Mütterchen die Frohnatur
> Und Lust zu fabulieren ...«

meint nicht nur einen individuellen, er meint einen typischen Sachverhalt.

In diesem familiären Feld wachsen die Kinder auf. Galten sie bisher als kleine Erwachsene, welche die Spielregeln der Erwachsenenwelt durch Imitation lernten, so wird ihnen nun eine psychische Menschwerdung in einem Entwicklungsprozeß zugedacht. Dabei sind sie zunächst in der Gefühls-, Natur- und Phantasiesphäre der Mutter beheimatet, in die der Vater als Träger des gesellschaftlichen Erziehungsauftrags sekundär eingreift. Erziehung als Balancierung polarer Tendenzen wird zur wissenschaftlichen Kunst der Pädagogik und Psychologie. Das Verhältnis der Eltern und Kinder und das Geschlechterverhältnis geraten unter den Idealanspruch einer neuen Innigkeit.[16] Das Individuum ist Produkt und gleichermaßen Voraussetzung des modernen Spannungsfeldes Liebe-Ehe-Familie, denn allererst in der Kultivierung von Seele, Gefühl und Phantasie entfaltet sich das Eigentümliche des Charakters zum Wert. Die Mutter-Kind-Zweisamkeit gibt das Idealmodell einer ganzheitlichen Beziehung, in der Körperliches, Seelisches und Geistiges zunächst ungeschieden eins sind. Das Erleben mit allen Sinnen – für Hamann als eine Konsequenz der Frömmigkeit in der Gotteserfahrung wirklich geworden – hier, zwischen Mutter und Kind, ist es elementar und ursprünglich. So erhält im Sturm und Drang die Urerfahrung der Einheit von Mutter und Kind eine energische Aufwertung, Emotionalisierung und Stilisierung.

>»Sag' an: was ist in dir Persönlichkeit?
Als in der Mutter Schoos von Zweyen du
Das Leben nahmst, und, unbewußt dir selbst
An fremdem Herzen, eine Pflanze, hingst,
Zum Thier gediehest, und ein Menschenkind
(So saget man) *die Welt erblicktest*; Du
Erblicktest sie noch nicht; *sie* sahe Dich,
Von deiner Mutter lange noch ein Theil,
Der ihren Athem, ihre Küsse trank,
Und an dem Lebensquell, an ihrer Brust
Empfindung lernete. Sie trennte dich
Allmählich von der Mutter, eignete
In tausend der Gestalten Dir Sich zu,
In tausend der Gefühle Dich Ihr zu,
Den immer Neuen, immer Wechselnden.«

Mit diesen Worten charakterisiert Johann Gottfried Herder drastisch die Formierung des Ich auf dem Nährboden der Mutter. Sowohl die ›Erfindung‹ von Mutter Natur[17] wie das sprachphilosophische Problem des Verhältnisses von Seele und Sprache weisen hierher zurück. Mutter Natur ist die Überhöhung der Mutterrolle, wie sie die neue Familienkonzeption vorsieht, ins Monumentale. Viele Jahrhunderte christlicher Tradition haben die Natur als Schöpfung Gottvaters gesehen. Die Aufklärung deutet die Natur als Zeugnis der Weltvernunft. Bei Klopstock beginnt der Kult von Mutter Natur, aber sie bleibt noch beschränkt darauf, »Gottes Nachahmerin« zu sein (»Auf meine Freunde« 1747). Im Sturm und Drang wird Mutter Natur zum göttlichen Liebesgrund allen Lebens, Gebärerin und Nährerin, aber im Tod auch Verschlingerin ihrer Geschöpfe.

Schwimmend in der Elementargemeinschaft mit der Mutter, kommt die Seele zum Bewußtsein und zur Sprache. So ist in der epochal repräsentativen Sprachphilosophie Herders die Frage nach dem Verhältnis von Seele und Sprache identisch mit der Frage nach dem Ursprung der Sprache, und in ihr gehen wiederum historischer und individuell entwicklungspsychologischer Aspekt zusammen. Der Ursprung ist geschichtlich, aber in jedem Kind beginnt wieder Ursprungsgeschichte.[18]

*

Der psycho-historische Umblick bestätigt somit die Verwerfung zwischen der ersten und zweiten Zeile in Schillers Distichon, zwischen »lebendigem Geist« und Seele. Der Gedankensprung entspricht der metrischen Eigentümlichkeit des Distichons, das aus zwei Versen mit verschiedenem Bau besteht: einem Hexameter aus sechs Daktylen [$-\smile\smile$], der letzte davon unvollständig [$-\smile$], die an den meisten Stellen des Verses durch einen Spondäus [$--$] ersetzt werden können, und einem Pentameter, der die beiden Senkungen des dritten Daktylus und die Senkung des letzten Daktylus ausläßt. Dadurch entsteht beim Pentameter in der Versmitte eine markante Pause. Schiller hat diese innere Gegensatzstruktur des Distichons folgendermaßen durch ein Distichon charakterisiert:

> »Im Hexameter steigt des Springquells silberne Säule,
> Im Pentameter drauf fällt sie melodisch herab.«[19]

Doch vor allem gibt der Sprung von Geist zu Seele ein Zeichen von genialer Knappheit für den Einschnitt, der die moderne Epoche der Seele bis hin zu Freuds Psychoanalyse von der Epoche der Religion trennt. Die Seele ist nicht Synonym des lebendigen Geistes; sie ist vielmehr in die literarische Systemstelle eingerückt, die vorher der lebendige Geist Gottes besetzt hielt. Sie ist in der Säkularität heiliggespro-

41

chen, deshalb letzter Bezugspunkt wie vorher der Heilige Geist. Das Sprechen der Seele ist das Analogon zum Erscheinen des lebendigen Geistes. Es geht nicht um einen logischen Vergleich, sondern um eine historische Ersetzung.

Neubesetzung einer Systemstelle bedeutet aber immer auch Systemwandel, und so enthält die Entsprechung gleichzeitig einen tiefen Kontrast, beide im Gedicht gegenwärtig, und zwar dergestalt, daß Schiller den Geist allein im optischen Feld bespricht und nur der Seele den Hörraum, den Fluß vom akustischen Atem zum akustischen Wort, vorbehält. Indem die erste Zeile die Kontroverse von Geist und Buchstaben anklingen läßt, deutet sie auf Schrift und Schriftzeichen. In der europäischen Tradition geht jedoch die Spekulation über Entsprechungen von Wort und Sache weniger über das Schriftbild als über den Klang der Wörter und Silben. Zwischen Zeichen und Sachen ist eine so wesentliche Verschiedenheit wie zwischen Geist und Buchstaben. Es gibt keine Vermittlungen und Übergänge, so wenig wie zwischen Schöpfer und Schöpfung. Die zweite Zeile, den akustischen Raum eröffnend, spricht statt von Schrift vom Sprechen, und im Sprechen gibt es nicht nur onomatopoetische Entsprechungen zwischen Wort und Sache; es gibt zugleich Sprechendes jenseits der Wörter und der Syntax, wie es die Schrift nicht kennt: Intonation, Sprechrhythmus und -melodie, Sprechpausen. Es gibt den fließenden Übergang zwischen dem Naturlaut, dem Körperlaut, dem vorsprachlichen Seelenlaut und der Sprache; so in den Versen:

> »In allen Wipfeln
> Spürest du
> Kaum einen Hauch ...«[20]

Diese Zeilen im zweiten »Nachtlied« des Wandrers von Goethe lassen die Natur, bis dahin streng dem sprechenden Ich gegenüber, fast unmerklich zum seelischen Feld werden, denn »Hauch« ist leiser Wind *und* Atemgeräusch. Es geht ein Weg zur Sprache über den Hauch, den Seufzer, das Lallwort Mama, das vom Laut des Saugens herstammt, das expressive O und – das Ach. Es ist eine Silbe, die in unserem Zeitraum höchste literarische Dignität gewinnt, indem sie, quer in die syntaktische Struktur einbrechend, zum Träger unaussprechlichen Ausdrucks wird:

> FAUST. »Habe nun, ach! Philosophie . . .« (V 354)
> GRETCHEN. »Sein Händedruck,
>   Und ach sein Kuß . . .« (V 3400f)

Über das »Ach« Alkmenes, das letzte Wort in Kleists »Amphitryon«, könnten Bücher geschrieben werden, so reich und gegensätzlich von Lust bis Schmerz ist sein seelischer Gehalt – und es steht doch schon im Lexikon der Säuglingssprache. Vielleicht am deutlichsten aber zeigt sich die epochale Signifikanz und Dignität des »Ach« in der Parodie: In E. T. A. Hoffmanns Erzählung »Der Sandmann« (1817) fällt der verblendete Student Nathanael in Leidenschaft zu der schönen, aber natürlich seelenlosen Automate Olimpia, deren Sprechapparat auf alle Seelenergüsse des Liebenden ein stereotypes »Ach, ach« zur Antwort hat – woraufhin Nathanael sie für ein unaussprechlich tiefes Gemüt hält, das ihn so innig versteht wie noch nie jemand in seinem Leben. Dieses »Ach« ist *die* Lautkombination, die lautmalerisch-symbolisch in der Mitte des Titelworts »Spr ach e« gehört werden kann, so daß Sprache das Ach der Seele zugleich versteckt und bewahrt, wenn man das Wort von der neuen Sprachauffassung her liest oder hört.[21]

»Ach« ertönt nun auch als Interjektion in der Mitte der zweiten Zeile des Distichons »Sprache«, syntaktisch in gleicher Position wie das »Ach« Fausts oder Gretchens, und zwar so, daß die syntaktisch-begriffliche Umgebung und das unbegriffliche »Ach« einander wechselseitig mit Ausdruck aufladen. Es steht an der markanten Stelle des Gedichts, der langen Pause nach der dritten metrischen Hebung folgend, die den Pentameter vom Hexameter unterscheidet, und ist doppelt hervorgehoben durch einen zweiten, anschließenden, vom Ausrufezeichen markierten Verhalt:

»Spricht die Seele so spricht / ach! / schon die Seele nicht mehr.«

»Ach« beklagt und dementiert zugleich den Sachverhalt, den der Pentameter begrifflich aussagt. Der Seufzer über die Unaussprechlichkeit der Seele *ist* deren Sprache, Wort und Nichtwort in einem. Der Satz ›Ach, ich kann nicht sprechen!‹ sagt, was er nicht sagen zu können glaubt, durch seine Intention auf Selbstauslöschung. In der Tat: die Seele spricht ja! Es steht kein Konditionalis, geschweige denn ein Irrealis bei Schiller. Nicht: Spräche die Seele, nein: sie spricht, sie spricht gerade noch, in einem Stocken, einem »Ach«, ehe sie »schon nicht mehr« spricht. Damit ist ein weiteres Moment des Sprechens im Nichtsprechenkönnen erfaßt. Das »Ach« ist der zeitliche Balance-Augenblick des Gedichts.

Die Frage nach dem Geist und seinem Erscheinen ist zeitlos gestellt. In der Eröffnung des Sprechraums durch den Pentameter tritt die Kategorie der Zeit in das Distichon ein. »Spricht die Seele« ist ein temporaler Satz, und zwar ein iterativer. Immer wenn die Seele spricht, spricht sie schon nicht mehr. Das Paradox ist doppelt. Sprechend hört die Seele auf zu sprechen, aber verstummend spricht sie noch, indem sie »Ach« spricht. Über die Bewegung vom Körperlaut zum Seelenlaut zur Sprache legt sich das Oppositionsspiel von schon und noch; noch und nicht mehr. In solcher Übergängigkeit spricht die Seele in dem Distichon, das behauptet, sie sei sprachlos.

Diese Seelensprache steht aber noch unter einer weiteren Paradoxie. Die erste Zeile des Distichons stellt ein Mitteilungsproblem: der lebendige Geist kann *dem Geist* nicht erscheinen. Die zweite Zeile nennt keinen potentiellen

Adressaten der Sprache und kennt demnach dieses Mitteilungsproblem nicht. Die Seele ringt nach Sprache nicht um einer Mitteilung willen; sie ringt um Ausdruck. Ihr Ziel wäre, statt einer Mitteilungssprache, eine Ausdruckssprache. Will sie nicht zur anderen Seele? Sie ist, sich ausdrückkend, schon bei ihr. Deshalb ist im Lied »An den Mond« vom gemeinsamen Genießen dessen die Rede, was im Labyrinth der Brust wandelt, nicht vom Mitteilen; deshalb heißt es in der dreizehnten von Goethes »Römischen Elegien«, den Liebenden sei »Stottern liebliche Rede«.[22] Es läßt sprachlich die meta-sprachliche Erfahrung der Innigkeit laut werden.

*

Die genannten Paradoxien weisen nochmals auf das Modell des kindlichen Spracherwerbs zurück, das eine zentrale Stellung in der Pädagogik und Sprachlehre an der Wende vom 18. zum 19. Jahrhundert gewinnt. In den Werken des großen Pädagogen Johann Heinrich Pestalozzi (»Wie Gertrud ihre Kinder lehrt; ein Versuch, den Müttern Anleitung zu geben, ihre Kinder selbst zu unterrichten«, 1801; »Das Buch der Mütter, oder Anleitung für Mütter, ihre Kinder bemerken und reden zu lehren«, 1803; »Weltweib und Mutter«, 1804) wird der Prozeß faßbar, in dem Mütter zu Naturinstanzen der Kindererziehung erst aufgebaut werden. Im gleichen Prozeß entstehen Naturlaut – Seelenlaut – Sprachlehrbücher, die nicht mehr, wie ältere Unterrichtswerke, vom Buchstaben in der traditionellen Ordnung des ABC ausgehen, sondern von Lauten und Lautkombinationen, die in Naturordnung zur Sprache fortschreiten sollen. Eines von ihnen beginnt mit einer Sequenz, die vom A zum Ach führt, und acht Seiten später kann gelernt werden, wie die Seele sprechen lernt, in dem Paradigma:

ach n ach r ach pr ach spr ach[23]

Als Naturlaut der Seele taucht die Sprache zwischen Mutter und Kind auf; wird sie dem Kind von der Mutter zugehaucht, zugelallt, zugesprochen. Mit dem Spracherwerb geht die Elementareinheit zu Ende. Solange sie besteht, sind Mutter und Kind nicht einfach getrennte Seelen, Sender und Empfänger von Mitteilungen; ihre Kommunikation ist gleichermaßen Ausdruck der tiefen Zusammengehörigkeit, Zurücktasten nach einer vorkommunikativen Ungeschiedenheit, wie es sich in Goethes Prometheus-Fragment in den Worten des Helden zu »seiner« Göttin Minerva äußert:

> »Und du bist meinem Geist,
> Was er sich selbst ist;
> Sind von Anbeginn
> Mir deine Worte Himmelslicht gewesen!
> Immer als wenn meine Seele spräche zu sich selbst,
> Sie sich eröffnete
> Und mitgeborne Harmonieen
> In ihr erklängen aus sich selbst:
> Das waren deine Worte.
> So war ich selbst nicht selbst,
> Und eine Gottheit sprach,
> Wenn ich zu reden wähnte,
> Und wähnt ich, eine Gottheit spreche,
> Sprach ich selbst.
> Und so mit dir und mir
> So ein, so innig
> Ewig meine Liebe dir!
> MINERVA. Und ich dir ewig gegenwärtig!
> PROMETHEUS. Wie der süße Dämmerschein
> Der weggeschiednen Sonne
> Dort heraufschwimmt
> Vom finstern Kaukasus
> Und meine Seel umgibt mit Wonneruh,
> Abwesend auch mir immer gegenwärtig,
> So haben meine Kräfte sich entwickelt
> Mit jedem Atemzug aus deiner Himmelsluft.« (V 100ff)[24]

Es ist ein Jahrhundertentwurf, den Erwerb der Kulturtechnik *Lesen* an diesen Ursprung zurückzubinden, der im Atmen anhebt, in einer Ruh, wo du kaum einen Hauch spürest. Ihm entspricht, daß auch ein Spezialfall des *Schreibens* so rückbezogen wird, daß die Seele in ihm laut werden soll. Schillers Distichon spricht ja nicht nur *von* der Sprache der Seele am Rand der Seele und der Sprache; es *ist* sie; deshalb die auffällige Artikellosigkeit des Titelworts. »*Die* Sprache« ließe eine Aussage über die Sprache erwarten. »Sprache« läßt Sprache erwarten. Die Dichtersprache, die Sprache des Gedichts benennt *und* vollbringt das Unmögliche. Ist die Seele als Jenseits der Sprache zugleich Ursprung der Sprache, so ist die Dichtersprache seit dem Sturm und Drang Ziel der Sprache, an dem sie auf höherer Stufe an den Anfang zurückkehrt. Sie ist tendenziell Ausdruckssprache, die eher den Leser mit ausdrückt, als ihm eine Mitteilung zu machen. Deshalb ist es nicht Willkür, wenn mit Zitaten aus Dichtungen illustriert wurde, was die moderne Seele ist. Nur die Dichtung sagt es. Es ist ebensowenig Zufall oder Willkür, daß die Zitate meist aus Goethes Dichtung stammen. Er hat am eindrucksvollsten und wirksamsten Dichtung als Seelensprache etabliert, vor allem in der Lyrik mit der Redesituation des ergriffenen Ich, während Drama und vor allem Roman extensiv gegenständliche und gesellschaftliche Welt ins Spiel bringen. Hier wie oft im Verhältnis von Goethe und Schiller ist bei Schiller Goethes Praxis theoretisch reflektiert, und zwar im Rahmen des programmatischen Gemeinschaftsunternehmens der Xeniendichtung.

Doch noch als *Gedanken*dichtung am Rande der Lyrik ist »Sprache« Gedanken*dichtung*, voll von Sprechendem zwischen den Wörtern. Auch diese Dichtung bringt die Seele in ihrer Unsäglichkeit zum Sprechen, indem sie die Sprache der Wörter und Sätze dem Sprechenden der Melodie, der Klänge, des Rhythmus, des Verstummens und der

Interjektion einbettet; indem sie Klänge und Rhythmen sinnvoll und Sinn hörbar macht; indem sie in Paradoxien Gegensätze schweben läßt und durch Konstellation das unaussprechliche Auszusprechende einkreist; indem sie mehr und anderes sagt als ihre Wörter – auch das ein Reden durch Lücken, Ober- und Untertöne der Sprache. »Sprache« heißt das Gedicht, das nach der Erscheinung des Geistes fragt; das dem Geist Seele substituiert, das von sprachloser Sprache spricht; dessen sprechendste Silbe das Halbwort »ach« ist; das die Erfüllung einer aus langer Tradition vorgegebenen Form einer spontan scheinenden stockenden Rede von Unsagbarem anvertraut; das in antiker Metrik eine moderne Thematik abhandelt.

Schließlich die Stellung des Gedichts. »Tabulae Votivae« nennt Schiller die Gedichtgruppe, der »Sprache« angehört.[25] Votivtafeln sind Bilder, die Gelübde oder Dank an das Göttliche enthalten können. Bei Schiller sind es Sprüche, die Programm und Feststellung in einem meinen. In diesem lose gefügten Zyklus von Epigrammen gehört »Sprache« mit dem folgenden Distichon »An den Dichter« zusammen; sie verweisen als Pendants aufeinander. Was »Sprache« negativ sagt, sagt das folgende Distichon positiv:

> »Laß die Sprache dir seyn, was der Körper den Liebenden;
> er nur
> Ists, der die Wesen trennt und der die Wesen vereint.«

Wie die Seele nicht direkt sprechen kann, können sich die Seelen der Liebenden nicht direkt vereinigen. Nur die Körper können es. Aber diese Vereinigung der Körper kann zum Ausdruck, zur ›Sprache‹ der Seelenvereinigung werden, und dabei hört der Körper nicht nur auf, das Trennende zwischen den Seelen zu sein; er erweist sich sogar als Medium, das der Vereinigung erst die volle Tiefe und Weite gibt, sie total und extrem macht. Und zwar geschieht dies gerade dadurch, daß der Körper im Normalfall die Wesen scheidet. Diese Umkehr, dieser jähe oder allmähliche Umschlag macht die Sensation der Liebe aus. Sie erweist sich als vollkommenste Vereinigung dadurch, daß noch das Trennende zur Vereinigung beiträgt, ja sie erst vollbringt. So macht die Sprache der Dichtung die Sprödigkeit der Sprache gegen die Seele zum Seelenausdruck und überspringt zuletzt noch, was die beiden Distichonzeilen von »Sprache« scheidet. Sie bringt die *Seele* zum Sprechen und läßt den *Geist* indirekt erscheinen. Wie kann auch der lebendige Geist, das Macht- und Liebeswort des Vaters, am Ende noch zur Erscheinung kommen? Indem männliche auctoritas, der Autor, die Muttersprache zur Entfaltung bringt, bis der abstrakte Begriff, ja sogar die sprachtheoretische Reflexion seelenhaft ins Schwingen kommt und in die dumpfen Gründe der Stimmung, in die blinde Unmittelbarkeit ein Abglanz des Geistes fällt.

Dichtung seit der Goethezeit ist also Ausfaltung der Muttersprache als Seelensprache. Daß die moderne Seele dabei nicht einfach eine gegebene, vielmehr auch eine erst hervorzubringende Größe ist, dürfte deutlich geworden sein. Finden und Erfinden der modernen Seele greifen in einer Weise ineinander, die kausal unauflöslich ist. Es bedarf einer Umkehr der Perspektive, eines Lesens gegen den Strich, damit erkennbar wird: Die Seelensprache, die das Distichon Schillers spricht, ist Aussprache und gleichzeitig Schöpfung der Seele durch das Wort. Die unaussprechliche und das heißt moderne Seele ist ein literarisches Programm und wird mit der Neudefinition der Sprache als Seelensprache ihrerseits als sprachlose Seele neu definiert. Anstatt zu fragen, warum die Seele unaussprechlich ist, könnte man deshalb auch fragen: Warum nennt man gerade das Unaussprechliche Seele, und was sind die Unaussprechlichkeiten, deren Knotenpunkt so genannt wird? ›Seele‹ ist ja ein Wort der Sprache;

die Sprache benennt das Sprachlose und produziert es, indem sie mit den Wörtern auch all das an Ausdruck hervorbringt, was diese wie ein Strom trägt, umspült, bewegt. Stiege aus der sprachlosen Einheit von Mutter und Kind nicht die Sprache auf, wäre diese Einheit nicht seelenhaft, weil nicht menschlich, sondern tierisch. Was ist die Seele? Das unaussprechliche Etwas, aus dem Sprache kommt und das die Dichter zu unendlichem Sprechen an die äußersten Ränder der Sprache treibt, zu dem Ende, daß es drüben immer neu entsteht und rückwirkend ihre Rede auflädt. Je mehr sie sprechen, um so mehr Unaussprechliches bildet sich und verlangt nach Ausdruck. Wäre das Ringen um Ausdruck nicht, das Auszudrückende wäre verschwunden. Nur als Opposition zu Sprache gibt es Seele.

»Wodurch weiß wohl der Geist vom nichterscheinenden Geiste?
Gäb's nicht die Sprache, wo käm', ach, denn die Seele uns her.«

Doch *spricht* die Seele wirklich im Gedicht? Von Ausnahmen abgesehen ist die Produktionssituation von Gedichten seit vielen Jahrhunderten die Niederschrift. Die Veröffentlichungssituation ist ebensolange die Vorlage in Handschrift oder Druck. Erst das Schreiben des Gedichts kann Imagination, Emotion und Besonnenheit so ineinandergreifen lassen, daß im Geschriebenen die Seele zum Sprechen kommt. Sie spricht um so mehr, je tiefer das Gedicht alle Ausdrucksmittel jenseits der Wortbedeutungen und der Aussagelogik staffelt und spannungsvoll organisiert: Metrik, Rhythmik, Reim, Klang- und Bildbeziehungen. Deshalb ist eines der wortärmsten Gedichte der deutschen Sprache vielleicht ihr sprechendstes – eben das schon zitierte Nachtlied »Über allen Gipfeln ist Ruh«. Häufig bezeugen Dichterhandschriften eine qualvolle und über längere Zeiträume hinwegreichende Formulierungs- und Korrekturarbeit, an deren Ende erst der Eindruck einer spontanen Seelensprache des Gedichts steht.

Entsprechend ist die adäquate Rezitation eines Gedichts um so schwieriger, je mehr es als reiner Seelenlaut erscheint, wie wiederum das »Nachtlied« bezeugt. Und noch so gut gesprochen, kann ein Gedicht doch nicht gleich klar und eindringlich aufgenommen werden wie bei der Lektüre, abermals einer Situation des Ineinandergreifens von Imagination, Emotion und Besonnenheit. Die Seele spricht immer vernehmlicher durch wiederholte Lektüre, Vor- und Zurücklesen, durch Kombination und Stellenvergleich, wie sie nur der vor uns liegende Text ermöglicht. Trotzdem will gerade das Gedicht in der Traditionslinie der Goetheschen Lyrik gehört sein und zum Klingen kommen, will als Seelensprache und nicht etwa Seelenschreibe aufgenommen werden. Ein neues Paradox, das zu verstehen ist wie das erste: Spricht die Seele im Verstummen und verstummt sie im Sprechen, so wird sie in der intensiven Lektüre hörbar als das, was sie ist: als innerer Klang, als innere Stimme, die unser inneres Ohr erreicht. Die Forderung, Gedichte wollen gehört werden, meint nur da, wo sie sich selbst mißversteht, den kunstvollen rhetorischen Vortrag; sie meint, ihnen soll nachgelauscht werden wie dem Echo. Gedichte als Seelensprache aufnehmen heißt, sie im Lesen hören – Rede *zu* mir, die Rede *in* mir geworden ist.

*

Bei unseren Überlegungen zur Seelensprache des Gedichts ist praktisch erfahrbar geworden, was Interpretation als literaturwissenschaftliches Verfahren ist: Sie umschreibt nicht die begriffliche Aussage des Gedichts, sondern sie erörtert, was das Gedicht im Wechselspiel zwischen begrifflich Ausgesagtem und begrifflich nicht Aussagbarem sagt. Nur an der Dichtung kommt dieses Wechselspiel zustande. Was ein Dichter über sein Werk sagen kann und was er mit ihm hat sagen wollen, ist fast immer weniger, als was sein Werk selbst, wie es da steht, sagt. So ist die Leitfrage der Interpretation an den Text auch nicht: was hat der Dichter sagen wollen?, sondern: was sagt der Text? Mit dieser Fragestellung kann die Interpretation das Werk tiefer, und das heißt manchmal sogar anders, verstehen als der Dichter, dem es sich verdankt. Das Vorhandensein der Dichtung macht es uns möglich, sie auf das hin zu bedenken, was ohne sie nicht in der Welt wäre.

Methodisch bleibt zu erinnern, unter welchen Voraussetzungen solche Ergebnisse gewonnen werden. Es sind Voraussetzungen, die auch im folgenden gelten: Der Interpret legt zunächst nicht historische Sachverhalte, sondern literarische Texte aus. Er fragt, was die Texte sagen, nicht, ob es richtig ist, was sie sagen. Dabei läßt er sich auf die Redeweise der Texte ein. Schillers Distichon ist ein Bündel von Paradoxien. Die Paradoxie ist ein Mittel, hochkomplexe Sachverhalte dadurch aufzuhellen, daß ihre gegenläufigen Momente bis in den Widerspruch hineingetrieben werden. *Spricht* die Seele so spricht ach! schon die *Seele* nicht mehr – dieser Satz wäre auf banale Weise dadurch zu widerlegen, daß wohl jeder schon seelische Mitteilungen gegeben und empfangen hat – auch außerhalb der Dichtung. Nicht das zu bestreiten ist der Text da, sondern um den Blick für die Abständigkeit zu schärfen zwischen dem, was sich mitteilen möchte, und dem, was mitgeteilt werden kann. Die beiderseitige Ahnung davon ist dann schon wieder ein Bestand der Mitteilung selber. Die Seele spricht auch darin, daß beide Partner ihrer Rede wissen: sie ist unaussprechlich.

Indem der Text die Dinge auf die Spitze treibt, bestimmt er das Niveau seiner Auslegung. Statt vorsichtig zu differenzieren und zu relativieren, spitzt auch sie zu. Gewiß könnte sie geltend machen, daß neuere Dichtung nicht immer und überall Seelensprache ist; daß seelenhafte Liebe oder Kindheit im Ansatz schon vor der Moderne erfahren worden sein mögen; daß es auch in älterer Dichtung Seelenhaftes gibt. Es ist aber festzuhalten, daß Schillers Distichon von solchen einzelnen Spuren absieht. Es dekretiert vielmehr ein System von Interdependenzen. In der Herausarbeitung dieses Systems stellt der Interpret nun allerdings doch auch ein Konstrukt her, das literaturgeschichtliche und seelengeschichtliche Erscheinungen und Prozesse idealtypisch zu deuten unternimmt. Sie sind unter anderem dadurch entstanden, daß der Text sie proklamiert hat. Was die Texte über die Wirklichkeit sagen, stellt dadurch, daß sie es sagen, auch Wirklichkeit her.

In diesem Zusammenhang weiß sich schließlich der Interpret, indem er über ihn schreibt. Er ist Teil der Wirklichkeit, die durch die Texte mit hergestellt worden ist. Er stellt im Nachhinein fest, daß das Dekret der Texte durchgeführt, ihr Programm realisiert ist. Er sagt damit nicht einfach: so ist es und so war es, sondern: weil ich selbst im Realisationsraum dieses Programms stehe, finde ich mich in ihm wieder; während ich diese Feststellung treffe, überschreite ich aber auch diesen Horizont. Die Interpretation findet demnach nicht *die* Wahrheit, vielmehr eine historische Wahrheit, relativ zum Interpreten selber als Zeitgenossen, der auf seine Erfahrungen angewiesen ist und sie fortschreibt – in doppeltem Sinne. Die Geschichte bearbeitet auch die Wahrheit.

Mag Schiller Goethes Sprachpraxis reflektieren, so orientiert sich doch Johann Wolfgang Goethes (1749-1832) eigene Sprachauffassung stärker als Schillers Distichon »Sprache« an der Relation von Sprache und Sache. Trotzdem ist er durch charakteristische Nuancen von der älteren Sprachauffassung getrennt und mit der Schillers verbunden. Sie zeigen sich schön in dem Gedicht »Wink« aus dem »Westöstlichen Divan« (1819):

> »Und doch haben sie recht, die ich schelte:
> Denn daß ein Wort nicht einfach gelte,
> Das müßte sich wohl von selbst verstehn.
> Das Wort ist ein Fächer! Zwischen den Stäben
> Blicken ein Paar schöne Augen hervor.
> Der Fächer ist nur ein lieblicher Flor,
> Er verdeckt mir zwar das Gesicht,
> Aber das Mädchen verbirgt er nicht,
> Weil das Schönste, was sie besitzt,
> Das Auge, mir ins Auge blitzt.«[1]

Hier ist vom Verhältnis Sprache-Welt die Rede, genauer: vom Verhältnis Wort-Welt. Die Seele, wenn überhaupt, kann nur im Fluß dessen sprechen, was die Wörter trägt und umgibt. Die Entsprechung von Sprache und Welt aber muß zuerst in der Entsprechung von Wort und bezeichneter Sache gesucht werden. Ein weiterer Unterschied zu Schiller besteht darin, daß Goethes Gedicht durchgehend im optischen Bereich spielt, während es in der zweiten Zeile von »Sprache« um den Seelenlaut geht. Das vom Fächer verdeckte Mädchen ist zunächst einmal der Gegenstand der Sprache, der von ihr zugleich verdeckt und entdeckt wird, wobei sich eine vergleichbare Situation wie bei Schiller zeigt. Das Verdeckende der Sprache ist auch das, was ent-

deckt. Indem der Fächer das Gesicht das Mädchens ver-
deckt, entdeckt er das Schönste an ihr, ihre Augen.[2] Der
Fächer ist ein altes Hilfsmittel der Koketterie, das durch
Verstecken Entdeckungen ermöglichen und anregen will. Je
mehr das Gesicht versteckt wird, um so zwingender werden
die Entdeckungen im Spiel der Augen provoziert.[3]

Das Gedicht »Wink« schließt im »West-östlichen Divan«
an das vorhergehende mit dem Titel »Offenbar Geheimnis«
an. Das in »Wink« redende Ich schilt die theologischen
Wortgelehrten, die laut »Offenbar Geheimnis« den Dichter
Hafis deshalb eine »mystische Zunge« genannt haben, weil
sie seinen Liebes- und Trinkliedern einen allegorischen,
nämlich theologischen Sinn unterschieben zu können glaub-
ten. Sie haben den »Wert des Worts nicht erkannt«, sie ha-
ben ihren »unlautern Wein« der Religion unterm Namen
des reinen Weins verschenkt, dem Hafis als Trinkender,
Liebender und Dichter zugetan ist, indem sie ihm unter-
stellten, daß er, von *einem* Gegenstand redend, den *anderen*
meinte. Hafis ist aber nicht mystisch allegorisch in seiner
Rede, er ist »mystisch rein«. Er meint nicht unter dem Bild
von Wein und Liebe fromm Theologisches, aber er ist
»ohne fromm zu sein, selig«, denn die Seligkeit der Liebe
und des Weins, von der er kündet, ist in ihrer Tiefe religiös.
Er erfährt in dieser Seligkeit das Göttliche des Lebens mit
allem, was es uns schenkt. Derselbe Dichter, der so ent-
schieden die allegorische Auslegung des Hafis zurückweist,
muß nun aber ironischerweise denen, die er schilt, recht ge-
ben im Folgegedicht, weil er jetzt selbst eine allegorische
Aussage über Wort und Gegenstand unter dem Bild von
Fächer und Mädchen macht. Sein »Wink« gilt nicht *einfach*,
sondern zweifach, nämlich auf der Sachebene und auf der
Bildebene.

»... daß ein Wort nicht einfach *gelte*« (Kursivierung G.
K.), ist aber zugleich eine Aussage zum Wort überhaupt,
sofern es zeigt und verdeckt. Mit dem schönen Wortspiel

des Gedichts: Das Wort ist nicht »einfach«, es ist »ein Fächer«.[4] Diese Aussage über das Wort als Fächer oder auch »Flor« entspricht der Schleiersymbolik Goethes. Der Schleier ist bei Goethe Symbol des Symbols und Symbol der Dichtung, die ihrem Wesen nach symbolisch ist; so steht mit dem Titel »Offenbar Geheimnis« auch ein Formelwort Goethes zur Kunst und zum Symbol über dem vorhergehenden Gedicht. »Der Dichtung Schleier aus der Hand der Wahrheit«, den der Poet in der »Zueignung« verliehen bekommt[5], bedeutet nicht, daß – wie in der älteren Poetik – die Dichtung eine auch ›nackt‹ zu habende Wahrheit gefällig einhüllt, sondern daß der Dichtung Schleier Bedingung des Durchscheinens, des Erscheinens von Wahrheit ist, so wie beim Symbol die Fülle der Bedeutungen nur in der Konkretion des Gegenständlichen erscheint. Es verwundert demnach nicht, daß Goethe auch die Sprache als symbolisch auffaßt – und nicht als allegorisch.[6] Damit vertieft sich die Ironie im Blick auf »Offenbar Geheimnis« noch einmal in Fortsetzung des Wortspiels ›einfach – ein Fächer‹. »Das Wort ist ein Fächer« bedeutet nicht, daß es eines sagt und das andere meint; es ist als ein Fächer auch *einfächer* als die Allegorie, indem es andeutend nirgends anders hin als in die Tiefe der Sache weist, so wie das Lied des mystisch reinen Hafis in der Seligkeit von Liebe und Wein zur Seligkeit des Lebens überhaupt vordringt, so wie das Symbol in der Sache und durch sie den Blick in die Tiefe der Bedeutungen führt, so wie die Dichtung in ihrem Schleier zur Erscheinung bringt, was durch den Schleier scheint: mehr als sich unverschleiert zeigen ließe.

Was ist dieses Mehr an Aussageleistung? Es ist die Aussage dessen, was die Welt, indem sie ist, uns bedeutet – und hier liegt die Modernität des Goetheschen Sprachdenkens. Das Mädchen gibt mit dem Fächer den »Wink« der Liebe; das Wort, das Symbol, die Dichtung geben den Wink der Sache, sie rufen zum Stelldichein. Goethe greift schon früh das alte Modell der Entsprechung zwischen dem Makrokosmos der Welt und dem Mikrokosmos des Menschen, dem Organ der Wahrnehmung und dem Wahrgenommenen auf, ehe er es spät in die Formel faßt:

> »Wär nicht das Auge sonnenhaft,
> Die Sonne könnt' es nie erblicken;
> Läg' nicht in uns des Gottes eigne Kraft,
> Wie könnt' uns Göttliches entzücken?«[7]

Welt ist also uns gemäße Welt, Welt für uns. Das heißt, soweit das Wort die Sache ausspricht, spricht es uns aus, und umgekehrt. Von hier wird verständlich, daß der Gegenstand, den das Wort enthüllt/verhüllt, das geliebte Mädchen ist. Das Wort richtet sich in der Seelensprache auf geliebte, begegnende, antwortende Welt; das Gelingen der Gegenstandserfahrung im Wort ist gelingende Selbsterfahrung in der Kommunikation mit der Welt. Das durch den Fächer sich Entbergende ist das Auge, das seelenhafte Organ, das ins Auge des Sprechenden blitzt – im Gegensatz zum ›Gesicht‹, das nicht sieht, sondern gesehen wird; so genau korrespondieren hier die Wörter.[8] In dem Maße, in dem, durch Öffnen des Fächers, das Mädchen aufhört, als Gesicht und Gegenstand sichtbar zu sein, verstärkt sich seine Eigenschaft, im Augenspiel – Fächerspiel antwortendes Gegenüber zu sein.

Die Korrespondenzen reichen aber noch weiter. Zu den Zeiten, als Fächer gebräuchlich waren, war es eine Gunst der Dame für ihren Kavalier, daß er eine Huldigung, vielleicht ein Gedicht, auf ihren Fächer schreiben durfte.[9] Goethes »Wink« und Stéphane Mallarmés berühmte Fächergedichte sind wohl vor dem Hintergrund dieser Sitte zu sehen. Wir haben bisher immer nur das Mädchen als Gegenstand der Sprache beachtet. In Wirklichkeit jedoch ist »Wink« auch ein ›Dinggedicht‹. Zunächst ist der Fächer Medium der Kommunikation zwischen Mädchen und Liebhaber –

und darin liegt seine Entsprechung zum Wort; schließlich ist der Fächer aber *auch* Gegenstand des Gedichts. Während es sagt, was das Wort ist, sagt es auch, was ein Fächer ist. Es sagt es sogar auf zwei Ebenen: durch Beschreibung – und zwar im Wortsinn, wenn man sich das Fächergedicht auf den Fächer geschrieben denkt – und durch die Sprachhandlung. Der Fächer macht vor, wie Sprache funktioniert; die Sprache macht vor, wie der verbergende und entbergende Fächer funktioniert.

Steckt nun aber nicht ein schwer akzeptabler Widerspruch darin, daß »Wink« einen *allegorischen* Wink über das symbolische Winken des Mädchens und der Sprache gibt? Von den Einsichten her, daß Seelensprache von begegnender, antwortender, geliebter Welt spricht und daß das Sprachgedicht auch ein Dinggedicht ist, hört das Gedicht auf, allegorisch zu sein. Es ist nun nicht mehr auf einer Ebene Liebesgedicht, auf der anderen Sprachgedicht und sogar noch auf einer dritten Dinggedicht; es ist *als* Liebesgedicht Sprachgedicht; als Sprachgedicht Dinggedicht und umgekehrt: das eine ist die Tiefenbedeutung des anderen. Denn das Äußerste der Weltbegegnung ist die Liebe, und an diesem Punkt wird das Mädchen vom Objekt zum Subjekt der Sprache, dergestalt, daß in der *einen* Lesung die andere steckt. Das Wort ist ein Fächer auch im Verhältnis zum *Partner* des Sprechens, durch das uns dessen Seele anblitzt, und der Fächer ist ein Wort auch für das Mädchen, das ihn bewegt. Denn die Schrift des Gedichts, die Anrede des Liebhabers an sie, erscheint und verschwindet ja dem Mädchen im Auf- und Zuklappen des Fächers – ein weiteres Spiel des Verdeckens und Entdeckens, und zwar in einem reizvollen Verhältnis zum Augenfächerspiel. Wie im Öffnen des Fächers für den liebenden Mann das Gesicht verschwindet und das Augenfächerspiel beginnt, beginnt das Gedicht auf der Innenseite des geöffneten Fächers dem Mädchen zuzusprechen. Auch von ihr her bedeutet also das verdeckende Öffnen des Fächers Intensivierung der Botschaft.

Schließlich ist das Wort ein Fächer noch als vom Mädchen gesprochen. Wer sagt, daß in diesem Gedicht das Ich spräche oder nur das Ich? Ebensogut spricht das Mädchen durch den Wortfächer, und ich bin ihm antwortende Welt: als sein Du. Ich, Du und Welt konstituieren sich im Fächer des Wortes zugleich. Auf dieser Basis entwickelt sich später die moderne Sprachproblematik und Sprachskepsis etwa in Hugo von Hofmannsthals »Chandos«-Brief (1902): Die Sprachkrise ist nun in *einem* Ausdruck des Ich-Zerfalls, des Welt-Zerfalls, des Kommunikationszerfalls.

Doch wird denn im Flor der Worte wirklich das Mädchen sichtbar? Die geschriebenen oder gedruckten Worte des Gedichts sind ebensowenig Bild wie Laut. Sie sind ein »Fächer« von (Buch)-»stäben«. Wie der Seelenlaut nur dem inneren Ohr laut wird, wird das Mädchen hinter den Stäben nur dem inneren Auge sichtbar. Das innere Auge und das innere Ohr nehmen in aller Lektüre von Dichtung die erste Stimme und den ersten Blick wahr, die uns aus der Ungeschiedenheit heraufholten. Aus ihr heraustretend, wurden wir wir; in sie zurückschwingend, schwingen wir in uns zurück. Wie bei der Seelensprache aus Rede zu mir Rede in mir wird, sieht das Auge, immer mehr ins Auge blitzend, nichts mehr; es versinkt im feuchten Spiegel. Dann ist der Augenblick des Gedichts vorbei.

Dichtung seit der Goethezeit gibt vor, als Seelenlaut ihr Medium Sprache zu unterlaufen, und doch manifestiert sie sich im geist- und seelenlosen Medium der Buchstaben. Sie entsteht am Widerstand. Und noch *dazu* gibt uns Goethes »Wink« einen Wink: »Der Fächer ist nur ein lieblicher Flor«? Das Wort ›Flor‹ hat eine Doppelbedeutung, nämlich ›Schleier‹ und ›Blütenfülle‹ – so im heute veraltenden ›Damenflor‹. Der Fächer ist *lediglich* ein Flor; er ist *sogar* ein Flor.[10] Das Wort ist Hülle und Fülle. Ohne Sprache gäbe es

keine Seele, und es gäbe sie nicht, spräche sie laut, so wie das
Mädchen nicht wäre, wäre es nicht hinterm Sprachgitter.
Siehe Paul Celan:

»Du bist so nah, als weiltest du nicht hier . . .«[11]

II. LYRIK
DER REPRÄSENTATION

DAS GEDICHT ALS
LITURGISCHE ZEITAUFHEBUNG.
MARTIN LUTHER:
»JESAIA DEM PROPHETEN
DAS GESCHACH ...«

»Jesaia dem propheten das geschach,
das er ym geyst den herren sitzen sach
auff eynem hohen thron ynn hellem glantz,
seines kleides saum den kor fullet gantz.
Es stunden zween seraph bey yhm daran.
Sechs flugel sach er eynen ydern han,
mit zwen verbargen sie yhr antlitz klar,
mit zwen bedeckten sie die fusse gar,
und mit den andern zwen sie flogen frey,
gen ander ruffen sie mit grossem schrey:
Heylig ist Gott der herre zebaoth.
Heilig ist Gott der herre zebaoth.
Heilig ist Gott der herre zebaoth.
Sein ehr die gantze welt erfullet hat;
von dem schrei zittert schwel und balcken gar,
das haus auch gantz vol rauchs und nebel war.«
        (Aus: Deutsche Messe von 1526)[1]

»Des iars da der könig Usia starb, sahe ich den HERRN
sitzen auff eym hohen und erhaben stuel, vnd sein sawm
fullet den tempel, Seraphim stunden vber yhm, ein
iglicher hatte sechs flügel, mit zween deckten sie yhr
andlitz, mit zween deckten sie yhre füsse, und mit
zween flogen sie, Und einer rieff zum andern und sprach,
Heilig, Heilig, Heilig ist der HERR Zebaoth, Alle land
sind seiner ehren vol, das die vberschwellen bebeten,
von der stym yhres ruffens, und das haus ward vol rauchs.
    Da sprach ich, Wehe mir, ich bin verderbet, Denn ich
bin vnreiner lippen, vnd wone vnter einem volck von
vnreinen lippen, Denn ich habe den könig den HERRN
Zebaoth gesehen mit meinen augen. Da flog der Seraphim

einer zu mir, vnd hatte eine glüende kole ynn der hand,
die er mit der zangen vom alter nam, vnd ruret meinen
mund, vnd sprach, Sihe, hie mit sind deine lippen geruret,
das deine missethat von dir genomen werde, vnd deine
sunde versünet sey.

Vnd ich höret die stymme des HERRN, das er sprach, Wen
sol ich senden? Wer wil vnser bote sein? Ich aber sprach,
Hie bin ich, sende mich.«

(Jesaja 6,1-8 nach Luthers Jesaja-Übersetzung von 1528)[2]

Unter den Liedern Luthers (1483-1546) haben die Jesaja-
Verse, die zeitlich in großer Nähe zu seiner Jesaja-Übersetzung
stehen, kaum Aufmerksamkeit gefunden. Man nahm
sie als Paraphrase von Jesaja 6,1-4, ohne zu sehen, daß Luther
mit kleinsten Textvarianten eine völlig eigenständige
Dichtung geschaffen hat. Im biblischen Bericht erzählt ein
Mann die Geschichte seiner Berufung zum Propheten. Das
Lied vergegenwärtigt den liturgischen Lobpreis Gottes
durch die Seraphim an seinem Thron.[3]

Die Eigentümlichkeit des Liedes tritt schon mit dem
Textausschnitt heraus. Für die Berufungsgeschichte ist die
historische Datierung wichtig. Sie dient der Beglaubigung
des Berichts, der nachzuweisen hat, daß Jesaja ein echter
Prophet ist. Das bezeugen die Stationen, die er durchläuft.
Ihm wird die Offenbarung der Herrlichkeit des Herrn im
Tempel zuteil; er vergeht unter ihrer Gewalt und legt ein
Sündenbekenntnis ab; er wird durch einen Engel von seinen
Sünden gereinigt; er übernimmt das Prophetenamt. Die
Reihenfolge der Ereignisse macht klar, daß er sich zu diesem
Amt nicht gedrängt hat, vielmehr einem Ruf gehorcht. Das
gibt ihm Vollmacht.

Man kann diesen Bericht auslegen, indem man ihn auf die
zentralen Motive des christlichen Gottesdienstes bezieht:
Lobpreis Gottes – Sündenbekenntnis – Wendung zum
Zeugnis in Wort und Tat. Aber bei dieser Lesung muß man
die historische Konkretion des Textes auflösen. Das Lied

hingegen verläßt von vornherein den historischen Zusammenhang, indem es die Datierung ausscheidet und, statt mit der Wirksamkeit des Propheten, mit der Wirkung des Engelsrufes endet. Es geht im Lied nicht um Gottes Handeln mit dem Menschen und durch den Menschen in der Geschichte; es geht vielmehr um Gottes Ehre und Ehrung, um die Offenbarung der Herrlichkeit Gottes in seiner Allgegenwart, Allmacht und Ewigkeit durch den Mund der Engel. Die Szene am Thron Gottes mit der Huldigung der Seraphim bricht zwar in Raum und Zeit ein, aber sie gehört der Ewigkeit und Allgegenwart Gottes an. Die Wahrnehmung läßt sich datieren, wie in der Erzählung geschieht, doch das Wahrgenommene ist zeitlos, und darauf liegt im Lied der Nachdruck. Jesaja hat es gesehen und gehört, aber es geschieht immer. Deshalb kann er im Lied als bloßer Augen- und Ohrenzeuge beiseite gelassen werden, während er in der Geschichte als Handelnder durchgehend benötigt wird.

Die Vergegenwärtigung des Engelsrufes geschieht durch die Verwandlung der Erzählung in Gesang: Luther hat eigens für dieses Lied eine Melodie komponiert, während Kirchenlieder sonst häufig schon vorhandenen Melodien folgen.[4] Die Bindung zwischen Text und Wort ist also hier besonders eng. Das sprachliche Material ist so organisiert, daß es weithin metrische Regelmäßigkeit aufweist. Man kann es streckenweise ohne Schwierigkeit jambisch lesen:

$$\smile - \smile \quad - \quad \smile \quad - \smile \quad - \smile \quad -$$
»Jesaia dem propheten das geschach.«

Aber obwohl erst die Reform der Metrik durch Martin Opitz im 17. Jahrhundert strikt den Zusammenfall von Wortakzent und metrischem Akzent fordert, ist doch deren zeitweiliges Auseinanderklaffen im Jesaja-Lied (etwa in der vierten Zeile: »seinés kleidés saum dén kor fúllet gántz«) so kraß, daß sich die Einsicht aufdrängt: Die Melodie erst stellt hier, wie meist bei Luther, die Betonungsregularitäten des Textes her; genauer gesagt: Es gibt kein Jesaja-Gedicht Luthers, das er selbst vertont hätte, es gibt das Gedicht nur als Lied.[5] Der Liedrhythmus entspricht den Verszeilen und bleibt von Zeile zu Zeile gleich, während die Tonfolge von Zeile zu Zeile wechselt – mit Ausnahme des dreimaligen Engelsrufes, in dem sich die Melodie wiederholt. Der Liedrhythmus setzt nicht Akzente, sondern Längen und lautet durchgehend so:

♩ ♩ ♩ ♩ ♩ ♩ ♩ ♩ ♩ ♩

Je sa ia dem Pro phe ten das ge schach

Die sechzehnmalige Wiederholung der gleichen rhythmischen Figur – acht Viertelnoten eingerahmt von zwei halben Noten – führt zu einer Festigkeit des Rhythmus, die gemildert wird durch die schöne Bewegtheit der Tonfolge, im ganzen aber doch den Eindruck strenger, fast monotoner Feierlichkeit entstehen läßt.

Dieses Moment der Monotonie wird unterstrichen durch den Reim, der in den acht ersten und in den zwei letzten Zeilen sowie in der Assonanz der drittletzten Zeile den gleichen Vokal verwendet. Es ist das a, das in der Mitte der Vokalreihe von hell zu dunkel steht:

i e a o u

Luther schlägt den Mittelvokal a an, indem er das Wort Jesaia in den Text einführt und an dessen Anfang stellt, wie auch, mit Ausnahme der zweiten und der letzten Verszeile, alle Reimwörter auf a nur dem Lied angehören. Fast könnte man sagen, der Prophet ist hier als Klangkörper wichtiger denn als Person. Und neben dem Prophetennamen werden im Binnenraum des Textes noch andere Wörter auf a verwendet, die in der Erzählung nicht vorkommen: »das« in Zeile zwei, »verbargen« (statt »deckten«) in Zeile sieben, »andern« in Zeile neun, »balcken« in Zeile fünfzehn,

»gantz« in Zeile sechzehn, »gantze« in Zeile vierzehn, wo allerdings »alle land« fehlt –; davon später.

Die Herrschaft des Reimvokals a, die vom Liedrhythmus mit jeweils einem halben Ton auf dem Reim besonders eindringlich gemacht wird, ist nur in der Mitte des Liedes gebrochen. Ein Verspaar auf ei bereitet das »heylig« des Engelsrufes vor, der, dreimal wiederholt, im identischen Reim »herre zebaoth« endet. Der sich in seiner Allmacht und Herrlichkeit offenbarende Gott reimt sich hier nur mit sich selbst. Auch die Aussage über ihn:

> »Sein ehr die gantze welt erfullet hat«

steht für sich; er ist einzig.[6] Die *Einbindung* des Engelsrufes in den durchgehenden Rhythmus des Liedes ist es, die das ganze Lied aus einem Bericht über den Ruf der Engel zu dessen Nachhall macht, so wie in »frey« und »schrey« schon das Dreimalheilig anklingt. Die gleichzeitige *Abhebung* des Engelsrufes vom übrigen Lied stellt dessen Besonderheit heraus: Es ist der einzigartige himmlische Hall, als dessen bloßen Nachhall das Lied sich noch da bekennt, wo es den Ruf der Engel laut werden zu lassen unternimmt.

Aber tut es denn das überhaupt? Ist nicht das Lied in seiner Regularität, die auch den Engelsruf übergreift, eine Abschwächung der Erschütterung, unter der das Heiligtum erbebt? Man könnte zwar darauf hinweisen, daß das Lied, indem es nicht nur dreimal »heylig« sagt, sondern die ganze Heiligpreisung Gottes dreimal wiederholt, das lautmalerische Element zur Geltung bringt, das in »herre zebaoth« steckt – Klopstock verwendet es in seiner »Frühlingsfeyer« von 1759, wenn er in den Ausrufen »Herr! Herr! Gott! Barmherzig, und gnädig!« und »Jehovah! Jehovah!« (gleichfalls mit der Kombination von o und a) den Donner klingen läßt. Aber die ruhige Melodie und Rhythmik Luthers schwächen diese expressive Lautmalerei ab. Sie arbeiten statt dessen den liturgischen Charakter der Rufe heraus, der in der rituellen Dreizahl der Heiligpreisung enthalten ist. Drei ist eine heilige Zahl, und seit alters hat die christliche Kirche die Jesaja-Stelle als alttestamentlichen Vorgriff auf die trinitarische Erscheinung Gottes gedeutet. Drei ist auch, mehr als die bloße Verdoppelung, Wiederholungszahl. Wiederholung stellt Gleichmaß her, und Gleichmaß schwingt im Prinzip immer weiter – das Gleichbleibende des Rhythmus gehört in diesen Zusammenhang und des a-Reims in seiner Mittellage, der nicht umsonst an das liturgische Halleluja erinnert.

Bei allem Nachdruck des Liedes im Liturgischen wird aber doch das Erschütternde des Engelsrufes nicht verdrängt, wird ihm nicht widersprochen, vielmehr entsteht ein Effekt, den nur das Lied als musikalisch-sprachliche Einheit hervorbringen kann. Während die Sprache das Überwältigende der Erscheinung Gottes bezeugt, bezeugen Melodie und Versform zugleich deren Regelmaß und Zeremoniell. Was Jesaja wahrnimmt, ist, zugespitzt gesagt, eine erdbebenartige Feier, ein donnernder Gesang, ein geregelter Schrei. Das am tiefsten Bewegende der Offenbarung ist das Zugleich von höchster Kraft und höchster Ordnung, ist der Blitz der Ewigkeit. So ist der Gottesdienst der Engel am Thron Gottes.

Der Text hält aber nicht nur die Erschütterung im musikalischen Gleichmaß fest, er intensiviert sie sogar gegenüber der Erzählung. Schon der biblische Text hat Größe darin, daß er keinen Versuch unternimmt, die Gegenwart Gottes zu beschreiben. Jesaja »sahe ... den HERRN sitzen« – nichts weiter. Nur indirekt – in der Huldigung durch die Engel – wird seine Ausstrahlung faßbar, und noch so ist sie fast vernichtend, läßt das Haus zittern, den Propheten Wehe rufen. Der Saum von Gottes Kleid, der äußerste Rand seiner Gegenwart reicht hin, den heiligen Raum zu füllen – ein Bild, das bei Goethe in seiner freirhythmischen Hymne »Grenzen der Menschheit« (veröff. 1789) fortwirkt, die wiederum Gott in Blitz und Donner feiert:

»Wenn der uralte
Heilige Vater
Mit gelassener Hand
Aus rollenden Wolken
Segnende Blitze
Über die Erde sät,
Küss' ich den letzten
Saum seines Kleides,
Kindliche Schauer
Treu in der Brust.«[7]

Auch Luthers Lied malt die Erscheinung Gottes nicht weiter aus. Es steigert den Ausdruck der Bekundung Gottes indirekt. Statt des Stuhles Gottes steht – dem hebräischen Urtext näher – ein hoher Thron in hellem Glanz. Die Engel rufen nicht nur; sie schreien. Die Vorstellung vom Kleidsaum, der den heiligen Bezirk füllt, wird dadurch zum Fortwirken gebracht, daß die Gottesprädikation der Engel anstelle des Adjektivs »vol« in der Erzählung das Verb wiederaufnimmt:

> »seines kleides saum den kor fullet gantz
> ...
> Sein ehr die gantze welt erfullet hat ...«

Es ist zu überlegen, ob auch die Variante »die gantze welt« gegenüber »alle land« eine Steigerung bedeutet, die Luther den Verzicht auf ein a in der a-Vokalsäule hinnehmen läßt. »Welt« kann im Wortgebrauch Luthers Schöpfung bedeuten; »alle land« sind demgegenüber nur die bewohnten Länder oder die Bewohner der Länder (vgl. Matth. 3,5; Psalm 72,19; Psalm 66,4). Infolge der Gottesoffenbarung zittern bzw. beben im Lied nicht nur die Schwellen, sondern auch die Balken. Nicht allein Rauch, auch Nebel füllt das Haus. Rauch und Nebel sind mehrfach biblisch Zeichen der Gegenwart Gottes und – als Rauch oder Nebel des Räucherwerks – des Gottesdienstes. Sie können daneben auch Zeichen des göttlichen Zorns und der Verhülltheit sein (Hiob 37,11: »durch den nebel bricht sein liecht«). Diese Bedeutungsauffächerung wird durch die Verdoppelung »rauch und nebel« verstärkt und deutet auf eine sehr lutherische Paradoxie: Der Glanz Gottes ist so groß, daß er den menschlichen Blick trübt. Der sich offenbarende Gott ist auch der verborgene. Vor allem die Verdeutlichung des Liedes, daß Jesaja den Herrn »ym geyst« sitzen sah, macht Gott noch mächtiger. Der biblische Bericht läßt an eine unmittelbare Gegenwart Gottes denken; das Lied stellt sicher, daß es sich um eine Vision des Jesaja handelt. Noch die Vision, in der sich das Göttliche doch schon zum Fassungsvermögen des menschlichen Geistes herabläßt, kann den Menschen fast zerstören.

Die Charakterisierung des Phänomens als Vision leistet aber noch mehr. Die Vision sprengt den realen Raum und die reale Zeit. Sie ist die angemessene Wahrnehmungsweise der zeitdurchkreuzenden Allgegenwart und Ewigkeit Gottes, von der die Engel und das Lied sprechen. Schon die Erweiterung des Liedtextes um den Nebel hat *auch* den Sinn, zwei weitere alttestamentliche Erscheinungen Gottes auf die Jesaja-Erzählung zu projizieren und sie damit ins Exemplarische zu heben: Nebel wird erwähnt bei der Einweihung des Salomonischen Tempels (2. Chron. 5,13) und bei der Gottesvision des Propheten Hesekiel (10,4). Doch erst in einem anderen Minimalzeichen zieht das Lied aus der Zeitdurchkreuzung der Gottesgegenwart eine wahrhaft überwältigende Konsequenz: Die biblische Erzählung nennt den jüdischen Tempel als Ort des Ereignisses. Das Lied sagt statt dessen »kor« und bezeichnet damit den Altarbezirk der christlichen Kirche. Damit wird die Bezeugung des alttestamentlichen Gottes vor dem Propheten Jesaja in Jerusalem zur Zeit des Königs Usia zum Bild der in jedem christlichen Gottesdienst sich vollziehenden Bezeugung Gottes in seinem gekreuzigten Sohn.[8]

Diese Behauptung kann noch schlüssiger gemacht wer-
den. Bei Jesaja preisen die Seraphim, die an der Spitze der
himmlischen Heerscharen stehen, den Herren Zebaoth,
was Herr der himmlischen Heerscharen heißt. Sie preisen
ihn also in der Eigenschaft, in der er ihnen gebietet. Luther
vollzieht als Kirchenliederdichter die Übertragung dieses
alttestamentlichen Gottesattributs von Gottvater auf den
Gottessohn Jesus Christus, und zwar an markanter Stelle:
im Bekenntnislied »Ein feste burg ist unser Gott«, das
gleichfalls einen Text des Alten Testaments auf das Neue
Testament durchsichtig macht: den 46. Psalm. Der Gott Ja-
kobs, den dieser Psalm preist, wird in Luthers Lied zum
Christus. Der rechte Mann, den Gott selbst zum Streiter für
uns erkoren hat, ist – Gott selbst, der Herr Zebaoth. Auch
hier wird der alttestamentliche Gott trinitarisch aufgefaßt.
Die Kirche ist Israel. Der Kampf gegen die Heiden wird
zum eschatologischen Kampf, von dem die Offenbarung
Johannis spricht. Es geht um das letzte Friedensreich und
die nur scheinhafte Bedrohung seiner Heraufkunft durch
den alten bösen Feind, den Fürsten dieser Welt, den Luther
in diesem Lied gegenwärtig aufgestanden sieht. Das Ent-
sprechende, nur viel verhaltener, vollzieht sich im Jesaja-
Lied: Der Herr auf dem glänzenden Thron im Chorraum
der Kirche – das ist der Kruzifixus auf dem Altar. Der als
offenbarer Gott verborgene Gott ist der am Galgen des
Kreuzes erhöhte Christus, der am Galgen hängend den
Thron der Herrschaft einnimmt.

Der Prophet fürchtet zu vergehen unter der Gewalt der
Gotteserscheinung und ihrem Anspruch an ihn: hinzuge-
hen und mit seinem Wort geschichtsmächtig zu werden, das
noch dazu das Wort eines schrecklichen Strafgerichts ist.
Das Allerseltsamste und Kühnste des Liedes ist vielleicht,
daß es davon nichts sagt, sondern beim Dreimalheilig der
Seraphim stehenbleibt, das als Sanctus in die Messe und in
die lutherische Abendmahlsliturgie übergegangen ist. Da-

mit, könnte man meinen, sei schon im Sanctus dieses Kühnste geschehen, das hier Luthers Lied zugesprochen wird; aber das ist nicht der Fall. Zwar ist bereits das Sanctus die Geburt der Liturgie aus dem Geist der Geschichtserzählung, aber das Sanctus ist doch bloßes Bibelzitat, das alle Kontextbezüge abschneidet. Der im Jesajatext enthaltene Wortlaut des Gotteslobes der Engel wird herausgenommen und zum Gotteslob der Gemeinde umfunktioniert. Das Eigentümliche von Luthers Lied besteht dagegen in zweierlei: Erstens reflektiert es als liturgischer Gesang zugleich die Begründung des Gesanges. Hier ist ein Keim der Selbstreflexivität der Lyrik, wie sie sich seit der Goethezeit ausbildet. Zweitens ruft das Lied den Kontext herauf, den das Sanctus überspringt, und aktualisiert damit das Ärgernis, daß das Gotteslob einem Gerichts- und Bußruf vorhergeht.

Warum kann das Lied so enden? Warum kann aus einer Geschichte, die ursprünglich zum Gericht ruft, Jubel hervorbrechen? Weil die Verborgenheit in der Offenbarung Gottes auch darin besteht, daß Gott in Christus seine Macht in seiner Brüderlichkeit ›verbirgt‹. Der Herr der himmlischen Heerscharen, dessen Erscheinung den Propheten überwältigt, ist in Christus zum Bruder geworden, von dem das Zeugnis der Liebe ausgeht. Die Mitte der Messe, die Mitte des Abendmahls ist das *Geschenk* dieser Liebe und Blutsbrüderschaft Christi, das jubeln und feiern macht, so wie die Seraphim am Thron Gottes nichts sind als Preisende: Die Liebe ist gewaltiger als das Gericht.

Im Licht des Sanctus, das lobpreist, wird umgekehrt ein besonders eigentümlicher Zug der Abendmahlsgeschichte deutlich, der leicht übersehen werden kann. Der Bericht vom Verrat des Judas wird im Markusevangelium eingerahmt von der Episode der Salbung Christi in Bethanien (Mark. 14,3 ff) und vom Abendmahlsbericht (14,12 ff). Die Salbung im Hause Simons des Aussätzigen ist Feier: Vordeutung zugleich auf den Tod und auf die Königsherrschaft Christi. Es gibt die Salbung der Könige; es gibt die Salbung der Toten. Im Vorblick auf seine Passion klagt Christus am Ölberg; aber auch im Vorblick auf Gericht und Tod bringt er es fertig, mit seinen Jüngern ein Festmahl einzunehmen. Es ist ein Feiern im Blick auf alles Leid der Welt, denn Christus geht auf ein Gericht zu, in dem doch die Liebe triumphieren wird.

Die Erzählung des Propheten Jeseja berichtet vom Auftrag, mit dem Wort Gottes in die Geschichte hinein zu wirken. Das Lied Luthers über den gleichen Text ist ein liturgischer Gesang von der Herkunft des liturgischen Gesanges. Es spricht vom feiernden und lobpreisenden Wort und ist selbst Feier und Lobpreis am Thron Gottes. Deshalb springt es, wo es zum Lobpreis der Seraphim kommt, aus dem epischen Präteritum ins Präsens um: »gen ander *ruffen* sie mit grossem schrey«.[9] Deshalb steht in diesem Lied die Gemeinde nicht am Ort, wo der Prophet steht, sondern – als singende – an dem Ort, wo die jubelnden Engel stehen. Seit Christen die Messe feiern, stehen sie da. Aber noch aus einem zweiten Grund tritt der Prophet zurück. Luther läßt statt des Propheten die Gemeinde sprechen, weil die Nähe Gottes, die vordem nur den Auserwählten und Propheten gewährt war, nun in Christus jedem zuteil wird. So kann Luther auch das seherische Wort des Simeon im Tempel (Luk. 2) zum Kirchenlied machen: »myt frid und freud ich far do hyn ...«. Umgekehrt gibt es über das biblische Wort von Christus hinaus, das in der Gemeinde verkündet wird, keine speziellen Offenbarungen Gottes mehr. Die Zeit der Propheten ist vorüber. Gott ist nicht mehr in Visionen vorhanden, sondern im Gottesdienst der Gemeinde. Aber auch nur die feiernde Gemeinde als ganze kann an die Stelle treten, wo die Engel sind.

Schon die Bibel löst den Gottespreis der Jesaja-Vision von ihrer Herkunft in der Tiefe der Geschichte des jüdischen Volkes ab und überträgt sie in die Zukunft. Der Visionär der Johannes-Apokalypse sieht Gott auf seinem Thron, umgeben nun nicht von den sechsflügeligen Seraphim, sondern von den sechsflügeligen Evangelistensymbolen, die das Sanctus singen (Off. 4,8). Die Liturgie ist in anderer Weise als die Vision Zeitsprengung. Die Vision ist Ekstase, die Liturgie feierliche Wiederholung des Immergleichen, wie sie im Dreimalheilig der Seraphim angelegt ist. Sowohl das Lied auf den 46. Psalm wie das Lied aus Jesaja 6 tun das, was schon die Selbstdeutung des biblischen Christus vollzieht: die Auslegung des Alten Bundes auf seine Vollendung im Neuen Bund hin, wie sie in der Kirche traditionell wird. Das Jesaja-Lied hat allerdings die Besonderheit, daß diese typologische Deutung, statt einfach frühere Ereignisse der Heilsgeschichte auf spätere vorweisen zu lassen, die Immergleichheit Gottes als Grund des heilsgeschichtlichen Zusammenhangs von Altem und Neuem Testament ansichtig macht. So wie der sich in der Zeit bezeugende Gott der ewige Gott ist, so geht auch der Lobpreis Gottes in der Liturgie durch die Zeiten und Räume. »Wie es war im Anfang, jetzt und immerdar, und von Ewigkeit zu Ewigkeit.« Zum Wirken und Leiden, als Zeugen sind die Christen in die Geschichte gestellt. Feiernd sind sie am Ziel, erfahren sie die Wiederkehr Christi, die im Abschied des Abendmahls schon begonnen hat. Feiernd haben sie an der Ewigkeit Gottes teil. So hat auch das Jesaja-Lied einen eschatologischen Anklang, freilich viel leiser als das Bekenntnis-Lied. Singend ist die Gemeinde in all ihrer Hinfälligkeit eins mit allen vergangenen und zukünftigen Geschlechtern des Gottesvolks, ja sogar mit den Engeln und Erzengeln am Thron Gottes. Gerhard Tersteegen hat das 1729 in der zweiten Strophe seines Gottesdienstliedes »Gott ist gegenwärtig« abermals im Rückgriff auf Jesaja 6 ausgesprochen:

>»Gott ist gegenwärtig, dem die Cherubinen
Tag und Nacht gebücket dienen
›Heilig, heilig!‹ singen alle Engelchören,
Wenn sie dieses Wesen ehren.
Herr, vernimm Unsre Stimm',
Da auch wir Geringen
Unsre Opfer bringen!«[10]

In dieser Haltung liegt der letzte Grund dafür, daß Luther
den musikalischen Ausdruck der Ordnung und des Gleich-
maßes mit der sprachlichen Bezeugung des Außerordentli-
chen, der alle Maße sprengenden Wucht der Gottesbegeg-
nung überkreuz laufen läßt. Gottes Gegenwart ist in der
Kirche des Wortes und der Sakramente täglich verbürgt.
Aber daß dem so ist, daß die singende Gemeinde des Wortes
irdisches Abbild der himmlischen Gemeinde der Engel,
Erzengel und Vollendeten ist, ist so ungeheuerlich wie die
Nähe des fernen, verborgenen Gottes in Christus. Nir-
gends ist er der Gemeinde so nah wie im Abendmahl, für
dessen Feier das Jesaja-Lied von Luther bestimmt war.

Luthers Jesaja-Lied spricht von einer Gottesvision; es
spricht von dem Erschütternden dieser Vision, aber seine
Sprechweise ist nicht selbst Ausdruck und Zeugnis dieser
Erschütterung. Es versucht sich nicht an einer visionären,
ekstatischen Sprache, sondern bleibt – als liturgischer Ge-
sang – so nahe am epischen Bericht der Bibel wie irgend
möglich. Das ist möglich, weil die Liturgie, und speziell die
Abendmahlsliturgie, auch Raum für Erzählendes hat – man
denke an die Einsetzungsworte für Brot und Wein, die je-
weils aufs neue den Zusammenhang des Passionsberichtes
heraufholen, dadurch das Abendmahl heilsgeschichtlich
beglaubigend und zugleich dem heilsgeschichtlichen Ereig-
nis raum-zeitliche Allgültigkeit zusprechend. Es ist ein
Zeugnis von Luthers dichterischem Vermögen, daß er mit
kleinsten Eingriffen den epischen in einen lyrischen Text zu
verwandeln vermag. Man kann es aber auch anders sehen:

»Das wort sie sollen lassen stan
und kein danck dazu haben,
Er ist bey uns wol auff dem plan
mit seinem geist und gaben.«[11]

Weil Luther nur im Wortlaut der Bibel die Anwesenheit
und Wirksamkeit des Heiligen Geistes bei seiner Gemeinde
verbürgt sah, suchen seine Gottesdienstlieder insgesamt die
Nähe des Bibeltextes. Das Jesaja-Lied ist nur das äußerste
Beispiel für diese Tendenz.

Luther hat sich nicht in erster Linie als Dichter gesehen,
vielmehr auch in seiner Kirchenlieddichtung als Prediger
und Diener des Wortes. Dennoch läßt sich an seinen Lie-
dern und seinen Äußerungen zur Sprache etwas ablesen, das
charakteristisch für Dichtung und Dichtungsauffassung bis
ins letzte Drittel des 18. Jahrhunderts bleibt. Dichtung ins-
gesamt wird aufgefaßt als Einkleidung gegebener und durch
Konsens getragener Wahrheiten. Die Kunst besteht im arti-
stischen Verfügen über ein literarisches Material, das um so
höhere Dignität besitzt, je tiefer es durch Tradition beglau-
bigt ist. Das Gedicht soll nicht Individualität, Spontaneität,
Seelenausdruck vorweisen, sondern Geist und Sprachfer-
tigkeit. Noch wenn sich die deutschsprachige Lyrik des 17.
Jahrhunderts der Möglichkeit des ekstatischen Sprechens
annähert, tut sie das im Rückgriff auf rhetorische Anwei-
sungen, die bis in die Antike zurückgehen, wie man durch
kunstvolle Verwirrung der Logik und Syntax Affekte imi-
tiert. Es werden Regeln für regelloses Sprechen befolgt, und
die geschulte Wahrnehmung dieser Spannung ist es, was die
Gedichte einfordern. Erst Klopstock will die Kunstfertig-
keit des Dichters vergessen lassen. In seinen freirhythmi-
schen religiösen Hymnen wird der Liturg zum Visionär,
der das Wehen des Geistes bis zum Vergehen der Sprache
vernehmlich machen will. Sie bringen einzigartige Zeit-
punkte der visionären Erschütterung zur Sprache. Man

kann zwar eine Ode wie die »Frühlingsfeyer« immer wieder lesen oder hören, aber sie spricht von der Einzigkeit einer so nicht wiederholbaren Gotteserfahrung im Gewitter.

In Luthers Jesaja-Lied dagegen ist der Augenblick des Gedichts liturgisch. Das Einmalige der Jesaja-Vision wird zum Bild dessen, was in jedem Gottesdienst geschieht. Es ist Bekenntnis der Wahrheit der Gemeinde, die alle erfahren, indem sie singen. Am Thron Gottes ist die Liturgie ewiger Vollzug. Die Gemeinde aber ist im Einschwingen in die himmlische Liturgie punktuell wie der Mensch in der Geschichte. Er rührt immer wieder nur momentan an das Ewige. So ist der Gesang *liturgischer* Augenblick und liturgischer *Augenblick* zugleich.

SPRACHE ALS ECHO.
PHILIPP VON ZESEN:
»EIN JAMBISCH ECHONISCH
SONNET«

Philipp von Zesen (1619-1689) war der Sohn eines lutherischen Predigers, aber sein Studium galt der Poetik, und er lebte – eines der frühesten deutschen Beispiele – als freier Schriftsteller, ohne ein Amt auszuüben. Luther predigt noch im Lied, und es ist als Gemeindelied so ständeübergreifend wie die kirchliche Gemeinde selbst, die vom ›gemeinen Mann‹ bis zum Landesherrn reicht. Im Barock hat sich eine strenge Trennung zwischen volkstümlicher und höfisch-gelehrter Literatur durchgesetzt. Erst der Sturm und Drang des 18. Jahrhunderts greift auf die ins Subliterarische abgedrängte volkstümliche Tradition zurück. Ein Literat wie Zesen adressiert seine Schriften an ein Publikum von Kennern oder solchen, die es werden wollen. Zur Gesellschaft gehören Adlige und Akademiker, die das Gesellschaftsspiel Kultur, das Gesellschaftsspiel Kunst, das Gesellschaftsspiel Literatur mitzuspielen imstande sind. Es richtet sich nach internationalen, vorab von Frankreich, Italien und Spanien gesetzten Standards des Inhalts und der Form. So aus der Sammlung von Zesens »Deutschem Elicon« (1641)

Ein Jambisch Echonisch Sonnet.

Ach könt ich doch den busch *erreichen*! E(cho:) *eichen.*
 Da wo mein Liebster innen *sitzt! Ech. itzt.*
 Mein hertz vor lieb' ist auf*geritzt. Ech. ritzt.*
und wil vor angst fast gar ver*bleichen. E. leichen.*
Ich ruff euch an Ihr schönsten Eichen/
 Die Ihr die Wälder zieret itzt.
 Doch hör' ich nichts als wie da *blitzt. Ech. itzt.*
Der Wider-ruff auff mich mit keichen.

Ich komme zu den *klüften auch. E. lüften auch.*
und schrey nach meinem alten brauch/
Da ist auch gäntzlich nichts *zu hoffen/ Ech. zu hoffen/*
Als nur der bloße wider*schall/ Ech. hall/*
der sich ereiget überall;
Mein mund steht mir ohn ab*laß offen. Ech. laß hoffen.*[1]

Inhaltlichen Standards folgt dieses Gedicht als Sprachspiel mit dem Echo-Effekt, der im Barock sprachlich und musikalisch so beliebt war, daß große Orgeln ein besonderes Manual, das Echowerk, besitzen. Georg Philipp Harsdörffers »Frauenzimmer Gesprächspiele« (1641-49), ein spielerisch vorgetragenes Kompendium des gesellschaftlichen Bildungswissens im deutschen Barock, benutzt das Echo mit Vorliebe als Sinnbild für Gegebenheit und Ordnungen der Welt.[2] Instrumentalmusik, Opern und Oratorien des 17. Jahrhunderts arbeiten gleichermaßen mit der Echowirkung. Weiter folgt Zesens Gedicht inhaltlichen Standards als Liebesgedicht, das nicht nur geläufige Vorstellungen wie Liebesklage und Liebestod verwendet, sondern auch Bildungsgut. Das von Liebe aufgeritzte Herz ist vom Pfeil des Schützen Amor getroffen. Das Echo, für uns heute Neutrum und neutraler akustischer Effekt, kann noch um 1800 Femininum sein und erinnert damit an die Nymphe Echo, die in der durch Ovids »Metamorphosen« bekannten Narzißmythe ihre Liebesklage um den nur in sich verliebten Narziß erschallen läßt.[3] Formalen Standards folgt Zesens Gedicht als Sonett, einer vor allem über Frankreich nach Deutschland gedrungenen Modeform der Lyrik, die aus Italien stammt und durch Petrarca berühmt geworden ist.

Während das Barock im allgemeinen das sechshebige Alexandrinersonett mit Mittelzäsur bevorzugt, wie es vom französischen Dichterkreis der Pléiade ausgebildet worden ist, bleibt Zesen hier der italienischen Originalgestalt näher, indem er fünfhebige Jamben bevorzugt, ein leicht fließendes Metrum im Gegensatz zum wuchtigen, repräsentativen

Alexandriner. Allerdings formt Zesen nicht, wie das klassische italienische Sonett, den fünfhebigen Jambus durchgehend als Elfsilbler aus. Die Silbenzahl wechselt zwischen acht und elf, die Hebungszahl zwischen vier und fünf, was mit der Echo-Nachbildung und dem Wechsel zwischen männlichen und weiblichen Reimen zu tun hat.

Hauptkennzeichen des Sonetts sind die komplizierte Strophenform und die schwer zu erfüllenden Anforderungen des Reims. Zwei vierzeiligen Strophen, den sogenannten Quartetten, in denen nur zwei Reime vorkommen (abba), folgen zwei dreizeilige Strophen, die sogenannten Terzette, mit schon früh relativ freier Reimordnung. In unserem Fall ist das Reimschema ccd–eed; b, c und e sind jeweils männliche Reimwörter, alle anderen weiblich. Wie häufig ist auch hier die Stropheneinteilung nicht durch den Druck kenntlich gemacht. Zesen hat sich die Reimarbeit dadurch erschwert, daß das Echo in jeder Zeile noch ein zusätzliches Reimwort verlangt. Der umarmende Reim grenzt die Quartette deutlich gegeneinander ab, wogegen die Wiederholung nicht nur des Reimschemas, sondern des Reims selbst beide Strophen auch wieder sehr eng aufeinander bezieht – eine Spannung von Gemeinsamkeit und Geschiedenheit, die häufig zu antithetischer Gegenüberstellung der Quartette benutzt wird, während der Wechsel des Strophencharakters und des Reims zu den Terzetten hin mit ihrem beweglicheren Reimschema oft einer Verflüssigung oder Vermittlung der Standpunkte dient.

In Zesens Sonett findet sich jedoch nichts, was an einen Strophen-Dreischritt von These – Antithese – Synthese erinnerte; die Dialektik des Sonetts, die federnde, elegante Artistik, welche diese Form dem Barock reizvoll, der Aufklärung und dem Sturm und Drang dagegen fremd machte, sind auf andere, mehr kleinräumige und untergründige Weise verwirklicht. Hierher gehört vor allem die geistreiche Behandlung der Echo-Effekte. Der übliche Reim verlangt

Gleichklang des letzten voll betonten Vokals im Reimwort zusamt allem, was ihm folgt. So reimen in unserem Gedicht etwa: erreichen/verbleichen, sitzt/ritzt. Das wird im Echo-Reim überboten, dessen Eigenart darin besteht, daß in der Reimantwort der dem voll betonten Vokal vorhergehende Konsonant wegfällt. So in dem geläufigen Echoruf: ›Wer ist der Bürgermeister von Wesel – Esel‹. Geht dem betonten Vokal eine Konsonanten*gruppe* vorher, entfallen die Konsonanten bis auf den letzten der Gruppe.

Zesen verwendet fast durchgehend solche echten Echos: reichen/eichen, sitzt/itzt, bleichen/leichen, klüften/lüften, schall/hall, blitzt/itzt, ablaß offen/laß hoffen. Diese echten Echos stehen aber nicht nur an den Echostellen selbst, sondern auch an anderen Reimstellen des Gedichts, dabei mehrfach in Umkehr, wobei die Echo-Antwort dem Echo-Wort vorhergeht. So im Reim der Echos aufeinander: eichen/leichen, itzt/ritzt, eichen/keichen (= keuchen), auch/brauch. Weiter finden sich auch über Zeilenabstände hinweg Echoreime zwischen Echo-Wort und Antwort und zwischen den Echo-Wörtern vor den Antworten, so: hoffen/offen, schall/all, bleichen/Eichen. Daß fünf Verse des Sonetts, darunter drei des zweiten Quartetts, ohne Echo bleiben, wirkt nur auf den ersten Blick als formale Lässigkeit; in Wirklichkeit trägt es dazu bei, das gesamte Gedicht in einen nicht mehr in den einzelnen Positionen exakt zu bestimmenden Wirbel von Echo-Effekten zu verwandeln, bei dem auch das zweite Quartett und das zweite Terzett im ganzen wie ein Echo des ersten Quartetts beziehungsweise Terzetts wirken und schließlich alle Reime wie Echos erscheinen, die überall sind, Lüfte und Klüfte füllen. Man verirrt sich im Echolabyrinth.

Vordergründig gibt Zesens Gedicht eine bloße Reihung von Situationen. Das Ich wendet sich mit seinem Sehnsuchts- und Klageruf nach dem Geliebten erst an das Gebüsch, dann an die Eichen des Waldes, dann an die Felsklüfte, ohne Antwort zu erhalten. Nur das Echo tönt ihm zurück und behält das letzte Wort. Dabei bauen die Echo-Effekte inhaltlich den Liebestopos mit auf, und zwar in einer fast grotesken, chimärischen Weise. Während das Ich den Geliebten noch im Busch wähnt, ist das Echo schon über diese Hoffnung hinweg weiter zu den Eichen gegangen, die doch auch nur das »keichen« des Widerrufs zurückschicken werden; »Widerruff« hier im Doppelsinn von Widerhall und Ungültigkeitserklärung, der schon dem Ruf selbst seine Berechtigung streitig macht. Während die falsche Gewißheit des Rufenden, der Geliebte sitze im Busch, durch das »itzt« (= jetzt) bekräftigt zu werden scheint, wird diese Gewißheit in Wirklichkeit verhöhnt. Vielmehr wird »itzt« das Herz aufgeritzt. Die Angst, ohne den Geliebten allein zu bleiben, die zum Erbleichen führt, wird brutal bis zur Assoziation »leichen« und »keichen« vorangetrieben. Das »keichen« des Echos wird zum Donner überhöht, der wie ein Strafgericht auf den Rufenden niederblitzt.

Die gänzliche Hoffnungslosigkeit auf etwas anderes als einen leeren Widerhall von überall her läßt das rufende Ich jäh erstarren. »Mein mund steht mir ohn ablaß offen« – das heißt unablässig, aber zugleich auch ohne Ablaß von der Strafe, der Bitternis, dem Fegefeuer der Qual. Der theologische Sinn des Wortes, der kirchlich vermittelte Ablaß von Sünden, Schuld und Strafe, dürfte hier noch präsent sein. Der Mund ist ohn Ablaß im Schrei geöffnet; die Öffnung des Mundes im Schrei ist ohne Ablaß, weil er sich im Verstummen nicht mehr schließen kann: eine stumm schreiende Totenmaske. Eine Unterwelt tödlicher Liebesvereinsamung tut sich auf, eine Welt ohne Antwort, die den Fragenden auf sich zurückwirft. Das letzte Echowort »laß hoffen« stünde wie Dantes berühmtes Motto »Lasciate ogni speranza, voi ch'entrate« über dem ganzen – wenn dieses Wort nicht in spielerischer Weise doppeldeutig wäre, und auch diese Doppeldeutigkeit wird vom Echo mitaufgebaut, wenn vorher auf die Feststellung »nichts zu hoffen« der Gegensatz »zu hoffen« antwortet. »Laß hoffen« heißt ja nicht nur: laß alle Hoffnung fahren, sondern auch: laßt uns hoffen, die Hoffnung bleibt uns.

Wenn man das Sonett so als Gedicht einer schäferlichen, aber jäh ins Zwielichtige verdüsterten Liebessituation liest – ein sehnsüchtiges Mädchen ruft nach dem Geliebten in einer idyllischen Kulisse von Gebüsch, Wald, Felsenhang –, macht jedoch *eines* stutzig, und dieser Einhalt führt auf eine zweite, vexatorisch der ersten entgegengesetzte Lesart des Gedichts. Die Rufende ruft von vornherein nicht den Geliebten an, was doch näher läge, sondern den Busch, in dem sie den Liebenden vermutet. Vom zweiten Quartett an ist von Liebe ausdrücklich nicht mehr die Rede. Nach dem Busch werden die Eichen apostrophiert und die Klüfte, also immer Gegenstände, und zwar solche, in denen erfahrungsgemäß das Echo wohnt. Außerdem heißt es vom Ich des Gedichts, es »schrey nach seinem alten brauch«, was sich schwerlich hinreichend aus der Liebessituation erklären läßt, es sei denn, man wolle annehmen, daß das Mädchen gewohnheitsmäßig nach ihrem Liebsten schreit. So bietet es sich denn an, die Situation des Gedichts von vornherein als Situation eines Echo-Spiels zu verstehen. Seine Regeln folgen einem alten Brauch und sind allgemein bekannt, zumindest hat das Mädchen sie beim dritten Mal schon begriffen und erwartet Wiederholung, nicht Änderung. Nur in der durchsichtigen, konventionellen Fiktion des Spiels ruft das Mädchen nach dem Geliebten. In Wirklichkeit ruft es nach dem Echo. So gelesen, würde der Ausdruck der Enttäuschung darüber, daß immer nur ein Echo, aber keine Antwort zurückkommt, zum Spiel gehören. Im Spielzusammenhang wird gar keine Antwort erwartet. So wie die Fragen, die man im Echo-Spiel stellt (Wer ist der Bürgermeister von Wesel?), Scheinfragen sind, ist auch die Klage über das Ausbleiben einer Antwort eine Scheinklage. Und auch so herum kann man den Schluß doppelsinnig verstehen: Laß die Hoffnung auf eine Antwort fahren; aber auch: Laß uns hoffen – auf das nächste Echo nämlich. Wenn man das Gedicht als Liebesgedicht liest, ist das Echo – statt der Antwort – Sinnbild für die Verlassenheit der Geliebten. Wenn man das Gedicht als Echo-Gedicht liest, ist die Abwesenheit oder Antwortlosigkeit des Geliebten Voraussetzung und Konsequenz der Echosituation, in welcher der Rufende eben auch keine Antwort, sondern nur den Widerhall seiner eigenen Stimme hört. Käme eine Antwort, wäre das prinzipiell unendliche Spiel vorbei.

Natürlich macht dieses ›Doppelspiel‹ den Reiz des Gedichts aus, bei dem das Echo-Spiel den Liebesernst dementiert und der Liebesernst, den man kennt, dem Echo-Spiel Gehalt gibt. Das Spiel entschärft den Ernst, der Ernst vertieft das Spiel. Und die Narzißmythe verbindet nochmals beide, Echosituation und Liebessituation. Denn in Ovids »Metamorphosen«, einer unerschöpflichen antiken Quelle mythologischer Vorstellungen für die europäische Dichtungstradition, ist schon die in Narziß verliebte Nymphe Echo nichts anderes als das Echo der Liebesklagen des Narziß, der sein eigenes Spiegelbild hoffnungslos anschwärmt. Er liebt sie so wenig, wie sein Spiegelbild seine Liebe erwidern kann. Echo ist der ins Akustische übersetzte Spiegeleffekt. Unser Sonett ließe sich demnach als Fortsetzung und ›Echo‹ der ovidischen Mythe verstehen. Narziß ist in die Quelle, seinen Spiegel, gefallen und entschwunden. Als Reliquie bleibt nur die Narzisse, eine Gräberblume der Alten, zurück. Echo lebt weiter, körperlos, als ewig verhallender Widerhall. In der Nymphe Echo ist das Echo-Spiel mit dem Liebesspiel identisch. Ist sie das Echo der längst verklungenen Liebesklagen des Narziß, weckt sie mit ihren Liebesklagen das Echo Echos – und so fort ad infinitum. Ihr Mund ist der im stummen Schrei geöffnete Mund der Komödienmaske des Echo-Spiels. Die Liebende ist erstarrt im verewigten Augenblick des Entbehrens; der Echo-Wirbel ist erstarrt im jähen Verstummen des Rufs und dreht sich im Echo des Echos des Echos trotzdem immer leiser immer weiter. Das Verklungene klingt fort: in der Liebe, im Klang – hörst du's? Das ist der Augenblick des Gedichts.

Spricht in diesem Gedicht die Sprache vom Echo, so spricht auch das Echo von der Sprache; das Echo-Gedicht verallgemeinert sich zum Sprachgedicht. Wir hatten feststellt, daß nicht nur an den ausdrücklich als Echo gekennzeichneten Stellen Echo-Effekte auftreten, daß vielmehr alle Reime echoartig wirken. In den »Frauenzimmer Gesprächspielen« Harsdörffers kann die Nymphe Echo als Dichterin und Reimefinderin auftreten![4] Die barocke Auffassung der Sprache macht es möglich, im Echo überhaupt eine Grundstruktur der Sprache zu sehen. Das Barock stellt nicht nachdrücklich die Frage nach dem Ursprung der Sprache. Sie ist Gabe Gottes und wird als solche immer schon vorgefunden. Das Barock stellt ebensowenig die pädagogische Frage: Wie überführt man das Ursprüngliche, das sich in der Kindheit entfaltet, in die kulturellen Ordnungen. Bis ins letzte Drittel des 18. Jahrhunderts wird das Erwachsenwerden von Kindern völlig unproblematisch und unprogrammatisch als imitative Aneignung der Regeln der Erwachsenenwelt gesehen. So auch der Spracherwerb: jeder, der sprechen lernt, tritt in das Kontinuum einer ihm vorgegebenen Sprache ein, die alle Mitglieder der Gesellschaft sprechen. Ihre Normen sind in der göttlichen Schöpfung und in den Normen der Gesellschaft garantiert, das heißt, der Mensch spricht nie eigene Sprache. Alles, was er spricht, ist Nachhall der Sprache, die vor ihm da war, in dieser Hinsicht Echo.

Von daher kann die Metaphorik von Echo und Spiegel auch eine positive Wendung erhalten. Der Mensch ist ein Spiegel, das ganze Universum ist ein Spiegelkabinett, in dem Gott sich spiegelt. Das begründet ein System der Ent-

sprechungen in der Welt, bei dem jedes Wort das ihm ge-
mäße Echo findet. Nicht das Täuschende, sondern das Ent-
sprechungsverhältnis des Echos zum Ruf tritt unter diesem
Gesichtspunkt nach vorn, damit die soziale Garantiefunk-
tion der Sprache, die dem Barock wichtiger ist als ihr indivi-
duelles Ausdrucksvermögen. Wer spricht, ist im Wort, und
wie man in den Wald hineinruft, so schallt's heraus. Das ist
eine Symmetrie, die ihren letzten Grund in Gott hat. Kann
die Welt, der Mensch Gottes wahres, wesentliches Spiegel-
bild sein, so ist in Gott garantiert, daß auch das Echo wahr
und wesentlich sein kann. Das überall wohnende Echo ist
dann Gleichnis der Allgegenwart Gottes und seiner Ant-
wortbereitschaft, wenn der Mensch nach ihm ruft. Eine
illustrierte Ausgabe, Stargard und Thorn 1720, der »Sechs
geistreichen Bücher vom wahren Christentum« Johann
Arnds (1555-1621), des weitest verbreiteten Andachtsbuchs
lutherischer Tradition, enthält einen Kupferstich mit Erläu-
terungen zu dem Psalmwort 34,5: »Da ich den Herrn
suchte, antwortete er mir«:

> »Zur Antwort fertig.
> Hier ist ein dreyfaches Echo und Wiederschall abgebildet,
> daß, wenn man gegen einen Berg oder Gebüsch laut ruffet,
> wer liebet mich? so wird sonderlich die letzte Sylbe
> sich vernehmen lassen: Ich, ich, ich: Damit wird ange-
> deutet, wie GOtt auf das Gebets-Geschrey eines Gläubigen
> pflege alsbald zur tröstlichen Antwort fertig zu seyn.«[5]

Noch in einer zweiten Hinsicht hat die Sprache Echocha-
rakter: Die zentrale sprachtheoretische Frage des Barock ist
die nach dem Abbildungsverhältnis zwischen Wörtern und
Sachen. In der adamitischen Ursprache, wie sie Gott dem
Menschen verliehen hat, durfte der Mensch im göttlichen
Auftrag den Dingen Namen geben. In ihr sind alle Wörter
Wesensbenennungen; die Wörter sind genaue Entspre-
chungen der Sachen. Aber in der babylonischen Sprachver-

Abbildung aus Arnds »Wahrem Christentum«

wirrung ist dieser inhaltliche Zusammenhang zwischen Sachen und Wörtern tief verstört worden. Die Gegenstände, die von den Wörtern nicht erreicht werden, gewinnen ein entfremdetes, leichenhaftes Aussehen. Die Sprache, die die Gegenstände nicht erreicht, wird zu einem keuchenden Gespenst von Sprache. Im Bezug auf die Sprachthematik gewinnt also die Unheils- und Leichenmetaphorik des Gedichts noch eine andere Weise der Aktualisierung. Sein Sprachspiel ist hoffnungslos, sofern es den Geliebten und die Natur zum Sprechen bringen will. Auf dieser Ebene des Gedichts wäre das Erklingen einer Antwort auf das Wort Zeichen für eine volle Entsprechung zwischen Wort und Gegenstand. Diese besteht nicht. Die Sprache kann »den Busch nicht erreichen!«. Aber auch auf dieser Ebene steht dem negativen ein positiver Aspekt entgegen: Bewegte sich die Sprache in einem völlig leeren Raum, gäbe es kein Echo. Das Echo ist ein Zeichen dafür, daß die Sprache doch »den Busch erreicht«, indem sie von ihm zurückprallt. Das Echo gibt ein diffuses, mißverständliches, entstelltes Signal von den Sachen. Aber der Zusammenhang zwischen Sprache und Sache ist doch nicht völlig gelöst. Auch in dieser Hinsicht gilt also – ambivalent zu lesen – laß hoffen!

Das Sonett, das im Barock noch Klinggedicht heißt, handelt also vom Klang und ist Klang. Es handelt vom Sprachspiel und ist Sprachspiel. Es bildet einen Wirbel im unaufhörlichen Fluß der Reden. Es ist ein gelehrtes und artistisches Gedicht, gelehrt, sofern es vom Bildungsbesitz der antiken Mythologie zehrt, artistisch, sofern ein Sprachkunststück so vorgemacht wird, daß es als Kunststück Aufmerksamkeit und Bewunderung heischt. Das Gedicht spricht kein Erlebnis aus und fordert nicht dazu auf, in ein Erlebnis einzutreten. Es ist vom Erlebnis so weit entfernt wie Echo vom Geliebten. Das Sprachspiel spielt mit dem Thema Liebe; es ist nicht Ausdruck, sondern Analogie des Liebesspiels.

SPRACHLICHE SPAZIER-LUST.
JOHANN KLAJ:
»HELLGLÄNTZENDES SILBER ...«

»Hellgläntzendes Silber/ mit welchem sich gatten
Der astigen Linden weitstreiffende Schatten/
Deine sanfftkühlend-beruhige Lust
   Ist jedem bewust.
Wie solten Kunstahmende Pinsel bemahlen
Die Blätter? die schirmen vor brennenden Strahlen/
Keiner der Stämme/ so grünlich beziert/
   Die Ordnung verführt.
Es lisplen und wisplen die schlupfrigen Brunnen/
Von ihnen ist diese Begrünung gerunnen/
Sie schauren/ betrauren und fürchten bereit
   Die schneyichte Zeit.«[1]

Johann Klaj (1616-1656) war Mitbegründer des 1644 entstandenen Pegnesischen Blumenordens. Eine Zeit, die
Dichtung als Verbreitungsmittel und Zeugnis geselliger
Kultur auffaßte, konnte Schriftsteller und Publikum in
Vereinen zusammenführen, die Pflege der Sprache, der
Poesie und der Sitten als Einheit verstanden und proklamierten. Der Nürnberger »Hirten- und Blumenorden«
war eine Institution des Stadtadels, des Großbürgertums
und der Akademikerschaft, die im fernen Strahlungsfeld
höfischer Barockkultur stand. Wie das barocke Schloß in
die Natur ausgreift, um sie im französischen Park architektonisch zu organisieren und sich als repräsentativem Zentrum zuzuordnen, pflegt die aristokratische Gesellschaft
die Schäfermode als künstliches Spiel von Naturzuständen
in artifiziell zubereiteten Naturkulissen, und die Pegnitzschäfer taten es ihr ästhetisch raffiniert und moralisch bieder nach.

So läßt Sigmund von Birken, ein prominenter Pegnitzschäfer, in der Schäferdichtung »Floridans Verliebter und Geliebter Sireno« den Liebesgott Cupido aus dem griechischen Idealland der Hirtendichtung auswandern, das inzwischen von den Türken beherrscht wird. Weil »jetzund die so liebe Gegend/ von lauter groben wilden Leuten« bewohnt wird, kehrt er bei den kultivierten Nürnbergern ein, wo die Schäferinnen »Oberröcklein« aus Taffet, die Schäfer bestickte Taschen und die Schäflein rote und blaue Bänder tragen.[2]

Das ist die Sphäre von Klajs Gedicht, das im Gründungsjahr des Blumenordens im Druck erschien. Der gebildete Städter im Hirtenkostüm umspielt sensibel eine vorhandene Ordnung und genießt die Lust der Grenzgänge zwischen Impression und Organisation. Das Flüstern der Brunnen, der gleitende Wechsel von lichtem Silber und Schatten im Lindenblattwerk, das Moos an den Baumstämmen sind Bezeugungen spontaner Natur, die als grünliche Zier sich zum Ornament fügt, zugleich dieses Ornament ermöglichend: vom Quell ist die Begrünung »gerunnen«. Kein »kunst-(nach)ahmender Pinsel« könnte dieses Bild malend hervorbringen, und doch mutet es in seiner kühlen, allen wildromantischen Landschaftseffekten und aller Lichtdramatik abgeneigten Harmonie wie eine klassizistische Silberstiftzeichnung an. Und überbietet sie: Die Poetik der Nürnberger Dichterschule versteht Poesie als Malen mit Worten und Klängen. So wird untergründig in dem bescheidenen Gedicht ein Wettstreit der Künste ausgetragen. Was kein Pinsel könnte, kann die Sprache, denn der Pinsel hält fest, die Sprache aber vollführt die geordnete Bewegung, von der sie spricht.

Ihr metrisches Grundelement ist der Daktylus, bestehend aus einer Hebung mit zwei folgenden Senkungen, von denen am Versende eine entfällt. Da diese Daktylen in den ersten beiden Versen aller drei Strophen mit einem Auftakt eingeleitet werden, flutet der daktylische Rhythmus über

die Versgrenzen hinweg und verbindet die Senkung des
letzten Daktylus im Vers jeweils mit der ersten Senkung des
folgenden Verses, die durch den Auftakt gegeben ist:

˘ — ˘ ˘ — ˘ ˘ — ˘ ˘ ˘ — ˘
»Hellgläntzendes Silber / mit welchem sich gatten

˘ — ˘ ˘ — ˘ ˘ — ˘ ˘ — ˘
Der astigen Linden weitstreiffende Schatten ...«

Das Gleichmaß der sanften rhythmischen Bewegung wird
nun in den dritten Zeilen der beiden ersten Strophen hart
gebrochen, weil sie mit einem auftaktlosen Daktylus begin-
nen und mit einem Choriambus (Hebung, zwei Senkungen,
Hebung) enden, wogegen die Schlußzeilen wieder mit Auf-
takt einsetzen, doch gleichermaßen in den Choriambus lau-
fen:

— ˘ ˘ — ˘ ˘ — ˘ ˘ —
»Deine sanfftkühlend-beruhige Lust.

˘ — ˘ ˘ —
Ist jedem bewust.«

Die so entstehende metrische Zweiteiligkeit der Strophen
unterstreicht, daß das geschmeidige Wahrnehmen und Fra-
gen angesichts der Natur zu sentenzenhaften Prägungen
führt: Bewegung und Ordnung. Erst die dritte Strophe, die
vom fließenden Wasser spricht, fließt selbst gleichförmig
weiter, indem sie den dritten Vers gleicherweise mit Auf-
takt beginnen läßt. Doppelt stark wirkt deshalb die auch
hier durchgehaltene Aufeinanderfolge der Choriamben am
Schluß des dritten und vierten Verses mit ihrem feststellen-
den Charakter. Er gehört jetzt nicht mehr dem denkenden
Menschen zu, sondern der im Winter festgestellten Natur.
Wie Licht und Schatten ineinandergleiten, gleiten Klang-
verwandtschaften der Wörter durch das Versinnere, ver-
vielfältigen Binnenreime (lisplen – wisplen / schauren – be-
trauren) das Beziehungsspiel der Endreime. Das Barock
liebt Echo-Effekte als Vergänglichkeitssignale und treibt

deshalb gern Reimkunststücke, denn jeder Reim hat etwas vom Echo, das Wort und Antwort bindet und zugleich die Bindung verflüchtigt. Echo folgt dem Ruf sofort und kann ihn doch nie erreichen – er ist vergangen, wenn das Echo kommt, das seinerseits schon hinstirbt, indem es ertönt.

Doch noch sind die Klänge nicht übermächtig. Die erste Strophe entwirft einen optischen Eindruck, die zweite reflektiert, und erst die dritte setzt den Trumpf des akustischen Phänomens Sprache ein, um den akustischen Eindruck des quellenden Wassers zu erzeugen. Auch die schneeichte Zeit ist nicht gesehen; sie ist kontrastiv zum Gesehenen imaginiert, und die Imagination ist durch das im rinnenden Wasser hörbare Verfließen der Zeit geweckt. Lispelnd und wispelnd, schaurend und betraurend ahmen die Wortklänge das Wassergeräusch nach und zeigen damit das Doppelgesicht der Sprache nach barocker Theorie: als Zeichensystem Nachklänge von Naturlauten zu enthalten: das Rollen des Donners, das Muhen der Kuh, das Tirilieren der Vögel, das Flüstern der Blätter usw. Es ist die Doppeleigenschaft der Sprache, wie die bedichtete Landschaft Natur und Kunst zu sein.

Was geht uns diese sprachliche Spazierlust eines vergessenen Autors an? Sie entfaltet im Wortsinn den Bild- und Klangzauber einer hoch trainierten Kunstsprache, die, im Barock geschaffen, seit der Klassik selbstverständlich zur Verfügung steht. Nicht von ungefähr singen die Geister, die Faust einschläfern, damit Mephistopheles entkommen kann, ähnlich Daktylisches: »Schwindet, ihr dunkeln/ Wölbungen droben!/ Reizender schaue/ Freundlich der blaue/ Äther herein!« Doch Klajs Verse stehen nicht nur in einer literarischen Entwicklung, in der wir uns wiederfinden, sie sind auch unmittelbar zu uns, über spätere Epochen entfalteter lyrischer Stimmung und Symbolik hinweg. Sie sind modern, wenn denn nervöses, chiffrenhaftes, intellektuelles

Sprechen von Kunst über Kunst modern genannt werden kann.

Sie sind weiter modern, weil sie zuletzt einen Sinn aus sich entlassen, der wie ein verhaltener Schlag trifft: Verweist die erste Strophe leise, fast mokant auf Begattung und Liebeslust, so die letzte auf den Tod. Dazwischen und darüber Bewußtsein, Ordnung, Form. Die Elemente, das Elementare der Natur als »sanfftkühlend-beruhige Lust« im tänzerischen Schrittmuster der Daktylen! *Carpe diem* und *Memento mori*, so oft im Barock mit ausschweifender Rhetorik verkündet, sind im bewegten Sprachgitter von Licht und Schatten. Die fremde Welt ist unsere Welt.

Sie ist es bis hin zu der Ahnung, die eine Gewißheit des Symbolismus, etwa bei Conrad Ferdinand Meyer, werden wird: daß die vom Menschen souverän gehandhabte Kunstform das Leben verherrlicht, überbietet und widerlegt, indem sie es tödlich erstarren läßt. Die Stämme der Linden, die wie eine Front exerzierender Soldaten dem Gebot der Linie gehorchen und so den Sündenfall diffus wuchernden Lebens vermeiden; die »geronnene«, und das heißt auch die im forcierten Arrangement des barocken Parks erstarrte Begrünung lassen den Winter in den Sommer vorgreifen oder echohaft in ihm nachklingen. Die durchsonnte Landschaft erlangt ihren Glanz unter einem Hauch von Frost, der einen Augenblick vor Lust erschauern macht.

DER DICHTER ALS VORBILDLICH
FÜHLENDER.
FRIEDRICH GOTTLIEB KLOPSTOCK:
»DIE FRÜHLINGSFEYER«

»Nicht in den Ozean der Welten alle
Will ich mich stürzen! schweben nicht,
Wo die ersten Erschaffnen, die Jubelchöre der Söhne des Lichts,
Anbeten, tief anbeten! und in Entzückung vergehn!

Nur um den Tropfen am Eimer,
Um die Erde nur, will ich schweben, und anbeten!
Halleluja! Halleluja! Der Tropfen am Eimer
Rann aus der Hand des Allmächtigen auch!

Da der Hand des Allmächtigen
Die größeren Erden entquollen!
Die Ströme des Lichts rauschten, und Siebengestirne wurden,
Da entrannest du, Tropfen, der Hand des Allmächtigen!

Da ein Strom des Lichts rauscht', und unsre Sonne wurde!
Ein Wogensturz sich stürzte wie vom Felsen
Der Wolk' herab, und den Orion gürtete,
Da entrannest du, Tropfen, der Hand des Allmächtigen!

Wer sind die tausendmal tausend, wer die Myriaden alle,
Welche den Tropfen bewohnen, und bewohnten? und wer bin ich?
Halleluja dem Schaffenden! mehr wie die Erden, die quollen!
Mehr, wie die Siebengestirne, die aus Strahlen zusammenströmten!

Aber du Frühlingswürmchen,
Das grünlichgolden neben mir spielt,
Du lebst; und bist vielleicht
Ach nicht unsterblich!

Ich bin heraus gegangen anzubeten,
Und ich weine? Vergieb, vergieb

94

Auch diese Thräne dem Endlichen,
O du, der seyn wird!

Du wirst die Zweifel alle mir enthüllen,
O du, der mich durch das dunkle Thal
Des Todes führen wird! Ich lerne dann,
Ob eine Seele das goldene Würmchen hatte.

Bist du nur gebildeter Staub,
Sohn des Mays, so werde denn
Wieder verfliegender Staub,
Oder was sonst der Ewige will!

Ergeuß von neuem du, mein Auge,
Freudenthränen!
Du, meine Harfe,
Preise den Herrn!

Umwunden wieder, mit Palmen
Ist meine Harf' umwunden! ich singe dem Herrn!
Hier steh ich. Rund um mich
Ist Alles Allmacht! und Wunder Alles!

Mit tiefer Ehrfurcht schau ich die Schöpfung an.
Denn Du!
Namenloser, Du!
Schufest sie!

Lüfte, die um mich wehn, und sanfte Kühlung
Auf mein glühendes Angesicht hauchen,
Euch, wunderbare Lüfte,
Sandte der Herr! der Unendliche!

Aber jetzt werden sie still, kaum athmen sie.
Die Morgensonne wird schwül!
Wolken strömen herauf!
Sichtbar ist, der komt, der Ewige!

Nun schweben sie, rauschen sie, wirbeln die Winde!
Wie beugt sich der Wald! wie hebt sich der Strom!
Sichtbar, wie du es Sterblichen seyn kanst,
Ja, das bist du, sichtbar, Unendlicher!

Der Wald neigt sich, der Strom fliehet, und ich
Falle nicht auf mein Angesicht?
Herr! Herr! Gott! barmherzig und gnädig!
Du Naher! erbarme dich meiner!

Zürnest du, Herr,
Weil Nacht dein Gewand ist?
Diese Nacht ist Segen der Erde.
Vater, du zürnest nicht!

Sie komt, Erfrischung auszuschütten,
Über den stärkenden Halm!
Über die herzerfreuende Traube!
Vater, du zürnest nicht!

Alles ist still vor dir, du Naher!
Rings umher ist Alles still!
Auch das Würmchen mit Golde bedeckt, merkt auf!
Ist es vielleicht nicht seelenlos? ist es unsterblich?

Ach, vermöcht' ich dich, Herr, wie ich dürste, zu preisen!
Immer herlicher offenbarest du dich!
Immer dunkler wird die Nacht um dich,
Und voller von Segen!

Seht ihr den Zeugen des Nahen den zückenden Strahl?
Hört ihr Jehova's Donner?
Hört ihr ihn? hört ihr ihn,
Den erschütternden Donner des Herrn?

Herr! Herr! Gott!
Barmherzig, und gnädig!

Angebetet, gepriesen
Sey dein herlicher Name!

Und die Gewitterwinde? sie tragen den Donner!
Wie sie rauschen! wie sie mit lauter Woge den Wald durchströmen!
Und nun schweigen sie. Langsam wandelt
Die schwarze Wolke.

Seht ihr den neuen Zeugen des Nahen, den fliegenden Strahl?
Höret ihr hoch in der Wolke den Donner des Herrn?
Er ruft: Jehova! Jehova!
Und der geschmetterte Wald dampft!

Aber nicht unsre Hütte!
Unser Vater gebot
Seinem Verderber,
Vor unsrer Hütte vorüberzugehn!

Ach, schon rauscht, schon rauscht
Himmel, und Erde vom gnädigen Regen!
Nun ist, wie dürstete sie! die Erd' erquickt,
Und der Himmel der Segensfüll' entlastet!

Siehe, nun komt Jehova nicht mehr im Wetter,
In stillem, sanften Säuseln
Komt Jehova,
Und unter ihm neigt sich der Bogen des Friedens!«[1]

Die Erscheinung Gottes im Gewitter – das ist eines der mächtigen Bilder der Bibel, in denen sich Naturerfahrung und Gotteserfahrung miteinander verbinden: »Unser Gott kommt und schweiget nicht. Fressend Feuer gehet vor ihm her und um ihn her ein groß Wetter. Er rufet Himmel und Erde, daß er sein Volk richte«, sagt der 50. Psalm (3/4, vgl. a. Psalm 29). Das Barock, die fruchtbarste Epoche deutscher protestantischer Kirchenlieddichtung, hat unter seinen Notliedern eigene »Lieder, beim Gewitter zu singen«, die den Zorn Gottes verkünden und den Menschen zur

Buße rufen.[2] Es zeigt den Wandel der Zeiten an, wenn sich seit dem frühen 18. Jahrhundert die Gotteserfahrung im Gewitter ändert: der Hamburger Patrizier Barthold Hinrich Brockes (1680-1747) schildert in seinem »Irdischen Vergnügen in Gott«, das in seinen Gedichten die religiöse Natursicht der Frühaufklärung exemplarisch ausspricht, »die auf ein starkes Ungewitter erfolgte Stille«.[3] Er malt dabei kräftig die Schrecken des Gewitters aus, aber wichtiger als der Grimm Gottes im Unwetter ist jetzt der Segen für Mensch und Natur geworden, der aus dem Gewitter quillt.

Auch »Die Frühlingsfeyer« Klopstocks (1724-1803) könnte als ein »Lied beim Gewitter zu singen« betrachtet werden, und wie das Gedicht von Brockes betont es – soviel zeigt schon die flüchtige Lektüre – stärker die Gnade als den Zorn Gottes. Trotz dieser geistesgeschichtlichen Verwandtschaft ist Klopstocks Ode nicht nur vom älteren Gewitter-Lied, sondern auch von Brockes' Gedicht wesentlich verschieden. Brockes verwendet Alexandrinerverse, sechshebige Jamben mit Mittelzäsur. Dieses Lieblingsmetrum des Barock, das Versmaß der klassizistischen französischen Tragödie, ist ursprünglich ein Vers der pathetischen Spannung, des rhetorischen Auftrumpfens. Bei Brockes sind die Alexandriner behäbig geworden. Er schildert und folgert, baut logisch und optisch eine Beschreibung auf: eine rationale Reimkunst, die einer aufklärerischen vernünftigen Gottesverehrung entspricht. Klopstocks »Frühlingsfeyer« gehört in die Gruppe der freirhythmischen religiösen Oden, die, 1754 durch das Gedicht »Die Genesung« präludiert, dichtungsgeschichtlich vielleicht die bedeutendste Leistung Klopstocks darstellen. Sie entspringen einem Selbstverständnis des Dichters als Propheten. Schon die Abiturrede des Einundzwanzigjährigen[4] versteht den Dichter als Gesendeten Gottes gleich Moses. Diese Selbstdeutung bestimmt Klopstocks Leben und durchzieht sein Werk. »Herr! Herr! Gott! Barmherzig, und gnädig!« – die zweimalige Anrede Gottes in unserem Gedicht ist ein wörtliches Bibelzitat, nämlich die Selbstprädikation Jehovas vor der Bundeserneuerung mit Moses auf dem Berg Sinai (2. Mos. 34,6): wie Moses steht der Sänger der »Frühlingsfeyer« im Wetter Gottes als Empfänger und Verkündiger der Offenbarung (vgl. 2. Mos. Kap. 19 u. 20), wie Moses ist er in der Empfängnis der Offenbarung bis in den Grund seiner Seele erschüttert, während Brockes in der Distanz der Betrachtung verweilt. Der antike Dithyrambus, von Klopstock als Gesang regelloser Begeisterung verstanden, und die Psalmen, als Hymnen enthusiastischer Gehobenheit erlebt, führen Klopstock zu seiner neuen freirhythmischen Lyrik, die auf Reim und Versmaß als Regularitäten verzichtet. Form wird radikal vom Ausdruck her gewonnen. Das Wehen des Geistes durchbricht alle Schranken. Ein großartiger hymnischer Aufschwung geht durch die »Frühlingsfeyer« und trägt in freier Folge von Bild zu Bild, von Expression zu Expression.[5]

Der expressiv-assoziative Stil der Klopstockschen Ode macht es schwer, ihr thematisches Zentrum zu bestimmen. Das Gedicht scheint aus ziemlich verschiedenartigen Elementen zu bestehen. Eine grobe Gliederung erschließt nicht eine, sondern drei thematische Einheiten innerhalb des Werkes: Die Strophen 1-5 umkreisen das Motiv der Allmacht des Schöpfers, der Größe der Schöpfung und der Stellung des Menschen in ihr. Die Strophen 6-9 erwägen in der Wendung zum Frühlingswürmchen das Verhältnis der außermenschlichen Kreatur zu Gott. Die Strophen 10-12 leiten über zur lyrischen Darstellung eines Gewitters, der die restlichen Strophen des Gedichts gewidmet sind (Strophen 13-27).[6] Den gedanklichen entsprechen jeweils rhythmische Zäsuren, wobei der Haupteinschnitt nach Strophe 9, also nach dem ersten Drittel des Gedichts, liegt.

Auch der Titel der Ode führt bei der Bestimmung des thematischen Einheitspunktes zunächst nicht recht weiter.

In der Erstveröffentlichung im 94. Stück des zweiten Bandes des »Nordischen Aufsehers« vom 2. August 1759 heißt das Werk »Eine Ode über die ernsthaften Vergnügungen des Landlebens«.[7] Erst in der Ausgabe der Oden von 1771, deren von der Erstausgabe abweichende Textfassung hier zugrundegelegt wird, erscheint die Überschrift »Die Frühlingsfeyer«, die prägnanter, aber freilich auch etwas befremdlich ist. Denn keineswegs liegt ein Frühlingsgedicht im üblichen Sinne vor. Außer den Bezeichnungen »Frühlingswürmchen« (6), »Sohn des Mays« (9) deutet nichts auf ein Jahreszeitengedicht hin, da ja das Gewitter ebensogut als Sommer- wie als Frühlingsgewitter denkbar wäre. Einzig der zweite Wortbestandteil der Überschrift wirkt ohne weiteres aufschließend – tatsächlich hat die Ode eine Feier zum Gegenstand, besser: sie *ist* eine Feier. Sie zeigt eine solche Steigerung des Gefühls und der Sprache, daß der ursprüngliche, etwas an Brockes' graziöse Altväterlichkeit gemahnende Titel mit seinen »ernsthaften Vergnügungen« recht unangemessen erscheint.

Diese Feier vollzieht sich in der Natur. Ihr Anlaß ist das Landleben, sie spielt also in einem Lebensumkreis des Menschen. Sie ist aber zugleich kosmische Feier, denn Klopstock versteht Natur nicht naiv geozentrisch-anthropozentrisch; sein Weltbild ist das der Naturwissenschaft seiner Zeit und hat die unendliche Bewegtheit und Weite des Kosmos in sich aufgenommen. Klopstock grenzt zwar anfänglich sein Vorhaben ab (1 und 2); er singt die Welt und nicht das Weltall und auf dieser Welt nur ein Gewitter und die Begegnung mit einer kleinen Kreatur, aber es gehört zu diesen Erlebnissen ein Schauer der Unendlichkeit, ein untergründig gegenwärtiges Gefühl kosmischer Größenordnungen, in denen der Mensch nur ein Staubkorn, die Erde nur ein Tropfen am Eimer gegenüber dem »Ozean der Welten« (1) ist.[8] So wird in zwei Anfangsstrophen (3 und 4) ein grandioses Fresko der Kosmogonie entworfen und damit ein Maß aufgerichtet für das im menschlichen Raum bleibende eigentliche Geschehen des Gedichts. Klopstock will nicht Idyllik des Frühlings und Intimität der Stimmung. Jeder Vorgang, noch die Wendung zum Frühlingswürmchen, vollzieht sich auf kosmischer Bühne, im Angesicht des Alls.

Vor dieser Unendlichkeit des Kosmos, die sich in der unendlichen Vielgestaltigkeit auf der Erde widerspiegelt, wird das Leben des Menschen fragwürdig, und Klopstock geht nicht in unverbindlicher Festlichkeit über diese Frage hinweg. Er stellt sich ihr (5):

> »Wer sind die tausendmal tausend, wer die Myriaden alle,
> Welche den Tropfen [die Erde] bewohnen, und bewohnten?
>
> und wer bin ich?«

Dieses Fragmal ist zentral in Klopstocks Dichtung und taucht auch in anderen Oden wieder auf.[9] Die Antwort liegt im Glauben an einen persönlichen Schöpfergott. Klopstock ist noch entfernt von der Vergötterung der »Mutter Natur«, welche die Sturm-und-Drang-Genies pflegten. Er wird durch die Anschauung der Natur, wie er in seiner dem Erstdruck der »Frühlingsfeyer« beigegebenen Einleitung ausführt, »zu Betrachtungen über Den, der dieß alles, und wie viel mehr noch! gemacht hat, erhoben«. Zu den ersten Schöpfungstaten gehört die Erschaffung liebender und geliebter Wesen, der »Jubelchöre der Söhne des Lichts« (1). Die Erde rann als Tropfen aus der Hand des Allmächtigen, und auch die Naturerscheinungen, denen der Mensch jetzt und hier begegnet, das Wehen der Winde, das Ziehen der Wolken, Donner und Blitz usw., sind Chiffren der persönlichen Offenbarung eines »Herrn« (11 u.ö.) und »Vaters« (17 u.ö.). Nicht ein anonymes Weltgesetz, sondern eine personale Vatergottheit ist in der Welt wirksam; ein Du, ein ansprechbares Gegenüber, das die unendliche Weite der Räume mit seiner Allgegenwart füllt.[10] Auch vom Architekten- und Ingenieurgott des Deismus, der sein planvoll funktionierendes Werk sich selbst überläßt, ist Klopstock streng geschieden.[11]

Der im Weltall verlorene Mensch gewinnt einen archimedischen Punkt aus seiner Partnerschaft mit Gott. Er ist ein Staubkorn, gemessen an der Weite des Kosmos und der Unendlichkeit Gottes, aber er ist zugleich legitimer Erbe dieser Welt in seiner Personalität, als Gottes Kind von Gottvater geschaffen, mit einer unsterblichen Seele begabt und zur Antwort gerufen. Dem Wunderbau des Kosmos steht das Wunder der seelischen Innenwelt des Menschen gegenüber, aus der er getrost seinen Aufschwung zum Lobpreis Gottes und der Schöpfung nehmen kann[12] – ist doch selbst sein zunächst so verstörendes Bewußtsein der Grenzenlosigkeit der Welt ein Zeugnis für die unbegrenzte Ahnungsfähigkeit seiner Seele und seines Geistes. Auf die bange Frage: Wer bin ich? kann der Sänger sich deshalb in der gleichen Strophe (5) die stolze Antwort geben:

> »Halleluja dem Schaffenden! mehr wie die Erden, die quollen!
> Mehr, wie die Siebengestirne, die aus Strahlen zusammen-
> strömten!«[13]

In dieser Antithese, die Klopstock in einer andern Ode prägnant zusammenrafft: »Staub, und auch ewig!«[14], scheint bei flüchtiger Betrachtung nichts anderes zu liegen als die alte Paradoxie des lutherischen Glaubens. Bei näherem Zusehen aber wird eine Verschiebung erkennbar: Bei Luther war der Christ Sünder und gerecht zugleich – tiefgreifend verdorben durch die Sünde, gerecht allein durch den Glauben an die Gnade in Christus. Bis hin zu Paul Gerhardt, ja noch bis zu Gellert ist die dichterische Darstellung des Verhältnisses zwischen Gott und Mensch vom Sündengedanken bestimmt. Der ehemalige Theologiestudent Klopstock ist zwar, verglichen mit den meisten Theologen seiner Zeit, erstaunlich christozentrisch in seinem dichterischen Weltbild, wie die »Messiade« als sein Hauptwerk zeigt, aber das Sündenerlebnis hat sich doch bei ihm entscheidend abgeschwächt. Sein Verlorenheitsgefühl kommt aus dem Bewußtsein nicht wesentlicher Verderbnis, sondern verschwindender Kleinheit des Menschen vor Gott. Er ist der »Endliche« (7) – eine bei Klopstock bevorzugte Charakterisierung des Menschen – vor dem Unendlichen. Christus ist noch mehr Garant der zukünftigen himmlischen Vollendung des Menschen als Retter aus der irdischen Sündennacht. Eine weitere Umbildung des Glaubens gegenüber Luther kommt hinzu, die Verlorenheit des Menschen leichter zu überwinden. Der Gott des Reformators ist ein verborgener Gott, *deus absconditus*; der Gott Klopstocks aber ist bei aller Erhabenheit nah und in seiner Güte stets offenbar:

> »Gott, du bist Vater der Wesen
> Nicht nur, daß sie wären;
> Du bist es, daß sie auf ewig
> Glückselig wären!
> . . .
> Warum, da allein du dir genug warst, Erster, schufst du?
> Zahllosen Schaaren Seliger
> Wolltest du der unerschöpfliche Quell
> Ihrer Seligkeit seyn!«

So heißt es in der Ode »Die Glückseligkeit Aller«.[15] Wohl bieten die Teufel in Klopstocks »Messias« ein erhabenes Schauspiel des Aufruhrs, aber der Raum ihrer wirklichen Macht ist eng gezogen, und das aktuelle Ringen zwischen Gott und den Mächten der Finsternis in der Seele des Menschen tritt zurück. Nicht die lutherische Frage: Wie bekomme ich einen gnädigen Gott? ist Zentralthema, sondern eine andere, durch die Klopstock nahe an Leibniz heranrückt: Wie offenbart sich die Gnade Gottes in Welt und Mensch?

Nur scheinbar haben die vorstehenden Erwägungen von

der Interpretation der »Frühlingsfeier« abgeführt; in Wirklichkeit ist mit der letzten Frage der Ansatz für den weiteren Gang des Gedichts nach dem Auftakt der Strophen 1-5 gefunden. Der Mensch, in den unausdenkbaren Weiten des Kosmos durch seine Gotteskindschaft geborgen[16], feiert die in der Welt, in der Natur allgegenwärtige und allsichtbare Güte Gottes.[17] Der unendliche Gott wird als der sichtbare (14-15) und der nahe gepriesen (16, 19, 21, 24), er ist herrlich (20, 22), barmherzig und gnädig (16, 22), und seine Bezeugungen in der Natur sind dem entsprechend wohltätig: wunderbare Lüfte (13), stärkender Halm (18), herzerfreuende Traube (18), sanfte Kühlung (13), gnädiger Regen (26). Der Kosmos ist in allen Teilen Harmonie und Zusammenstimmung, Repräsentation der Liebe Gottes:

> »Hier steh ich. Rund um mich
> Ist Alles Allmacht! und Wunder Alles!« (11)

In diesen Zusammenhang ordnen sich nun auch die beiden speziellen Motive ein, die wir beim Versuch einer thematischen Bestimmung schon herausheben konnten: das Motiv des »Frühlingswürmchens« und das des Gewitters. Durch sie vertieft sich der Lobpreis der Schöpfung und des Schöpfers zur Theodizee. In beiden Bildkreisen verbirgt sich nämlich das gleiche, in jeder Theodizee zentrale Problem: die Rolle der zerstörerischen Kräfte in der Ordnung Gottes. Das Problem stellt sich zunächst als Frage nach dem Tod. Liebend wendet sich der Mensch zum »Frühlingswürmchen« und bangt darum, ob die Unsterblichkeit auch der außermenschlichen Kreatur verliehen sei:

> »Aber du Frühlingswürmchen,
> Das grünlichgolden neben mir spielt,
> Du lebst; und bist vielleicht
> Ach nicht unsterblich!
>
> Ich bin heraus gegangen anzubeten
> Und ich weine?« (6 u. 7)

Hat Gott Vernichtung zugelassen? Darum geht es, und das heraufziehende und sich entladende Gewitter bringt noch einmal die gleiche Ungewißheit. Gewaltig und gefährdend geht das Gewitter über die Erde hin:

> »Der Wald neigt sich, der Strom fliehet, und ich
> Falle nicht auf mein Angesicht?
> Herr! Herr! Gott! barmherzig und gnädig!
> Du Naher! erbarme dich meiner!«   (16)

> »Seht ihr den Zeugen des Nahen den zückenden Strahl?
> Hört ihr Jehova's Donner?
> Hört ihr ihn? hört ihr ihn,
> Den erschütternden Donner des Herrn?«   (21)

> »Seht ihr den neuen Zeugen des Nahen, den fliegenden Strahl?
> Höret ihr hoch in der Wolke den Donner des Herrn?
> Er ruft: Jehova! Jehova!
> Und der geschmetterte Wald dampft!«   (24)

Ein Tremendum bricht hier in Klopstocks harmonische Welt ein, und für einen Moment wird eine Bedrohung der Welt von Gott her sichtbar – gleich erschütternd als verborgener Kern des Todes in der Kreatur wie als dramatisches atmosphärisches Geschehen.

Gottes Selbstoffenbarung vor Moses als »Herr! Herr! Gott! barmherzig und gnädig!« wird in dieser Situation im Munde des Sängers zur Berufung auf die göttliche Gnadenzusage, wie sie sich ähnlich bei Moses findet. Ihre Erfüllung läßt den Schatten flüchtig, Klopstocks Welt heil bleiben. In drei parallel geführten Empfindungsbögen (6-12, 13-19, 20-27) wird die Seele vom Unbegreiflichen angesprochen und beunruhigt, aber zu dem Ende, daß sie sich durch Zuversicht und Ergebung wieder zum Lobpreis erhebt. Aus der Gewißheit des Gefühls wird das Bewußtsein der Harmonie der Gottesordnung selbst im Moment der scheinbaren Bedrohung festgehalten. Mehr noch – wie der Unendlichkeitsschauer die ganze Weite des menschlichen Ahnungsvermögens zeigt und damit die Gotteskindschaft besiegelt, wird auch in der Erfahrung des Numinosen der Gottheit die besondere Größe der menschlichen Seele und damit ihre Nähe zu Gott erst recht gesichert. Wohl bezeugt sich Gott in der Natur, aber die Seele hat eine unmittelbare Gewißheit kraft innerer Erfahrung des Offenbarungswortes, durch die erst die Hieroglyphen aufgelöst werden können, in denen sich Gott in den Phänomenen der Schöpfung ausspricht. Die Seele weiß, daß Gott gut ist, und deshalb bringt die Mächtigkeit oder Unerforschlichkeit seiner Bezeugung keine Verstörung, nur tiefere Ahnung der Herrlichkeit und Allgewalt Gottes mit sich, die dem lediglich rationalen Denken undurchdringlich ist. Nicht in einer die Natur betreffenden Überlegung, vielmehr im Vertrauen seiner Seele auf Gott findet der Mensch Trost für seine Ungewißheit über das Schicksal der Kreatur.

> »Unser Vater gebot
> Seinem Verderber,
> Vor unsrer Hütte vorüberzugehn!«

In der Rettung aus der Bedrohung erneuert sich, was Gott seinem Volk in der ägyptischen Gefangenschaft zugesagt und erfüllt hat: »daß ... ich an euch vorübergehe und euch nicht die Plage widerfahre« (Ex. 12,13). Wie der gütige Gott den Menschen durch das dunkle Tal des Todes zum Licht führt, wird er auch der Kreatur ein gutes, wenngleich jetzt noch ungewisses Schicksal bereiten (7-9). Genauso wird das Gewitter im Glauben bestanden und der erschütternde Gott nur um so mehr als der gnädige und herrliche erfahren: »Immer herlicher offenbarest du dich!« (20). Gerade in den das Gewitter schildernden Strophen treten die Attribute der Güte und Nähe der Gottheit betont auf und vergegenwärtigen in ihrer Verschränkung mit den Metaphern der Kraftäußerung die innere Einheit der Gnaden- und Allmachterfahrung. Der Allmächtige ist der Allgütige. Das Gedicht ist in einer erstaunlichen Weise alttestamentlich orientiert. Aber das Alte Testament ist aus der Perspektive des Neuen Testaments gelesen, auch wenn Christus nicht genannt wird. Im Bezug auf die Allgüte, nicht in der Bedeutung des Mirakulösen, spricht Klopstock in seinem Gedicht vom Wunder. Und Gott antwortet dem, der ihn so versteht. Er bringt die Kreatur zum Aufhorchen und gibt in dieser Offenbarung auch dem Würmchen Lebenshoffnung (19). Seine Rettung liegt wohl schon darin, daß es »Frühlingswürmchen« ist, vielleicht ein zukünftiger Schmetterling, Seelen- und Auferstehungssymbol zugleich, Gegenbild zum »Sündenwurm«, als der sich der Mensch in der Sünden- und Bußdichtung des 17. und frühen 18. Jahrhunderts mit Vorliebe sieht. Das Gewitter, das Zerstörung scheinen könnte, ist Segensfülle (26 u. ö.). Der Wald wird geschmettert, nicht zerstört, und an der Hütte des Menschen geht der Blitz vorüber (24, 25).

Daß das Theodizeeproblem bei Klopstock aus der Innerlichkeit des Gefühls gelöst wird, nicht aus dem Vernunftdenken wie etwa bei Leibniz, gibt Klopstock die Möglichkeit einer im modernen Sinn spezifisch dichterischen Aussage seines Weltbildes. Denn wo das rationale Denken allein die Weltordnung zu fassen vermag, kann Dichtung als rhetorischer Schmuck zu dem außerhalb des dichterischen Bereichs konstituierten Weltbild hinzutreten oder einzelne Tatbestände sensuell und gemüthaft verdeutlichen – auf dieser Stufe steht Brockes. Erst wo die Tiefe der Seele zum Grund der Gottes- und einer universalen Welterfahrung wird, kann religiöse Weltalldichtung wie die ›Frühlingsfeyer‹ entstehen. Statt ein systematisches Gedankengebäude zu errichten, hat sie ihre Einheit im freien Schwingen des Gefühls, das im einzelnen ergriffenen Gegenstand immer die Ganzheit der Gnade Gottes gegenwärtig hat. Hier liegt auch die innere Begründung der freien Rhythmik des Hymnus. Die ›Frühlingsfeyer‹ ist zwar noch nicht unbedingtes

Ausströmen einer subjektiven Innenwelt wie der freie Rhythmus des Sturm und Drang. Die Feier bleibt – wenn auch enthusiastische – Wahrnehmung, und ihre einzelnen Gegenstände: Kosmos, Frühlingswürmchen, Gewitter, können herausgehoben werden. Der freie Rhythmus Goethes ist Seismogramm der Leidenschaft; der Klopstocks folgt noch weithin einem äußeren Geschehen der Natur, dem Schweben, Rauschen, Wirbeln der Winde, der Beugung des Waldes, dem geschmetterten Blitz (15, 21, 23, 24, 26). Dennoch stehen diese Erscheinungen auch bei Klopstock nicht für sich da. Sie sind in die Einheit eines Erlebnisses eingeschmolzen. Die feiernde Seele beschreibt nicht mehr eine vorgegebene Ordnung von Gegenständen, sondern ist in ihrer Bewegtheit autonom geworden, setzt ein eigenes inneres Maß und bedarf der Außendinge nur, um sich in ihnen zu spiegeln und zu bestätigen.

Wir könnten uns in der eingangs begonnenen Suche nach dem thematischen Zentrum der Ode mit dieser Einheit des Erlebnisses zufriedengeben. Das ist aber nicht angebracht, denn es gehört zu der Harmonie des Klopstockschen Weltbildes eine allseitige Entsprechung von Innen und Außen, ein prästabilierter Zusammenklang, in dem alles auf alles hinweist. Das Größte wird zur Analogie des Kleinsten, das Fernste zur Analogie des Nächsten, denn über alle Weiten der Räume und Zeiten hin bezeugt sich der ewig in all seinen Handlungen gleiche Gott. Gott ist der, »der seyn wird« (7)[18], der von Anbeginn Waltende, der Gegenwärtige und Zukünftige. Bruchlos kann das Gedicht, das Gottes Manifestationen verherrlicht, überspringen vom Präteritum der Schöpfungsgeschichte (1-5) in das Präsens des gegenwärtigen Gewittergeschehens, denn in Gott sind Raum und Zeit aufgehoben, und indem der Mensch den Blick auf ihn richtet, hat er Ewigkeit, Anfang und Ende im Augenblick.[19] Neben der kosmischen Perspektive, auf die wir schon hingewiesen haben, öffnet sich damit eine heilsgeschichtliche.

Das Geschehen der ›Frühlingsfeyer‹ vollzieht sich nicht nur im Angesicht des Weltalls, es vollzieht sich auch in der Versammlung von Anfang und Ende der Zeit im Fokus der Gegenwart des Gedichts.[20] Nicht zufällig erscheint die Schöpfung in Klopstocks kühn raffender Bildsprache als ein unvorstellbar großartiges Lichtgewitter: »Ströme des Lichts rauschten, und Siebengestirne wurden« (3), »ein Strom des Lichts rauscht', und unsre Sonne wurde« (4), »Ein Wogensturz [des Lichts] ... stürzte wie vom Felsen der Wolk' herab, und den Orion gürtete« (4) – das sind Metaphern, die vorweisen auf das Rauschen der Gewitterwinde (15, 23), das Rauschen des Regens (»schon rauscht, schon rauscht Himmel, und Erde vom gnädigen Regen!« [26]), das Heraufströmen und langsame Wandeln der schwarzen Gewitterwolke (14, 23, u.ö.). Gleich dem atmosphärischen Gewitter, das der Mensch in der Landschaft erlebt, ist auch die Schöpfung eine gewaltige, gewitterhafte Entladung göttlicher Kraft. Wenn die Schöpfung gnadenvoll die Welt ins Sein ruft, stellt das Gewitter sie reinigend, erquickend, befruchtend wieder her. Es »komt, Erfrischung auszuschütten« (18); »Nun ist, wie dürstete sie! die Erd' erquickt« (26). Wie nach dem Auftauchen der Erde aus den Wassern der Sintflut – der zweiten Schöpfung – neigt sich »der Bogen des Friedens« (27; Gen. 9,13-17). In jeder Geburt und Wiedergeburt, in jeder Krise und Erneuerung innerhalb des Kosmos wiederholt sich so das Wunder des ersten Schöpfungswerkes.

Mit dem Bild vom Bogen des Friedens ist nun aber der Mensch auch noch eigens angesprochen; denn der Bogen des Friedens ist ein Zeichen des Gottesbundes vornehmlich mit dem Menschen, und zwar eines Bundes, der auf einen Akt richterlicher Majestät Gottes folgt. Die Sintflut ist als Schöpfungserneuerung Gericht, und das Gewitter der ›Frühlingsfeyer‹ weist wie auf den Anfang der Zeiten auch zugleich auf ihr Ende, auf die Reinigung und Wiederherstel-

lung der Welt in Gericht und Auferstehung. Erst von diesem letzten Bezug her wird die affektive Hochspannung
voll begreiflich, in die der Mensch unserer Ode durch das
Gewitter hineingerissen wird. Nicht umsonst gebraucht der
Erschütterte immer wieder die Jehova-Prädikation. Das atmosphärische Geschehen ist Symbol für die letzte Epiphanie des richtenden Gottes und in der Rettung des bedrohten
Lebens zugleich Versprechen der Vollendung der Erlösung
und des Schöpfungswerkes am Jüngsten Tage: auch der
eschatologische Gott der Offenbarung Johannis erscheint
mit Blitz und Donner, unter dem Zeichen des Regenbogens
(Off. 4,3-5), und die Gebärde der Anbetung, die der Sänger
der ›Frühlingsfeyer‹ unter seiner rhetorischen Frage vollzieht – »Der Wald neigt sich, der Strom fliehet, und ich falle
nicht auf mein Angesicht?« (16) –, ist eine eschatologisch
bezogene Handlung. In der Johannes-Apokalypse fällt die
obere Gemeinde der Himmlischen und Erlösten in der Prosternation vor dem Lamme nieder (Off. 4,10; 5,8; 19,4),
genauso wie etwa der Prophet Hesekiel bei der Offenbarung des endzeitlichen Herrn (Ezech. 1,28). Der Vers:

»Sichtbar ist, der komt, der Ewige!«

spricht auch vom kommenden Gott. Bei aller Nähe zur
Aufklärungstheologie ist der theologisch gebildete Klopstock von ihr weit unterschieden auch durch diesen eschatologischen Akzent seiner religiösen Dichtung, der in geistesgeschichtlich verwandter Weise als Erbe des Pietismus bei
Hölderlin und in der Romantik wieder auftaucht. So ist
Hölderlins Erfahrung des Gewitters – »Denn unter allem,
was ich schauen kann von Gott, ist dieses Zeichen mir das
auserkorene geworden« schreibt Hölderlin am 4. Dezember 1801 an Boehlendorff – der Klopstockschen ›Frühlingsfeyer‹ näher als der Allegro-Satz »Gewitter Sturm« in Beethovens Sinfonie Nummer 6 »Pastorale« oder Goethes
Hymne »Grenzen der Menschheit«, denen das eschatologi

sche Moment fehlt. Mit dieser Erwägung ordnet sich auch das Thema vom Frühlingswürmchen als drittes tragendes Element der ›Frühlingsfeyer‹ in das Korrespondenzsystem zwischen Gewitterthema und Schöpfungsthema ein, denn die Frage des Gerichts ist die Frage der Auferstehung, der Unsterblichkeit, des neuen Himmels und der neuen Erde, ist letzten Endes die Frage, ob der Heilsratschluß Gottes allumfassend ist, wie der Dichter es ersehnt, der nicht nur in der Natur, sondern mit der Natur den Schöpfer loben möchte.

Der Umkreis der Klopstockschen Ode ist ausgeschritten, die Einheit, zu der sich die drei Themen ordnen, ist gefunden. In Gott sind Schöpfung, Erhaltung und Heimholung, Gericht und Gnade eins. Die Gerichts- und Gnadenoffenbarung im Zusammenhang des Gewitters ist vorgebildet in dem eingangs zitierten Buch der Psalmen (besonders der 18. Psalm, 10-17, ist voller deutlicher Anklänge an unser Gedicht), in der Offenbarung Johannis, in der Gewitteroffenbarung Gottes vor Moses auf dem Sinai, in der Erscheinung des Herrn vor dem Propheten Elia auf dem Berge Horeb in »stillem, sanftem Säuseln« nach dem Gewitter (1. Kön. 19,11-12), auf das die letzte Strophe der ›Frühlingsfeyer‹ in wörtlichem Zitat anspielt. Auch das Thema der Schöpfung tritt schon biblisch in diesen Vorstellungskreis – und hier liegt der letzte Bezugspunkt der Klopstockschen ›Frühlingsfeyer‹ – in der gewaltigsten Theodizee des christlich-jüdischen Geistes, im Buche Hiob, wo am Ende Gott vor Hiob erscheint und aus dem Wetter zu ihm spricht als der Herr, der die »Bande der Siebensterne zusammenbinden und das Band des Orion auflösen« kann (Hiob 38,31; vgl. Strophen 4 und 5 der ›Frühlingsfeyer‹), als der Schöpfer-, Richter- und Gnadengott, der dem zweifelnden Hiob die Herrlichkeit seiner Welt weist und das Leben des Geschlagenen erneuert, nachdem Hiob Buße getan hat. »Da merke auf, Hiob, stehe und vernimm die Wunder Gottes!« (Hiob

37,14) – das ist der Appell, der in der ›Frühlingsfeyer‹ widerklingt:

> »Auch das Würmchen mit Golde bedeckt, merkt auf!
> Ist es vielleicht nicht seelenlos? ist es unsterblich?« (19)

Das lyrische Ich der ›Frühlingsfeyer‹ ist feiernder Psalmist mit dem Saitenspiel (»Du, meine Harfe, preise den Herrn!« [10]), es ist Moses und Hiob in einem, exemplarischer Mensch im brüderlichen Bund mit aller Kreatur. Seine Stimme, so unverwechselbar sie ist, will nicht, wie wenig später die Lyrik Goethes, den unwiederholbaren Augenblick einer unwiederholbar eigentümlichen Seele aussagen, sie will priesterlich stellvertretend für alle Menschen die Lebenssituation des Menschen schlechthin aussprechen, wie sie sich im Brennpunkt des Gewitters darstellt. Im Bild des befruchtenden und erneuernden Frühlingsgewitters evoziert sie den Frühling der Schöpfung, der sich immer aufs neue wiederherstellt, und den letzten Weltfrühling der Auferstehung und Vollendung. Die ›Frühlingsfeyer‹ feiert einen religiösen, einen allumfassenden Frühling für Welt und Menschen, die in der Gnade Gottes stehen.

Luthers Jesaja-Lied ist Lied für die Gemeinde und bemüht sich, möglichst nahe bei der Sprache zu bleiben, in der diese Gemeinde gründet: der Sprache der Bibel. Die barocken Gedichte von Philipp von Zesen und Johann Klaj sind Gesellschaftsdichtung. Sie sprechen gemäß den Normen der kultivierten Gesellschaft von kulturellen Gehalten dieser Gesellschaft. Klopstocks ›Frühlingsfeyer‹ vergegenwärtigt in ihrer hingerissenen und aufgerissenen Sprache den ekstatischen Augenblick prophetischer Gotteserfahrung. Sie bildet das Zentrum von Klopstocks Selbstverständnis als Dichter, und so hat seine Lyrik auch da, wo sie von weltlichen Themen spricht, einen ähnlichen Gestus. Er ruft eine neue Gemeinde hervor, die in manchem sektenhaft wirkt. Erstmals durch ihn und sein Publikum entsteht das

Verhältnis von Priester, Dichter und Gemeinde, das sich viel später bei Stefan George, Rilke oder Paul Celan, postum auch bei Hölderlin wiederholt. Sie alle sprechen nicht eine vorhandene Bildungselite an, sondern stiften eine Elite der Gesinnung.

»... ihr vor allen, ihr wenigen Edlen,
Theure, herzliche Freunde des liebenswürdigen Mittlers,
Ihr mit dem kommenden Weltgerichte vertrauliche Seelen,
Hört mich, und singt den ewigen Sohn durch ein göttliches Leben.«

So wird am Beginn der Messiade das Publikum angeredet. Zu Klopstocks prophetischer Haltung gehört, daß der Dichter nicht den Ausdruck seiner individuellen Seele, sondern höchster Menschheit sucht. Sein Gedicht will nicht das Einmalige seiner Seele ausdrücken, sondern das vorbildliche Gefühl zelebrieren.

III. ERLEBNISLYRIK
UND
IHR UMKREIS

WAS IST EIN
›ERLEBNISGEDICHT‹?
JOHANN WOLFGANG GOETHE:
»ES SCHLUG MEIN HERZ …«

Als achtzehnjähriger Leipziger Student konnte Goethe auf eine kleine Sammlung virtuoser Liebeslyrik nach der Mode zurückblicken, in der um einer geistreichen und anzüglichen Pointe willen eine erotische Situation, oft in schäferlicher Naturkulisse, erfunden und umspielt wird, etwa so:

> Das Schreien
> Nach dem Italienischen
>
> Jüngst schlich ich meinem Mädchen nach,
> Und ohne Hindernis
> Umfaßt’ ich sie im Hain; sie sprach:
> »Laß mich, ich schrei’ gewiß!«
> Da droht’ ich trotzig: »Ha, ich will
> Den töten, der uns stört!«
> »Still«, winkt sie lispelnd, »Liebster, still,
> Damit dich niemand hört!«[1]

Nur drei Jahre später, während der Straßburger Studienzeit, erklingt in den Gedichten, die der Sesenheimer Pfarrerstochter Friederike Brion gelten, ein epochal neuer Ton:

> »Es schlug mein Herz. Geschwind, zu Pferde!
> Und fort, wild wie ein Held zur Schlacht.
> Der Abend wiegte schon die Erde,
> Und an den Bergen hing die Nacht.
> Schon stund im Nebelkleid die Eiche
> Wie ein getürmter Riese da,
> Wo Finsternis aus dem Gesträuche
> Mit hundert schwarzen Augen sah.
>
> Der Mond von einem Wolkenhügel
> Sah schläfrig aus dem Duft hervor,

Die Winde schwangen leise Flügel,
Umsausten schauerlich mein Ohr.
Die Nacht schuf tausend Ungeheuer,
Doch tausendfacher war mein Mut,
Mein Geist war ein verzehrend Feuer,
Mein ganzes Herz zerfloß in Glut.

Ich sah dich, und die milde Freude
Floß aus dem süßen Blick auf mich.
Ganz war mein Herz an deiner Seite,
Und jeder Atemzug für dich.
Ein rosenfarbes Frühlingswetter
Lag auf dem lieblichen Gesicht
Und Zärtlichkeit für mich, ihr Götter,
Ich hofft' es, ich verdient' es nicht.

Der Abschied, wie bedrängt, wie trübe!
Aus deinen Blicken sprach dein Herz.
In deinen Küssen welche Liebe,
O welche Wonne, welcher Schmerz!
Du gingst, ich stund und sah zur Erden
Und sah dir nach mit nassem Blick.
Und doch, welch Glück, geliebt zu werden,
Und lieben, Götter, welch ein Glück!«[2]

Beide Gedichte sprechen von einer Handlung, einem Geschehen, und auch das spätere mündet in eine Art von Pointe, aber dabei welch ein Unterschied! Das Leipziger Gedicht endet in einem hübschen, wenn auch nicht gerade tiefsinnigen Witz; das Sesenheimer Gedicht in einem Ausruf, der, für sich selbst genommen, nicht mehr als eine gefühlvolle Banalität ist. Er gewinnt sein Gewicht aus dem Vorhergehenden, das ihn begründet und beglaubigt und das sich in ihm zusammenfaßt. Was aber geht vorher? Im Leipziger Gedicht wird im leichten Jamben-Parlando, im gesellschaftlichen Plauderton und dabei mit der Zielstrebigkeit des guten Witzeerzählers ein Knalleffekt, eine Pointe inszeniert: eine durchaus publikumsbezogene Veranstaltung. Im

Sesenheimer Gedicht jedoch wird ein Ereignis mit seinem Stimmungsgehalt hervorgerufen, ja geradezu beschworen, das einen Kreis um ein Ich und ein Du schlägt und jeden Dritten ausschließt. Das Leipziger Gedicht macht uns zum schmunzelnden Zuhörer in einer Runde; das Sesenheimer Gedicht läßt nur *einen* Zugang offen: die Identifikation mit dem sprechenden Ich, den Eintritt in seine Sprech- und Erlebnissituation.

Der evokative Gestus des Sesenheimer Gedichts läßt sich zunächst negativ bestimmen.[3] Die Leipziger Verse setzen mit einem deutlichen Zeitsignal ein, das zeitlich und emotional Distanz setzt. Der Sprecher spricht aus klarer Übersicht von dem, was »Jüngst« geschah; einem fiktionalen »Jüngst« zweifellos, denn die Kavaliersregel verböte es, das eigene Mädchen so bloßzustellen. Schon der Vermerk »Nach dem Italienischen« verweist ja darauf, daß es hier nicht um die Bearbeitung eines Erlebnisses, sondern eines literarischen Stoffes geht. Das Selektionsprinzip der knappen Rede ist: nur das zu sagen, was zum klaren Verständnis der Situation notwendig ist, nichts darüber. Die Sesenheimer Verse dagegen beginnen logisch so undeutlich wie möglich. Nicht: Jüngst schlug mein Herz . . .; sondern: »Es schlug mein Herz . . .«. Am Anfang ist eine quasi subjektlose rhythmische Bewegung, die erst in einem zweiten Schritt als eigener Herzschlag identifiziert wird. »Geschwind, zu Pferde!« ist ebenso subjektlos, auch prädikatlos, ein unvollständiger Befehlssatz, eigentlich nur ein Bewegungsimpuls, dessen Status sich lediglich ahnen läßt. Sicherlich kein lauter Ausruf, eher eine innere Stimme, ungefähre Umsetzung dessen, was das Herz schlägt. Wie im Leipziger Gedicht wird auch hier das Präteritum verwendet. Aber es ist eines, in dem sich der Sprecher unversehens vorfindet, ohne Relation zu einer Gegenwart, aus der Abstand und Überblick fließen könnte – eine absolute Zeit, ein absoluter Augenblick, der sich in der Rede durch die Rede einstellt.

In ihr geht es weiter mit einem zweiten subjekt- und prädikatlosen Bewegungsgestus, halb innerliche Selbstanfeuerung, halb Erzählung von einem eiligen impulsiven Aufbruch, die zugleich Ausdruck ist. Die Eile des Anritts drückt sich als Eile der Rede aus, die keine Zeit hat, sich logisch zu ordnen und syntaktisch zu entfalten. Es folgt durch zwei achtzeilige Strophen ein Abendritt, der unversehens in die Begegnung mit einem Du übergeht, bei dem das Ich offenbar in der Pause zwischen den Strophen angekommen ist. Nach kurzer Schilderung des glücklichen Beisammenseins, wiederum ohne Herstellung von Zeitrelationen, gibt es einen abrupten Schwenk zum Abschied mit einem Seufzer, zu wem gesprochen? So unscharf bleibt die äußere Ereignisfolge, daß Goethes spätere Bearbeitung des Gedichts die Bewegungschoreographie der Trennung umkehren kann – jetzt geht der Sprecher, das Mädchen bleibt[4] – ohne daß dadurch eine tiefgreifende Veränderung der Gesamtstimmung entstünde.

Ginge es hier, wie in »Das Schreien«, um Präzision und Schlüssigkeit der Situationsdarbietung, das Gedicht wäre gründlich mißlungen. Stattdessen geht es um die Entfaltung von Stimmungsmomenten im Sprung von Höhepunkt zu Höhepunkt, den Goethe in der Sesenheimer Lyrik ebenso wie den unreinen Reim (Wetter – Götter; Freude – Seite; trübe – Liebe) vom Volkslied übernommen hat. Die Bewegung des literarischen Sturm und Drang entdeckt mit dem Originalgenie das ursprüngliche Volk. Es ist mehr eine kulturelle als eine soziale Größe. Die volkstümlichen literarischen Traditionen, von der sozialen und akademischen Elite an der Wende des 16. zum 17. Jahrhundert bei der Etablierung einer an den Höfen ausgerichteten Kultur verdrängt, werden wiederentdeckt bei der Suche nach dem Originalen und Ursprünglichen, nach dem Auftauchen von Sprache aus Seele und Kultur aus Natur. Die ins Subliterarische verwiesene volkstümliche Sprache und Literatur erscheinen als unverbildeter Naturlaut am Grund der Geschichte. Wenn der junge Goethe, laut seinem triumphierenden Brief an Herder vom September 1771, im Elsaß zwölf Volkslieder »aus den Kehlen der ältesten Müttergens aufgehascht« hat[5], dann hat er Mutter Natur unter dem Schutt der Geschichte gefunden. Volkslieder sind, wie der Romantiker Joseph Görres in der Einleitung der »Teutschen Volksbücher« von 1807 sagt, der Kindheitslaut der Völker, »in dem die ersten Naturaccente klangen«[6], wie umgekehrt »jede Menschliche Seele in den ersten Jahren gewissermaasse Seele des Volks ist«. So Herder, Goethes Straßburger Mentor, in der handschriftlichen Fassung der Vorrede zur ersten Ausgabe der Volkslieder, die er 1775 nach dem Druck des ersten Bogens zurückzog.[7]

Allerdings sehen die »Sprünge und Würfe«, die Herder in seinem »Auszug aus einem Briefwechsel über Oßian und die Lieder alter Völker«[8] als Kennzeichen des Volksliedes herausstellte, anders aus als die des Sesenheimer Gedichts. Das verdeutlichen einige Strophen aus einem von Ludwig Uhland gesammelten Volkslied, das gleichfalls von Begegnung und Abschied zweier Liebender handelt:

> »Nun fall, du reif, du kalter schne,
> fall mir auf meinen fuß!
> das megdlein ist nit über hundert meil
> und das mir werden muß.
>
> Ich kam für liebes kemmerlein,
> ich meint ich wär allein,
> da kam die herzallerliebste mein
> wol zu der tür hinein.
>
> Gott grüße dich, mein feines lieb!
> wie steht unser beider sach?
> ich sichs an deinen braun euglein wol,
> du tregst groß Ungemach.«[9]

Gegenüber dem logisch-zielstrebigen Handlungsgedicht des Leipziger Goethe ist auch das Volkslied – wie »Es schlug mein Herz . . .« – gefühlsorientiert. Die Situationen werden im Hinblick auf ihren emotionalen Gehalt angesprochen, nicht auf ihre Verknüpfung. Auch hier steht hart neben dem Ausdruck der Liebesschmerzen die Liebesfreude. Die Gefühlsvergegenwärtigung aber erfolgt im Volkslied, das als Ausdrucksträger immer noch zusätzlich die Melodie besitzt, stark formelhaft, und die Liebenden gewinnen kein individuelles Profil. Sie sind nur als Situationsexponenten wichtig. Daß das singende Ich unwiderstehlich zur Geliebten hingezogen ist, äußert sich in der Beteuerungsformel, daß sie »mir [zuteil] werden muß«; die Entschlossenheit des Aufbruchs zu ihr über Hindernisse hinweg steckt in der hyperbolischen Rede, sie sei ja nicht über hundert Meilen entfernt. Die Begrüßung und der Austausch finden in konventionellen Floskeln statt:

> »Gott grüße dich, mein feines lieb!
> wie steht unser beider sach?«

Desgleichen sind auch die Bilder formelhaft: Reif und Schnee sollen fallen, später heißt es, die Sonne sei verblichen als Zeichen des Liebesleids, das hier allerdings aus dem Treubruch der Geliebten fließt, wie der Fortgang des Gedichts zeigt. Auch die Beiwörter kalter Schnee, feines Lieb, groß Ungemach sind stereotyp. Nur indirekt zeigt sich eine Innigkeit der Anteilnahme, die dem erotischen Gesellschaftsgedicht fremd ist:

> »ich sichs an deinen braun euglein wol,
> du tregst groß Ungemach.«

Im Sesenheimer Gedicht dagegen wird das individuell Stimmungshafte der Situation breit ausgemalt in charakterisierenden Beiwörtern, Bildern und Vergleichen. Der Abend wiegt die Erde, an den Bergen hängt die Nacht, die personifizierte Finsternis sieht mit hundert schwarzen Augen, die Winde schwingen Flügel und sausen schauerlich, der Mond sieht schläfrig, die Eiche ist wie ein getürmter Riese usw. Der Nachdruck auf den Bewegungsverben bei der Nachtdarstellung ergibt eine Korrespondenz zur energischen Bewegung des Reiters in der Landschaft. Sogar der festgewurzelte Eichenbaum muß auftrumpfend *da* stehen. Überhaupt erscheint die Landschaft ebensosehr als Eindruck auf die Seele des Reitenden wie als Ausdruck seiner Seelenlage, deren Widersprüchlichkeit und Differenziertheit erst mit Hilfe der vielfältigen optischen und akustischen Landschaftszeichen voll ausgeformt wird.

Schließlich baut noch der innerhalb der vierhebigen Jambenverse stark bewegte Rhythmus die Stimmung in ihren Valeurs mit auf:

»Es schlug / mein Herz // Geschwind / zu Pferde!

Und fort / wild / wie ein Held / zur Schlacht.«

Die kräftige Mittelzäsur im Anfangsvers zusammen mit zwei kleineren Verhaltsmomenten vor »mein« und »zu«, die harte gegenmetrische Betonung von »wild« im zweiten Vers mit seinen Zäsuren nach »fort«, »wild« und »Held«, auch die Vielzahl einsilbiger Wörter in diesen Zeilen lassen sprachlich den Hufschlag des angaloppierenden Pferdes aufklingen und im Einklang damit den wild galoppierenden Herzschlag des aufbrechenden Reiters. Im dritten und vierten Vers dagegen schwingen Metrum und Rhythmus völlig zusammen und erzeugen damit rhythmisch die Vorstellung der vom Abend gewiegten Erde, während im fünften und sechsten Vers rhythmisch der nun ruhiger gewordene Ritt sich wieder durchsetzt. Die zweite Strophe wiederholt gemäßigt dieses Bewegungsspiel.

Auch die Stimme des Ich ist individuell. In »Das Schreien« dienen der Trotz und die Übertreibung: »den töt ich, der uns stört!« gewiß auch zur Charakterisierung der Jugend des Liebhabers, aber vor allem tragen sie, leicht komisch, zur Ausformung des Witzes bei. Im Sesenheimer Gedicht fehlt jede Spur solcher Komik, obwohl doch – von außen betrachtet – auch die heroische Geste des Reiters und seine Erfahrung der Nachtschauder für komisch situationsunangemessen gehalten werden könnten. Sie sind es deshalb nicht, weil sie die Intensität, die Glut und das Aufgewühlte einer ersten tiefen Liebeserfahrung, ein spezifisch jugendliches Erlebnis, zeigen. Eindruck und Ausdruck sind ununterscheidbar, weil der junge Liebende so gefangen ist in Leidenschaft, Anspannung und Widerstreit, daß er durch die Landschaft seiner Seele reitet.[10] Die schon früher skizzierte tiefe emotionale Aufladung der Beziehungen in der modernen Familie, die Rückbindung des Knaben an die Mutter, die Auseinandersetzung mit dem Vater als dem Repräsentanten von Norm und Anspruch – hier, in der psychischen Verfassung des jungen Liebenden, werden diese Abstraktionen konkret: Im trotzigen Auftrumpfen des Reiters, im Aufgalopp seiner Männlichkeit auf dem Symboltier Pferd geht das streithafte Abenteuer mit der gebietenden und verbietenden Vaterinstanz – dem Riesen – zuende. Warum erscheint im aufgetürmten Riesen der Vater? Weil dem Sohn im Vater mit frühester Kindheit nicht nur der überlegene Mann, sondern darin auch der Konkurrent begegnet. Er stört die Innigkeit mit der Mutter, die alles gewährt – Nahrung, Wärme, Zärtlichkeit, Schutz und Spiel – und damit die Ansprüche einer noch undifferenzierten Sinnlichkeit des Kindes befriedigt. Er schiebt Wünschen einen Riegel vor, noch ehe sie sich artikulieren können. Er ist als die mächtige Instanz der Gebote, Verbote, Ansprüche und Normen, die den Weg zum Erwachsensein pflastern, zugleich das Vorbild. An ihm vorbei kann der Knabe nicht erwachsen werden. Ohne seine Anleitung weiß man nicht, wie man ein Mann werden soll; man wird aber auch kein Mann, ohne daß man sich gegen ihn durchsetzt. Jetzt reitet der Liebende aus Kindheit und Jugend in die Männerwelt ein.

Zugleich ist die Mutter nah. Auch die Wunscherfüllerin steht als Angehörige der vorhergehenden Generation und Gebärerin nicht im partnerschaftlichen Verhältnis mit dem Sohn, sondern mit dem Vater. Sie ist eine Großmacht wie er, wenngleich auf andere Weise. Das andere Geschlecht begegnet dem männlichen Kleinkind in ihr auch als umfassendes, dunkles Geheimnis. Seine Sexualität beginnt sich an ihr zu formieren und muß sich doch im Maße ihrer Formierung von ihr ablösen und Frauen seiner Generation zuwenden. Nicht nur der Eingriff des Vaters steht der Totaleinheit mit der Mutter entgegen; die Anziehung, der Sog der Mutter sind auch in sich Verlockung und Drohung zugleich. Bei der Mutter Kind zu bleiben heißt in den Ursprung zurücksinken, von ihm festgehalten, ja verschlungen zu werden. Es heißt – symbolisch gesprochen – dem Ursprung als Grab zu verfallen. Im Wiegenrhythmus will die Mutter das Kind noch einmal festhalten und einschläfern, verlockend und schwarzäugig ungeheuerlich verstörend zugleich. Der junge Liebende reitet auch aus der Mutterwelt heraus, die ihn in sich zurückschlingen will. Das Psychodrama der Adoleszenz wird in Glut des Herzens durchgekämpft und verlangt tausendfachen Mut.

Von hier aus erst wird faßbar, daß die Begegnung mit der Geliebten nicht von außen geschildert werden kann und darf, weil sie für das liebende Ich primär ein krisenhafter innerer Durchbruch ist. »Ich sáh dích« – »gánz war mein Hérz«: die zwei markanten gegenmetrischen Betonungen der dritten Strophe sagen, was ist. Es ist wie ins Freie treten. Nach der leidenschaftlichen und phantastischen Ichbefangenheit des Rittes findet hier ein emphatischer Akt des Sehens statt, der liebenden Wahrnehmung eines Gegenüber in seinem Eigenrecht, auch eine Welt zu sein. Ich – dich: ich – du – von nun an wird dieses Du angesprochen. Die chimärische Begegnung mit Ursprung und Herkunft – Vater und Mutter – wird zur Erfahrung des realen Gegenüber auf gleicher Ebene. Damit ist das gluthafte innere Chaos zu Ende, das Herz ist ganz. So werden kontrastierend Motive der vorausgehenden Strophen aufgenommen: Wild wird zu mild, schauerlich zu lieblich, verzehrend zu zärtlich, schwarzes Auge zu süßem Blick; das für sich schlagende Herz schlägt nun ganz an ihrer Seite, »und jeder Atemzug für dich«. Erst sah die Finsternis, jetzt sieht das Ich. Dem Blick antwortet der Gegenblick, der Ausruf – »ihr Götter!« – gilt als Dank schenkenden, gewährenden Mächten, ist nicht mehr nur dumpfe Selbstanfeuerung. Eine Ruhe tritt ein. Zärtlichkeit ist ein Verhalten, das Lust daraus schöpft, dem anderen Lust zu bereiten. Nach dem Abend, nach der Glutnacht liegt ein »rosenfarbes Frühlingswetter« auf dem lieblichen Gesicht der Geliebten. In ihm sind konventionelle Elemente der Liebesdichtung – der Preis der Geliebten, die Rose als Blume und der Frühling als Jahreszeit der Liebe – zu einer so noch nie dagewesenen, einzigartigen Bestimmung verschmolzen. Auf die Geliebte fällt der Glanz des Tages, in dem Morgenrot und Abendrot zusammenlaufen, auf die Natur fällt der Glanz der Geliebten.

Vielleicht ist es sogar erlaubt, im Blick auf Klopstocks »Frühlingsfeyer«, die zu einem Erkennungswort zwischen Lotte und Werther wird, an die damals häufige synonyme Verwendung von ›Wetter‹ und ›Gewitter‹ zu denken, wie sie sich auch in der »Frühlingsfeyer« findet. Dann dränge ins rosenfarbene Frühlingswetter etwas von der Dynamik der vorhergehenden Strophen, wie ja auch die Glut sich im rosenfarbenen Wetter transponiert zeigt. Das Mädchen wäre gleichfalls erschüttert in einem Ineinander von Kraft und Zärtlichkeit. Entscheidend ist jedenfalls, daß durchgehend in den Sesenheimer Liedern an die Stelle der selbstbezogenen Sinnlichkeit, wie sie die modische Lyrik auszeichnet, zu der noch »Das Schreien« gehört, die Wechselseitigkeit der Hingabe getreten ist, die sich in Formeln wie »Ich sah dich« oder

> »Und doch, welch Glück, geliebt zu werden,
> Und lieben, Götter, welch ein Glück!«

ausspricht.

Die letzte Strophe gehört dem Abschied, und wieder ist die Undeutlichkeit der äußeren Vorgänge und Verknüpfungen kennzeichnend. Erst die spätere Bearbeitung gibt die Zeitangabe

> »Doch ach, schon mit der Morgensonne
> Verengt der Abschied mir das Herz«

Es ist eine reale Zeitangabe, die sich störend zum symbolischen Tag des Frühlingswetters verhält. Auch die konsequente Fortführung der Lichtsymbolik fällt dabei: Abend – Nacht – Glut – rosenfarbener Tag – Trübe des Abschieds. Ursprünglich ist nicht einmal die immer wieder verhüllt oder offen von der Liebeslyrik umkreiste Frage der gemeinsamen Liebesnacht von Wichtigkeit. Es geht um die Stimmung, nicht das Faktum der Liebeserfüllung. Ähnlich spricht Gretchen im »Urfaust« vor der Liebeshingabe das für die Zeit unerhörte Wort:

> »Ich habe schon so viel für dich getan,
> Daß mir zu tun fast nichts mehr übrig bleibt.« (V 3519 f)

Für die Gesellschaftsmoral, wie sie durch Mephistopheles formuliert wird, ist dieses fast nichts fast alles; für die Intimität einer neuartigen Liebesinnerlichkeit ist das fast alles fast nichts.

Jedenfalls ist die Abschiedssituation eine Umformulierung der traditionellen Situation des Tagelieds, das vom Abschiedsschmerz und der Notwendigkeit des Abschieds der Liebenden nach gemeinsamer Liebesnacht handelt, weil sie nicht verheiratet sind und die Entdeckung fürchten müssen. Hier wie dort herrscht eine wechselseitige Intensivierung von »Wonne« und »Schmerz«; Bedrängnis, Tränen und Glück. Warum aber muß bei Goethe Abschied genommen werden; muß es überhaupt sein? Der seltsame blinde Fleck des Gedichts weist auf das Problem der neuen Liebeslyrik mit ihrem Programm der neuen Liebe. Die ältere Liebeslyrik spielt entweder in einem fiktiven Raum, der alles, was aus der Liebeshingabe der Frau fließt, ausschließt; nur der geistreiche Liebeskrieg und der Sieg gilt. Hierher gehört »Das Schreien«. Die andere Möglichkeit ist die ebenso selbstverständliche Einbeziehung der Folgen; sei es, daß – wie im Tagelied – eine bereits vorhandene Ehe die Lust, aber auch die Qual der heimlichen Leidenschaftserfüllung erzwingt; sei es, daß die Liebe sich selbstverständlich als ewig, das heißt auf Ehe abzielend äußert; sei es, daß eine solche Treuebindung verräterisch gebrochen wird – so in dem oben zum Vergleich herangezogenen Volkslied, das in Trauer endet, weil die Geliebte nicht mit dem sprechenden Liebhaber des Gedichts tanzen kann, im Klartext: weil sie von einem anderen ein Kind erwartet. Ob positiv oder negativ – immer ist jedenfalls eine sexuelle Beziehung von der Institution der Ehe her definiert, und sei es durch die Fiktion, wir tun so, als gäbe es sie nicht.

Die moderne Liebe jedoch, die hier im Moment ihrer Deklarierung präsent ist, erhebt nicht nur einen höchsten Anspruch an Individualität, Seele, Gefühl, Innerlichkeit, die sich zuerst an der Mutter entfaltet haben; sie definiert sich auch primär emotional und nicht institutionell, und zwar besonders auffällig und eindringlich im historischen Augenblick ihres Auftretens. Wenn die Vorstellung von Liebe im Rückbezug auf die einzige Mutter seelenhaft vertieft und totalisiert wird, dann wird der Ewigkeitsanspruch zum Moment der Liebe selbst, nicht erst der Institution Ehe. Das in der Liebe verabsolutierte Gefühl will nicht das witzige Sexualspiel des Liebeskriegs; es will ernst machen.

»Laß das Leben unsrer Liebe
Doch kein Rosenleben sein«,

heißt es in der Erstfassung von Goethes »Kleine Blumen,
kleine Blätter«, dem ersten großen Sesenheimer Lied.[11] Solche Liebe setzt sich in einem emphatischen Sinne aus der
Zeit. So sagt Faust subjektiv ehrlich über seine Liebe zu
Gretchen, sie sei »Ewig! – Ihr Ende würde Verzweiflung
sein« (V 3193); so ist in der Ballade vom König in Thule, die
Gretchen im »Faust« singt, das Treueverhältnis über den
Tod hinaus eine Beziehung zwischen dem liebenden König
und seiner »Buhle«, nicht seiner Ehefrau. So liebt Egmonts
Klärchen ohne Rücksicht auf bürgerliche Konventionen
und Sicherungen. So kann schließlich aber auch der Versuch
unternommen werden, die Liebe als von Natur ehelich zu
bestimmen, obwohl auf den ersten Blick eine andere Argumentationsrichtung herrscht. Ist die Liebe per se ehelich, so
ist sie auf die Ehe als eine gesetzliche, Dauer verbürgende
Regelung der Geschlechterbeziehung nicht angewiesen; ist
die Liebe per se ehelich, kann sie andererseits als Begründungsinstanz und Gesinnung der Ehe gedacht werden.

Doch wo das geschieht, wird zugleich ein ganzes Problemfeld im Entstehungsaugenblick zugedeckt. Denn die
Beziehungen des individualisierten, emotionalisierten, verinnerlichten modernen Menschen werden nicht nur intensiver, sie werden damit gleichzeitig immer komplizierter. Sie
geraten unter die paradoxe Forderung, eine Stabilität der
Spontaneität sicherzustellen, in welcher der einzelne gänzlich einzig und ganz mitteilbar ist. Auch wenn es nicht
wahrgenommen werden soll: Man kann in der Zeit nicht auf
Dauer aus der Zeit sein; man kann nicht ewig ewig lieben.
Mörikes »Lied vom Winde« (1828) spielt mit dem Problem,
indem es die ›Ewigkeit‹ der modernen Liebe von der traditionellen Beständigkeit abhebt:

> »Lieb ist wie Wind,
> Rasch und lebendig,
> Ruhet nie,
> Ewig ist sie,
> Aber nicht immer beständig.«

Und wieder führt das auf die Macht der Mutter über den Mann zurück. Weil er die Einzigkeit dieser Frau in keiner Geliebten wiederfinden kann, fühlt er sich von einer einzigen zur anderen einzigen getrieben. Das ist die moderne Begründung der Don Juan-Gestalt, die ihrer Herkunft nach den sexuellen Freibeuter der alten Ständegesellschaft meint. In ähnliche Richtung deutet die Gestalt von Goethes Fernando in seinem Drama »Stella« (1775): das Phantasma der Muttergeliebten fällt ihm in der Realität in die junge Geliebte und die mütterliche Ehefrau auseinander. Er ist untreu, weil er das Genie der Liebe ist, nach der einzigen unterwegs.

So wohnt der modernen Liebe selbst der Abfall, der Abschied, der Verrat inne. Wie die Liebesbegegnung unseres Gedichts die erste ist in der Hinsicht, daß das Ich signifikant aus sich heraus zum Partner tritt, so ist auch schon im Abschied nach dieser Begegnung exemplarisch aller Abschied, alle Trennung, sogar aller Tod vorweggenommen. In solchem Sinne hat der alte Goethe in der Schrift »Wilhelm Tischbeins Idyllen« den Abschied das »Grundmotiv aller tragischen Situationen« genannt. »Es schlug mein Herz...« ist gerade darin eines der ersten und größten lyrischen Manifeste einer veränderten Liebeserfahrung, die hier noch so jung und frisch ist wie die Liebenden selbst, daß in der Vereinigung bereits die Trennung liegt. Das Ineinander gehört zur Phänomenologie dieser Idee der Liebe. Doch es gehört auch zur Gattung Lyrik, daß das Gedicht zwar die Systemstelle des Zeiteinbruchs in den verewigten Augenblick enthält, aber nicht den Konflikt von Liebe und Zeit in der zeitlichen Entfaltung. Von Treue als normativem Anspruch ist in der Sesenheimer Lyrik nicht mehr die Rede. Aber auch von ewiger Treue als Moment der ewigen Liebe selbst spricht sie nicht. Und doch ist viel gesagt und geschehen, wenn aus dem innerseelischen Widerstreit, den der jugendliche Reiter in Ablösung von den Mächten seiner Adoleszenz zu durchreiten hat, eine im Blick auf den anderen, ja im Blickwechsel mit ihm zu lebende Dialektik der Liebe herausgetreten ist.

In der oben erwähnten Bearbeitung des Gedichts, die Goethe für die Ausgabe seiner Schriften 1787/90 vornahm, geht er noch weiter, bis an eine Grenze, indem er ihm die Überschrift »Willkomm und Abschied« gibt (später nochmals geändert in »Willkommen und Abschied«) und damit das idealtypische Modell der Liebe heraushebt. Friedrich Adolf Kittler hat bemerkt, daß dieser Titel wörtlich dem Namen einer geläufigen Strafpraktik entspricht, bei der Zuchthäusler zu Anfang und Ende ihrer Haft der Prügelstrafe unterworfen wurden.[12] Sie wurde unter anderem bei Hausbedienten angewandt, welche die Töchter ihrer Herrschaft verführt hatten. Schwer vorstellbar, daß der Jurist Goethe bei seiner Titelgebung nicht darauf anspielt und damit das Gedicht mit seinem immanenten Moment sträflicher Untreue zynisch verfremdet. Dementsprechend muß nun der Liebhaber gehen. Daß Goethe derartige Verfremdung möglich war, zeigen seine 1808 veröffentlichten »Briefe aus der Schweiz« als desillusionistischer Kommentar zum Gefühlserguß der »Leiden des jungen Werthers«. Doch das ist schon nicht mehr der Augenblick des Gedichts.

Aber kann man im Blick auf den Text überhaupt vom Augenblick des Gedichts sprechen? Bleibt es nicht, trotz der Undeutlichkeit, der Nichtakzentuierung des Verlaufs, ein Handlungsgedicht, damit gattungsmäßig ein zwitterhaftes Gebilde? Dienen nicht gerade die achtzeiligen Langstrophen, die wie Zusammenschlüsse vierzeiliger Volksliederstrophen mit ihrem vierhebigen Jambenmetrum und dem Kreuzreim anmuten, der Herstellung von großen Verlaufsräumen? Obwohl das letztere zutreffen mag, ist angesichts solcher Fragen noch einmal der Rückgang zur präteritalen Sprechweise zu vollziehen, die nur für den oberflächlichen Blick ein *episches* Präteritum ist. Vom Einsatz »Es schlug mein Herz ...« als einem Sprung aus den Zeitrelationen, die gerade das epische Präteritum gern betont, war schon die Rede; ebenso davon, daß nicht etwa mit Hilfe des Präteritums ein Überblick hergestellt wird, den der epische Erzähler liebt. Der Gedichtsprecher dagegen fällt geradezu in das redend Vergegenwärtigte hinein. Trotzdem ist auch das in seiner Erinnerung völlig aufgehende Ich, das seinen Bezugspunkt in einer Gegenwart aufgibt, ein sich erinnerndes Ich, dessen sich in der Erinnerung erneuernde Gefühle von dem, was am Ende des Ereignisses stand, imprägniert sind. Der Gefühlsweg von Ausritt, Begegnung, Abschied wird noch einmal erinnernd durchlaufen, doch zugleich ist die Erinnerung wie ein Brennglas, das alle Phasen in seinem Fokus sammelt, Ende, Mitte und Anfang wechselseitig aufeinander beziehend, so daß das sprechende Ich in seiner Bewegtheit an allen Stationen der Bewegung zugleich ist. Die Glut wird vertieft durch das Mitschwingen der Begegnungs- und Trennungserfahrung usw. Sogar das Ineinander von Reitrhythmus und Wiegenrhythmus offenbart von hier aus noch einen weiteren Ausdruckswert: Alle extremen Erregungsmomente sind in der Erinnerung gewiegt, hochgeschaukelt und aufgehoben. Die präteritale Rede vollendet also die Überführung eines Verlaufs in einen Erlebnisaugenblick.

Dieses Ergebnis läßt sich noch verallgemeinern. Am Anfang dieser Erörterung war davon die Rede, daß das Sesenheimer Gedicht im Unterschied zum Leipziger eine Stimmung hervorruft; es ist ein sogenanntes Erlebnisgedicht und will als Erlebnisäußerung gelesen werden. An dem Leipziger Gedicht »Das Schreien« läßt sich etwas ablesen, was Lyrik bis zu Klopstock charakterisiert. Sie fordert eine Würdigung als artistischer Umgang mit der Sprache. Das gilt selbst dann, wenn der Dichter von sich, seinen Affekten und Problemen spricht. An eine Öffentlichkeit gewandt, ist sein Sprechen, auch wo es um eine Leidenschaft geht, repräsentativ und handelt von Verallgemeinerungsfähigem. Umgekehrt gesagt: noch des Dichters Affekte und Probleme rechtfertigen sich in der Weise, daß sie gesellschaftlichen Normen und Konventionen unterstellt werden, so wie sein Dichten dadurch legitimiert ist, daß es sich erfindungsreich gegebener Regeln und Spracharsenale bedient. Argumentative und artistische Schemata unterwerfen sich den Gegenstand und besonderen Anlaß, indem sie ihn zu wirkungsvollen und geistreichen Redefiguren verarbeiten. Die ältere Lyrik zeigt die Kraft der Gegenstandsbewältigung auch darin, daß sich das Sprechen vom besprochenen Affekt abhebt. Sie will sogar im Appell an Affekte zugleich zeigen, wie man Affekte bewältigt.

Klopstock steht dagegen an einem Übergang. An seinen Gedichten ließe sich der kunstvolle Umgang mit der Tradition bis in die Antike und mit den Regeln der klassischen Rhetorik nachweisen; aber wirken wollen sie als regellose Sprache der Ergriffenheit und Erschütterung.[13] Im Demonstrativen dieser Wirkungsabsicht liegt die Grenze gegen das Erlebnisgedicht des jungen Goethe, und zwar in doppelter Hinsicht. Wo mit »Es schlug mein Herz ...« die ergriffene Rede wie absichtslos anhebt, verkündet Klopstock meist fast auftrumpfend ein Programm des Erlebens:

>»Nicht in den Ozean der Welten alle
> Will ich mich stürzen! schweben nicht,
> Wo die ersten Erschaffnen, die Jubelchöre der Söhne des Lichts,
> Anbeten, tief anbeten! und in Entzückung vergehn!

Nur um den Tropfen am Eimer,
Um die Erde nur, will ich schweben, und anbeten!«[14]

Das ist eine Absichtserklärung, die mit dem zweiten Unterschied zur modernen Lyrik zusammenhängt: der Demonstration vorbildlichen Fühlens, wo bei Goethe ein Ich in seiner Intimität halb monologisch, halb in einem imaginativen Dialog vor sich hinspricht.

Idealtypisch gesehen, zeigt also das ältere Gedicht seine Künstlichkeit vor, das Erlebnisgedicht verbirgt sie – bis hin zu unreinen Reimen und metrischen Freiheiten. Moses, für den jungen Goethe im Gefolge Herders eine Leitfigur der Selbstverständigung[15], erweist sich als prädestiniert zum Propheten Gottes durch sein Stottern, das Ausdruck der Fülle der Gesichte ist – so der Künstler.

>>Ich zittre nur, ich stottre nur,
Ich kann es doch nicht lassen,
Ich fühl', ich kenne dich, Natur,
Und so muß ich dich fassen«,

heißt es in Goethes »Lied des physiognomischen Zeichners« von 1774.[16] Herder lehnt in den Fragmenten »Über die neuere Deutsche Litteratur« von 1767/68 Schriftsteller ab, die »das Zierliche, das Regelmäßige, das Classische« suchen und fordert »Deutsche Schriftsteller, die vielleicht bei tausend Fehlern ihrer Sprache mächtig, auf eine gewisse eigene Art dieselbe behandeln ...«. Der »ganze Verfall der Dichterei« liegt ihm darin, »daß man sie der Mutter Natur entführte, in das Land der Kunst brachte, und als eine Tochter der Künstelei ansah ...«.[17] Das ist die neue Poetik: Das ältere Gedicht weist sich als künstlerische Leistung aus, das Erlebnisgedicht leistet alles, um Ausdruck hervorzubringen und die Leistung vergessen zu lassen.

Dennoch wäre es absurd, das Erlebnisgedicht als unmittelbare Äußerung eines ihm vorgegebenen Erlebnisses zu lesen, quasi als spränge das Ich, dessen Herz »Geschwind!

zu Pferde!« schlägt, mit dem Federhalter in der Hand aufs hohe Roß. Gewiß liegen der Sesenheimer Lyrik Goethes biographisch gelebte Erlebnisse zugrunde; aber *die* Erlebnisse, die in dieser Lyrik zu Wort kommen, entstehen erst mit der Ankunft im Wort. Sie sind insgesamt *erschrieben* – ein Modus, der dem Unterschied von Realität und Imagination *im Gedicht* selbstverständlich vorausläuft. Der Dichter schreibt nicht reitend, er reitet schreibend.

> »Und fort, wild, wie ein Held zur Schlacht!«

ist nicht Stimme im Rhythmus des Angaloppierens, sondern Stimme, die den Rhythmus des Angaloppierens erzeugt.[17a] Deshalb kann man zwar sagen, das sogenannte Friederiken-Erlebnis Goethes habe die Sesenheimer Lyrik hervorgebracht, aber noch mehr Recht hat die Umkehrung der Aussage, daß die Sesenheimer Lyrik das Friederiken-Erlebnis hervorgerufen hat, sofern es erst in der Produktion dieser Lyrik für Goethe und für uns seine volle und endgültige Gestalt annimmt: dichterisches Manifest einer neuartigen Liebe zu sein.

Mit einem scheinbaren Umweg sind wir abermals bei der Funktion des Präteritums in diesem Gedicht. Es signalisiert das im Erschreiben Erinnerte und in der Erinnerung Erschriebene des Erlebnisses, das sich da äußert. Es signalisiert, wie das Erlebnis in dieser Erinnerung wächst und Eigenart gewinnt. Sie besteht zunächst darin, daß die Erinnerung der Filter ist, der das seelisch Bedeutende aus dem Faktischen heraushebt und zum Schwingen bringt. Der Begriff ›Erinnerung‹ hat etwas mit ›innen‹ und ›Innerlichkeit‹ zu tun.[18] Das auf sich zurückgeworfene und -gewiesene Ich erinnert sich; es gewinnt die Innenansicht eines Ereignisses. Das Ergreifende, das für ihn ganz speziell Bedeutende, das an sich selbst ganz unscheinbar sein mag, steigt wieder in ihm auf. So spricht das Ich, sich erinnernd, zu sich. Es spricht sich die Erinnerung zu.

Auch die angesprochene Geliebte, die von der Mitte des Gedichts an als der Adressat der Rede erscheint, ist die Figur und der Besitz seines Inneren, sein Bild von ihr. Zunächst einmal ist das eine eigentümliche Weise der Lyrik, die exemplarische Investitur der modernen Liebe zu vollenden. So nachdrücklich sie Partnerschaft, Wechselliebe, Hingabe ist, so selbstverständlich ist der Mann der Programmatiker dieser Liebe, der die Geschlechterrollen in ihr festlegt. Indem er die Frau als sein anderes bestimmt, transformiert er die patriarchalische Orientierung der alteuropäischen Gesellschaft in die Moderne. In dieser Bestimmung ist die Geliebte die Wartende, der Mann der aktiv sich Annähernde; die Geliebte frühlings- und rosenhaft, der Mann glühend; die Frau milde und zärtlich, der Mann leidenschaftlich. Vor allem aber: Der Mann ist der Geist, der die Natur und die naturhaft Geliebte deutet, interpretiert, auslegt, ausspricht.

Liegt darin ein verfeinerter, aber mächtiger Herrschaftsanspruch des Mannes, so ist das Konzept doch auch Antwort auf die Wucht jener anläßlich von Schillers Distichon »Sprache« schon erörterten Urerfahrung der Einheit mit der Mutter, die das Kind sprechen macht. Wir sahen, wie diese familiäre Herkunftsgeschichte im Sturm und Drang eine neue Dignität gewinnt. Erst jetzt werden Kindheit und Adoleszenz als Psychodrama wahrgenommen, wie es in unserem Text erscheint. Wir erkennen an dem Gedicht zugleich die Eigenart, in der es dem Sohn der Mutter widerfährt. Indem das männliche Kind sich sprechend von der Mutter entfernt, läßt es den nächsten Menschen als ungelöstes Rätsel des anderen Geschlechts zurück. Die Mutter, die zum Sprechen gebracht hat, steht hinter jeder geliebten Frau und macht sie zur Unaussprechlichen, die unaufhörlich sprechend umkreist werden muß. Neben der Versuchung, die Problematik ewiger Liebe verschwinden zu lassen in ihrer angeblich naturhaften Ehelichkeit, steht die andere, das Überlegenheits-/Unterlegenheitsverhältnis zwischen sprechendem Mann und besprochener Frau in der Partnerschaftsvorstellung vergessen zu machen.

Hinter der Frage nach dem Status der Frau im Gedicht bleibt aber die andere nach dem Status des Gedichts, den es durch die Frau als Erinnerungsfigur des sprechenden Mannes gewinnt. Die Eigenart ihrer Präsenz ist, abwesend anwesend zu sein. Sie wird durch den Schmerz des Abschieds ebenso herangeholt wie der Schmerz des Abschieds durch diese Präsenz, während ihre reale Anwesenheit den Schmerz des Abschieds schon wieder überholt und entkräftet hätte. Indem aber in diesem Schmerz auch wieder das Glück der Begegnung aufleuchtet, *ist* die Art ihrer Präsenz Inbegriff dessen, wovon das Gedicht spricht. Begegnung und Abschied fallen in der imaginären Präsenz kraft Erinnerung zusammen. Undenkbar, daß das Gedicht, als Erzählung an die real anwesende Geliebte gewandt, mit der Formel enden könnte, in der sich genau das Ineinander von Glück und Schmerz der Situation der Liebe zusammenfaßt. Eine Anrede an die anwesende Geliebte würde enden: Aber nun ist ja alles wieder gut, warum reden wir noch davon! Das Gedicht würde sich selbst am Ende außer Kraft setzen, statt das emotionale Kraftfeld zu sein, das es ist – nicht zuletzt dadurch, daß das sprechende Ich keineswegs einfach von Vater und Mutter weggeht, um bei der Geliebten anzukommen. Indem es bei der Geliebten ankommt, wächst es vielmehr selbst in die Rolle des erwachsenen Liebhabers hinein, die der Vater ihm vorspielte: Er liebt eine ›fremde‹ Frau; doch er findet in der Geliebten auch etwas von dem mit der Mutter Verlorenen wieder. Die Erinnerung ist es, durch welche die Geliebte in den Zustand ferner Nähe versetzt wird, der die Relation des erwachsenen Sohnes zur Mutter bestimmt. Im Gedicht reitet das Ich aus seinen Imaginationen in die Realität ein; doch mit dem Gedicht überführt das Ich reale Erfahrungen in ei-

nen Erinnerungsraum, in dem eine Urerinnerung nach-
schwingt.

Auch im Detail gewinnt das Erlebnis als erinnerndes Er-
schreibnis seine Eigenart. Sie besteht in seiner Ununter-
scheidbarkeit von der Kunstform des Gedichts, die ja, wie
schon angedeutet, ihrerseits sich vergessen machen möchte,
indem sie den Eindruck unmittelbaren Erlebnisausdrucks
hervorruft. Das Erlebnis, das im Gedicht zu Wort kommt,
hat die Komplexität, Dichte, Reflektiertheit, Komponiert-
heit, die erst als Form des Gedichts erscheint. Es besitzt
auch, als Erinnerung, das Moment an Freiheit und Spiel,
das als Form im Gedicht faßbar wird. Umgekehrt dienen
das kompositorische Vermögen des Autors, sein gesamter
Schatz an Bildern, Traditionen und kulturellen Ressourcen,
dem Ziel, sein erinnertes, verinnertes Erlebnis zu artikulie-
ren und zu modellieren. So sind die Fragen nach Erlebnis
und Form des Gedichts nur methodische Perspektiven sei-
ner Wahrnehmung, aber nicht Erkundungen unterschiede-
ner Gegenstände. Das Erlebnisgedicht ist in sich selbst die
Aufhebung des Unterschieds von Erlebnis und Form. Es ist
das neue Erlebnis, das als Form besteht und darin ein frühe-
res Erlebnis verwandelt, das der Form vorausging. Das
Erinnern wird zum produktiven Ereignis im Doppelsinn
der Produktion des Erlebnisses in der Produktion des Ge-
dichts.

Nach der Erlebnisseite hin hat der alte Goethe diesen
Produktionsprozeß unübertrefflich prägnant gegenüber
dem Kanzler von Müller am 4. November 1823 charakteri-
siert: »Ich statuiere keine *Erinnerung* in eurem Sinne, das ist
nur eine unbeholfene Art sich auszudrücken. Was uns ir-
gend Großes, Schönes, Bedeutendes begegnet, muß nicht
erst von außen her wieder *er-innert*, gleichsam *er-jagt* wer-
den, es muß sich vielmehr gleich vom Anfang her in unser
Inneres verweben, mit ihm eins werden, ein neueres beßres
Ich in uns erzeugen und so ewig bildend *in uns* fortleben

und schaffen. Es gibt kein Vergangnes, das man zurücksehnen dürfte, es gibt nur ein ewig Neues, das sich aus den erweiterten Elementen des Vergangenen gestaltet, und die echte Sehnsucht muß stets produktiv sein, ein neues Beßres erschaffen.«[19]

Was unterscheidet das Erlebnis des Gedichts vom Erlebnis realer Situationen? Es ist ein Gewinn und ein Verlust. Das *reale* Ereignis einer Begegnung von Liebendem und Geliebter, wie sie das Gedicht erinnernd beschwört, nimmt das Du durch das Ich, aber auch das Ich durch das Du gefangen – eine Situation der Wechselseitigkeit, in der alle Reflexion, alle Stilisierung des Ich und des Gegenüber, jedes Wort und jede Geste, mögen sie auch momentan das Ich auf sich zurücknehmen, alsbald in die Situation einfließen und sie verändern, die Wechselseitigkeit neu bestimmen. Das macht die Situation, das Ich und das Du unaussprechlich und zwar in doppelter Hinsicht: Weil Kommunikation mit dem Du und Reaktion auf die Situation weithin außersprachlich ablaufen und weil die Situation und der Partner immer schon über das Wort hinausgehen, das sie einholen soll.

Ganz anders das Erlebnisgedicht: sind Ereignisse linear, so kreist die Erinnerung, auch wo sie Ereignisse erinnert; sie kann von jedem Punkt auf jeden anderen zurückkommen, jeden bereits in ihr abgelaufenen Vorgang von neuem abspulen, weil die gegenwärtige Situation im Akt des Erinnerns tendenziell machtlos ist oder wird. Ist das Erinnern ein erschriebenes oder monologisch ersprochenes, so muß es darauf gerichtet sein, alle Gehalte der Erinnerung sprachlich zu artikulieren, und ist dieses sprachliche Erinnern lyrische Produktion, dann stehen ihm in Metrum, Rhythmus, Reim-, Klang- und Bildbezügen, steuernden Assoziationssignalen Möglichkeiten der Artikulation zur Verfügung, die feinste, wahrhaft ›unerhörte‹ Nuancierungen und Valeurs der Stimmung entstehen lassen, indem sie diese zum Ausdruck bringen. So ist die Formulierung »... ein rosenfarbes Frühlingswetter lag auf dem lieblichen Gesicht« Ausdruck eines Erlebens, dem eine reale Situation vielleicht Intensität und gewiß Wechselseitigkeit voraus hätte, das aber in seiner Monologie (über die natürlich sekundär wieder reale Dialogie hergestellt werden kann) geistige Luzidität und emotionale Eindringlichkeit einzigartig verschmilzt. Ehe das gesagt wurde, gab es das nicht. Entsprechend das bereits bedachte Ineinander von Reit- und Wiegenrhythmus, das den Widerspruch einer Erlebnissituation über alle Möglichkeiten des Begriffs hinaus prägnant ausdrückt, wo die Widersprüche einer realen Situation nur dumpf verspürt werden könnten. So auch der Natureingang. Nur Rede des Gedichts kann Naturphänomene so in Seele, Seele so in Naturphänomene überführen.

Das Erlebnisgedicht vergegenwärtigt also keine dem Gedicht vorgegebenen Erlebnisse; es vergegenwärtigt *das* Erlebnis, das es ausspricht; es konstituiert das Erlebnis, sofern es nicht Resultate, sondern Bewegung mitteilt. Daß diese Erinnerung Vergegenwärtigung ist, bestätigt sich nicht nur im Fehlen jedes Voraus- und Umblicks des sprechenden Ich, sondern auch darin, daß das Präteritum immer wieder ins Präsens umschlägt oder als Präsens gelesen werden kann, so:

»... Geschwind, zu Pferde!
Und fort, wild wie ein Held zur Schlacht.«

»Und jeder Atemzug für dich.«

»Und Zärtlichkeit für mich, ihr Götter,«

»Der Abschied, wie bedrängt, wie trübe!«

»In deinen Küssen welche Liebe,
O welche Wonne, welcher Schmerz!«

Diese Tendenz kommt im Schluß an ihren Höhepunkt, denn in diesem resümierenden Ausruf erreicht das vergegenwärtigende Sprechen die Gegenwart des Sprechers. Alle vorhergehenden Ausrufe können als Ausdruck der erinnerten Situation gelesen werden; dieser aber gehört nicht zur erinnerten Situation, sondern ist Ausdruck des Moments, in dem der Sprechende aus der Erinnerung auftaucht und sie auf ihre Formel bringt.

Hat die Überlegung erst einmal diesen Punkt erreicht, bedarf es nicht mehr des auffälligen Signals ›Präteritum‹, damit klar wird, daß Erlebnislyrik von keinem anderen Erlebnis handelt, als von dem, das sie vergegenwärtigt. Das erste ›reine‹ Erlebnisgedicht benötigt zu seinem Erscheinen noch diesen Abstoß von realen Erlebnissituationen. Aber auch bei lyrischen Gebilden wie Goethes gleichfalls der Sesenheimer Zeit angehörendem »Maifest« oder der Hymne »Ganymed« wäre es absurd, sie als sprachliche Verdoppelungen vorhandener Situationen zu verstehen. Ebenso verfehlt wäre es aber, das vom Erlebnisgedicht hervorgerufene Erlebnis unmittelbaren Realitätserfahrungen an die Seite zu stellen, denn diese stehen in einem Lebenszusammenhang, aus dem sich das im Gedicht hervorgebrachte Erlebnis gerade heraushebt. Dieser Lebenszusammenhang besteht auch für Erinnerungen, die nicht Gedicht werden, wogegen die Erinnerung, die sich im Gedicht darstellt, in sich selbst versammelt ist, indem sie Erlebnisse hervorruft. Das Erlebnisgedicht ist absolute Vergegenwärtigung. Es statuiert keine Gegenwart außer sich; es postuliert auch nicht, auf realen Erlebnissen zu beruhen. Es legitimiert sich nicht, wie häufig Epik in ihrem Textkorpus, durch einen Realitätsverweis. Selbst das Du des Gedichts ist gedichtet, ja sogar sein Ich dichtet sich sprechend: Es ist lyrisches Ich.

Georg Wilhelm Friedrich Hegel sagt in seiner Ästhetik, in der Lyrik befriedige sich das Bedürfnis, »sich auszusprechen und das Gemüt in der Äußerung seiner selbst zu vernehmen«[20]. Darin liegt der Hinweis auf die Selbstreflexivität des Gefühls in der Lyrik, den Genuß des lyrischen Ich, sich im Akt der Erinnerung fühlbar und durchsichtig zugleich zu sein, sich auch in der Wendung zum Du auf sich selbst zurückzubeugen. Darin ist es vom biographischen Ich unterschieden. Hegel bringt auf den Begriff, daß sich das Erlebnis der Erlebnislyrik vom Erlebnis in der Realität dadurch abhebt, daß es ganz zum Wort kommt. Darin liegt eine Leistung des Gedichts für den Autor und für sein Publikum, die heute vernachlässigt zu werden droht, wenn in der berechtigten Tendenz, die Mystifikation des dichterischen Produktionsprozesses und des dichterischen Erlebnisses abzubauen, die Hervorbringung des Gedichts auf eine Frage von Inszenierung, Technik und Experiment reduziert wird. Das ist gewiß nicht einmal älterer Lyrik mit ihrer Betonung des Artifiziellen gemäß, geschweige denn der Erlebnislyrik. Das Erlebnisgedicht ist weder Protokoll noch Imitation biographischer Erlebnisse, sondern Produktion von Erlebnissen, die sich im Gedicht einstellen und mitteilen.

Gerade weil über den dichterischen Produktionsprozeß wenig gesagt werden kann, muß offengehalten werden, daß bei der Gedichtentstehung Bewußtes und Unbewußtes, Spiel und Ausdruckszwang, Selbstobjektivierung und Selbstdarstellung ineinander wirken. Im Gedicht findet ein Selbstentwurf und eine Selbstklärung statt, in beidem eine Bearbeitung und Formung der Erfahrungs- und Erlebnisweise – das letztere sowohl beim Autor wie bei seinem Publikum. In älterer Dichtung läuft das über eine offene Programmatik, in welcher der Autor sich und denen, an die er sich wendet, Leistungen der Selbststilisierung abfordert. In ›Erlebnislyrik‹ ist die Programmatik zugleich mit dem Artifiziellen der Gedichte versteckt, aber vielleicht dadurch um so wirkungsvoller. Statt Verhaltensweisen zu propagieren, inokuliert sie unmerklich Motivationen und pflanzt Ge-

fühlsdispositionen ein, die in die Lebenspraxis zurückwir-
ken. Und auch das reflektiert sich wieder in Dichtung. Weil
bei ihm die Programmatik noch so direkt zu Worte kommt,
aber schon aufs Gefühl sich richtet, wird dieser Vorgang bei
Klopstock besonders deutlich. So heißt es in der Ode »Der
Zürchersee«:

> »Und wir Jünglinge sangen,
> *Und empfanden*, wie Hagedorn.«
> (Kursivierung von mir)

Was hier noch wie ein einziger Schritt der Übertragung
wirkt, geht bei der voll entfalteten ›Erlebnislyrik‹ als subku-
tane Einschleichung, als unauffällige Vertauschung des Ge-
gebenen mit dem Entworfenen vor sich. Das Gedicht »lockt
uns nach, und nach ...«, wie Tassos Prinzessin Eleonore
sagt, die es wissen muß (V 1111).
   Auch Schönheit, in älterer Literatur Ausweis der regelge-
rechten Ausschmückung der Rede, wird in diesem Zusam-
menhang Motivation zu neuem Fühlen, denn das Gedicht,
das nicht kunstvolle Hervorbringung, sondern Erlebnisaus-
druck sein will, ist in einer neuartigen Weise schön: als völ-
lig zum Ausdruck gebrachtes Erlebnis und als Ausdruck,
der dem Erlebnis völlig zum Wort hilft. In dem Maße, wie
das Erlebnis, das im ›Erlebnisgedicht‹ produziert wird,
identisch ist mit seinem Ausdruck im Gedicht, ist aber auch
das Erlebnis des Lesers oder Hörers ästhetisches Erlebnis.
Das vollkommene Erlebnisgedicht läßt den Leser oder Hö-
rer fühlen: ›so ist es‹, ›so soll es sein‹, und zugleich ›so schön
ist es‹. Das erweist sich rückgreifend sogar als ein Moment
des gelebten Erlebnisses selbst. Das moderne Gedicht arti-
kuliert nicht nur Erlebnisse; es macht zugleich vor, was Er-
lebnisse überhaupt sind, es verkündet das Programm
›Erlebnis‹, so wie es vormacht, was individuell sein, Seele
haben und sein, Verinnerlichen eigentlich meint – siehe die
Überlegungen zu Sprache und Seele angesichts von Schillers

Distichon »Sprache«. Gerade zur modernen Kategorie ›Erlebnis‹ gehört aber ein Ingrediens von Selbstgenuß, darin Reflexivität. Es ist der Genuß nicht nur des Erlebten, sondern der Fähigkeit zu erleben. Das Erlebnisgedicht heißt also letzten Endes deshalb Erlebnisgedicht, weil es einen entscheidenden Beitrag dazu leistet, den Sachverhalt ›Erlebnis‹ zur Welt zu bringen. Imitierte Erlebnisse müßten ausagiert werden. Das Ich des Erlebnisgedichts spricht sich und uns, erinnernd, Erlebnisse zu.

Wissenschaftliches Interpretieren von Erlebnisgedichten treibt die Doppelung von Reflexion und Unmittelbarkeit nochmals eine Stufe höher. Es reflektiert das Erlebnis, das vom Gedicht hervorgerufen wird, in der Absicht, es zu vertiefen, und macht die Identifikation mit dem Erlebnis des Gedichts zur kritisch eingesetzten Methode, mit deren Hilfe auch sein Artifizielles aufgedeckt werden kann. Im Ansatz wird damit auch die Rückwirkung des Gedichts in Lebenspraxis, sei es vergangener Generationen, sei es des heutigen Lesers, reflektiert. Dabei zeigt sich, daß der Leistung des Gedichts eine Leistung des Lesers antwortet. Das programmatische, darin ›festgeschriebene‹ Erlebnis des Erlebnisgedichts wird in der Lebenspraxis nicht nur im Nachvollzug wiederholt, sondern auch erprobt und damit individuell und historisch verflüssigt auf abermals veränderte Erlebnisweisen hin, die sich wiederum dichterisch artikulieren werden. Die Zweipoligkeit dieses Prozesses ist es, welche die Erstarrung der Literatur zum Konditionierungsapparat verhindert und sie zu dem macht, was sie sein kann: Experimentierfeld der Humanität.

MUTTER NATUR AM ZÜRCHER SEE.
JOHANN WOLFGANG GOETHE:
»ICH SAUG' AN MEINER NABELSCHNUR ...«

Mutter Natur ist eine moderne Erfindung. Gewiß kennt die
Antike mütterliche Erd-, Fruchtbarkeits- und Nachtgöttin-
nen neben männlichen Himmels- und Lichtgöttern, doch
nicht eine strenge Dualität von Vater Geist und Mutter Na-
tur, deren eigentümlich Modernes in der Allgemeinheit und
zugleich Innerlichkeit dieser Größen liegt. Mutter Natur ist
so sehr in uns wie um uns, und eben darin ist sie das andere des
Geistes, der sich in sie eingebettet und ihr gegenüber findet.

>   »Schön ist, Mutter Natur, deiner Erfindung Pracht
>   Auf die Fluren verstreut, schöner ein froh Gesicht,
>   Das den großen Gedanken
>   Deiner Schöpfung noch Einmal denkt.«[1]

So hebt Friedrich Gottlieb Klopstocks Ode »Der Zürcher-
see« an, die eine Kahnfahrt des jungen norddeutschen »Mes-
sias«-Sängers mit Verehrern aus der guten Gesellschaft Zü-
richs am 30. Juli 1750 fast ekstatisch überhöht. Da ist sie –
Mutter Natur im Glanz, der auf dem Neuen liegt. Schon
1645 hat der barocke Schriftsteller Philipp von Zesen in sei-
nem Roman »Adriatische Rosemund« »Zeugemutter« als
Übersetzung für das lateinische Wort natura vorgeschlagen[2];
schon das angehende Mittelalter kennt die Rede vom Buch
der Natur[3], aber dabei wird die Natur immer als Schöpfung
und Schrift des biblischen Vatergottes gedacht, der nicht ihr
gegenüber oder in ihr, sondern über ihr steht.[4] Die Vorstel-
lung der Mütterlichkeit der Natur bleibt unentfaltet, solange
der Mensch in seiner Lebenspraxis auf Zurückdrängung ih-
rer Übermacht angewiesen ist. Klopstocks Gedicht deutet
auf den historischen Augenblick, in dem Natur das verlorene
Paradies zu werden beginnt, aus dem der Mensch sich auf

dem Wege expandierender Naturbeherrschung entfernt. Mutter Natur entläßt ihre Kinder, die, zum Bewußtsein gelangend, deren Gestalt wahrzunehmen beginnen.

Doch noch feiert sich der überlegene Geist. Schöner als die Pracht von Mutter Natur ist der Mensch, der die Natur als Schöpfung nachzudenken vermag. Vor allem: Mutter Natur wird noch nicht als Gebärerin, vielmehr als Erfinderin gesehen; sie kann erfinden, weil sie von Gott geschöpft ist, weil ihr Vorhandensein – Klopstocks »Frühlingsfeyer« spricht davon – das durch die Zeiten gehende Schöpfungswunder Gottes ist. Noch ist Mutter Natur »Gottes Nachahmerin«, wie sie schon in der Ode »Auf meine Freunde« von 1747 heißt.

Beim jungen Goethe erst – etwa fünfundzwanzig Jahre später – tritt dem Wandrer, in dem der reflektierende Geist repräsentiert ist, in einer hymnischen Idylle dieses Titels die Gestalt einer Naturmadonna mit dem Säugling auf dem Arm entgegen. Sie ist ein Kontrastbild zur christlichen Madonna, denn diese kommt als Geschöpf und Gefäß des geistig zeugenden Vatergottes in den Blick, während in Goethes Idylle die Natur als Gebärerin des Geistes erscheint, der sie dann rückwirkend, in der Gestalt des Wandrers, begreift. Der moderne Mythos steht fertig da in der mythischen Figur.

Und wiederum ist der Zürcher See ein Ort der Aussprache des neuen Lebensgefühls, so daß in zweifacher Hinsicht gesagt werden kann, Mutter Natur sei auf dem Zürcher See erschienen. Unter der Überschrift »15. Junius 1775, aufm Zürichersee« trägt Goethe in das Tagebuch seiner ersten Schweizer Reise Verse ein, die anläßlich einer Bootsfahrt improvisiert wurden. Sie sind gewiß auch eine Reminiszenz an Klopstocks literarische Bootsfahrt am gleichen Ort, zumal die Grafen Stolberg, enge Freunde und Verehrer Klopstocks, Goethe begleiteten:

»Ich saug' an meiner Nabelschnur
Nun Nahrung aus der Welt.
Und herrlich rings ist die Natur,
Die mich am Busen hält.
Die Welle wieget unsern Kahn
Im Rudertakt hinauf,
Und Berge wolkenangetan
Entgegnen unserm Lauf.

Aug mein Aug, was sinkst du nieder?
Goldne Träume, kommt ihr wieder?
Weg, du Traum, so gold du bist,
Hier auch Lieb und Leben ist.
Auf der Welle blinken
Tausend schwebende Sterne,
Liebe Nebel trinken
Rings die türmende Ferne,
Morgenwind umflügelt
Die beschattete Bucht,
Und im See bespiegelt
Sich die reifende Frucht.«[5]

Biographisch ist das Gedicht, wie die gesamte Reise, ein
Ablösungsversuch Goethes von Lili Schönemann, der
Frankfurter großbürgerlichen Verlobten, von der sich Goe-
the unter Schmerzen wegbewegt, weil er die Einbindung in
die patrizische Gesellschaft der alten Reichsstadt fürchtete.
In der Formel »Lieb und Leben« ist, wie öfter in der Lili-
Lyrik, der Name der noch immer Geliebten umspielt.[6]
Aber nicht eine autobiographische Reflexion, vielmehr ein
Gedicht hat Goethe in sein Tagebuch geschrieben, das sich
schon durch seine Form über den biographischen Zusam-
menhang hinaushebt und den Namen der Geliebten hinter
sich zurückläßt. Es will nicht auf Biographie reduziert, es
will auf Mutter Natur, auf Lieb und Leben hin extrapoliert
werden, in denen nicht nur der *Name* Lilis untergegangen
ist.

In drei großen Bildern entwirft die erste Strophe die Vorstellung einer Ureinheit von Mensch und Welt, die als Natur mütterlich ist: im Bild embryonaler Geborgenheit im mütterlichen Blutkreislauf; im Bild der Bettung des Säuglings am Busen der Natur; schließlich im Bild vom Kahn als Wiege, mit dem die Vorstellung vom Wiegenkind bei der Mutter leicht angespielt wird und auch schon in der Auffächerung optischer Phänomene vergeht. Der Jambentakt der Strophe, der Zusammenklang von Wellenbewegung und Rudertakt, das Ineinanderschwingen, fast Kreisen optischer Eindrücke, bei dem einem Hinauflaufen von Welle und Kahn ein dynamisches Hinab der Berge entgegenkommt, schließlich das Aufgehen des Ich im Wir arbeiten die große Einheitserfahrung weiter aus.

Dennoch ist die Stimmung der Strophe weniger einheitlich, als es zunächst erscheint. Der emphatischen Rede von einer zeitlich unhintergehbaren Einheit ist ein »Nun« eingebettet, das nicht nur die Zeitlosigkeit des Augenblicks, sondern auch den Augenblick als Zeiteinheit anspricht. ›Nun‹ ist nicht ›immer‹. Und sind nicht die Bilder selbst inkohärent, weist nicht ihre Folge und schließlich ihr Untergang in Einzelerscheinungen einer Landschaft darauf hin, daß etwas außerhalb der Benennung und Preisung der Ganzheit bleibt?

Der Embryo *saugt* nicht an der Nabelschnur; ihm fließt die Nahrung zu. Saugen bezeichnet demgegenüber eine lustvolle Lebensaktivität. Dazu paßt, daß sich im Bild subjektlosen anfänglichen Aufgehobenseins ein Ich nach vorn, an den Anfang des Gedichts drängt. Besitzansprüche (»Meine Nabelschnur« ist eine absurde Formulierung) und die Deklaration: »... herrlich rings ist die Natur« gehen von ihm aus. Sein Pathos und seine Energie überfluten in rhythmischen Stößen das wiegende Metrum, das sich erst in der zweiten Strophenhälfte durchsetzt[7], mit dem Bild des Wiegens selbst. Erst dann sinkt auch das Ich in das Wir zurück, das sich im Possessivpronomen »unser Kahn« versteckt. Erst jetzt also, während die Urbilder untertauchen und sich auflösen, kommen Anspruch und Erfahrung zur Deckung, hat sich der Anspruch auf das Erfahrungsniveau herabgestimmt. Es ist genau die Stelle des Gedichts, wo im Schwingen und Kreisen der Wahrnehmungen schon eine Polarisierung beginnt: Menschenwerk (Kahn) und Natur, Oben und Unten, Berge und Wasser. Es ist auch der Punkt, an dem die Vorstellung vom »Lauf« das Bild des wiegenden Kahns zersetzt. Die Assoziationsreihe Embryo – Säugling – Wiegenkind verliert sich in der flüchtigen Erinnerung an das Laufkind, das nun auf eigenen Füßen steht.

Das Ich ist das Unterscheidende; mein Auge, mit dessen Anrede die zweite Strophe beginnt, ist das Sinnesorgan der deutlichsten Unterscheidung. »Der kälteste Sinn ist das Sehen« sagt Goethe in dem Fragment eines Briefromans von 1770.[8] Das wahrnehmend unterscheidende Ich, das die Unterscheidung vermeiden wollte, unterscheidet sich zwangsläufig am Ende von dem, was es wahrnimmt, von der Natur. Es fällt zurück – nicht auf Natur, sondern auf sich. Das Metrum springt von Jamben auf Trochäen um, die in den beiden ersten Versen der zweiten Strophe im Sprechrhythmus voll realisiert werden. Die Zeilen werden länger: durchgehend vierhebig, wo in der ersten Strophe vier- und dreihebige Zeilen wechseln. Der Ton sinkt entsprechend dem Sinken des Auges; der Paarreim, innerhalb dessen jeder Reimzeile eine syntaktische Einheit entspricht, bringt nach je zwei Zeilen einen Einhalt, während der Kreuzreim der ersten Strophe von der ersten zur dritten und von der zweiten zur vierten Zeile weiterdrängt, so wie in der ersten Strophe dreimal auch die syntaktische Einheit über die Versgrenze hinweggeht (Nabelschnur/Nun; Kahn/Im; wolkenangetan/Entgegnen).

Dem Auge widerfährt, daß es sinkt, wo es doch schauen wollte. Es erleidet sein Sinken. Leiden und Selbstreflexion des Ich, das sich in seinen Organen wahrnimmt, fallen zusammen. Wie Ich und Welt im Akt der Reflexion auseinandertreten, so Innen und Außen, Nähe und Ferne. »Hier« setzt ein ›Dort‹, »wieder« ein ›Einst‹ und ›Jetzt‹ voraus. Das Innere kann den Einklang mit dem Äußeren nicht durchhalten. Das Ich ist mit sich, nämlich mit seinen wiederkehrenden »goldnen Träumen« von »Lieb und Leben« beschäftigt. Gold bedeutet bei Goethe vitale Tiefe. Schon das spricht dagegen, daß sich hier lediglich Träumereien der Realität entgegensetzen. Bloße Imaginationen von Lieb und Leben bedürften angesichts einer mächtigen Gegenwart wohl auch kaum einer so bis in den Sprechton gewaltsamen Zurückweisung, wie sie die dritte und vierte Zeile der zweiten Strophe enthalten. »Weg, du Traum, so gold du bist« ist ein von Anstrengung und Eile verkürzter, prädikatsloser Befehlssatz, dem, herrschte Ruhe zu logischem Argumentieren, der Konzessivsatz vorherzugehen hätte: ›So sehr du golden bist, sollst du doch weggehen!‹ Auch »so gold« verkürzt noch einmal die Rede, und die folgende Zeile gerät vollends in die Defensive. Stünde nur ein Traum von Lieb und Leben gegen die Realität der Liebe und des Lebens, wäre eine Formulierung wie ›hier *nur* Lieb und Leben ist‹ oder ›hier *erst* Lieb und Leben ist‹ zu erwarten. »Hier *auch*« beschwört geradezu, daß die Gegenwart ebensosehr Lieb und Leben ist, wie das, was im Traum wiederkehrt, und die Beschwörung gerät so heftig, daß »auch« als betontes Wort an Stelle einer metrischen Senkung mit äußerster Härte an das ebenso betonte einsilbe »Hier« stößt.

Was da hervordrängt, ist das, was in der ersten Strophe mit Emphase niedergehalten wurde: daß es eine Zeit voll Lieb und Leben vor der Gegenwart gab, die dort als absoluter Anfang eingeführt werden sollte. Entweder ist von realen Erfahrungen die Rede, die gerade deshalb als Traum wiederkehren, *weil* sie mit Anstrengung verdrängt werden, oder aber es handelt sich um einen höchst mächtigen, im platonischen Sinne anamnetischen Traum: eine Rückerinnerung der in die Erscheinungswelt geworfenen Seele an das Reich der Ideen, die eine unstillbare Sehnsucht im Menschen zurücklassen. In jedem Falle scheint sich das Gedicht über die Einbettung des Menschen in die Natur hier in ein Gedicht über die Ausschließung des Menschen von Natur zu verkehren. Er ist ausgeschlossen durch ein Bewußtsein, das nie im reinen Dasein, wie es der außermenschlichen Natur eignet, aufgehen kann. Es nimmt sich wahr; es erinnert Gewesenes, das Vorhandenes relativiert; es mißt die Wirklichkeit an Ansprüchen. Der prätendierte Anfang bei Mutter Natur erweist sich als Flucht zu Mutter Natur aus Widersprüchen, die vergessen werden sollen, aber nicht vergessen werden können.

Doch das Gedicht hört so nicht auf. Die angestrengte Rückwendung aus dem Traum ins Hier löst sich unerwartet – bei der Überarbeitung für die Ausgabe der »Schriften« von 1787/90 bringt Goethe an dieser Stelle einen Stropheneinschnitt an – in einem tänzerischen Rhythmus, bei dem bis zum Gedichtschluß Metrum und Rhythmus zusammenklingen. Das Tanzen, auch im Bild von den schwebenden Sternen evoziert, entsteht dadurch, daß die vierhebigen Trochäenverse des Strophenanfangs zu dreihebigen Zeilen verkürzt werden, wie sie sich in der ersten Strophe in der zweiten, vierten, sechsten und achten Zeile finden. Dabei wird jeweils in der zweiten, vierten, sechsten und achten Zeile der neuen metrischen Einheit der vorletzte Trochäus in einen Daktylus umgebildet, der als Hebung mit zwei folgenden Senkungen wieder an die Jamben der ersten Strophe anklingt, ihr Wiegen daher in das Tänzeln verwandelt: schwĕbĕndĕ / türmĕndĕ / -schättĕtĕ / rĕifĕndĕ.[9] Dem Wiegen gab sich das Ich nach anfänglicher Aktivität hin; das Sinken erlitt es, bis es sich zur Aktivität aufraffte; im Tanzen kommen Hingabe und Aktivität harmonisch zusammen.

Offenbar ist im Doppelschritt des Ich in sich hinein und

in die Welt zurück eine weiter ausgreifende Wahrnehmungsweise von Ich und Natur gefunden worden, bei der keine Exklusionen mehr stattfinden müssen. So entstehen auch andere Harmonien auf neuer Stufe neu, dergestalt nämlich, daß gleichzeitig Polaritäten entfaltet und Unterscheidungen einem Übergreifenden eingebettet werden. An die Stelle der Gegenläufigkeiten, die einander überlagerten, tritt Balance, tritt die Einheit in der Geschiedenheit. Zunächst kommen aus dem Kreisen der Impressionen in der ersten Strophe und aus der folgenden Entwicklung der Zeitdimension Andeutungen der Tages- und Jahreszeitenzyklik hervor: *Morgen*wind umflügelt die Bucht, in deren Schatten eine Ahnung der Nacht nistet; das *Sonnen*licht bricht sich auf den Wellen zu *Sternen*; die *reifende* Frucht verweist im Sommer auf Frühjahr und Herbst, Geburt, Fülle der Zeit und Tod. Das im Traum erinnerte Gold des Lebens ist ausgestreut in den Sonnensternen, die auf der Wasserfläche schweben. Die Wolken der ersten Strophe sind aufgehellt, eingeflossen in »Liebe Nebel«, einen Schleier, der aus Glanz und Dunkel gemischt ist. Die Enge der Begegnung von Welle und Bergen in der ersten Strophe reißt auf und öffnet sich auf eine türmende Ferne, die – als benannt – vorhanden bleibt, auch wenn liebe Nebel sie auftrinken. Ein neues Element neben der Sonne: Wind, der von weit herkommt, umflügelt die beschattete Bucht, strömt spiralig in ihre Wölbung ein.

Doch wo bleibt bei alledem das Ich, das erste Wort des Gedichts? Es wird im Schritt hinter den vermeintlichen Anfang in den wirklichen Anfang, in der Zuordnung des Vaters Geist zur Mutter Natur, im Augenblick wieder gezeugt und wieder geboren. Es kehrt verwandelt wieder im letzten Wort: Frucht. Die Sonne als Urlicht der Idee und der Wind, das alte Symbol des Heiligen Geistes, deuten in verschwiegener Weise auf die göttliche Schöpfungs- und Zeugungskraft. Die geläufige neutestamentliche Episode, die den

Wind als Bild des Heiligen Geistes verwendet, ist das Gespräch Christi mit Nikodemus, wo vom Geheimnis der Wiedergeburt die Rede ist (Joh. 3,8). Aber nun ist die Kraft des Geistes nicht mehr Gott über oder hinter der irdischen Natur, sondern gehört ihrer Göttlichkeit des liebenden Empfangens und Bergens polar, nämlich zeugend, zu. Der Wind, der wie in der Genesis als Geist über den Wassern schwebt, umflügelt, umhüllt die Bucht, deren Beschattetsein jetzt den Anklang an den biblischen Wortsinn entläßt, nach dem der Geist Gottes Maria befruchtend »überschattet« (Luc. 1,34). Der Nebel ist eine Trübungserscheinung, ein Urphänomen im Verständnis des alten Goethe; bei der erstaunlichen Konstanz seiner Symbolik ist es gewiß erlaubt, auch hier schon den Zusammenhang ahnungsweise gegenwärtig zu sehen, den er später durch seinen Hausphilologen Riemer hat formulieren lassen: »Der Geist, der erscheinen will, webt sich eine zarte Trübe.« Das »Trübe ist die zarteste Materie, die erste ... Lamelle der Körperlichkeit«.[10] In der Bucht, von lieben Nebeln umflossen, findet Empfängnis und Inkorporation statt. In der reifenden Frucht ist der im Fruchtwasser reifende Embryo zart erinnert.

Zwar ist die Flucht des Ich in Natur gescheitert, aber es hat sich in Natur wieder gefunden. Es ist im Bild der Frucht wiedergeboren. Es ist in Natur übergegangen, aber auch: die Natur ist zum Bild des Ich geworden. Die erste Strophe müht sich an einer Personifikation der das Ich bergenden Mutter Natur ab, die als Personifikation, als Allegorisierung eines Begriffs von Natur, schon von Trennung zeugt. Die letzte Strophe endet in einem Symbol, das die Gegenständlichkeit der Natur selbst auf das Ich durchsichtig macht. So der ganze letzte Teil des Gedichts. Er spricht nur noch von Naturphänomenen, aber sie spiegeln einen erotisierten Blick des Menschen zurück. Liebe *Nebel* sind auch Vergegenständlichungen der Innerlichkeit, in die das Ich gerade noch versunken war; sie sind entäußertes Inneres; sie sind – der Wortlaut sagt es – die Spiegelgestalt von »Lieb und *Leben*«.[11] Und auch dieser Bedeutungsgehalt ist in der späteren Symbolik der Trübe abgesichert. Im Tagebuch vom 25. 5. 1807 vermerkt Goethe: »Lieben und Hassen, Hoffen und Fürchten sind auch nur differente Zustände unseres trüben Inneren ... Blicken wir durch diese organische Umgebung nach dem Lichte hin, so lieben und hoffen wir; blicken wir nach dem Finstern, so hassen und fürchten wir.«

Die Spiegelverkehrung von Leben in Nebel führt auf die durchgehende Bedeutung der Spiegelsymbolik im Schlußteil des Gedichts, der sich wieder der Natur zuwendet. Durch Spiegelung tanzen Sterne auf den Wellen. Die Spiegelung von Gestirn und Welle ineinander ist ein bedeutendes und immer wieder im Werk Goethes aufscheinendes Symbol für die Ganzheit der Welt und die harmonische Entsprechung von Welt und Mensch.[12] Zugleich aber ist in dieses Ganzheitszeichen auch ein Moment der Brechung eingezeichnet. Gestirn und Welle werden im Spiegelbild nicht nur vereinigt, sie werden auch in der Vereinigung unaufhebbar getrennt. Bild und Spiegelbild, Spiegel und Gespiegeltes können nur verlöschend ineinander fallen, obwohl sie doch so eng zusammengehören. So ist Brechung schon im Bild von Welle und Gestirn enthalten. Die *eine* Sonne ist im Spiegel der Welle in tausend schwebende Sterne zerbrochen; sie sind in deren Brechung schwebend tausendfach die *eine* Sonne. Doch noch viel tiefer reicht der Riß in das Verhältnis von Ich und Welt, Ich und Natur: *Eine* Silbe reicht aus, das zu sagen: »Und im See bespiegelt sich die reifende Frucht.« Reifende Früchte mögen sich in Seen spiegeln, aber *be*spiegeln kann sich nur der Mensch. Sich *be*spiegelnd tritt er sich gegenüber. Er kann sich im Spiegelbild erkennen, aber auch sich entfremden. Er kann dem Vertrauten, aber auch dem Fremden im Spiegel verfallen – bis zur tödlichen Spiegelung des Narziß. Als sich selbst Gegenübertretendem, als sich Reflektie-

rendem ist es dem Menschen gegeben und über ihn ver-
hängt, auch der Natur gegenüberzutreten. Wie er sich zum
Problem wird, wird sie ihm zum Problem. Sie wird ihm
zum Spiegel seiner selbst; sie reflektiert sich in ihm; in ihm
kommt die Natur zum Bewußtsein. Er ist Natur, und in
ihm begegnet sich die Natur als Geist. Er ist eins mit Natur,
eingebettet in Natur in ihm und außer ihm und doch ewig
von ihr geschieden – die Dualität, von der eingangs die Rede
war.

Alles das bringt das Schlußbild zur Sprache. Das Ich ist
reifende Frucht der Natur, aber es ist damit noch nicht hin-
reichend bestimmt. Der Absurdität des Einheitsbildes
(»*meine* Nabelschnur«) antwortet die Interferenz im
Schlußbild der reifenden und dabei sich bespiegelnden
Frucht. Das Ich in der intra-uterinen Geborgenheit bei
Mutter Natur ist zugleich außer ihr und außer sich. Die Exi-
stenz des Ich ist paradox wie das Symbol, in dem das letzte
Wort des Gedichts auf das erste Wort des Gedichts transpa-
rent wird. Sie ist am tiefsten paradox darin, daß gerade die
Reflektivität des Menschen es ist, die nicht nur die Geschie-
denheit, sondern auch die Einheit des Menschen mit sich
und der Natur herzustellen vermag. Durch das Sich-Bespie-
geln ist die reifende Frucht dem Fruchtwasser des Sees zu-
geordnet. Nur das Spiegelbild schwimmt. Wie das Ich in
der Symbolik der Frucht *verwandelt* wieder auftaucht, so
die Reflexion, in der das Ich am Anfang der zweiten Strophe
auf sich selbst zurückgefallen war, in der Symbolik der
Spiegelung. Erst aus dem Anfang der zweiten Strophe des
Gedichts kann der Schluß hervorgehen.

> »... die Wunde schließt
> der Speer nur, der sie schlug.«[13]

In der Reflexion gewinnt der Mensch das Bild seiner selbst,
wird er fähig, das Disparate zu integrieren. Die Reflexion
bringt Zeit, Ursprung, Ziel, Tod und Ernte in den Schluß-

teil des Gedichts ein. Die Reflexion, in der Ich und Natur einander gegenüberstehen, kann gleichermaßen das Ich im Gegenstand und den Gegenstand im Ich aufgehen lassen. Sich bespiegelnd erkennt sich, bestimmt sich der Mensch als reifende Frucht, seine Schmerzen, sein Glück, seine Abschiede und seine Verschmelzungen als Momente eines Entwicklungsprozesses. Im Bewußtsein der Entwicklung ist das Ich sich seines Ursprungs als Geist im Schoß der Natur und seines Lebenssinnes bewußt. In der Reflexion vermag es der Mensch, seine Diskontinuitäten auszuhalten, Vergangenheit und Gegenwart aufeinander zu beziehen. Reflektierend kann er als Reifung fassen, daß verlorene Einheitserfahrungen in neuen gespiegelt, variiert und gesteigert zu werden vermögen; daß die neuen die alten in sich aufnehmen und damit auf sie zurückweisen, wie die alten die späteren schon keimhaft in sich enthalten.

Reflektieren heißt aber auch, das nie Dagewesene, das Unmögliche, den »goldnen Traum« zu erinnern; als Maß und Entwurf in die Erfahrung einzubringen. Die herrische Verbannung des Traums, der sich doch gerade als nicht verdrängbar erwiesen hat, ist nicht ein letztes Wort. Er ist im Schlußteil des Gedichts ebenso verwandelt anwesend wie das Ich und die Reflexion des Mittelteils. Nur Verdrängtes und nicht Zugelassenes trumpft auf. Das anamnetisch oder wirklich Erinnerte löst sich zum Anklang von Schwermut in den Tanzrhythmus des Schlußteils und zum Hauch von Entsagung über dem Reifungsbild, in die Verheißung gemischt. Das Gold des Traums verheißt eine Fülle des Daseins und des Hingenommenseins, wie sie im gelebten Leben zwar aufblitzen, aber nicht Dauer gewinnen kann. Es gehört zum Chimärischen des Traums, daß er solche Augenblicke verabsolutiert, wenn er Vergangenes heraufbeschwört. Lieb und Leben sind nie so golden wie im Traum, wo sie nicht oder nicht mehr sind; aber sie sind in der Realität, im Vorhandenen, wirklicher.

Der Schlußteil des Gedichts führt also in einen Anfang, der ein Moment von Geschiedenheit in sich trägt. Es ist die Einheit von Mann und Frau, Geist und Natur in Zeugung und Empfängnis; es ist die Einheit mit der Natur in der Geschiedenheit der Reflexion. Als Kind der Mutter ist der Mensch in der Geschlechterphilosophie der Goethezeit Natur; als Kind des Vaters ist er Geist. Die Deutung der Geschlechterrollen in der modernen Familie, die anläßlich von Schillers Distichon »Sprache« entworfen wurde, ist von hier aus zu differenzieren und zu modifizieren. Das Kind erfährt die Einheit mit der Mutter als Ursprungserfahrung; aber es ist in der Mutter gezeugt vom Vater. Das Erwachen zu Sprache und Bewußtsein im Schoß der Mutter terminiert in der Reflexion auf die Zeugung durch ihn. Sie wird nicht anfänglich *erfahren*, sie muß als vorgängig *erkannt* werden. Mag der Traum von Liebe und Leben biographisch im Gedicht die Liebesbegegnung mit Lili Schönemann meinen – zeichenhaft ist es der Traum einer Liebesvereinigung von Mann und Frau. Es ist eine anamnetisch zu erinnernde Idee, sofern sie hinter die Erfahrung zurückgreift und zugleich ein Ziel bezeichnet. Die Erinnerung des Einsseins mit der Mutter macht für Söhne die Sehnsuchtstiefe späterer Liebeserfahrungen aus. Aber der Vater ist es, in dem sich dem heranwachsenden Mann die Forderung stellt, nicht in die Mutter zurückzusinken, sondern der andere einer anderen Frau zu sein: nach der Symbolik der Geschlechterrollen der Goethezeit Geist, welcher der Natur gegenübertritt und sich zeugend mit ihr vereinigt, so wie er einst vom Vater gezeugt wurde. Platons mythische Idee der Liebe vom Menschen, dessen entzweite Hälften ewig nacheinander verlangen müssen, bezeichnet die Liebeseinheit von Mann und Frau, nicht die Liebesgeborgenheit des Sohns bei der Mutter. Es ist das Ziel, in die Vaterrolle überzutreten, vor dem Goethe in der Verlobung mit Lili Schönemann noch ausweicht und das ihn doch als Lieb und Leben fasziniert.

Wovon das Gedicht spricht, das tut und bezeugt es. Es geht von der Prätention der Einheit über die Erfahrung der Trennung zu einer neuen Einheit, die Geschiedenheit einbegreift. Es geht von der Allegorie über die bildlose Innerlichkeitsstrophe zum Symbol, in dem Natur und Reflexion einander durchdringen. Und insofern spricht es, indem es von Lieb und Leben, von Natur und Reflexion spricht, auch von sich. Der Künstler, das Genie ist im Bewußtsein der Goethezeit exemplarisches Ich, exemplarisch Sohn der Natur. Der Wind als Metapher des Heiligen Geistes ist seit alters auch Metapher der künstlerischen Inspiration. Der Nebel verweist gleichfalls auf Goethes Zentralsymbol der Kunst: den Schleier. Im Schleier der Bilder der Kunst zeichnet sich im Gedicht das Geheimnis von Zeugung und Geburt des Ich, aber auch von Zeugung und Geburt des Werks ab. Auch das Gedicht ist die im See sich bespiegelnde reifende Frucht. Im Spiegelphänomen ist zuletzt auch etwas dem ähnliches sichergestellt, was in dem Sesenheimer Gedicht »Es schlug mein Herz ...« das Präteritum leistet: Die Spiegelung aller Momente, auch der Zeitmomente, ineinander, damit die Einheit des Gedichts als lyrischer Augenblick.[14]

*

Mutter Natur ist eine moderne Erfindung. Sie konnte erst gemacht werden, als Gott der Schöpfer, der Richter und Erlöser in den programmatischen Welt- und Selbstentwürfen der Menschen zurückzutreten begann. Der Sünder unter dem Gesetz und der Gnade Gottes wird zum Kind der Natur und zum ›freien Geist‹, eines der Fahnenwörter des 18. Jahrhunderts. Goethes Gedicht zeugt weniger von diesem Ermöglichungsraum als vom Ermöglichungs*grund*, aus dem Mutter Natur aufsteigt und im Geist zu sich kommt. Sie wird zum Inbegriff dessen, worin der Mensch in der

Welt geborgen und gebettet ist. Die Landschaft, der Ort von Mutter Natur, wird zum Fluchtraum aus der Gesellschaft und zum Resonanzraum der Seele, wo der Mensch liebe Nebel trinken und sein liebes Tal dampfen sieht – Werther am 10. Mai 1771 – weil er sich in ihnen reflektiert. Unser Gedicht ist die Momentaufnahme vom Zurücktreten Gottvaters in die Natur. Es ist aber auch ein Text, in dem der Geist sein Verhältnis zur Natur neu formuliert. Er stimmt den Lobpreis auf den Schoß an, in dem die Frucht reift, aber indem er aus dem Bild verschwindet, ist er es, welcher das Bild der königlichen Mutter Natur entwirft. Der Mann ist es, der Mutter Natur erfindet, der die Losung ›Zurück zur Natur!‹ ausgibt und von diesem Zurück wieder zurückkommt in eine Männerwelt, seine Männerwelt. In der Erfindung von Mutter Natur liegt schon ihre sentimentale Verklärung, reziprok zu der Brutalität und Aggressivität, mit welcher der Geist operationale Intelligenz wird, die schließlich auch über die Natur verfügt. Mutter Natur tritt genau in dem geschichtlichen Augenblick auf die Bühne, in dem die Natur Rohstoff und Ausbeutungsobjekt der naturbeherrschenden Technik zu werden beginnt. Sie bildet sich mit der modernen Gesellschaft aus. Der französische Park des Barock verherrlicht den Menschen, der die Natur bemeistert.[15] Der englische Park, der in Deutschland in der zweiten Hälfte des 18. Jahrhunderts in Mode kommt, arrangiert den Schein der sich selbst überlassenen Natur. Hier webt Mutter Natur, während draußen, in der Männerwelt, die erste Dampfmaschine des Engländers James Watt zu arbeiten anhebt. Der Großverbrauch der Kohle, komprimierter, versteinerter Natur, setzt ein.

In der Formulierung von Mutter Natur liegt eine Kritik an der modernen Gesellschaft und eine Entsprechung zu ihr. Das Lieblingskind von Mutter Natur, das Genie, tritt im Sturm-und-Drang-Drama in ihrem Namen dem künstlichen Regelsystem der Gesellschaft entgegen, und doch ist es das Kind von Mutter Natur, nämlich der modernen Familie mit der Mutter als Zentrum, das auch die Dynamik der modernen Gesellschaft hervorbringt. Es sind die vielen Mini-Genies, die innovativen Individuen, die Phantasie – statt in Kunst – in Ökonomie, Technik, Pädagogik, effiziente Administration investieren. Die Gesellschaft selbst konzediert demgemäß die Entstehung des Brutkastens moderne Familie, deren Produkte sie zu ihren brain-trusts verschaltet. Dabei kann sie allerdings nicht die Ganzheitsbedürfnisse befriedigen, die sie zugleich mit der Phantasie, Spontaneität und Innovationskraft des modernen Individuums durch die Familie hat wecken lassen. Das mit Ganzheitssehnsüchten aufgeladene Individuum tritt in eine Gesellschaft, die es in Anspruch nimmt, partikularisiert und derart unbefriedigt läßt. Die moderne Gesellschaft ruft so im Kind von Mutter Natur etwas in der Geschichte der Menscheit völlig Neuartiges hervor: ihre Agenten, die zugleich ihre schärfsten Kritiker sind. Bürger sind bis heute die Radikalkritiker der bürgerlichen Gesellschaft, die ihren Anspruch an sie in der Familie gelernt haben. Künstler und Kulturkritiker sind es, oft in Personalunion, die diese Kritik vortragen und Gegenbilder entwerfen. Sie sprechen sich die Aufgabe zu, als Fremdlinge in der naturentfremdeten Gesellschaft von der Entsprechung des Geistes zur Natur Zeugnis abzulegen. So predigt Schiller »Das Höchste«:

»Suchst du das Höchste, das Größte? Die Pflanze kann es dich lehren. Was sie Willenlos ist, sey du es wollend – das ists!«[16]

So sucht Goethe noch in die Naturwissenschaft einen Wahrheitsbegriff hineinzutragen, der Mensch und Natur zusammenfaßt.

Und doch steckt in dieser Kultur- und Gesellschaftskritik im Namen der Natur auch ein deformatives Moment der modernen Gesellschaft selbst, sofern die Natur-Geist-Polarität, speziell als Philosophie der Geschlechter, aber auch

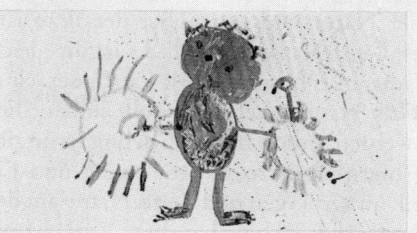
Die Kreativität des erfolgreichen Unternehmers und Managers gründet in der Kindheit, die seine Phantasie und Produktivität entfaltet. Mit dieser Überzeugung operiert eine Anzeige in der FAZ vom 3. Juni 1986.

die Feier der Landschaft als freier Natur eine Stilisierung enthält, welche die subtilste Form der Machtausübung gegenüber der Natur und gegenüber der Frau ist, die dem männlichen Geist Natur sein soll. Es ist die gleiche Machtausübung, die im englischen Park stattfindet, einem Kunstwerk, das als Natur erscheinen soll, indem die Eingriffe versteckt werden. Auch in der Erlebnislyrik gibt es diese Tendenz, sofern angestrebt wird, Kunst und Leistung an dieser Lyrik zu verbergen und sie als Naturlaut des Herzens zu etablieren. Aber erstens hat diese Tendenz generell ein starkes Gegengewicht an den formalen Regularitäten der Lyrik; zweitens vollzieht sich in der Entwicklung der Erlebnislyrik der Schritt zur Selbstreflexivität des Kunstwerks und zur Symbolik, in der Reflexion und Natur getrennt – eins sind. Es ist der Schritt von Gedichten wie »Es schlug mein Herz ...« zu unserem Text. Er präsentiert den Akt, in dem die Erlebnislyrik und Mutter Natur gleichzeitig und aneinander zu Bewußtsein gekommen sind – »aufm Züricher See am 15. Junius 1775« – zehn Jahre nach der Erfindung der Dampfmaschine. Erst in der Klassik kommt die Ahnung zur Klarheit, daß Natur selbst ein Ideal (Schiller) bzw. ein Symbol (Goethe) ist, und bis zum spätesten Goethe, der Schlußszene von »Faust II«, wird es dauern, bis es auch in der Geschlechterphilosophie der Klassik dämmert, daß ihre Rollenentwürfe von Mann und Frau Symbolisierungen sind, nicht Beschreibungen von Gegebenem. Das ewig Weibliche, das uns hinanzieht, sind nicht die Frauen, sondern die Frau ist es, in der symbolisch vorgestellt ist, was uns hinanzieht: die Liebe, die alles Leben begründet und umschließt.

VATER UND MUTTER ODER
HEILSGESCHICHTE UND NATUR.
MATTHIAS CLAUDIUS:
»DER MENSCH«

»Empfangen und genähret
  Vom Weibe wunderbar
Kömmt er und sieht und höret
  Und nimmt des Trugs nicht wahr;
Gelüstet und begehret,
  Und bringt sein Tränlein dar;
Verachtet und verehret,
  Hat Freude und Gefahr;
Glaubt, zweifelt, wähnt und lehret,
  Hält nichts und alles wahr;
Erbauet und zerstöret;
  Und quält sich immerdar;
Schläft, wachet, wächst und zehret;
  Trägt braun und graues Haar etc.
Und alles dieses währet,
  Wenn's hoch kommt, achtzig Jahr.
Denn legt er sich zu seinen Vätern nieder,
Und er kömmt nimmer wieder.«[1]

Das Gedicht »Der Mensch« findet sich 1783 im vierten Teil
der »Sämmtlichen Werke des Wandsbecker Bothen« von
Matthias Claudius (1740-1815). Zeitlich benachbart sind
Goethes freirhythmische Hymne »Das Göttliche« (»Edel
sei der Mensch, hilfreich und gut ...«), das Lied des Har-
fenspielers (»Wer nie sein Brot mit Tränen aß ...«) und die
»Zueignung«, deren festliche Stanzen Goethe an den Ein-
gang seiner Gedichte stellte. Verglichen mit diesen glänzen-
den Augenblicken deutschsprachiger Lyrik wirken Clau-
dius' Verse seltsam altväterlich. Sie sind anspruchslose, vor
christlichem Hintergrund moralisierende Erbauungslitera-
tur, belehrend an ein breites Publikum gewandt, sprachlich

Kupferstich von Daniel Chodowiecki

an der Lutherbibel orientiert, die das meistverbreitete, wohl auch noch meistgelesene Buch dieser Zeit war. Nichts zeigt sich von Goethes lyrischer Ausdrucksfähigkeit der individuellen Seele im einzigartigen Moment der Ergriffenheit. Nichts zeigt sich von der fließenden Musikalität und der Gefühlsdichte, die mit dem Rückbezug seiner Sturm-und Drang-Lyrik auf die alte, aus dem Unterliterarischen aufgenommene Tradition des weltlichen Volksliedes einhergeht. Allerdings hebt auch Claudius nicht den Zeigefinger. Gelassen sagt er, was Allerweltsweisheit zu sein scheint, in dreihebig jambischen Versen, die denn doch, wenngleich weniger programmatisch als die Gedichte des jungen Goethe, von volksläufigen Möglichkeiten Gebrauch machen. Es sind Metrum und Reim der meist vierzeiligen Volksliedstrophe vom Typus

>Ich hört' ein Sichelein rauschen
Wohl rauschen durch das Korn.«

Auch das im Volkslied häufige Diminutiv kommt bei Claudius als »Tränlein« vor. Er scheut nicht den volkstümlichen unreinen Reim (genähret – erhöret), vermeidet aber die sogenannte Füllungsfreiheit des Volksliedes, bei der zwei unbetonte Silben statt einer stehen können (Síchelĕin). Achtzehn abwechselnd männlich und weiblich endende Kreuzreim-Verse laufen ohne strophische Untergliederung durch. Es herrscht ein leiser Sprechton, ohne größeres Betonungsgefälle zwischen Hebungen und Senkungen, sogar eine gewisse Monotonie, die von dem in sechzehn Zeilen gleichen Reim hervorgerufen wird. Und doch erzeugt Claudius eine rhythmische Spannung, die das Gedicht lebendig macht, indem er viermal an markanter Stelle eine Sinnbetonung in eine metrische Senkung fallen läßt: »kŏmmt ēr« ist zu lesen, wo das metrische Schema »kŏmmt ēr« verlangt; so auch »glaūbt, zweīfelt«, »schläft, wāchet«, »dēnn lēgt«. In die Welt kommen und sich zum Sterben niederlegen sind Anfang und Ende. Glauben und Zweifeln sind die wichtigsten geistigen Lebensvollzüge des Menschen, von denen das Gedicht weiß; Schlafen und Wachen die wichtigsten des Körpers, auch Metaphern für geistlich-geistiges Wachen und Schlafen. Glauben und Zweifeln stehen genau in der Mitte des Gedichts. Am Strophenende fängt Claudius den Sprechfluß auf, indem er die beiden letzten Verse paarig auf einen neuen Reim reimt. Bisher alternierten jeweils ein weibliches und ein männliches Reimwort, wobei der weibliche Reim durch die altertümlichen Präteritalbildungen genähret, höret usw. entsteht. Der Wechsel von Schwingung und Stillstellung trägt entscheidend zur sprachlichen Anmut des Gedichts bei – man stelle sich einmal vor, was sich ergäbe, stünde: genährt, hört usw. Am Ende nun folgen zwei weibliche Reimwörter aufeinander. Vor den Schlußzeilen steht der erste Punkt des Gedichts. Der vorletzte Vers ist auf fünf Hebungen erweitert, der letzte wieder auf drei zurückgenommen. Mit dem Hinlegen und Ausstrecken im Tode nach aller Gegenläufigkeit der Lebensregungen streckt sich auch der Vers aus. Die kurze Schlußzeile ist wie ein Ausatmen. Der große Umfang der Strophe verlangt einen markanten Abschluß, und der Dichter findet eine Lösung, in der sich die Schlichtheit als Kunst erweist.

Überhaupt enthält das Allerweltsgedicht seine stille Ungeheuerlichkeit. Auf biblische Reden von der Lebensmühsal und Hinfälligkeit zurückgreifend, macht Claudius eine generalisierende Aussage über den Menschen, die im schneidenden Gegensatz zur hochgemuten Anthropologie der klassischen Epoche steht. Daß der Mensch gut sei, durchklingt das Zeitalter, aber der Wandsbecker Bote scheint es nicht vernommen zu haben. Jedenfalls gibt er hier die Botschaft nicht weiter. Im Gegenteil: In einer logischen Antithetik, die artistisch durchgefeilter Barockrhetorik Ehre machen würde, stellt Claudius Zeile für Zeile Aussagen gegeneinander, die alles menschliche Verhalten als so widerspruchsvoll erscheinen lassen, daß eine Bilanz der Vergeblichkeit herauskommt.

Hören und Sehen werden aufgewogen durch totale Täuschbarkeit; Gelüste und Begehren werden in einer kindisch fast und doch wieder fast höhnisch wirkenden Weise mit Tränlein beschieden. Verachten und Verehren, Freude und Gefahr, Glauben und Zweifel, Wahn und Lehre, Bauen und Zerstören, Schlafen und Wachen, Wachsen und Vergehen, radikale Unsicherheit und radikale Sicherheit heben einander auf, aber nicht in Hegelschen Synthesen, vielmehr in einer Bilanz unaufhörlicher Qual, von der sprachlich ungewiß bleibt, wieweit sie dem Menschen von außen, wieweit von innen zukommt. Jemand quält sich – als Selbstquäler, aber auch unter einer auferlegten Last, die seine Kräfte übersteigt. Nicht nur fehlt der Aufblick in ein Heil, von dem Claudius doch so oft sonst zu sprechen, um das er immer zu beten vermag, wie es die Bibel vorspricht; noch die innerweltlich diesseitigen Aussagen sind gegenüber der Bibel um ihr Tröstliches verkürzt:

Qual ist biblisch das Attribut der Hölle (»Als er nun in der Hölle und in der Qual war . . .«, Luc. 16,23); sie ist das Kennzeichen Hiobs und der Kranken, an dessen Auslöschung sich die Heilskraft des jüdischen Gottes und des Christus erweist. Aber nicht hier. »Der Mensch, vom Weibe geboren, gehet auf wie eine Blume und fällt ab, fleucht wie ein Schatten und bleibt nicht.« Wenn der leidende Hiob so spricht (14,1 f), beklagt er mehr noch die Gebrechlichkeit als die Widersprüchlichkeit und Verführbarkeit des Menschen, die bei Claudius im Blick ist. Vor allem – Hiobs Klage, an die sich Claudius besonders eng anlehnt, ist die Rede eines Verzweifelten, dem der Blick getrübt ist, zu Gott, an den sich noch seine Verzweiflung adressiert, wogegen sich Claudius' Rede vom Menschen lehrhaft allgemein an andere Menschen wendet, ohne den

Namen Gottes überhaupt zu erwähnen. Hiob wird am Ende eines besseren belehrt; das Gedicht bleibt unwidersprochen. »Aber der Mensch stirbt und ist dahin, er verschwindet, und wo ist er?« Auch dieser Satz Hiobs (14,10) ist biblisch eingebettet, wenn das Buch der Richter 2,10 die Knechte Gottes zu den Vätern *versammelt* werden läßt (vgl. a. 2. Chron. 34,28). Zwar nicht grammatisch, aber logisch ist Gott, der Herr, das Subjekt dieses Sammelns, dieser Zusammenführung des Getrennten. Es fehlt bei Claudius. Daß des Menschen Leben, wenn es hoch kommt, achtzig Jahr währt, sagt der 90. Psalm, aber er spricht, statt von der Qual, von der Mühe und Arbeit und auch von der Köstlichkeit des Lebens.[2] Daß bei Claudius in der Reihung der Tätigkeiten und Zustände des Menschen deren Gegenstände und Veranlassungen völlig zurücktreten, macht das Treiben seltsam wahnhaft, ja gegenstandslos. Die im Verlauf der Verse immer dichtere Folge der Gegensatzaussagen, das unmutige Abbrechen der Klagelitanei in einem ganz prosaischen »etc.«, sogar die das rhetorische Antithesenschema verschleifende Reihung dessen, was doch gegenläufig ist, kann zur Trostlosigkeit beitragen. Wozu die alte Klagelitanei fortsetzen? Das »etc.« gibt sie als bekannt aus. Es reimt sich nicht. Es ist nicht nötig, sprachliche Signale der Widersprüchlichkeit zu geben. Sie drängt sich bis zum Ermüden, bis zum Verdruß auf. Was braucht's der Mühe des Aussprechens, des Gedichtemachens. Ihr wißt es.[3]

Zu allem Überfluß hat Claudius zwischen sein Gedicht und den folgenden Beitrag einen Kupferstich von Daniel Chodowiecki, dem bedeutendsten Illustrator der Zeit, gestellt, der sich zwar in erster Linie auf den folgenden Beitrag »Passe-Temps« bezieht, aber doch auch untergründig auf unser Gedicht, wie überhaupt zahlreiche Beziehungen und Vermittlungen zwischen den Beiträgen stattfinden. Dem Gedicht voraus gehen Betrachtungen »Über einige Sprüche des Predigers Salomo«, der im Gedicht als Psalmist zitiert wird, und »Ein Lied für Schwindsüchtige«, die nach dem Tod verlangen; das den Versen folgende Gespräch über die Kurzsichtigkeit des Menschen im »twilight« der irdischen Existenz mündet in das Bekenntnis: »Wir sind nicht groß, und unser Glück ist, daß wir an etwas größeres und besseres glauben können.« Dann folgt der berühmte Bericht über den »Besuch im St. Hiob zu**«, einem Irrenhaus, der ebenso zart an das alte Bild von der Welt als Spital und Narrenhaus anknüpft, wie das »Lied für Schwindsüchtige« den Menschen überhaupt in seiner Bestimmtheit zum Dahinschwinden meint.

Was teilt das Bild Chodowieckis mit? Zwei Blinde, einander an der Hand führend, stolpern über einen quer zum Weg liegenden Baumstamm in eine Grube, die als Falle angelegt scheint. Noch alle Formen und Gesten des mitmenschlichen Zusammenhalts, von denen das Gedicht »Der Mensch« schweigt – Freundschaft, Liebe, sachliche Gemeinsamkeit Gleichstrebender –, drohen hier in den Strudel der Vergeblichkeit gerissen zu werden. »Wer über gewisse Dinge den Verstand nicht verliert, hat keinen zu verlieren«, sagt Lessings Gräfin Orsina.[4] Was in aller Welt läßt Claudius so ruhig eine menschliche Grundbefindlichkeit aussagen, die allen Anlaß zur Verzweiflung böte?

Natürlich kann man – im Blick auf den ganzen Claudius – sagen, daß hier eine provokatorische Blickverengung vorliegt, die den Menschen gänzlich in den Kreis seiner Schwäche einschließt, um dadurch den Sachverhalt seiner Erlösungsbedürftigkeit um so schärfer zu akzentuieren. »Was ist der Mensch, daß du sein gedenkest, und des Menschen Kind, daß du dich sein annimmst?« Diese Frage des Psalmisten (8,5) wird vom Gedicht nicht an Gott gestellt, damit der Leser sie um so eindringlicher stellen möge.[5] Claudius ruft das Alte Testament herauf, damit der Hörer mit dem Neuen Testament antworte. Von hier offenbart das Bild der Blinden, die in die Grube fallen, einen Hintersinn. Christus sagt über die Pharisäer, die an ihm Ärgernis nehmen (Matth. 15,14): »Lasset sie fahren, sie sind blinde Blinden-leiter. Wenn aber ein Blinder den anderen leitet, so fallen sie beide in die Grube.« Blindheit ist biblisch geistliche Blindheit – Gottabgewandtheit. Die Illustration spricht also nicht einfach etwas aus, sie ruft zur Umkehr: Öffnet eure Augen, erkennt das Heil. So fleht der Schwindsüch-tige um den Trost Gottes, der bleibt, und im Munde der Geisteskranken hat Gott sich sein Loblied bereitet – sie sehnen sich, in den Worten des alten Kirchenliedes von Martin Schalling, nach Abrahams Schoß. Man kann auch für »Der Mensch« darauf hinweisen, daß die Summierung der Alternativen im Hinblick auf das biblische Vorbild des Predigers Salomo (»Geboren werden und sterben, pflan-zen und ausrotten, das gepflanzt ist, würgen und heilen, brechen und bauen, weinen und lachen ...«; 3,2ff) nicht nur die Monotonie der Vergeblichkeit, sondern auch einen distanzierenden Zuspruch freigeben kann. »Die Sicht des Predigers nivelliert die Radikalität der Alternative ›alles oder nichts‹ auf ein ›nichts und alles‹. Man ahnt, daß aus dieser distanzierten Überschau auch andere Gegensätze stärker zusammengehören, als es den Anschein hat: Glau-ben und Zweifeln, selbstgewisse Lehre und Irrtum.«[6] Doch dieser Appellcharakter des Textes ist noch nicht die ganze Antwort:

Alles hat seine Zeit – das braune und das graue Haar, das Wachsen und das Zehren, das Schlafen und das Wachen. Indem hier, mitten in der Reihe der Gegensätze, eine Pola-rität korrespondierender und organisch zusammengehöri-ger Zustände aufscheint, wird überhaupt eine der Welt und dem Menschen immanente Rhythmik beschworen, die alle Gegensätze unterfängt. Empfangen, Geborenwerden, Sterben, Wachsen und Sichverzehren – das sind Vorgänge jenseits von Hoffnung und Verzweiflung, Gut und Böse, Frieden und Unfrieden, ja jenseits menschlicher Entschei-

dung und Aktivität. Es sind Vorgänge einer in sich beweg-
ten Ruhe, wie sie drei Jahre früher Goethe in »Wandrers
Nachtlied II« besänftigend beschwört und dem Gebet des
vorangestellten »Nachtliedes I« (»Der du von dem Himmel
bist ...«) antworten läßt. Der Seufzer »Süßer Friede,
komm, ach komm in meine Brust« erhält die Antwort:
»Warte nur, balde ruhest du auch.« Gewiß, Claudius ist
nicht Goethe, aber es gibt Zeitgenossenschaft – unaus-
weichlich, untergründig – über alle Differenzen hinweg.
Auch bei Claudius ist der Mensch im Umkreis seiner Welt
am Ende beruhigt. Daß nicht Gott zu den Vätern versam-
melt, sondern der Mensch sich zu ihnen begibt – der so
Schwache und Umgetriebene als Subjekt seines Sterbens –,
kann und muß auch auf sein Tröstliches hin gelesen werden.
Mag er oft genug in die Grube gefallen sein. Am Ende wird
er nicht einfach hingestreckt. Er legt sich zu seinen Vätern
nieder in einen Tod, zu dem er ›ja‹ sagt, wie der wiederher-
gestellte Hiob alt und lebenssatt stirbt. Der Mensch weiß
sich als Kreatur in einem übergreifenden Zusammenhang
aufgehoben; selbst sein Fehlverhalten verliert, von hier aus
gesehen, etwas vom Charakter der Sündhaftigkeit und wird
zum Merkmal seiner Kreatürlichkeit.

Goethes Nachtlied »Über allen Gipfeln ist Ruh«, Clau-
dius' Versen so unvergleichlich, kann als Lied der Mutter
Natur gelesen werden, das im Inneren ihres Kindes laut
wird.[7] Die Mutter als Natur, die Natur als Mutter – das sind
Vorstellungen und Erfahrungsweisen, die seit dem Sturm
und Drang der siebziger Jahre des 18. Jahrhunderts pro-
grammatisch werden; Claudius hat die Rede von Mutter
Natur nicht nur gehört, er hat sie mitformuliert, wie seine
Lyrik insgesamt ein Zeugnis der neuen familiären Innigkeit
ist. Er trotzt auf Mutter Natur und ihren abgebrochenen
Schrei (»Ich wüßte nicht warum?«)[8], er singt ihr Dank (»Im
Mai«)[9] und findet im urwüchsigen Wald »das große volle
Herz von Mutterlieb Natur!«[10] Was in der Betrachtung

über die Sprüche Salomonis nur am Rande auftritt – die Reflexion auf die Natur (»... die Zeit der Saat ist nicht die Zeit der Ernte, die Zeit des Neumonden ist nicht die Zeit des Vollmonds, und wenn einer stirbt, wird er freilich nicht geboren. ... Wir sehen solche bestimmte Perioden in mehrern Naturoperationen, die uns bekannt sind, und vielleicht haben's alle die andern auch, die uns nicht bekannt sind, größere und kleinere, bis auf die gesamte Natur selbst ...«)[11] –, das gewinnt in Claudius' Lyrik volleren Klang. Es bezeugen sich Perspektiven lyrischen Sprechens, die in eine andere Richtung weisen als die Erbauungsprosa.

Schon der Psalmist weiß, daß der Mensch »wunderbarlich gemacht ist« (Psalm 139,14); wenn aber Claudius dieses Attribut des Wunderbaren in der Eingangszeile auf die Empfängnis des Menschen durch das Weib überträgt und diese Übertragung zu der Alliteration »vom Weibe wunderbar« verdichtet, konkretisiert er nicht nur das Gotteslob der biblischen Offenbarung im Sinne einer Zeit, die Gottes Wunder in den natürlichen Abläufen selbst wahrzunehmen liebte; er durchkreuzt damit zugleich die in der christlichen Tradition gängige Auslegung der Bibelworte »Meine Mutter hat mich in Sünden empfangen« (51. Psalm) und der Mensch sei »gesät in Unehre« (1. Kor. 15), die den Sündenfall speziell als Sündenfall ins Geschlechtliche aufzufassen neigt und die Frau als dessen Werkzeug entwertet. Daß der Mensch vom Weibe geboren ist, gehört bei Hiob zu den Merkmalen seiner Hinfälligkeit; von hier kommt sie. Claudius macht das Weib in seiner Schwachheit auf die bergende und nährende Mutter Natur hin durchsichtig, unser aller Mutter, die Erde, die uns wunderbar empfängt. Das natürliche Wunder der Geburt schiebt sich vor das dogmatische der Jungfrauengeburt. Empfangen und Nähren überspielen die große Grenzscheide der Geburt: Bereits im Mutterleib werden wir genährt. Die biologische Empfängnis wird zur Metapher für den freundlichen Empfang in unserer Welt.

Die Mutter, die uns in ihrem Schoß empfängt, empfängt uns auch bei unserer Geburt. Noch in der Welt sind wir mütterlich umfangen. Eine von der Aufklärung berührte Schöpfungsfrömmigkeit durchdringt und überformt hier die lutherische Tradition einer Erlösungstheologie, die sich so ausschließlich im Bezugsfeld von Sünde, Gnade und Glauben bewegt, daß die Natur als Schöpfung dahinter zurücktritt. Aber in diesem Gedicht scheint der Mensch weniger im Glauben als in der Natur geborgen. Schöpfungszuversicht wird bei Claudius zur Vereinigungsstelle, an der Gottvaterreligion und Rede von Mutter Natur zusammenklingen können.

Im Liebesschoß der Natur beginnt der Mensch sein unruhiges Leben; zu den Vätern sich niederlegend, beendet er es. Vom Weibe spricht die zweite, von den Vätern die vorletzte Zeile des Gedichts. Der Naturordnung im Zeichen der Mutter ist eine Kulturordnung der Väter eingeschrieben. Sie steht der Vergänglichkeit, dem natürlichen Kreislauf von Werden und Vergehen entgegen, denn die linear durch die Zeit laufende Geschlechterfolge ist jüdisch-christlich nach den Vätern codiert. Zugleich aber wird diese Kulturordnung von der zyklischen mütterlichen Ordnung umfaßt, die den Menschen wunderbar empfängt. Diese Zyklik schlägt bis in die sprachliche Ordnung des Gedichts durch, indem dem Zeilenanfang der »Geburtzeile« (»Kömmt er und ...«) der Zeilenanfang der »Todeszeile« (»Und er kömmt ...«) antwortet. Der Mensch, der sich zu seinen Vätern niederlegt, kehrt in den Schoß von Mutter Erde zurück. Noch die Grube, in die auf Chodowieckis Kupferstich die Blinden fallen, hat etwas Vertrautes. Sie ist der Schoß der Mutter Erde. Der Fall ist kein Herausfallen, er ist ein ›Rückfall‹ – dahin, woher wir kommen. Das Koordinatennetz der Familie, in der die Mutter für Ursprung und Natur, der Vater für Normen und Geschichtlichkeit einsteht, hält den Menschen. In diesem Halt ist Gott *auch* in-

nerweltlich da, in ihm gründet die Gelassenheit, die auch
formal zum Erscheinen kommt.

Es geschieht in der bewegten Monotonie der rhythmi-
schen und Reimordnung. Die Welt ist in der Grundschicht
von Claudius' Gedicht ein familialer Raum:

> »Als eine stille Kammer,
> Wo ihr des Tages Jammer
> Verschlafen und vergessen sollt.«

Hier wird eine Sprache der Intimität und Familiarität ge-
sprochen, die sich deutlich unterscheidet vom Naturlaut der
Goetheschen Lyrik. »Wandrers Nachtlied« spricht besänf-
tigend von Lauten am Rande des Schweigens, und es ist
Sprache am Rand des Schweigens. Kaum einen Hauch hö-
rest du, und wenn es ein Echo des Hauches gäbe, in dem er
vollends erstirbt, Goethe hätte es erfunden, indem er
»auch« auf »Hauch« reimt und darin das Gedicht verklin-
gen läßt. Hier spricht ein Ich sich Stille zu, indem es zur
Stimme der Mutter Natur wird, die es einst gestillt hat.
Seine Sprache orientiert sich am Mutterlaut, der den Rand
des sprachlosen Einverständnisses zwischen Mutter und
Kind bildet. Claudius spricht von Mutter Natur, aber er hat
seine Sprache nicht als Sohn der Mutter, sondern als Kind
des Vaters, der in Christus die Kindlein zu sich kommen
ließ:

> »Laß uns einfältig werden,
> Und vor dir hier auf Erden
> Wie Kinder fromm und fröhlich sein!«

Nicht Naturlaut der Seele, vielmehr Sprache der Einfalt ist
bei Claudius gemeint. Das Vaterwort der Bibel, gelesen
nicht durch die Brille der lutherisch-orthodoxen Lehrkir-
che, sondern vernommen als väterlicher Anruf, auf den Er-
weckung antwortet, läßt Claudius Worte finden. Er spricht
nicht, um in die Seele zurückzutauchen, die eine Mutter

ihm eingehaucht hat. Er spricht nicht, um sich an den Ursprung der Sprache in der Mutter zurückzutasten. Er spricht in der Nachfolge des von Gott behauchten Adam, der die Werke der Schöpfung beim Namen zu nennen berufen ist. Seine Weisheit besteht darin, die Unzulänglichkeit menschlichen Wissens und Sprechens zu wissen.

> »Wir spinnen Luftgespinste
> Und suchen viele Künste
> Und kommen weiter von dem Ziel.«

– wieder ein Zitat aus der Weisheitsliteratur des Alten Testaments (Prediger 7,30). Claudius spinnt keine diffizilen Sprachgespinste; er sucht keine Künste oder doch nur solche einer vertrackten Einfachheit, zu denen die saloppe alltagssprachliche Wendung ebenso gehört wie das mißgelaunte »etc.«, das den Kunstcharakter des Gedichts dementiert und zugleich auf paradoxe Weise mit ausprägt. Claudius' Gedichte sind schön gerade durch ihr Unambitioniertes. Es ertönt nicht das Lied der Mutter Natur, aber leise und zärtlich spricht ein Vater von ihr. Seine Rede ist Belehrung einer Familie, die durch die Rede des Gedichts konstituiert wird. Jeder Leser oder Hörer des Gedichts, und mögen es noch so viele sein, wird zum Glied dieser Familie.[12]

Der Mensch kömmt, lebt und stirbt, und er kömmt nimmer wieder. Das kann, zieht man den ganzen Claudius in Betracht, kaum als Absage an die Unsterblichkeitsvorstellung des Christentums gelesen werden. Der Unsterblichkeitsverweis ist hier nicht nötig angesichts der innerweltlichen Gewißheit, die später sarkastisch Grabbes Hannibal (1835) formuliert: »Ja, aus der Welt werden wir nicht fallen. Wir sind einmal darin« (V. Akt). Die Richtung der Aussage ist anders. Das so generalisierend vom Menschen sprechende Gedicht zielt am Ende doch auf eine anthropologische Grunderfahrung der Epoche, die sehr eng mit der Ausbildung des familiären Binnenraums als eines Hortes seelischer Intensität zusammengehört. Jeder Mensch ist einzig und unwiederholbar. »Mein Herz habe ich allein«, sagt Werther in seinem Brief vom 9. Mai 1772 und sieht darin seinen unanzweifelbaren Wert. In seiner Einzigkeit ist der Mensch notwendig, in seiner Einzigkeit geht er dahin – und er kömmt nimmer wieder. Es geht im unendlichen Reichtum und Gleichmut des Weltlaufs mit jedes Menschen Tod etwas Unersetzliches verloren, das nur – wie der Christ Matthias Claudius glaubte – von Gott aufgehoben werden kann. Bei Goethe verblaßt diese Gottvatergestalt. Die Individualität wird als Entelechie in der Natur verankert. Sie tritt im heidnischen Fest des Eros ins Leben, wenn Homunculus in der Klassischen Walpurgisnacht des »Faust II« sich an der Muschel der Galatea ergießt. Goethes Lyrik spricht die Einzigkeit der Menschenseele aus; Claudius' Gedicht vom Kommen und Gehen des Menschen setzt sie unausdrücklich voraus.

Und noch etwas sagt dieser Schluß. Kommen und Gehen, Geburt und Tod sind nicht das letzte Wort des Gedichts. Es spricht siebzehn Zeilen hindurch von dem, was immer wieder ist, aber die letzte Zeile spricht von dem, was »nimmer« wieder sein wird. Vereinigen sich in Claudius' Schöpfungsfrömmigkeit Lob des Schöpfervaters und Lob von Mutter Natur, so hat diese Frömmigkeit unauslöschlich in sich eine heilsgeschichtliche Tendenz. Bereits in Hiobs Klage über die Nichtigkeit des Menschen ist der Mensch in seiner Vergänglichkeit abgehoben von der Regenerationsfähigkeit des Baumes. Ein Baum, auch wenn er abgehauen ist, treibt wieder Schößlinge. »Ob seine Wurzel in der Erde veraltet und sein Stamm in dem Staub erstirbt, so grünet er doch wieder vom Geruch des Wassers und wächst daher, als wäre er erst gepflanzt. Aber der Mensch stirbt und ist dahin« (14,7-10). Die Natur wiederholt sich. Noch in aller Hinfälligkeit ist der Mensch einmalig. Die Geschichte, als Heilsgeschichte verstanden, kommt von einem Anfang her und geht auf ein

Ziel zu. Die Welt kann nur deshalb Heimat sein, weil sie auf eine höhere Heimat verweist. In dieser Linearität, die sich bei Claudius über die Zyklik legt und die väterlich codierte Geschlechterordnung metaphysisch auszieht, ist jeder Augenblick so einzig wie der einzelne Mensch als Glied einer Geschlechterfolge, die ihn hält und die es doch ohne jeden dieser einzelnen nicht gäbe. Der Mensch kömmt nimmer wieder in diese Welt. Er kömmt heim in eine andere. Die bergende Natur ruht in der Hand des Vaters.

MUTTER NATUR ALS HIMMELSBRAUT.
JOSEPH VON EICHENDORFF:
»MONDNACHT«

»Es war, als hätt' der Himmel
Die Erde still geküßt,
Daß sie im Blütenschimmer
Von ihm nun träumen müßt'.

Die Luft ging durch die Felder,
Die Ähren wogten sacht,
Es rauschten leis die Wälder,
So sternklar war die Nacht.

Und meine Seele spannte
Weit ihre Flügel aus,
Flog durch die stillen Lande,
Als flöge sie nach Haus.«

Das Gedicht besteht aus drei vierzeiligen Strophen von je-
weils einem Satz. Die erste Strophe steht mit ihrer Haupt-
aussage im Konjunktiv, die zweite durchgehend im Indika-
tiv, die dritte nimmt in den drei ersten Versen den Indikativ
auf und kehrt im letzten in den Konjunktiv zurück.[1] Beide-
male dient dieser Modus einem Vergleich. Der Indikativ be-
trifft eine Naturgegebenheit – die zweite Strophe in allen
vier Versen – und eine Seelentätigkeit – drei Verse der drit-
ten Strophe. Die Stimmung in der Natur und die Seelen-
stimmung sind beide so an der Grenze des Sagbaren, daß
Vergleiche notwendig sind – vom Kuß der Erde durch den
Himmel und vom Heimflug der Seele. Doch von vornher-
ein entzieht sich das Gedicht der logisch strikten Aufgliede-
rung – Indikativ für eigentliche, Konjunktiv für uneigentli-
che Rede –; denn auch die so selbstverständlich im Indikativ
vorgetragene Bezeichnung der Seele als Flügelwesen, Vor-
aussetzung für den Vergleich vom Heimflug, ist ja uneigent-

lich, eine Metapher, freilich eine geläufige und traditions-
reiche. Griechisch und christlich gleichermaßen erscheint –
neben flügeltragenden Genien – der Schmetterling in seinem
geflügelten Hervorgang aus dem Verpuppungsstadium als
Auferstehungs- und Unsterblichkeitssymbol. Der Schmet-
terling heißt auf Griechisch psyche, Seele.[2]

Lediglich die Feststellung des Naturzustands scheint
problemlos zu sein, und doch ist auch in diesen Aussagen
der zweiten Strophe ein Geheimnis. Man kann sie als vier
ohne Bindewort gereihte, durch Kommata getrennte einfa-
che Aussagesätze lesen. Zwei Sätze über die Luft und über
die Ähren bringen in ihrem Parallelismus zum Ausdruck,
daß die Ährenbewegung der Luftbewegung entspricht, weil
sie aus ihr hervorgeht. Der dritte Hauptsatz ist eine Prono-
minalkonstruktion: »*Es* rauschten leis die Wälder«. In ihr
wird der Gedichteingang: »*Es* war ...« aufgenommen.
Dort leitet die Konstruktion den Konjunktiv ein, der von
Unfaßbarem spricht; hier wird das logische Subjekt des
Rauschens durch das grammatische Subjekt zunächst ver-
deckt. Ein »Es« rauscht, das erst im Nachhinein als »die
Wälder« identifiziert wird. Wie hier wird auch im folgenden
Satz das Subjekt – »Nacht« – an das Versende zurückge-
stellt. Es geschieht durch das Partikel »so«. Damit entsteht
eine spannungsvolle Balance zwischen den Subjekten der
zweiten Strophenhälfte und denen der ersten – Luft und
Ähren –, die am Satzanfang stehen. »So sternklar war die
Nacht«, als selbständiger Satz gelesen, gewönne eine stille
Emphase, näherte sich dem Ausruf – vielleicht noch im Akt
der Feststellung eine erste Antwort auf das, was in der Na-
tur ist. Das Ich begönne sich herauszuheben, das dann im
Possessivpronomen »Und *meine* Seele ...« deutlicher wird.

Die Luft geht, die Ähren wogen, es rauschen die Wälder –
das sind grammatisch gleichermaßen Aktivaussagen, aber
dem Sinne nach ist das Wogen der Ähren und das Rauschen
der Wälder passiv. Die Luft macht sie wogen und rauschen.

Die Satzbildung mit dem sachlichen Pronomen »es« schwächt die Subjektfunktion der Wälder grammatisch um eine Nuance ab. Die Nacht ist nicht in einer Bewegung, sondern in einem Stillstand. Schritt für Schritt vergehen die Aktivitäten. Nicht der Wind weht, sondern die Luft geht. »Sacht« wogen die Ähren und »leis« rauschen die Wälder. Daß in der dritten Strophe nicht gesagt wird, was das Ich, vielmehr was seine Seele tut, macht auch das Ich zum Gegenstand eines Geschehens. Etwas Mächtiges widerfährt ihm in der Bewegung der Seele.

Doch kann man sich bei der Lesung der letzten Zeile der zweiten Strophe als Ausruf nicht beruhigen, denn die Situation ist nicht eindeutig. Am Ende des Verses steht ein Punkt, kein Ausrufezeichen. Das kann als Ausdruck dafür angesehen werden, daß die Äußerung ganz nach innen zurückgenommen ist. Der Vers läßt sich aber auch als Gliedsatz in einem Satzgefüge lesen, und zwar in zwei Spielarten. Die grammatisch und in der Interpunktion näherliegende Version enthält einen logischen Sprung: Die Nacht war so sternklar, daß die Luft durch die Felder ging, die Ähren wogten und die Wälder rauschten. Da Luftbewegung, Ährenwogen und Wälderrauschen auch bei bedecktem Himmel stattfinden können, liegt etwas Entrücktes und Entrückendes in einer solchen Kausalverknüpfung zwischen Nichtkausalem. Die gewohnte Weise der Weltwahrnehmung gerät außer Kraft. Die andere Spielart der Gliedsatzverbindung müßte über den Punkt zwischen erster und zweiter Strophe hinweglesen und alle Sätze bis zum ›als ob‹ der ersten zwei Gedichtverse einbeziehen: Die Nacht war so sternklar, die Luft ging, die Ähren wogten, die Wälder rauschten [derart], daß es war, als hätte der Himmel die Erde still geküßt, so daß sie im Blütenschimmer von ihm nun träumen müßte.[3]

Hier allerdings ist die Grenze erreicht, an der ein grammatisch zu begründendes Verständnis überschritten werden

muß in Richtung auf ein assoziatives Sinnverständnis, und
für dieses ist unmittelbar evident, was grammatisch höchst
gewagt konstruiert erscheint: Der gesamte Natureindruck
ruft das ›als ob‹ der beiden Anfangsverse hervor, denen auch
noch der Konsekutivnebensatz der zweiten Strophenhälfte,
das Bild von der im Blütenschimmer träumenden Erde, zu-
geordnet ist. Zugleich mit diesem Entschluß zum assoziati-
ven Sinnverständnis hört aber auch die Eindeutigkeit im
Verhältnis von Ursache und Wirkung, Wahrnehmung und
Deutung auf. Logisch kann der Vergleich »Es war, als
hätt'…« nur aus der Wahrnehmung fließen. Da aber das
Bild vom Kuß der Erde durch den Himmel so eindringlich
ist und am Anfang des Gedichts steht, ergibt sich ein Anreiz
zur Umkehrung des Verhältnisses und zum Vernachlässi-
gen des ›als ob‹, zugleich zur Einebnung des grammatischen
Unterschieds zwischen Folgesatz (»daß sie im Blütenschim-
mer«) und selbständigen Sätzen (»Die Luft ging«). Der
Himmelskuß ruft gleichermaßen alles hervor: den Traum
der Erde im Blütenschimmer, das Gehen der Luft, das Wo-
gen der Ähren, das Rauschen der Wälder, die Sternklarheit
der Nacht. In ihr sammelt sich alles; in ihr ruht alles; ihre
Klarheit umfließt alles, was in ihr geschieht.[4]

Im Nennen der Elemente Luft, Erde (Felder), Feuer
(Sterne) gewinnt das Wogen der Ähren noch eine Nebenbe-
deutung: Wasser. Erinnern doch wogende Felder an Mee-
reswellen, so in Gottfried Kellers Gedicht »Sommernacht«:

> »Es wallt das Korn weit in die Runde
> Und wie ein Meer dehnt es sich aus …«

Alle Elemente sind betroffen vom Himmelskuß, am mei-
sten aber die Seele des Menschen. Sie erhebt sich in ihrer
Bewegung. Dabei entsteht eine Unschärferelation durch die
Verwendung der Copula »und« am Beginn der dritten Stro-
phe.[5] Sie stellt eine Verbindung her, während der Abschluß
der vorhergehenden Strophe mit einem Punkt eher eine Ab-

hebung der Seele von den Dingen bewirkt. Verknüpfung und Sonderung streiten miteinander; die Seele ist ein Glied in der Schöpfungsordnung und ist auch etwas besonderes. Man kann die Seelenerhebung in der Reihe der Wirkungen sehen und als Folgerung aus dem Wahrnehmen der anderen Wirkungen. Ein hauchzartes System der Interferenzen überzieht das gesamte Gedicht und bewahrt es vor allzu schöner, trivialer Harmonie. Das ganze Gedicht mit seinen Unsicherheiten ist eine Explikation des modal ungewissen Anfangs: »Es war, als hätt' ...«. Der Beginn setzt ein Signal – er ist wie die Angabe einer Tonart vor dem Einsetzen der Melodie.

Die raffinierte Schwebelage wird mit einfachsten, unaufdringlichen Mitteln in der schlichtesten Strophenform, der Volksliedstrophe, erzeugt. Sie ist – je nach Lesung – dreihebig oder vierhebig jambisch. Ich höre eine vierte Hebung in den Pausen an den Versenden. Sie gibt den Versen etwas ruhig Ausschwingendes:

$$\breve{\ } \ \_ \ \breve{\ } \ \_ \ \breve{\ } \ \_ \ \breve{\ } \ \_$$

»Ich hört ein Sichelein rauschen ...«

$$\breve{\ } \ \_ \ \breve{\ } \ \_ \ \breve{\ } \ \_ \ \breve{\ } \ \_$$

»Es war, als hätt' der Himmel ...«

Das Reimschema der Volksliedstrophe ist a b a b, abwechselnd weiblich und männlich. Eichendorff benutzt zwar nicht die sogenannte Füllungsfreiheit dieser Strophe, der gemäß statt einer Senkung nach jeder Hebung auch zuweilen zwei Senkungen möglich sind (Sichelein), aber er macht von der anderen Freiheit der Volksliedstrophe, dem unreinen Reim, Gebrauch (spannte – Lande). Er geht sogar bis zur bloßen Assonanz (Himmel – Schimmer). Die Durchführung des Jambenschemas ist in den ersten drei Versen der zweiten Strophe so streng, daß der Rhythmus mit dem Metrum fast identisch ist und so das Wogen in der Rede erzeugt wird, von dem die Rede ist. Dagegen entfalten erste und dritte Strophe eine eigene rhythmische Energie – die dritte bis zu den gegenmetrischen, die Seelenweitung und -erhebung akzentuierenden Betonungen:

$$\_ \ \smile \ \smile \ \_ \ \smile \ \_$$
»Weit ihre Flügel aus,

$$\_ \ \smile \ \smile \ \_ \smile \ \_ \ \smile$$
Flog durch die stillen Lande . . .«

Außerdem sind die erste und die dritte Strophe auch durch Enjambements dynamisiert. Die Enjambements der ersten Strophe erzeugen Übergänge innerhalb der vom Versende markierten Trennung von Himmel und Erde, Blütenschimmer und Himmel (»Von ihm nun . . .«) – ein formaler Hinweis auf die gleichzeitige Einheit und Geschiedenheit der Sphären, zu dem wir noch weitere finden werden. Durch das Enjambement am Eingang der dritten Strophe kann sich die Weite der Flügelspannung entfalten.[6]

Auch die metrisch-rhythmischen Kontraste zwischen den Strophen wirken an der unterirdischen Spannung des ganzen mit. Die metrische Strenge der zweiten Strophe ist einerseits Heraushebung der ›Basisgegebenheiten‹, die von der Vorstellungskraft in der ersten Strophe und der Seelenreaktion in der dritten umspielt werden; andererseits läßt das Gleichmaß die zweite Strophe auch zurücktreten, zumal mit ihrer metrischen Regelmäßigkeit die der Reime einhergeht. Die erste Strophe dagegen enthält die Assonanz von Himmel und Blütenschimmer, die von großer Ausdrucksmacht ist, denn sie entspricht als Verunsicherung des Reims der modalen Unsicherheit des Himmelskusses für die Erde und deutet darauf hin, daß die Erde allenfalls annäherungsweise dem Himmel entsprechen kann. Die Verwendung von »Himmel« und »geküßt« als Reimwörter macht das Verhalten der Erde zur Reimantwort, wobei mit »geküßt« nicht nur »müßt« sondern – als Binnenreaktion – auch »Blütenschimmer« korrespondiert. Die dritte Strophe

erreicht Vergleichbares mit dem unreinen Reim »spannte« –
»Lande«. Auch hier besteht zwischen dem, was die Seele
tut, und dem, wie die Lande sind, eine Entsprechung und
ein Unterschied. Die Seele fliegt auf. Die Lande sind still
und halten still, wie der Himmelskuß still ist.

Eichendorffs Gedicht heißt »Mondnacht«, aber es spricht
nicht vom Mond. Wie es nur »war, als hätt'« der Himmel
die Erde still geküßt, so erscheint das Mondlicht lediglich
indirekt im Reflex des Blütenschimmers.[7] In der äußersten
Einfachheit des Wortbestandes, die dieses Gedicht aus-
zeichnet und Eichendorffs Rezeption des Volksliedstils
charakterisiert, entfaltet dieses einzige und noch dazu kühn
zusammengesetzte Wort des Gedichts eine große Ausstrah-
lung. Im Zusammenklang von ü und i bei leichter Diffe-
renz, in der Erscheinung des himmlischen Mondschimmers
in den irdischen Blüten faßt dieses Wort das schon so kurze
Gedicht in nuce.

Und noch in anderer Hinsicht ist es hervorgehoben. Zu-
sammen mit den eher chiffrenhaften Wörtern Luft – Felder
– Wälder – Nacht – Mond (im Titel) läßt es ein Naturbild
entstehen. Es ergibt sich die Vorstellung von hell über weite
Flächen hin blühenden Obstbäumen. Blütenschimmer ist
kein uneigentlicher Ausdruck wie die geläufigen Wörter
Blütenmeer oder Blütenkleid. Es bezeichnet die Sache
selbst, und trotzdem ist die Formulierung des Gedichts spi-
ritueller als diese Metaphern. Ein Blütenmeer oder ein Blü-
tenkleid sind taktil. Blütenschimmer ist ein ungreifbarer
optischer Reiz, ein im Raum diffus verteiltes Leuchten.
Dazu müssen die Ähren bemerkt werden. Das Gedicht
spricht nicht, wie es nahe läge, präzisierend von wogenden
Ährenfeldern. Es läßt vielmehr Felder und Ähren je für sich
und vermeidet damit gerade den Präzisierungseffekt; denn
Felder sind weiträumig, Ähren aber einzelne Blütenstände
des Getreides. Die Vorstellungskraft hat also einen sehr ei-
gentümlichen, aber nicht genau lokalisierten Lichteindruck

und ein sehr spezielles botanisches Detail mit sehr summarisch benannten, bis auf »sternklar« nicht durch Beiwörter charakterisierten Naturerscheinungen zu verbinden.

Alles das sorgt dafür, daß sich das Naturbild nicht zum selbstgenügsamen Landschaftsbild schließt. Die Seele fliegt durch die stillen Lande. Die Natur bleibt offen für Übernatürliches – den Himmelskuß, den Seelenflug, der zum göttlichen Ursprung zurück will. Der Blütenschimmer selbst, dieses Wort für eine Naturerscheinung, ist ein Zentrum dieser Offenheit, in der Übernatürliches in Natürliches dringen kann, denn es baut den religiösen Vergleich maßgeblich mit auf. Himmelsbraut ist ein Wort für die Nonne oder für die Gottesmutter Maria[8], auch für die menschliche Seele im Verhältnis zu Gott. Eichendorff vermeidet das eindeutige, fast formelhafte Wort und läßt es doch, erweitert und umgedeutet, unüberhörbar in seinem Vergleich anklingen: Die Erde wird durch den Himmelskuß zur Himmelsbraut.

Das ist in aller Stille ein kühne Bedeutungstransformation, die mehreres zugleich leistet. Die religiöse Vorstellungswelt weitet sich bei Eichendorff aus. Mögen im Bild vom Himmelskuß für die Erde uralte heidnische Schöpfungsgeschichten von der Vermählung des Himmels und der Erde mitschwingen – etwa der griechische Mythos von Uranos und Gaia[9] –, so ist diese Vereinigung bei Eichendorff allen naturreligiösen Kosmogonien und Befruchtungsmythen fern durch ihre Geistigkeit und Innigkeit und durch das Fehlen der uranfänglichen Mutter. Dieser Himmel ist nicht, wie Uranos, dem Schoß der Erde entsprossen, den er wieder besamt. Diese Erde, die Gott liebt, ist von Gott geschaffen. Er hat die Schöpfung hervorgerufen. Am Anfang war das Wort, und nicht der Schoß. Mutter Natur, im Sturm und Drang von Gottvater emanzipiert, tritt in sein Kraftfeld zurück. Seit dem aufklärerischen Naturlyriker Barthold Heinrich Brockes hat sie sich unendlich differenziert, seit dem Sturm und Drang in mütterlicher Fülle,

Wärme und Liebeskraft darstellen können. Bei Eichendorff zieht sie sich wieder in die Zeichenhaftigkeit zusammen, die sie im Lob Gottes durch die Natur etwa bei dem barocken Kirchenliederdichter Paul Gerhardt oder in der Sturm- und Drang-Zeit bei Matthias Claudius besitzt, den Eichendorff (1788-1857) sehr früh gelesen hat.[10] Fast mehr noch als im Volkslied hat seine Lyrik ihren Hintergrund in Versen wie: »Nun ruhen alle Wälder« oder »Der Mond ist aufgegangen«.

Dennoch ist Eichendorff anders. Allenfalls über ein paar Verse hinweg kann Claudius, ein Außenseiter seiner Zeit in dieser Art von Lyrik, das Ineinander von Naturbild und religiöser Bedeutung erzielen, das Eichendorff epochal maßgeblich in seinen schönsten Gedichten durchzuhalten versteht. So im berühmten »Abendlied«:

> »Der Wald steht schwarz und schweiget,
> Und aus den Wiesen steiget
> Der weiße Nebel wunderbar.«

Wie hier in der Schwärze des Waldes der Tod, im steigenden weißen Nebel die Auferstehung leise anklingt – das kehrt virtuos-einfach bei Eichendorff wieder: im Himmel, der sky und heaven zugleich meint; im leichten Gehen der Luft, die meteorologische Erscheinung ist und auch religiös Pneuma, heiliger Geist, der weht, wo und wie er will (Joh. 3,8). Schon im Alten Testament ist Gott in seiner Erscheinung auf dem Berge Horeb vor dem Propheten Elia nicht im großen, starken Wind, nicht im Erdbeben, nicht im Feuer, sondern im stillen, sanften Sausen (1. Kön. 19,10). Bei Claudius allerdings geht das religiöse Gedicht alsbald wieder in die trotz aller Intimität doch begrifflich-direkte Aussage über, so wie Paul Gerhardt die Naturerscheinungen, mögen sie sein Herz noch so sehr erfreuen, in geistlicher Allegorese Zug um Zug auf den Menschen und sein Verhältnis zu Gott hin auslegt. Bei Eichendorff kann sich im Wegfall der Lehre die Stimmung durchhalten; sie kann sich sammeln in großen Bildern wie dem Seelenflug oder der Himmelsbrautschaft der Erde, für die Claudius der Atem fehlt; sie kann sich verdichten in einem Wort wie »Blütenschimmer«, das ohne den Vortritt Goethes undenkbar wäre.

Vor allem: Eichendorffs Katholizismus stellt ihn in eine starke Tradition der Schöpfungs- und Naturfrömmigkeit, deren Bedeutung immer in Rechnung zu stellen bleibt, auch wo sie sich nicht, wie in »Mondnacht«, im Gedicht selbst kenntlich macht. Nach katholischer theologischer Lehre, wie sie vor allem in der Frömmigkeit der Marianischen Kongregationen unter jesuitischer Leitung wirkte, ist die Gottesmutter Maria in ihrer Präformation als himmlische Weisheit, die vor Gottes Thron spielt (Proverbia [= Sprüche Salomonis] 8, Sapientia [= Weisheit Salomonis] 7 ff, Liber Ecclesiasticus [= Jesus Sirach] 24), auch das Modell der Schöpfung in der Reinheit und Vollkommenheit, wie sie Gott *in seiner Ewigkeit* vor Augen stand, ehe er ans Schöpfungswerk ging. Deshalb ist sie *in der Zeit* unbefleckt empfangen und fähig, befruchtet durch den heiligen Geist, Gottesmutter zu werden. Eichendorff hat in Breslau das katholische Gymnasium besucht und im St. Josephs-Konvikt gewohnt, das von Priestern, die auch seine Gymnasiallehrer waren, geleitet wurde.[11] Es waren – nach der Auflösung des Ordens – meist ehemalige Jesuiten. Selbst wenn diese Umgebung nicht religiös prägend wurde, muß der Katholik Eichendorff in Marienmessen immer wieder entsprechenden Vorstellungen begegnet sein.[12] Ist doch sogar dem Lutheraner herrnhutischer Prägung Novalis die Marienfrömmigkeit als Sapientia-Sophia-Tradition zugeflossen, wie die »Hymnen an die Nacht« und seine geistlichen Lieder zeigen. Im Boden des Katholizismus gründet wohl letztlich Eichendorffs Vorstellung von der Himmelsbraut Erde, der an Gott rückgebundenen Mutter Natur. Von hier fließt ihr soviel mehr fromme Gefühlskraft zu, von hier taucht sie so viel mehr in Stimmung ein als es der Mutter Natur des Protestanten Claudius widerfährt.

So in unserem Gedicht, das sich nun erst in seiner religiösen Dimension und in seiner Gefühlsatmosphäre völlig erschließen kann. Die sternklare Mondnacht erinnert an die Nacht der Immaculata auf der Mondsichel im Sternenkranz. Sie ist keusche Himmelsbraut und Gottesmutter zugleich. Die Himmelsbraut Maria-Erde trägt den Brautschmuck, der als Blütenschimmer um sie leuchtet, während die Luft, der Heilige Geist, befruchtend durch ihr Ährenfeld streicht und es zum Wogen bringt. Allenfalls im Mai können Blütenschimmer der hellen Baumblüte und das Wogen der Ähren zeitlich zusammenkommen – als Apfelbaumblüte und Hervortreten der Ähren im Frühgetreide. Es ist der in Schlesien, Eichendorffs Heimat, besonders volkstümliche Marienmonat, der Monat der Maiandachten, wo zur Himmelsmutter um Fruchtbarkeit der Felder und gesegnete Zeit gebetet wird.[12a]

Durch diesen Hintergrund ist der gesamte religiöse Sinngehalt der Ähre aufgerufen. Sie ist Eucharistiesymbol. Ähren kennzeichnen eine Erde, die das Brot des Lebens gewährt. Sie sind – wie Psyche, der Schmetterling – Auferstehungssymbol: das Korn muß sterben, damit die Ähre aus ihm aufwachsen kann. Sie ist vor allem Mariensymbol, wie das geläufige ikonographische Motiv der Maria im Ährenkleid vor Augen führt, wobei Maria eine antike Erbschaft angetreten hat. Die Ähre war Demeter geweiht, der kulturbringenden Fruchtbarkeitsgöttin, wie der Mond der Gottesmutter von Artemis zukommt – als Keuschheits- und Fruchtbarkeitszeichen zugleich. Wo Himmel und Erde sich vereinigen, Gott sich Maria vermählt, ist die Erlösung der Schöpfung nahe. Die Seele wird erfüllt von dieser Gottesnähe. Sie kann sich erheben, auferstehen und auf den Heimweg machen. Das ist der eschatologische Horizont des Gedichts, und abermals steht Eichendorff damit in der bereits bezeichneten katholischen Überlieferung, denn die himmlische Weisheit ist Präformation nicht nur der Schöpfung und der Gottesmutter Maria, sondern auch des Himmlischen Jerusalem, das am Ziel der Heilsgeschichte aufleuchtet. Der Marienmonat Mai ist der Monat der Verheißung, der eschatologischen Hoffnung, des geistlichen Frühlings, dessen leise Abhebung von der Christologie in der katholischen Frömmigkeit angelegt ist; denn die Bestimmung Mariens zur Monatsheiligen knüpft nicht an die Verkündigung der Empfängnis des Gottessohns an, die am 25. März gefeiert wird, sondern an die jahreszeitliche Blüte und Fruchtbarkeit der Schöpfung im Wonnemonat Mai. Schöpfung – Maria – himmlisches Friedensreich verweisen in einem mariologischen, mariazentrischen Erlösungsmodell aufeinander. Nicht umsonst haben die wohl in den dreißiger Jahren entstandenen Verse in Eichendorffs erster Gedichtsammlung von 1837 ihren Platz unter den »Geistlichen Gedichten« gefunden. Im übrigen zeigt ein Epigramm des gleichfalls schlesischen Barockdichters Friedrich von Logau (1604-1655), das Eichendorff im ersten Jahrgang des von Karl Josef Jurende herausgegebenen Kalenders »Mährischer Wanderer« zugänglich war, wie weit die hier heraufbeschworenen Traditionen auch in den barocken Protestantismus Schlesiens hineinreichten und wie lebendig sie waren. In epigrammatischer Zuspitzung gibt Logaus Sinnspruch auf den Mai eine letzte Bestätigung des Zusammenhanges, der sich in der Tiefe von Eichendorffs Gedicht ausspannt:

> »Dieser Monat ist ein Kuß,
> Den der Himmel giebt der Erde;
> Daß sie jetzt bald seine Braut,
> Künftig eine Mutter werde.«[13]

Theodor W. Adorno hat im Blick auf den Irrealis im Anfang und Ende der »Mondnacht« vom unfehlbaren metaphysischen Takt Eichendorffs gesprochen.[14] Diese Kennzeichnung ist sicher richtig. Die Schönheit, der Rang des Gedichts liegen nicht zuletzt in seiner Indirektheit. Das wird doppelt deutlich im Blick auf die oben zitierten Verse Logaus zum Monat Mai, die das gleiche Motiv mit erkältender allegorischer Direktheit verwenden. Aber es gibt viele andere Gedichte Eichendorffs, deren religiös-symbolische Ordnung sehr deutlich ist und die auch schön sind. Sehr vereinfacht gesagt, scheiden sie sich in zwei Gruppen: Gedichte, die den Weg aus der Wirrnis der Welt zum christlichen Gott weisen, und andere, in denen die Seele dem Wirrsal der Welt verfällt und ihren Weg verliert. Dabei kann die Natur in zahlreichen Gedichten Eichendorffs ins Zeichen der alten heidnischen Götter, insbesondere der Venus, treten und tief dämonische Züge annehmen. Mutter Natur wird zum heidnischen Götzenbild. Von oben tönt der Ruf Gottes, von unten die Verlockung des Bösen, auch zur Leidenschaft. In vielem gehört Eichendorff zu den Konservativen, die im 19. Jahrhundert auf die sich steigernde Unsicherheit und Entfremdung des Menschen in der modernen Welt mit dem Versuch antworten, die alten Normen einer patriarchalischen Weltordnung wieder zu festigen.

Doch ein Gedicht wie »Mondnacht« zeigt, daß Eichendorff nicht auf diese Position reduziert werden darf. Hier, wie selten, ist es ihm gelungen, Gewißheit und Ungewißheit zugleich auszusagen und in ein exaktes Verhältnis zu bringen. Der Konjunktiv des Anfangs ist ein vordringlich eschatologischer Konjunktiv: Die Vermählung von Himmel und Erde ist ein Geheimnis, das in der Geburt erst offenbar werden wird. Einst wird ein neuer Himmel und eine neue Erde sein. Bis dahin steht die Metapher für eine Realität ein; dann wird die Differenz dahinfallen. »Wir sehen jetzt durch einen Spiegel in einem dunkeln Wort; dann aber von Angesicht zu Angesicht« (1. Kor. 13) ist der poetologische Kernsatz für dieses Gedicht mit seiner zarten Andeutung der religiösen Zusammenhänge.[15] Was da laut wird, ist eine Glaubensge-

wißheit; aber der Mensch fällt immer wieder in Ungewiß-
heit. Diese anthropologische Erfahrung, die sich sonst bei
Eichendorff meist in Bildern der Verführungskraft der Welt
kristallisiert, erscheint in »Mondnacht« als Moment der
Glaubenssituation selbst. Ohne Zweifel, ohne Schwanken
kein Glauben. Die hier herausgearbeiteten Interferenzen
und Spannungen sprechen davon. Es ist, als sei der Traum
der Erde, der doch erst vom Gedicht imaginiert wird, nun
seinerseits als Traumhaftigkeit in die Sprache eingedrungen.
Stunden der Versuchung sind denkbar, den hypothetischen
Konjunktiv mit seiner eschatologischen Ladung als aus-
schließenden Konjunktiv zu lesen. Es war, als hätte der
Himmel die Erde geküßt – aber darüber kann man (noch)
nichts Gewisses sagen; oder: Es war, als hätte der Himmel
die Erde geküßt – er hat es jedoch nicht.

Und so hat der konjunktivisch-metaphorische Schluß
auch eine andere Nuance als der Anfang, eine Nuance, die
allerdings in den Anfang zurückwirkt. Die alte lyrische Tra-
dition der elevatio-Darstellung, das Motiv der Seelenerhe-
bung, ist in der Bewegungsrichtung des Seelenflugs – »als
flöge sie nach Haus« – eigentümlich abgewandelt.[16] Die
Seele fliegt *durch* die stillen Lande, sie steigt auf, aber dann
geht ihre Bewegung in die Horizontale über. Ist das die
Richtung nach Hause? Der Kreis vom Himmel zur Erde
und – durch die Seele des Menschen – wieder zum Himmel
zurück ist konzeptionell angelegt, aber er schließt sich de
facto nicht. Und schließlich – das wichtigste – bleibt die
Zeitform des Gedichts zu bedenken. Gewiß zielt das Präte-
ritum in den Erinnerungsgrund des Paradieses, das, escha-
tologisch gesehen, vorweist auf den neuen Himmel und die
neue Erde, die am Ende der Heilsgeschichte sein werden.
Aber das Präteritum gibt dem Gedicht auch einen schmerz-
lichen Zug. Die Seele hat sich zum Flug durch die stillen
Lande erhoben, als es war, als hätte der Himmel die Erde
still geküßt, und es war ihr dabei, als flöge sie nach Haus.

Das wird erinnert als Erfahrung der Zuversicht, die in die Gegenwart einstrahlt. Wäre die Seele inzwischen angekommen, hätte sie Gewißheit erlangt, wäre die Zeit der ungewissen Rede, vielleicht die Zeit der Rede überhaupt vorbei, die Seligkeit der Anschauung angebrochen. Die Mondnacht wäre im Morgenglanz der Ewigkeit untergegangen. Es gäbe das Gedicht nicht.

Und hier liegt auch die Modernität dieser scheinbar so einfachen und in den formalen Mitteln eher nach rückwärts weisenden Verse. Die Risse und Verwerfungen sind ihnen nicht lediglich widerfahren, sie mindern das Gedicht nicht; sie sind vielmehr Ausdrucksmomente und geben ihm seinen außergewöhnlichen Rang, seine Vielschichtigkeit, seinen Reichtum. Eine leise Zerrüttung ist ebenso wie die religiöse Einholung von Mutter Natur Vorzeichen für das Ende der Epoche einer Natursprache der Seele im Gedicht. Erinnern wir uns zur Verdeutlichung daran, daß Goethes Zürichsee-Gedicht und »Mondnacht« in *einem* Punkt eine erstaunliche Verwandtschaft aufweisen. Wir haben auch in der Schlußpartie des Goethe-Gedichts eine dort sich sehr viel verhaltener darstellende religiöse Symbolik der Zeugung und Befruchtung festgestellt. Der Wind des Geistes überschattet die Bucht des Sees, in deren Wasser sich die reifende Frucht bespiegelt. Der Geist ist Mutter Natur polar beigeordnet: Geist und Natur, Mann und Frau, im Bildfeld der Faustdichtung der Gottvater des Prologs und das ewig Weibliche der Himmelfahrtsszene sind *Aspekte* des *einen* Göttlichen. Das Erlebnisgedicht ist darin gerechtfertigt, Mutter Natur – im Geist reflektiert – zum Sprechen zu bringen. Eichendorffs Gedicht ist darin gerechtfertigt, die Natur auf Zeichen Gottes hin zu öffnen. Seine Zerrüttungen bürgen dafür; in Zerrüttungen deutet es auf Herstellung.

*In diesem Gemälde Caspar David Friedrichs herrscht eine ähnliche
Natursinnbildlichkeit wie bei Eichendorff. Die Natur ist nicht, wie in
Goethes »Ich saug' an meiner Nabelschnur ...« in Sein und Bedeutung
geschlossen. Sie weist nicht polar auf den Geist, sondern durch den
Gekreuzigten über sich hinaus auf den christlichen Gott. Das Gebirge
ist Zeichen für Golgatha. Die Bäume deuten auf das Kreuz als Baum des
Lebens. Die Sonne versinnbildlicht Gott, die Gnadensonne. Die Unun-
terscheidbarkeit von Sonnenauf- oder -untergang läßt an den Kreis der
Tages- und Jahreszeiten denken, das Kreuz bezeichnet dessen heilsge-
schichtliche Durchkreuzung.*

IV. DAS GEDICHT
ALS
SEINE KRITIK

»IHR LIEBT, UND SCHREIBT SONETTE! WEH DER GRILLE!« DAS VERHÄLTNIS VON ERLEBNIS UND DICHTUNG ALS THEMA VON GOETHES SONETTENZYKLUS 1807/1808

I MÄCHTIGES ÜBERRASCHEN

Ein Strom entrauscht umwölktem Felsensaale,
    Dem Ozean sich eilig zu verbinden;
    Was auch sich spiegeln mag von Grund zu Gründen,
    Er wandelt unaufhaltsam fort zu Tale.

Dämonisch aber stürzt mit einem Male –
    Ihr folgen Berg und Wald in Wirbelwinden –
    Sich Oreas, Behagen dort zu finden,
    Und hemmt den Lauf, begrenzt die weite Schale.

Die Welle sprüht und staunt zurück und weichet
    Und schwillt bergan, sich immer selbst zu trinken;
    Gehemmt ist nun zum Vater hin das Streben.

Sie schwankt und ruht, zum See zurückgedeichet;
    Gestirne, spiegelnd sich, beschaun das Blinken
    Des Wellenschlags am Fels, ein neues Leben.

II FREUNDLICHES BEGEGNEN

Im weiten Mantel bis ans Kinn verhüllet,
    Ging ich den Felsenweg, den schroffen, grauen,
    Hernieder dann zu winterhaften Auen,
    Unruh'gen Sinns, zur nahen Flucht gewillet.

Auf einmal schien der neue Tage enthüllet:
  Ein Mädchen kam, ein Himmel anzuschauen,
  So musterhaft wie jene lieben Frauen
Der Dichterwelt. Mein Sehnen war gestillet.

Doch wandt' ich mich hinweg und ließ sie gehen
  Und wickelte mich enger in die Falten,
  Als wollt' ich trutzend in mir selbst erwarmen;

Und folgt' ihr doch. Sie stand. Da war's geschehen!
  In meiner Hülle konnt' ich mich nicht halten,
  Die warf ich weg, sie lag in meinen Armen.

III KURZ UND GUT

Sollt' ich mich denn so ganz an sie gewöhnen?
  Das wäre mir zuletzt doch reine Plage.
  Darum versuch' ich's gleich am heut'gen Tage
Und nahe nicht dem vielgewohnten Schönen.

Wie aber mag ich dich, mein Herz, versöhnen,
  Daß ich im wicht'gen Fall dich nicht befrage?
  Wohlan! Komm her! Wir äußern unsre Klage
In liebevollen, traurig heitern Tönen.

Siehst du, es geht! Des Dichters Wink gewärtig,
  Melodisch klingt die durchgespielte Leier,
  Ein Liebesopfer traulich darzubringen.

Du denkst es kaum, und sieh: das Lied ist fertig;
  Allein was nun? – Ich dächt', im ersten Feuer
  Wir eilten hin, es vor ihr selbst zu singen.

IV DAS MÄDCHEN SPRICHT

Du sieht so ernst, Geliebter! Deinem Bilde
  Von Marmor hier möcht' ich dich wohl vergleichen;
  Wie dieses gibst du mir kein Lebenszeichen;
  Mit dir verglichen zeigt der Stein sich milde.

Der Feind verbirgt sich hinter seinem Schilde,
  Der Freund soll offen seine Stirn uns reichen.
  Ich suche dich, du suchst mir zu entweichen;
  Doch halte stand wie dieses Kunstgebilde.

An wen von beiden soll ich nun mich wenden?
  Sollt' ich von beiden Kälte leiden müssen,
  Da dieses tot und du lebendig heißest?

Kurz, um der Worte mehr nicht zu verschwenden,
  So will ich diesen Stein so lange küssen,
  Bis eifersüchtig du mich ihm entreißest.

V WACHSTUM

Als kleines, art'ges Kind nach Feld und Auen
  Sprangst du mit mir so manchen Frühlingsmorgen.
  »Für solch ein Töchterchen mit holden Sorgen
  Möcht' ich als Vater segnend Häuser bauen!«

Und als du anfingst in die Welt zu schauen,
  War deine Freude häusliches Besorgen.
  »Solch eine Schwester! und ich wär' geborgen:
  Wie könnt' ich ihr, ach! wie sie mir vertrauen!«

Nun kann den schönen Wachstum nichts beschränken;
  Ich fühl' im Herzen heißes Liebetoben.
  Umfass' ich sie, die Schmerzen zu beschwicht'gen?

Doch ach! nun muß ich dich als Fürstin denken:
  Du stehst so schroff vor mir emporgehoben;
  Ich beuge mich vor deinem Blick, dem flücht'gen.

VI REISEZEHRUNG

Entwöhnen sollt' ich mich vom Glanz der Blicke,
  Mein Leben sollten sie nicht mehr verschönen.
  Was man Geschick nennt, läßt sich nicht versöhnen;
  Ich weiß es wohl und trat bestürzt zurücke.

Nun wußt' ich auch von keinem weitern Glücke;
  Gleich fing ich an von diesen und von jenen
  Notwend'gen Dingen sonst mich zu entwöhnen:
  Notwendig schien mir nichts als ihre Blicke.

Des Weines Glut, den Vielgenuß der Speisen,
  Bequemlichkeit und Schlaf und sonst'ge Gaben,
  Gesellschaft wies ich weg, daß wenig bliebe.

So kann ich ruhig durch die Welt nun reisen:
  Was ich bedarf, ist überall zu haben,
  Und Unentbehrlich's bring' ich mit – die Liebe.

VII ABSCHIED

War unersättlich nach viel tausend Küssen,
  Und mußt' mit Einem Kuß am Ende scheiden.
  Nach herber Trennung tiefempfundnem Leiden
  War mir das Ufer, dem ich mich entrissen,

Mit Wohnungen, mit Bergen, Hügeln, Flüssen,
  Solang ich's deutlich sah, ein Schatz der Freuden;
  Zuletzt im Blauen blieb ein Augenweiden
  An fernentwichnen lichten Finsternissen.

Und endlich, als das Meer den Blick umgrenzte,
  Fiel mir zurück ins Herz mein heiß Verlangen;
  Ich suchte mein Verlornes gar verdrossen.

Da war es gleich, als ob der Himmel glänzte:
  Mir schien, als wäre nichts mir, nichts entgangen,
  Als hätt' ich alles, was ich je genossen.

VIII DIE LIEBENDE SCHREIBT

Ein Blick von deinen Augen in die meinen,
  Ein Kuß von deinem Mund auf meinem Munde,
  Wer davon hat, wie ich, gewisse Kunde,
  Mag dem was anders wohl erfreulich scheinen?

Entfernt von dir, entfremdet von den Meinen,
  Führ' ich stets die Gedanken in die Runde,
  Und immer treffen sie auf jene Stunde,
  Die einzige; da fang' ich an zu weinen.

Die Träne trocknet wieder unversehens:
  Er liebt ja, denk' ich, her in diese Stille,
  Und solltest du nicht in die Ferne reichen?

Vernimm das Lispeln dieses Liebewehens!
  Mein einzig Glück auf Erden ist dein Wille,
  Dein freundlicher zu mir; gib mir ein Zeichen!

IX DIE LIEBENDE ABERMALS

Warum ich wieder zum Papier mich wende?
  Das mußt du, Liebster, so bestimmt nicht fragen:
  Denn eigentlich hab' ich dir nichts zu sagen;
  Doch kommt's zuletzt in deine lieben Hände.

Weil ich nicht kommen kann, soll, was ich sende,
   Mein ungeteiltes Herz hinübertragen
   Mit Wonnen, Hoffnungen, Entzücken, Plagen:
Das alles hat nicht Anfang, hat nicht Ende.

Ich mag vom heut'gen Tag dir nichts vertrauen,
   Wie sich im Sinnen, Wünschen, Wähnen, Wollen
   Mein treues Herz zu dir hinüberwendet:

So stand ich einst vor dir, dich anzuschauen,
   Und sagte nichts. Was hätt' ich sagen sollen?
   Mein ganzes Wesen war in sich vollendet.

X SIE KANN NICHT ENDEN

Wenn ich nun gleich das weiße Blatt dir schickte,
   Anstatt daß ich's mit Lettern erst beschreibe,
   Ausfülltest du's vielleicht zum Zeitvertreibe
Und sendetest's an mich, die Hochbeglückte.

Wenn ich den blauen Umschlag dann erblickte;
   Neugierig schnell, wie es geziemt dem Weibe,
   Riss' ich ihn auf, daß nichts verborgen bleibe;
Da läs' ich, was mich mündlich sonst entzückte:

»Lieb Kind! Mein artig Herz! Mein einzig Wesen!«
   Wie du so freundlich meine Sehnsucht stilltest
Mit süßem Wort und mich so ganz verwöhntest.

Sogar dein Lispeln glaubt' ich auch zu lesen,
   Womit du liebend meine Seele fülltest
Und mich auf ewig vor mir selbst verschöntest.

XI NEMESIS

Wenn durch das Volk die grimme Seuche wütet,
  Soll man vorsichtig die Gesellschaft lassen.
  Auch hab' ich oft mit Zaudern und Verpassen
Vor manchen Influenzen mich gehütet.

Und obgleich Amor öfters mich begütet,
  Mocht' ich zuletzt mich nicht mit ihm befassen.
  So ging mir's auch mit jenen Lacrimassen,
Als vier- und dreifach reimend sie gebrütet.

Nun aber folgt die Strafe dem Verächter,
  Als wenn die Schlangenfackel der Erinnen
  Von Berg zu Tal, von Land zu Meer ihn triebe.

Ich höre wohl der Genien Gelächter;
  Doch trennet mich von jeglichem Besinnen
  Sonettenwut und Raserei der Liebe.

XII CHRISTGESCHENK

Mein süßes Liebchen! Hier in Schachtelwänden
  Gar mannigfalt geformte Süßigkeiten:
  Die Früchte sind es heil'ger Weihnachtszeiten,
Gebackne nur, den Kindern auszuspenden!

Dir möcht' ich dann mit süßem Redewenden
  Poetisch Zuckerbrot zum Fest bereiten;
  Allein was soll's mit solchen Eitelkeiten?
Weg den Versuch, mit Schmeichelei zu blenden!

Doch gibt es noch ein Süßes, das vom Innern
  Zum Innern spricht, genießbar in der Ferne,
  Das kann nur bis zu dir hinüberwehen.

Und fühlst du dann ein freundliches Erinnern,
Als blinkten froh dir wohlbekannte Sterne,
Wirst du die kleinste Gabe nicht verschmähen.

XIII WARNUNG

Am Jüngsten Tag, wenn die Posaunen schallen,
Und alles aus ist mit dem Erdeleben,
Sind wir verpflichtet, Rechenschaft zu geben
Von jedem Wort, das unnütz uns entfallen.

Wie wird's nun werden mit den Worten allen,
In welchen ich so liebevoll mein Streben
Um deine Gunst dir an den Tag gegeben,
Wenn diese bloß an deinem Ohr verhallen?

Darum bedenk', o Liebchen, dein Gewissen,
Bedenk' im Ernst, wie lange du gezaudert,
Daß nicht der Welt solch Leiden widerfahre.

Werd' ich berechnen und entschuld'gen müssen,
Was alles unnütz ich vor dir geplaudert,
So wird der Jüngste Tag zum vollen Jahre.

XIV
Die Zweifelnden:

Ihr liebt, und schreibt Sonette! Weh der Grille!
Die Kraft des Herzens, sich zu offenbaren,
Soll Reime suchen, sie zusammenpaaren;
Ihr Kinder, glaubt: ohnmächtig bleibt der Wille.

Ganz ungebunden spricht des Herzens Fülle
Sich kaum noch aus: sie mag sich gern bewahren;
Dann Stürmen gleich durch alle Saiten fahren;
Dann wieder senken sich zu Nacht und Stille.

Was quält ihr euch und uns, auf jähem Stege
    Nur Schritt vor Schritt den läst'gen Stein zu wälzen,
    Der rückwärts lastet, immer neu zu mühen?

Die Liebenden:

Im Gegenteil, wir sind auf rechtem Wege!
    Das Allerstarrste freudig aufzuschmelzen,
    Muß Liebesfeuer allgewaltig glühen.

XV
Mädchen:

Ich zweifle doch am Ernst verschränkter Zeilen!
    Zwar lausch' ich gern bei deinen Silbespielen;
    Allein mir scheint, was Herzen redlich fühlen,
    Mein süßer Freund, das soll man nicht befeilen.

Der Dichter pflegt, um nicht zu langeweilen,
    Sein Innerstes von Grund aus umzuwühlen;
    Doch seine Wunden weiß er auszukühlen,
    Mit Zauberwort die tiefsten auszuheilen.

Dichter:

Schau, Liebchen, hin: Wie geht's dem Feuerwerker
    Drauf ausgelernt, wie man nach Maßen wettert
    Irrgänglich-klug miniert er seine Grüfte;

Allein die Macht des Elements ist stärker,
    Und eh' er sich's versieht, geht er zerschmettert
    Mit allen seinen Künsten in die Lüfte.

XVI EPOCHE

Mit Flammenschrift war innigst eingeschrieben
  Petrarcas Brust vor allen andern Tagen
  Karfreitag. Ebenso, ich darf's wohl sagen,
  Ist mir *Advent* von Achtzehnhundertsieben.

Ich fing nicht an, ich fuhr nur fort zu lieben
  Sie, die ich früh im Herzen schon getragen,
  Dann wieder weislich aus dem Sinn geschlagen,
  Der ich nun wieder bin ans Herz getrieben.

Petrarcas Liebe, die unendlich hohe,
  War leider unbelohnt und gar zu traurig,
  Ein Herzensweh, ein ewiger Karfreitag;

Doch stets erscheine, fort und fort, die frohe,
  Süß, unter Palmenjubel, wonneschaurig,
  Die Herrin Ankunft mir, ein ew'ger Maitag.

XVII SCHARADE

Zwei Worte sind es, kurz, bequem zu sagen,
  Die wir so oft mit holder Freude nennen,
  Doch keineswegs die Dinge deutlich kennen,
  Wovon sie eigentlich den Stempel tragen.

Es tut gar wohl in jung- und alten Tagen,
  Eins an dem andern kecklich zu verbrennen;
  Und kann man sie vereint zusammen nennen,
  So drückt man aus ein seliges Behagen.

Nun aber such' ich ihnen zu gefallen
  Und bitte, mit sich selbst mich zu beglücken;
  Ich hoffe still, doch hoff' ich's zu erlangen:

Als Namen der Geliebten sie zu lallen,
In Einem Bild sie beide zu erblicken,
In Einem Wesen beide zu umfangen.[1]

Zwischen Goethes Gedicht »15. Junius 1775, aufm Züri-
chersee« und seinem Sonettenkranz[1] liegen mehr als dreißig
Jahre. In dem Sesenheimer Gedicht »Es schlug mein Herz
...« deutet das Präteritum der Rede darauf hin, daß das Er-
lebnis, das im Erlebnisgedicht erscheint, nicht hinter dem
Gedicht, sondern im erinnernden Sprechen des Gedichts ist.
Gegenüber dem biographischen Erlebnis ist dieses in der
Form aufgehende verdichtet, intensiviert, reflektiert und ar-
tikuliert, Dokument und Programm in einem. Im Zürichsee-
Gedicht vertiefen sich Reflexion und Artikulation des Erle-
bens im Erlebnisgedicht dadurch, daß sie das Gedicht selbst
erreichen. Es spricht, vom Erlebnis sprechend, auch von
sich. Seine Reflexivität wird zur Selbstreflexivität, im Sym-
bol tritt das Ineinander von Gegenstand und Reflexivität in
der Kunst als Formmoment hervor. In Goethes Klassik und
in seiner Altersdichtung vollzieht sich der nächste Schritt.
Das Verhältnis von Erlebnis und Dichtung, Liebe und Lite-
ratur wird zum Thema der Dichtung selber, und dabei ver-
fällt der Kritik, was im Dichten dem Erleben geschieht. Die
Selbstthematisierung der Kunst wird zur Selbstkritik der
Kunst. Davon handelt der folgende Beitrag über Goethes
Sonettenkranz mit vergleichendem Rückblick auf die „Rö-
mischen Elegien" aus den Jahren 1788-1790.
    Goethes Sonette aus den Jahren 1807/1808 sind von vorn-
herein als Zyklus angeordnet worden.[2] Am 22. Juni 1808
sandte Goethe eine Folge von sechs Sonetten an Zelter, die
in symbolischen Schritten den Gang einer Liebe vom
»mächtigen Überraschen« (Titel = I) und »freundlichen Be-
gegnen« (Titel = II) über »wachsende Neigung« (›Wachs-
tum‹ V) und »Gewöhnung« (›Kurz und gut‹ III) zu »Tren-
nung« (›Abschied‹ VII) und »Entsagen« (›Reisezehrung‹

VI) ausschreitet.[3] In der Werkausgabe von 1815 erscheinen die Sonette auf fünfzehn erweitert in der endgültigen Reihenfolge und mit den endgültigen Überschriften, allerdings noch ohne die beiden letzten Gedichte, die Goethe aus persönlichen Gründen zurückhielt[4], weil sie den Namen der Geliebten und den Zeitpunkt der Liebesbegegnung verraten. Sie wurden in der Ausgabe letzter Hand 1827 angefügt und geben dem Zyklus neben seiner Rundung auch seine definitive Bewegungsrichtung. Denn endet die Zelter mitgeteilte Gedichtfolge in der Trennung, die 1815 veröffentlichte im Schreckensbild, der Dichter könnte bei seinem Spiel mit der Elementarmacht der Liebe zerschmettert in die Luft fliegen, so führt der Zyklus von 1827 in einen »ew'gen Maitag« der Liebe.

Erst die Ausgabe von 1815 bringt in den Zyklus das Thema Lieben und Dichten, Literatur und Leben ein und akzentuiert es als Schwerpunkt; denn sie endet mit dem Streit zwischen Mädchen und Dichter um das Recht, Liebe poetisch zu formieren, der letzter Hand 1827 mit den beiden Schlußsonetten, aber schon seit 1815 durch das Motto entschieden wird:

> »Liebe will ich liebend loben,
> Jede Form sie kommt von oben.«

Nicht von der Liebe spricht das Motto, sondern von der angemessenen Weise, die Liebe zu loben, über die Liebe zu sprechen. Die Behauptung, die dichterische Form komme von oben, ist eine Bibelparaphrase, nämlich von Jakobus 1,17: »Alle gut Gabe und alle vollkommene Gabe kommt von oben herab, von dem Vater des Lichts.« Das Wort meint, wie 3,15-17 erläutert, vorab die Weisheit von oben, den Heiligen Geist.[5] Die dichterische Form wird durch die Goethesche Paraphrase zur himmlischen Gabe erklärt, damit der Diskussion entrückt. Die noch sekretierten Gedichte XVI und XVII bezeichnen die Pole Literatur und

Leben mit zwei Namen. Das sechzehnte Sonett nennt den Namen des größten Liebes-Sonettisten: Petrarca. Das siebzehnte Sonett verrät in Form einer Scharade den Namen der Geliebten Minna Herzlieb, der durch seinen allegorischen Beziehungsreichtum seinerseits schon literarische Qualität hat. Im Spiel mit dem Namen der Geliebten wird die Geliebte zum Wortspiel.

Wie sich die »Römischen Elegien«, der um zwanzig Jahre zurückliegende große lyrische Liebeszyklus der Klassik, programmatisch in die Nachfolge der römischen Elegiker stellen, bekennt sich Goethes Sonettenzyklus zur Nachfolge Petrarcas.[6] Mit dessen »Canzoniere« haben Goethes Sonette nicht nur die sorgfältige zyklische Anordnung gemein.[7] Lassen die Gedichte des »Canzoniere« die Frage zu, ob die Verse vor Liebe glühen, oder ob die Liebe um der Verse willen am Glühen gehalten wird, so zeugt Goethes Sonettenkranz ebensosehr von Liebesbegegnungen – vorab mit Minchen Herzlieb, der Pflegetochter des Jenaer Buchhändlers Frommann – wie vom geselligen Spiel des Sonettierens an langen Winterabenden im Wettstreit mit dem romantischen Sonettmeister Zacharias Werner und anderen Literaturbeflissenen. Bei Petrarca findet sich das religiöse Beziehungsgeflecht der Liebe geknüpft, das Goethe – freilich ironisch – im Motto und im sechzehnten Gedicht, bei Nennung von Petrarcas Namen, aufnimmt. Karfreitag 1327 ließ Petrarca seine Liebespassion, deren Frucht der »Canzoniere« ist, beginnen. Goethe stellt seine Liebe in das Zeichen des Advents 1807. Schon Petrarcas Gedichte beschwören die kurze Begegnung aus einer langen Trennung; schon Petrarcas Gedichte spielen mit dem Namen der Geliebten; schon Petrarcas Gedichte nehmen Lieben und Dichten in eins. In »Canzoniere« 23 liest man, daß Petrarca durch Amor und Laura zum Dichter wurde. In »Canzoniere« 225 verströmt sich das lyrische Ich in Tränen und Versen (Goethe spricht im elften Sonett von Sonettenwut und Raserei der Liebe). Zentral ist der Wechselverweis von Laura und lauro, dem Lorbeer, mit dem sich Petrarca, eine antike Tradition aufnehmend, am Ostermorgen 1341 zum poeta laureatus krönen ließ. So wichtig ist diese Symbolbedeutung, daß ein Zweifel möglich ist, ob der Name Laura überhaupt einem biographischen Urbild zugehört. Von Laura singend, singt Patrarca immer auch von lauro, dem Lorbeer des Dichterruhms, und im dritten Teil seiner Dialogdichtung »De secreto conflictu curarum mearum« bekennt er selbstkritisch: »... daß er nicht nur der Schönheit Lauras, sondern ebenso ihrem Namen verfallen sei, so sehr, daß er jeglichem verfalle, was diesem Namen ähnlich klinge, dem Ruhm am meisten.«[8]

Sagt hier Petrarca nicht ähnlich Kritisches über den Dichter, wie Goethe das bedichtete und gedichtete Mädchen des Sonettenkranzes sagen läßt? Er sagt es, aber nicht im Gedicht selbst. Es ist eine moderne Zuspitzung, wenn Goethe die Kritik der Dichtung und des Dichters zu einem Hauptthema seiner Dichtung macht. Bereits Goethes erste Auseinandersetzung mit der von den Romantikern favorisierten Gattung des Sonetts steht im Zeichen kritischer Bedenken, wie sie die Aufklärung und die Genie-Epoche gegen diese Modeform des Barock hegte. Die Einwände, die zugleich Polemik gegen die Romantiker sind, werden im Sonett »Natur und Kunst« am Jahrhundertbeginn mit der klassischen Sentenz »... das Gesetz nur kann uns Freiheit geben« eher beschwichtigt als aufgehoben: Verwirklichung individuellen Lebens ist freies Umspielen des Gesetzmäßigen. Der Sonettenzyklus von 1807/1808 erst geht so weit, die Sonettform, wie jede Form, als Himmelsgabe zu preisen und zugleich die Sonettkritik zur Kunstkritik überhaupt zu steigern, wie sie in der lyrischen Gattung schon beim klassischen Gedichtzyklus der »Römischen Elegien« angeklungen war. Dort allerdings bleibt diese Thematik implizit. Das lyrische Ich der »Römischen Elegien« ist ein Künstler, vom Ruhm seiner Werke verfolgt, aber die Geliebte, die er in Rom gewinnt, weiß und erfährt davon nichts. Sie ahnt ebensowenig vom geheimen Verrat, der darin liegt, daß der unruhige Wandrer die Geliebte zum Bild der vollkommen in sich ruhenden, ihn beheimatenden idyllischen Natur stilisiert und damit quasi zu einem Kunstwerk macht. Das Glück erfüllter Gegenwart ist hergerichtet durch Kunst. Es würde zerstört, käme das Kunst-Lebens-Verhältnis als Problem zwischen den Liebenden zur Sprache. Der Sonettenzyklus hingegen trägt den Gegensatz explizit und bis ins Extrem aus.

Wie in den »Römischen Elegien« begegnet auch in den Sonetten, deren erstes ich zunächst unerörtert lasse, ein Wandrer der Liebe, aber das Mädchen ist keine in sich ruhende Idyllenfigur. Es ist selbst unterwegs,

> »... ein Himmel anzuschauen,
> So musterhaft wie jene lieben Frauen
> Der Dichterwelt ...«

Was das zweitletzte Sonett ausspricht – den Bezug auf Petrarcas Laura, die Königin seines Liebeshimmels –, ist hier angedeutet. Die Frau ist nicht Erscheinung der Natur in Kunst; sie ist »Mädchen« *und* musterhafte Kunstfigur, leibhaftiges Gegenüber *und* zugleich Projektion des Dichters. Die Konfrontation von Kunst und Leben im Kunstwerk ist schon angelegt in dieser leichten Interferenz zweier Gestaltumrisse.[9] So ist auch der lyrische Sprecher nicht mit *einem* Schritt im bergenden Raum einer Liebesidylle, die er sich zuordnet, wie der Wandrer der »Römischen Elegien«; er ist ebensowenig in einer ewig unvollendbaren Annäherung an die unnahbare Geliebte begriffen wie Petrarca im »Canzoniere«; er ist vielmehr hin- und hergerissen zwischen einer Tendenz zur Hingabe und einer anderen zur Selbstbewahrung. Ihr Gegensatz wird mehrfach sinnfällig – als Gegenläufigkeit von Verhüllung und Enthüllung, von Unruhe

und Stillung, von Grau und Himmelsklarheit, von Vor-
übergehen, Stehenbleiben und Folgen bei beiden Partnern.
Petrarca schildert im 28. Sonett, wie der unglücklich Lie-
bende sich vor der Welt verschließt und auf rauhen Steigen
der Liebe begegnet – aber eben nicht der Geliebten. Goethes
intensiv daran anklingendes zweites Sonett dagegen schil-
dert einen, der sich bei der Begegnung mit der musterhaften
Frau vor der Liebe verschließt.[10] Dabei entsteht eine Bewe-
gungschoreographie, die sich virtuos der Dialektik der So-
nettform bedient und zur Umarmung führt.

Das dritte Sonett »Kurz und gut« leitet diese Sonettbewe-
gung weiter. Die Vereinigung wird vom Mann alsbald zu-
rückgenommen, und dabei zeigt sich, daß die zunächst
nicht weiter motivierte Antithetik von Ich-Bezug und Hin-
gabe beim Liebenden in seinem Dichtertum begründet ist
und es begründet. Im Dichten von der Geliebten stellt er
einen Zustand her, in dem er sich ihr fernhält und doch ihr
nahe ist; und umgekehrt: Indem er sich fernhält, um sich ihr
in der Imagination anzunähern, schafft er die Vorausset-
zung für die Entstehung von Kunst. Die Situation der Ent-
behrung wird herbeigeführt, damit dichterische Klage
entstehen kann; die Liebe wird für die Entstehung von Lie-
besdichtungen arrangiert. Das ist eine Konvention des Min-
nesangs und auch des europäischen Petrarkismus. Doch
gerade deren höchste Künstlichkeit ist auf den Schein exi-
stentiellen Ernstes der Liebesklage angewiesen. Er kann
allenfalls durchsichtig werden, aber seine Auflösung ist ver-
boten. Im Gegensatz dazu deckt nun der moderne ›Erleb-
nislyriker‹ Goethe, der Erfinder einer lyrischen Sprache, die
wie der einfachste Naturlaut der Leidenschaft klingen kann,
die Manipulation von Erlebnissen bei der Entstehung von
›Erlebnislyrik‹ auf. Setzt das Herz aber nicht, nachdem
»Kurz und gut« das Gedicht gelungen ist, ebenso »Kurz
und gut« seinen Anspruch auf Nähe der Geliebten durch?
Gewiß, doch nicht ein Liebender, der nichts als geliebt sein

möchte, vielmehr ein Liebessänger, ein Troubadour moderner Erlebnislyrik ist es, der vor der Geliebten erscheint, um sie als Publikum, das heißt als Adressaten von Kunst, in Anspruch zu nehmen.

Das vierte Sonett läßt den Gegensatz zu den »Römischen Elegien« handgreiflich werden. »Das Mädchen spricht«, und zwar auch auf höchstem Reflexionsniveau, dem Mann und seiner Kunst-Lebens-Dialektik völlig gewachsen. Hat das einsame Dichten Nähe hergestellt, beklagt das Mädchen nun die Ferne des nahen Geliebten, den sie mit seiner Marmorbüste vergleicht.[11] Der Geliebte ist ihr also als berühmter Mann geläufig; sie konfrontiert ihn mit dem Monument seines Ruhms, von dem die Geliebte der »Römischen Elegien« nichts weiß. Der alternde Goethe, der sich gegen die Zudringlichkeit der Welt abschirmt und sein Leben streng verwaltet, zeigt sich hier in seiner Beziehung zu der jugendlichen Frau, wobei neben Minna Herzlieb die Gestalten Bettina Brentanos und Silvie von Ziegesars auftauchen. Doch der biographische Verweis hat kein Eigengewicht; er dient dem Aufbau der symbolischen Konstellation, die eine »Tasso«-Konfiguration verschärft.[12] Tasso ist auf eine Herme Vergils bezogen, Antonio auf eine Herme Ariosts. Jetzt wird dem in sich verwickelten Dichter sein eigenes Idol vorgehalten. Der Scherz der liebenden Frau besteht darin, daß sie den Stein für lebendiger erklärt als den lebendigen, aber versteinerten Menschen. Mit dem Dichter verglichen ist der Stein milde, hält der Begegnung stand, wo der Dichter ausweicht, läßt sich küssen, wo der Dichter sich hinter seiner Ernsthaftigkeit verbirgt. So küßt sie den Stein, um den Mann auf ihn eifersüchtig werden zu lassen, der doch im Stein selbst dargestellt ist. Sie macht den Dichter mit dem Dichter und auf den Dichter eifersüchtig. In diesem Scherz steckt – hinter dem Rücken ihres Bewußtseins – ein doppelter Ernst. Das steinerne Bild symbolisiert das Leben des Dichters, sofern es Werk geworden ist. In dieser

Der marmorne Dichter und das Mädchen,
Stich von A. H. Payne.

Eigenschaft ist es in der Form erstarrtes, im Doppelsinn verewigtes Leben. Aber sofern in der Kunstform eine Steigerung und Verdichtung des Lebens statt hat, ist der Stein auch lebendiger als der Künstler. Er hat dessen Leben aus- und aufgezehrt. Umgekehrt der Künstler: er ist der ursprünglich Lebendige gegenüber dem präparierten Leben des Werks, aber sofern er sein Leben aufspart, um es ins Werk zu transferieren, ist er auch weniger lebendig; haushälterisch, wo dieses sich ausgibt. So kann der Künstler in der Tat auch auf sein Werk eifersüchtig werden, weil die Liebe sich mit Recht dem Werk zuwendet, sofern er dort eigentlicher anzutreffen ist als in seiner Person.[13]

In den Sonetten II, III und IV ist die Konstellation von Erlebnis und Dichtung mit ihren Spannungen und Umschlagmomenten gänzlich entfaltet. Sie bilden darin eine Dreiergruppe innerhalb des Zyklus. Auch die nächsten drei Sonette formieren sich zu einer Dreierordnung, indem sie das Grundschema von Petrarcas »Canzoniere« paraphrasieren: die Unnahbarkeit der Frau, der Fürstin, der Herrin, und die erzwungene Ferne des Mannes. Das fünfte Sonett erweist im nachhinein das »Freundliche Begegnen« des zweiten Sonetts als dichterische Fiktion. In ›Wirklichkeit‹ hat Goethe, hat seine Repräsentativfigur im Zyklus die Geliebte schon als kleines Kind und Heranwachsende gekannt. Doch was heißt Wirklichkeit? Auf der Ebene des Zyklus dementiert das zweite Sonett ebensogut die Realität der Erinnerungen, die das fünfte Sonett ausbreitet. Die Vorstellung der Geliebten als Töchterchen, Schwester und Herrin bedeutet nicht einfach eine Hinwendung zum konkret gelebten Entwicklungsgang des konkret geliebten Menschen[14], sondern die poetische Imagination der Geliebten in Erscheinungsweisen, in denen sie nah und unerreichbar zugleich ist. Weder die Tochter noch die Schwester noch die Herrin können Partnerinnen der Liebe sein. Die auf den ersten Blick unverständliche, wie ein krasser Bruch wirkende *Um*schreibung des hingebenden Mädchens der vorhergehenden Sonette zur fürstlich erhabenen Dame ist genau kalkuliert und formuliert. Sie knüpft bei der Interferenz von Mädchen und musterhafter Frau an, die sich bei der ersten Erwähnung der Geliebten ergab. »Doch ach! nun muß ich dich als Fürstin *denken*« (Hervorhebung G. K.), heißt es jetzt. Die Fürstin ist ein Denkbild, ein Produkt der Imagination des Dichters, der mit wachsendem Liebestoben auch die Sicherheitsmaßnahmen zur Wahrung eines poetisch gedeihlichen Abstands verstärken muß, damit melodische Liebesklage am Fließen bleibt. Der im Marmor idolisierte Dichter besingt das weibliche Idol, das seit Jahrhunderten Gegenstand der petrarkistischen Lyrik ist. Wurde das Mädchen im dritten Sonett mehr noch als Publikum denn als Partnerin in Anspruch genommen, so ist sie nun vom Empfänger zum Produkt seines Dichtens geworden. Er redet eine von ihm gedichtete Gestalt an, in der sich die Weltberührungsscheu des Dichters vergegenständlicht. Tassos Verletzbarkeit, seine Gefahr, sich zu verlieren, wenn er sich der Welt völlig öffnet, wird von einem altersweisen Dichter vermieden. Er sieht den Blick der Herrin flüchtig, weil er die Hingabe flieht. So ist denn auch die Reise, von der die beiden folgenden Sonette sprechen, durch nichts motiviert. Sie ist eine literarische Reise – formuliert in engem Bezug zu Petrarcas 13. Sonett, in dem er, gleichfalls auf Reisen, sein Mißgeschick ihrem Glück gegenüberstellt.[15] Mit dem Rückbezug von »Entwöhnen« im Sonett VI auf »Gewöhnen« in Sonett III wird die Entfernung um so deutlicher als Inszenierung gekennzeichnet, die der Inszenierung der Ferne von der Geliebten zum Zweck der Bedichtung der Geliebten in Sonett III entspricht. Noch schärfer formuliert: Die Reise ist eine Raum-Metapher für den seelischen Sachverhalt der Selbstzurücknahme, wie man sie biographisch besonders gut aus Goethes Verhältnis zu Marianne von Willemer kennt.

Im zweiten Sonett steht am Ende des Versuchs, Gewöhnung zu vermeiden, die Bewegung zur Geliebten hin. Hier steht am Ende der Klage, sich der Geliebten entwöhnen zu müssen, die ruhige Reise in die Welt hinein. Dort wird die Beschwichtigung, die Versöhnung des Herzens durch Dichten unternommen. Hier wird die Unversöhnlichkeit des Geschicks konstatiert, wo es sich doch um eine Maßnahme des Dichters handelt. Worin besteht sie? Der Dichter geht von den scheinbar notwendigen Dingen des Außenlebens auf die einzige Notwendigkeit zurück: ihre Blicke. Daß er trotzdem »ruhig durch die Welt nun reisen« kann, erweist diese Blicke als ›Augenblicke‹ der Poesie. So führt er, wenn schon nicht die Geliebte, dann doch die Liebe bei sich. Er bewahrt sie als Schatz seiner Imagination-Emotion, seiner poetisch imaginierten Emotion und emotionell gegründeten poetischen Imagination. Die von der Geliebten abgelöste Liebe ist, wie in dem paraphrasierten Reisesonett Petrarcas, die eiserne Ration des Dichters. Es ist seine besondere Gabe, aus der Liebe eine »Reisezehrung« machen zu können, aber die Liebe ist in ihrer Qualität als Reisezehrung auch ein besonders geeignetes Material für die Herstellung von Gedichten.

Das siebente Sonett »Abschied« setzt diese Vorstellung ins Bild der Seefahrt um. Wo der naive Held Alexis der klassischen Idylle »Alexis und Dora« in gleicher Situation, rückwärts gewendet am Mast, die Szenen des Glücks noch einmal durchlebt, aber dabei alsbald aus der Entbehrung der Geliebten in den Wahn fällt, sie sei für ihn verloren, da kann sich der modern-sentimentalische Poet mit seinem inneren Schatz so recht zufriedengeben. Das Ufer mit seinen einzelnen Gegenständen weicht zurück, schmilzt zusammen zu »fernentwichnen lichten Finsternissen« (ein Oxymoron, wie sie Petrarca besonders liebt) und verschwindet ganz.[16] Doch das Verlorene wird im Fluten des Herzens wiedergefunden, dem das unendliche, unbegrenzte Fluten des Meeres entspricht: »Da war es gleich, als ob der Himmel glänzte«. Der Himmel ist im zweiten Sonett Metapher des nahenden Mädchens; jetzt ist in der Metapher das Mädchen nah.

Wieder bilden die drei folgenden Sonette eine Gruppe. Sie gehört allein dem Mädchen, das in Briefen die Trennung zu überbrücken versucht. Briefe, vollends Liebesbriefe, sind das Gegenteil von Dichtung. Der Brief ist intim, Dichtung ist öffentlich. Dichtung unternimmt es, Leben in Form zu gießen; der Brief wäre am liebsten Leben unmittelbar. Der wahre Liebesbrief ist der, in dem immer wieder das eine laut wird: Ach, wäre doch dieser Brief nicht nötig, verginge er in der Gegenwart des Geliebten. Alle Worte sind nur Mittel zur Herstellung von Nähe. In diesem Sinne sind die Mädchenbriefe des Zyklus vollkommene Briefe, denn sie werden zunehmend inhaltsleerer, mitteilungslose Vergegenwärtigungsversuche des Geliebten. Die Briefe des achten und neunten Sonetts verinnern nicht die Liebe – wie es die Liebeskonserve des Dichters tut –; sie verinnern vielmehr, gelebtes Leben erinnernd, den Geliebten in Situationen, in denen sich alle Gemeinsamkeit sammelte. Es ist im achten Sonett die sprachlose Situation des Abschieds, im neunten Sonett die sprachlose Situation der Anschauung des Geliebten, in der sich das Wesen der Liebenden vollendet. Tausch von Blick und Kuß sind Vereinigungen, die so vollkommen sind, wie sie ein Jenseits der Sprache sind. Das Lispeln des Liebewehens, welches das achte Sonett in der gleichen Paradoxie zur *Schrift* machen will, wie das zehnte Sonett das Lispeln des Liebenden meint *lesen* zu können, ist die vergehende Spur des Herzenslauts in der Sprache und der Sprache im Herzenslaut. Solche Aufhebung der Sprache und des Herzenslauts steigert sich im zehnten Sonett zur Aufhebung des Briefes in der imaginativen Vergegenwärtigung der Antwort des Geliebten auf einen Nicht-Brief, die Übersendung eines leeren Blattes nämlich. Der Geliebte ist so fern in seinem Elfenbeinturm der Dichtung, daß der Brief im Wunsch, seine Antwort zu sein, noch den Geliebten erfinden muß – nicht aus der Schöpferlust des Dichters; vielmehr aus dem Entbehrungsschmerz der im Leeren verlaufenden Liebe.

Die Briefe des Mädchens sind zuletzt nichts als das Papier, das in die lieben Hände des Geliebten kommt – das ist auf der Ebene des Schreibens die Entsprechung zu dem, was auf der Ebene des Redens der sprachlose Hauch ist. Im Gegensatz zum geformten Wort hat die Sprache der sprachlosen Unmittelbarkeit nicht Anfang und Ende; sie ist das ganze Herz, ungeteilt, und doch auch nichts: »Denn eigentlich hab' ich dir nichts zu sagen.«[17] Während scheinbar die Frage nach dem Verhältnis von Literatur und Leben mit den Briefen des Mädchens zurücktritt, vertieft sie sich in ihnen. Die Leitfrage aller Sprachtheorie bis in die zweite Hälfte des 18. Jahrhunderts ist die nach dem Verhältnis von Sprache und Welt. Seit dem Sturm und Drang schiebt sich die Frage nach dem Verhältnis von Sprache und Seele vor.

»*Spricht* die Seele so spricht ach! schon die *Seele* nicht mehr.«

Dieser Pentameter Schillers aus dem Distichon »Sprache« von 1796 ist die klassische Formulierung einer Sprachauffassung, der die Fähigkeit und Unfähigkeit der Sprache zum Seelenausdruck deren Legitimationsproblem wird. Denn die Seele als Jenseits der Sprache ist auch der Ursprung der Sprache.

Aufgabe der Dichtung, speziell der Lyrik, im Rahmen dieser Auffassung ist es, Seelensprache zu sein, das Unsägliche der Seele sagbar zu machen. Wie Liebender und Geliebte des Zyklus zusammengehören – in der Trennung –, sind in der Dichtersprache seit dem Sturm und Drang Unmittelbarkeit und Form in zerreißender Spannung und doch Zusammengehörigkeit. Die Form verrät den Impuls und ist doch sein Ausdruck; der Impuls dementiert die Form und

hat doch in ihr seine Erscheinungsweise. Was der Sonetten-
kranz tut, ist der letztmögliche Schritt im paradoxen Unter-
fangen der Literatur, die Seele zum Sprechen zu bringen.
Goethes »Römische Elegien« sprechen prononciert über
das Nichtsprachliche der Liebeskommunikation – aber in
artistischen Distichen und aller Gemütsruhe, kommentie-
rend:

> »Blick und Händedruck, und Küsse, gemütliche Worte,
> Silben köstlichen Sinns wechselt ein liebendes Paar.
> Da wird Lispeln Geschwätz, wird Stottern liebliche Rede:
> Solch ein Hymnus verhallt ohne prosodisches Maß.«
>
> (13. Elegie)

Im Sonettenzyklus wird Sprachlosigkeit sich selbst zum
Thema, indem sie zum Sonett gerinnt. Die Dialektik von
Seele und Form wird im Vollzug nach außen gekehrt.

Wer Unmittelbarkeit zur Sprache bringen will, will auch
Unmittelbarkeit lesen. In der Antwort des Geliebten auf
ihren Nicht-Brief, im zehnten Sonett also, imaginiert die
Geliebte zu lesen, was sie sonst mündlich entzückte: »Lieb
Kind! Mein artig Herz! Mein einzig Wesen!« Wie sie da
geschrieben stehen, sind das Formelwörter eines verliebten
älteren Herrn[18], süße Wörter aus dem Vorrat seiner Reise-
zehrung. Es ist Liebeskonfekt, wie er es im zwölften Sonett
als Christgeschenk ihr zuschickt. Wer daraus Entzückun-
gen liest und gewinnt, muß entweder einen unaussprechli-
chen Überschwang aus dem Jenseits dieser Wörter empfan-
gen oder, was hier näher liegt, er muß diesen Überschwang
hineinlegen. Kein Wunder, daß das Mädchen, seelisch am
Geliebten abgleitend, auch in der eigenen Liebeshingabe
Momente der Selbtbewahrung entwickelt[19], welche die
Selbstzurücknahme des liebenden Sonettisten reflektieren.
In sich selbst vollendet, auf ewig vor sich selbst verschönt
zu sein, sind die höchsten Erfahrungen ihrer Liebe.

Und doch – wie dialogisch ist die Dreiergruppe ihrer

Briefe, verglichen mit der sich anschließenden Sonetten-Dreierfolge, die wieder dem Dichter gehört! Ihre Herausforderung von Mitteilung erhält Diätetik der Seele zur Nicht-Antwort, Klagen nicht über die Ferne der Geliebten etwa, vielmehr die Klage, von aller Besinnung und aller bisher praktizierten Lebensklugheit durch »Sonettenwut und Raserei der Liebe« abgeschnitten zu sein. Über ihre Liebeskrankheit beklagen sich seit der antiken erotischen Literatur die nicht erhörten oder die betrogenen Liebhaber. Das Unerhörte dieser Klage in Goethes Sonetten besteht darin, daß sich ein erhörter Liebhaber über die Mühsal der Liebe beklagt. Der Dichter hat versucht, sich mit Amor nicht zu befassen – nun hat ihn Amor erfaßt. Der Dichter hat versucht, Verskunststücke wie Wilhelm von Schützens Schauspiel »Lacrimas« zu vermeiden, aber nun ist die Verswut in ihn gefahren. Er hat versucht, sich von menschlicher Nähe wie von einer Influenza fernzuhalten, aber nun hat sie ihn angesteckt. Gleich dem von den Erinnyen verfolgten Muttermörder Orest wird er unter dem Gelächter der Genien des künstlich-künstlerischen Lebens dahingejagt. Was aber bedeutet die befremdliche Koppelung von erotischer und prosodischer Leidenschaft? Seine Sonettenwut ist Liebe, freilich, aber es gilt auch das umgekehrte: Seine Liebe ist Sonettenwut. Wenn die Geliebte ihn, trotz und wegen der Ferne, nah bei sich hat, dann kraft Magie der Sehnsucht. Ihre Innerlichkeit ist sprachlose Nähe. Wenn er die Liebe als Reiseproviant mit sich führt, dann als poetische Formierung der Abwesenden. Seine Innerlichkeit ist in künstlerische Produktivität übersetzt.

Infolgedessen sieht sein Brief an sie auch gänzlich anders aus als ihre Briefe. Ihre Briefe sind die Spur des Hauchs. Sein Brief ist eine kunstvolle Allegorie in der Tradition artistischer Briefgedichte, wie sie das Barock liebte. Er sendet zu Weihnachten eine Schachtel Konfekt, etwas durchaus Künstliches: Frucht der heiligen Weihnachtszeit, die bekanntlich – als Winter – keine natürlichen Früchte bringt. Es ist eine Kindergabe, an sich selbst nichtig, nur als Zeichen wichtig und mächtig – seine Antwort auf ihre Bitte: »Gib mir ein Zeichen« im achten Sonett. Auch ihre Briefe waren Zeichen – als Spuren und Dokumente von Unmittelbarkeit, als Mitteilung von Nicht-Mitteilbarem. Sein Zeichen hat mit ihrem nichts zu tun. Es befördert einen Sinn, genauer einen Sinnspruch über das Liebewehen, das sie im achten Sonett spürbar machen wollte. Das Zuckerwerk versinnbildlicht poetisches Zuckerbrot, poetische Schmeichelrede. Doch dieser Sinn wird in einer Klimax alsbald überboten: das Zuckerwerk vergegenständlicht das Süße der gegenseitigen Nähe, es transportiert bildlich-anschaulich Nähe über Ferne hinweg. Sofern der Brief von ihrer Seite Unmittelbarkeit doch immer nur schmerzhaft anstrebt, ohne sie je erreichen zu können, sind ihre Briefe Bewegungen, die Schmerzen ausdrücken und verursachen. Sofern sein Brief Sinn transportiert, ist er »genießbar in der Ferne«, genießbar gewordenes Wehen. Ihrer Leidenschaft antwortet in diesem Brief die pädagogische Unternehmung, »ein freundliches Erinnern« als mittlere Gemütslage herzustellen.

So ist denn auch das dreizehnte Sonett am ehesten als eine der »mannigfalt geformten Süßigkeiten« zu verstehen, wie sie das zwölfte Sonett verspricht – das Sonett als süße Formkunst par excellence. Das Petrarca-Spiel von der unnahbaren Frau wird wieder aufgenommen. Es rahmt die Reisesituation ein, die sich nun auflöst. Weil es sich um ein Spiel handelt, noch dazu um ein nachgespieltes, kann sich die Klage spielerisch-heiter äußern, und weil es ein Spiel ebensosehr ums Dichten wie ums Lieben ist, ist die Klage wiederum nicht einfach Liebesklage, sondern Klage um zuviel gemachte Worte. Freilich eine zweideutige Klage, denn die Sonette selbst sind ja das unnütze Geplauder, das sich dem Zaudern der Geliebten verdankt. Da dieses Zaudern poetischer Reflex der Selbstbewahrung des Dichters ist, hat *er* die Situation inszeniert, die das Geplauder möglich und notwendig macht. Außerdem ist die Sorge, am Jüngsten Tag über jedes unnütze Wort Rechenschaft ablegen zu müssen, nichts anderes als eine Umkehrform des traditionellen, auf die Antike zurückgehenden Selbstpreises der Dichter, ihr Dichterwort werde unsterblich leben und ihren Ruhm durch alle Zeiten tragen. Der Dichterruhm, das Dichterwort, gegenwärtig in diesen Sonetten, wird den Jüngsten Tag erreichen; Dichterworte sind unnütz allenfalls, »wenn diese bloß an *deinem* Ohr verhallen« – mit einer kleinen Betonungsverschiebung wird der Ruf nach Liebeserhörung zum Ruf nach einem weiteren Publikum, wie es dem Dichterwort gebührt und wie es das Dichterwort auszeichnet.

Der in Spiegelschrift gegebenen Rechtfertigung der *Liebe*poesie als Liebes*poesie*, in die das Liebespoesie-Spiel des Dichters am Ende seiner Dreiergruppe von Sonetten ausläuft, antwortet das Mädchen in zwei Dialogsonetten, die von einem Machtwort des Dichters überboten werden: das letzte Dreierglied des Zyklus, dessen Eingangs- und Schlußsonett am Ende als Prolog und Epilog zu erweisen sein werden. Dem Mädchen sind die Sonette nun doch nutzlos, und zwar mit dem radikalen Argument, daß Liebe und Poesie, Herz und Reim nicht zusammenpassen. Und noch damit fügt sie sich der Regel des Zyklus, die der Dichter gesetzt hat. Denn der erste und einzige Liebesstreit zwischen Dichter und Mädchen, der im Zyklus vorgeführt wird, ist ein poetologischer Streit über das Verhältnis von Literatur und Leben. Als Wortführer der Unmittelbarkeit des Herzens spricht die Liebende für dessen völlige Äußerungsfreiheit. Selbst in ganz ungebundener Rede spricht des Herzens Fülle sich kaum aus. Sie soll sich unausgesprochen oder nur in Andeutungen bewahren dürfen; sie soll aber auch die Lizenz haben, in Stürmen einherzubrausen.[20] Fülle des Herzens ist ein religiös grundiertes Formelwort der Genie-Epoche. Der Poet des dritten Sonetts »durchspielt« die Leier, das alte Instrument des Poeten; die Liebende in ihrer Polemik gegen solche ›gemachten‹ Töne läßt des Herzens Fülle »Stürmen gleich durch alle Saiten fahren« und weckt damit die Vorstellung der Äolsharfe, die vom Wind zum Tönen gebracht wird: ein Lieblingsinstrument des emfindsam-romantischen Zeitalters, das in der Äolsharfe den Naturlaut selbst zu vernehmen meinte.[21] Die Wege der Unmittelbarkeit sind »jähe Stege«. Rückgreifend wird von hier aus der schroffe graue Felsweg, auf dem die Liebenden einander zuerst begegneten, als der jähe Steg der Gefühlsunmittelbarkeit bestimmt. Hier nur konnten sie sich treffen, konnte der Mann von sich selbst überrumpelt werden. Auf diesem Steg mit Sonetten voranschreiten zu wollen, gliche der Aufgabe des Sisyphus, den stets zurückrollenden Stein hinaufzuwälzen. Den liebenden Sonettisten bleibt nur *ein* Terzett zur Antwort, das ohne die Identifizierung von Sonettenwut und Raserei der Liebe im elften Sonett viel an Durchschlagskraft verlöre. Gerade weil das Sonett das Allerstarrste an lyrischer Form ist, kann es nur im Liebesfeuer zustande gebracht werden. Es schmilzt diese Starre zu freudigem Leben ein. Damit ist aber das Problem gegenüber dem Argument der Geliebten verschoben; denn ihr geht es nicht um die Frage, wie allenfalls man gute Sonette zustande bringen kann, sondern um die ganz andere: Wie die Liebe zu ihrem Recht kommt. Daß überhaupt Sonette gemacht werden, hält sie so wenig für nötig, daß sie darüber gar nicht nachdenkt. Nur wenn Raserei der Liebe und Sonettenwut als zwei Seiten einer Sache genommen werden, ist die Frage nach dem Recht der Liebe zugleich eine nach der Möglichkeit der Sonette. Da die Zweifelnden der Überschrift am Sonett zweifeln, ist es wohl erlaubt, die Liebenden als sonettliebende Liebessonettisten zu verstehen.

So ist denn auch die Liebende mit der Antwort nicht zufrieden. Sie wendet im nächsten Sonett die allgemeine Diskussion ad personam und vertieft sie zum Zweifel am existentiellen Ernst der Dichtung und der Dichter überhaupt. Die verschränkten Zeilen- und Silbenspiele der Poesie sind etwas, dem man gerne lauscht, ein Zeitvertreib. Der Dichter münzt unterhaltsam seine Gefühle aus. Seine Emotionen sind ihm nur Anlaß und Material des Dichtens, und wenn er auch sein Gefühlsleben zur Hervorbringung von Dichtung aufwühlt, kühlt er es im gleichen Prozeß wieder ab. Es muß wahrhaftig ein Zauberwort sein, das Wunden heilt, indem es in ihnen herumwühlt. Diesmal hat der Dichter zwei Terzette zum Antworten, und er braucht sie wegen der Härte des Angriffs auch. Er vergleicht den Poeten dem Feuerwerker, der zwar »nach Maßen wettert« und das Elementare zum Spiel zu wenden sucht, aber, ehe er sich's versieht, zerschmettert mit allen seinen Künsten in die Luft geht. Das wäre denn die »Tasso«-Thematik: der Dichter, dem seine Produktivität als Künstler zum Verhängnis wird. Er verfällt der Macht seiner Imagination, aus der sich seine Produktivität speist. Schon mit der Vorstellung vom Dichter als Feuerwerker ist allerdings nicht nur die konventionelle Metapher vom Liebesbrand, dessen Wunden gekühlt werden müssen, abgewandelt – der Feuerwerker ist ja zunächst der Arrangeur und nicht das Opfer des Brandes –; abgewandelt ist damit auch die »Tasso«-Problematik aus der Passivität des Leidens zur Aktivität des Veranstaltens. Vor allem aber: Mag der Poet Opfer seiner eigenen Manipulationen werden, ist das wiederum keine Rechtfertigung gegen den Vorwurf des Mädchens. Denn die Geliebte will ja nicht in der Weise recht haben, daß sie den Gefühlsfeuerwerker, der an Sonetten bastelt, zur Strafe in die Luft fliegen sieht; sie will vielmehr einen Liebhaber, der sich als Liebender erweist, indem er kein Dichtungsfeuerwerk abbrennt. Außerdem: der liebende Dichter, der die Gefahr an die Wand malt, in die Luft gesprengt zu werden, ist im Augenblick der Formulierung seines geistreichen Vergleichs weit davon entfernt, dieses Unglück zu erleiden. Er hat sein Feuerwerk unter Kontrolle, weil seine Glut gleichermaßen poetisch wie erotisch ist.

Wie sehr, das zeigt das letzte Sonett in der letzten Dreiergruppe des Zyklus, das jäh dem Mädchen das Wort abschneidet und vom Streitdialog in eine feierliche Verkündigung des Dichters hinüberwechselt. Der Dichter, wenn auch halb scherzhaft, gibt sich als Prophet und Magier. Er verkündet eine »Epoche« im ursprünglichen Sinne – ein Anhalten. Angehalten, festgehalten wird Petrarca in seiner Karfreitagsliebe. Der moderne Dichter hält in einem ebenso symbolischen wie biographisch-kalendarischen Advent inne. Petrarcas Liebe war »unbelohnt und gar zu traurig«. Der moderne Petrarkist ist trotz seiner erotischen und literarischen Leiden am Ende ein glücklich Liebender. Bedeutet das nach dem Vorhergehenden, nach dem im Text selbst unaufgelösten Konflikt zwischen Unmittelbarkeit des Herzens und künstlerischer Formung, daß am Ziel des Sonettenkranzes die wirkliche und wahre Liebesvereinigung steht, das Ende der Trennung, die Rückkehr von der Reise? Ist der Dichter der Geliebten endlich in diesem Sinne »ans Herz getrieben«? Ich glaube kaum. Das Glück ist, daß er sich aus der Einheit von Liebesglut und Sonettenraserei durch die Einwände der Geliebten nicht herauswerfen läßt – er hält an im Sinne der pyrrhonischen Schule der antiken Philosophie, die in solcher Epoché Seelenruhe und in ihr Glückseligkeit fand.[22] Das Glück ist, daß der liebende Dichter fern-nah zu sein vermag, indem er in die Wirklichkeit der Liebe im Gedicht einwandert. Die Realität ist hier nicht gefragt, und von ihr ist nicht die Rede. Die Epoché ist nicht das Ende der Reise, sondern die Epoché der Liebe im Gedicht. Hier kommt sie an; hier hält sie an; hier ist sie verewigt.

Schon in der Lebenssituation ist diese Liebe kein Anfang. »Ich fing nicht an, ich fuhr nur fort zu lieben.« Welch ein genialer Kalauer, der auf die Poesieförderlichkeit der Reise verweist! Bereits bei Petrarca ergibt sich die Eigentümlichkeit, daß erst die zweite Hälfte des »Canzoniere«, der toten Geliebten im Himmel gewidmet, die Beziehung stabilisiert. Die Geliebte im Himmel ist näher als die Geliebte auf Erden. In Goethes Sonetten ist die Geliebte im Himmel der Dichtung festgehalten, fixiert. Eine *gelebte* Ankunft findet statt und ist zu Ende. Die *gedichtete* ist stetes Erscheinen. Daß Epoché mit dem christlichen Advent gleichgestellt wird, ist heidnisch-christlicher Synkretismus zur Schaffung des Universalraums der Dichtung, in dem Ankunft und Anhalten zusammenfallen. Die Wechselbeziehung der christlichen Feste enthält eine dichterische Jahreszeitenkontamination, die sich im zwölften Sonett mit der Rede von den Früchten der Weihnachtszeit ankündigt. Wenn der Advent von 1807 als ewiger Maitag gepriesen wird, ist das nichts anderes als Aufhebung der Zeit.[23] Daß dem Karfreitag Petrarcas der Advent gegenübergestellt wird, ist dessen Überbietung im Liebestriumph der Dichtung. Auf die Spitze getrieben wird der dichterische Jahreszeitenzauber aber durch die Gleichzeitigkeit der Beziehung des Advents auf die weihnachtliche Erscheinung des Herrn – beziehungsweise der Herrin – und auf die österliche in der Auferstehung. Allerdings – von Auferstehung, vom österlichen Triumph ist hier ja genaugenommen gar nicht die Rede, sondern vom »Palmenjubel«, der auf den vorösterlichen Einzug Christi in Jerusalem am Palmsonntag anspielt, als die Menge dem erscheinenden Messias Hosianna zurief. Sollte dem gründlichen Bibelkenner Goethe entgangen sein, daß dieser wonneschaurige Einzug ein schauriger Einzug war, weil dieselbe Menge wenige Tage später: Kreuzige, kreuzige! rief und ihren Messias verriet? Ich glaube kaum. Vielmehr ist am Ort des Triumphs der Poesie, wie oft bei Goethe, in untergründiger Weise vom »irrgänglich-klugen Minierer« in den Grüften auch ihr Verräterisches zur Sprache gebracht. Die so verherrlichte und gepriesene Geliebte ist – und das ist das letzte Wort der mit ihr geführten Diskussion – auch verraten, sofern die Poesie eben doch Verrat am Leben und die Sonettenwut Indienstnahme des Gefühls ist. Poesie ist darauf angelegt, die Sprache der Unmittelbarkeit in sich aufzuheben – aber nicht im Sinne einer stabilen Synthese. Die Dialektik der Sonette ist negativ: Sie verweisen auf das, wovon sie sich entfernen.

So ist die Geliebte in den Sonetten – gegenüber den »Römischen Elegien« – eigenständig und doch vereinnahmt. Noch ihr Sturmlauf gegen die Poesie wird Poesie. Noch in ihren Angriffen gegen die Dichtung muß sie eine kunsttheoretische Position – die des Sturm und Drang – formulieren, die spannungsvoll in Goethes spätere Ästhetik eingebracht ist. Mächtig wird Sonettkritik getrieben, aber sie wird ohnmächtig, indem sie selbst zum Sonett wird. Andererseits wird der Dichter, nicht das Mädchen, in den Sonetten ironisiert. Behält er das letzte Wort, behält sie die Wahrheit zwischen den Zeilen; denn das Verhalten des Dichters, wie es der Sonettenzyklus darstellt, entspricht den Vorwürfen, die das Mädchen gegen die Dichter erhebt. Die Dichtung spricht dem Recht zu, dem sie widerspricht. Demgemäß verschärft sich das Thema von der Idolisierung der Geliebten durch die Kunst, das in den »Römischen Elegien« so wichtig ist: Der Künstler ist im Produzieren von Kunst quasi zum Marmor erstarrt – eine doppelte Umkehr-Anspielung auf den Pygmalion-Mythos, der in einfacher Umkehrung in den »Römischen Elegien« bei der Verwandlung der Geliebten ins Gebilde mitschwingt. Jetzt hat sich der Dichter selbst zum Kunstwerk, zum marmornen Olympier gemacht. So ist der Zyklus auch noch brutaler als sein Vorläufer. Dort wird die stumme Geliebte verherrlicht. Hier wird die Geliebte zur Sprache gebracht, indem sie um die Sprache gebracht wird – um ihre Sprache der Unmittelbarkeit, die das Gegenteil von Sonett sein möchte und doch

Sonett sein muß. Das geschieht so unausweichlich, wie man als Teilnehmer eines Schachturniers nichts als Schach spielen kann. So wird in der Kunstform die im Inhalt geführte Auseinandersetzung auf die Spitze getrieben.

Meine Interpretation des Sonettenzyklus hat sich als ein Gliederungsvorschlag erwiesen, der eine Gesamtkomposition unter Einschluß der beiden zunächst zurückgehaltenen letzten Sonette annimmt. Sie bauen der Konzeption nach von vornherein das Ganze des Zyklus mit auf. Ich habe bisher Dreiergruppen gelesen:

II, III, IV:	Die Dialektik von Nähe und Ferne wird in Gang gesetzt.
V, VI, VII:	Der Dichter setzt sich in die Ferne ab.
VIII, IX, X:	Das Mädchen will Nähe herstellen.
XI, XII, XIII:	Der Dichter vereinigt Poesie der Liebe und Liebe der Poesie.
XIV, XV, XVI:	Das Mädchen trennt Poesie und Liebe, der Dichter vollendet Liebe in Poesie.

Sprechen die Sonette von einer mächtigen Bewegung der Liebe zur Geliebten hin, die vom Dichter zurückgestaut wird, so ruht auch jedes Sonett in sich und führt doch eine Gesamtbewegung weiter.

Doch es wird längst befremden, daß allgemeine Folgerungen gezogen werden, ohne daß über das erste und das letzte Sonett des Zyklus gesprochen worden wäre. Ihre Deutung als Prolog und Epilog ist nur in Aussicht gestellt. Das erste Sonett »Mächtiges Überraschen« entwirft ein großartiges, in Goethes Lyrik traditionsreiches Bild. Die Sturm-und-Drang-Hymne »Mahomets-Gesang« faßt das Genie im Bild des Stroms, der dem umfassenden Meer zueilt, unaufhaltsam die Hindernisse überwindend und die Bruderströme in sich aufnehmend. Das Meer – das ist das Eine, Ganze und Göttliche des Lebens. Im Eingangssonett des Zyklus wird ein Strom durch ein dämonisches Ereignis in seinem Lauf aufgehalten.[24] Das Wort »dämonisch« hat

bei Goethe eine große Bedeutungsladung, die er später – in
»Dichtung und Wahrheit« – im Hinblick auf seine Tragödie
»Egmont« erörtert hat. Er verwendet dabei das Bild des
Webens – das Gewebe entsteht durch das Ineinander von
Zettel und Einschlag.[25] Dämonisch werden in diesem Bild
die Einschläge genannt, die, Kontinuitäten brechend, doch
zum Entstehen des Gewebes notwendig sind. So bricht
auch hier ein Einschlag die Bewegung, und was zunächst
zerstörerisch scheinen könnte, läßt ein Ganzes entstehen.
Oreas, die Bergnymphe, fährt in einem Bergsturz herab
und staut den Strom auf. Aber das Hindernis bewirkt Erfül-
lung. Aus dem Fluß entsteht eine Wasserfläche, in der an-
stelle einer Vielfalt flüchtiger Erscheinungen die Gestirne
sich spiegeln. Das Einmünden in das Meer wäre unmittel-
bare Vereinigung mit dem Ganzen. Die Spiegelung der
Sterne im Wasser ist eine Totalitätssymbolik Goethes, aber
einer Totalität, dich sich vermittelt herstellt. Himmlisches
und Irdisches, Feuer und Wasser vereinigen sich, aber in der
Trennung, ohne ineinanderzufallen. Spiegelung ist Tren-
nung und Vereinigung in einem. Die Spiegelung der Sterne
im Meer ist bei Goethe auch Kunstsymbolik, genauer:
Symbolik des Symbols, des Zentrums seiner Kunstpraxis
und -theorie. So wie die Spiegelung in der Trennung verei-
nigt und vice versa, ist das Symbol das Einzelne und das
Ganze, Erscheinung und Bedeutung, Sein und Sinn zu-
gleich.

Wie läßt sich dieses Eingangssonett vom mächtigen
Überraschen im Hinblick auf den folgenden Zyklus lesen?
Doppelsinnig. Einmal: Die Abschließung des eilig dahin-
schreitenden Dichters ist Hinzielen auf Vollendung, auf
Ganzheit und Geschlossenheit. »Was auch sich spiegeln
mag von Grund zu Gründen«, soll im Zug der Vollendung
untergehen. In letzter Instanz würde bei dieser Bewegung
das Leben ganz zum Kunstwerk, es mündete ein in das
Ganzheits- und Vollkommenheitsreich der Kunst. Diese

Tendenz wird gebrochen durch den Einfall der Liebe in Gestalt des Mädchens. Aber das Hindernis ermöglicht den Triumph des Dichters und der Dichtung; es ist die Voraussetzung dafür, daß erst recht Kunst entsteht. Denn ohne intensiven Lebenswiderstand würden die Lebensbilder der Kunst flüchtig; sie liefe in leere Vollendung, und die totale Verkünstlichung des Lebens wäre – der Tod. Das ist ein Sinn der Parksymbolik in den »Wahlverwandtschaften«, der sich schon seit dem »Triumph der Empfindsamkeit« bei Goethe ausbildet. Im »Triumph der Empfindsamkeit« ist es, wo

> »... Pluto selbst den Einfall kriegte,
> Sein altes Reich als einen Park zu sehn.«

In den »Wahlverwandtschaften« wird der Park, der alles Leben und noch den Friedhof dazu in ein künstliches Paradies umsetzen soll, zum Hades. Würde das Leben ganz Kunst, könnte in Kunst nicht das Ganze des Lebens symbolisch erscheinen. Es erscheint in der Kunst, solange Kunst ans Leben stößt und sich, im Versuch es zu vereinnahmen, am Leben sowohl bricht als auch reflektiert. In diesem Sinne wird die Thematisierung des Kunst-Lebens-Verhältnisses im Kunstwerk selbst für Goethe ein konstituierendes Moment der Kunst. Der Vereinigungpunkt von Kunst und Leben erweist sich dabei als ihre Grenze gegeneinander.

Man kann das Sonett aber auch in entgegengesetzter Richtung lesen: Der Strom ist die Liebeskraft im Menschen, die mächtig auf Vereinigung drängt, aber überraschend legt sich dieser Vereinigungsenergie die Muse in den Weg, die Distanz als Bedingung von Teilhabe setzt. Die Muse ist die andere Gestalt des Mädchens: das Kunstidol. Wozu aber führt das Hindernis? Zur vermittelten Unmittelbarkeit der Erscheinung der Liebe in der Kunst. Insgeheim ist dieser zweifache Schriftsinn wiederum auch *einer*: Oreas ist die Geliebte, und die Geliebte ist die Muse. Das neue Leben ist

Kunst – in ihrer Geschiedenheit vom Leben, in ihrem reflexiven, potenzierenden Kreisen in sich. Die sich zurückstauende Welle muß sich selbst trinken, damit der in sich ruhende Wasserspiegel entstehen kann. Die Kritik der Kunst terminiert hier in einer Phänomenologie der Kunst als einer Gegebenheit menschlichen Lebens. Weil sie das ist, zielt sowohl das Streben der Kunst wie der Zug der Liebe letztendlich zum Vater, der als Schöpfer Grund der Möglichkeit der Kunst und als All-Liebender Grund der Möglichkeit der Liebe ist.

Ist diese Doppeldeutigkeit des monumentalen Eingangs, der Menschliches im Kosmischen spiegelt, ironisch genug, so kommt eine Steigerung der Ironie durch die Wechselspiegelung von Eingangs- und Ausgangssonett, Epilog und Prolog des Zyklus zustande. Das letzte Sonett heißt »Scharade« – ein Rätselspiel, genauer ein Silbenrätsel. Der sonettierende Dichter rätselspielt mit den Namensbestandteilen des Mädchens, das das wichtigste biographische Vorbild im Leben Goethes zur Geliebten der Sonette war: Minna Herz-lieb. Herz und Liebe sind oft und freudig genannte kurze Worte, die doch keineswegs deutlich ihren Gegenstand bezeichnen. Es tut wohl, das Herz an der Liebe zu verbrennen, und wo Herzliebe auftritt, herrscht seliges Behagen. Herzliebe soll den Dichter beglücken – er will sie als Namen lallen, er will die vereinigten Worte in der Geliebten erblicken, er will sie in ihr umfangen. Also wenigstens am Ende die ganze Liebe? Nein, gerade das nicht. Die massive, aber unausgesprochene Beziehung der »Römischen Elegien« auf Goethes Verhältnis zu Christiane Vulpius ist als Veröffentlichungshindernis und Skandal empfunden worden. Mag Goethe in Rom eine andere Faustina zur Geliebten gehabt haben – Christiane *ist* Faustina. In der Geliebten der Sonette sind biographische Beziehungen zusammengeschossen, deren Geheimhaltung für Goethe dringlich genug war, jedenfalls im Hinblick auf Minna Herzlieb. So verschwieg Goethe zunächst die Schlußsonette, aber der Idee des Zyklus nach hat er von vornherein eine Verschränkung von Verrätselung und Enträtselung vorgenommen, die der Verschränkung von Nähe und Ferne in den Sonetten entspricht. Einerseits werden Zeitpunkt der Liebe und Name der Geliebten für jeden einigermaßen Informierten direkt genannt; man ist nicht, wie in den »Römischen Elegien«, auf Klatsch hinter der Rede der Gedichte angewiesen. Andererseits: Indem verrätselt der Name Minna Herzlieb veröffentlicht wird, wird das Ganze entschärft und verharmlost zum Gesellschaftsspiel, der Sonettenkranz rückt in das Genre gesellschaftlicher Liebeshuldigung ein. Das gilt um so mehr, als Goethes Scharade konkurriert mit einem Scharadensonett Zacharias Werners auf den gleichen Gegenstand – die Herzlieb(e).[26] Goethe hat in seinen Werken eine Tendenz zur Scharade, zum lebenden Bild, zum festlichen Aufzug, zum Festspiel – alles gesellige Künste zur Unterhaltung, die Tiefsinn anklingen lassen können. Das Elementarereignis des Zusammenstoßes von Liebe und Poesie, Kunst und Leben, im Eingangssonett so mächtig instrumentiert, wird am Ende ins Gesellschaftsspiel zurückgenommen.

Freilich, die Erschütterung muß gebannt werden, die unaufhörliche Dialektik ist tief beunruhigend. Bannung und Beruhigung geschehen mit der jähen Wendung in gesellschaftliche Unverbindlichkeit. Kunst als Unterhaltungskunststück – das Mädchen hatte schon davon gesprochen. Der Liebestriumph ist Triumph der Geselligkeit. Doch ironisiert diese Harmlosigkeit nicht nur die Kunst-Leben-Diskussion, auch diese Harmlosigkeit ihrerseits ist ironisiert, und so geht die Bewegung als stillgestellter Sturmlauf unaufhörlich weiter. Das aber kennzeichnet Goethes Altersstil, das macht den Gedichtzyklus zu dessen erstem großen literarischen Zeugnis. An die Stelle der klassischen Rundung tritt das Beziehungsspiel ernster Scherze, in dem das Tiefste oberflächlich werden kann. Einerseits bricht die Rea-

lität fast unvermittelt ein – der biographische Name Minna
Herzlieb, das biographische Datum –, andererseits sind die
äußeren Daten, die im Zyklus auftauchen, von einer so ab-
strakten Allegorik, daß der Zusammenhang mit realen Le-
bensumständen völlig zerschnitten wird. So ist das Treffen
auf dem Bergespfad, wie schon gesagt, Allegorie; so ist es die
weite Reise, die allenfalls von Jena nach Weimar führt; so
wird die Geliebte, indem sie als biographische Wirklichkeit
genannt wird, gerade in diesem Nennen zur Allegorie: der
Herzliebe. So fallen Anfang und Ende des Zyklus in einer
wohlkalkulierten Divergenz zusammen.

*

Ist nun mit dieser Kritik an der Manipulation des Lebens
durch den Dichter und die Dichtung das ›Erlebnisgedicht‹ im
nachhinein außer Kurs gesetzt? Das ist zu verneinen. Gewiß
kann die Lyrik der Klassik, vor allem des späten Goethe, ihr
Künstliches wieder sehr viel stärker nach außen kehren als
die Sturm-und-Drang-Lyrik, aber noch der späte Goethe
hat Gedichte geschrieben, deren letztes Prinzip die Verdich-
tung und Artikulation von Erlebnissen ist – so die »Marien-
bader Elegie«. Vor allem aber ist die Kritik an der Manipula-
tion des Lebens in der Dichtung nicht mit der Forderung
nach einer anderen Art von Dichtung zu verwechseln. Die
Kritik redet nicht einem vom Leben abgelösten, selbstgenüg-
samen Spiel mit Formen und Vorstellungen das Wort. Sie
propagiert ebensowenig die Rückkehr zu der repräsentati-
ven Dichtung, die der Epoche des Individuums vorausgeht.
Diese Möglichkeiten werden nicht einmal statuiert. Die Kri-
tik fordert schließlich auch nicht die Abschaffung der Kunst;
jeder denunziatorische, ideologiekritische, moralisierende
Gestus ist ihr fern. Nichts findet sich auch von der Demas-
kierungsgebärde, die wir bei Heinrich Heine antreffen wer-
den.

Die Selbstkritik der Dichtung bezieht vielmehr die Bedingung ihrer Möglichkeit in die Darstellung ein, die bis dahin im Dunkel blieb. Goethes Sesenheimer Lyrik reflektiert nicht auf ihre Reflektiertheit. Das tut dann das Zürichsee-Gedicht, indem es als Form vollzieht, wovon es spricht. Die Lyrik des klassischen und späten Goethe erst fragt, was die Dichtung dem Leben antut, indem sie es darstellend reflektiert und artikuliert, und was sie dafür dem Leben leistet. Erst jetzt kommt zur Sprache, daß das Erlebnisgedicht, indem es das Erlebnis zur Erscheinung bringt, auch ein verschwiegenes Moment an Schein bei sich führt, sofern nicht klar wird, daß das artikulierte Erlebnis auch ein präpariertes, weil aus dem Lebenszusammenhang herausgehobenes Erlebnis ist.

Die klassische und späte Dichtung Goethes terminiert darin, sich als Schein und Erscheinung zugleich darzustellen und darin ausdrücklich auf die Lebenspraxis als ihr anderes zurückzuweisen. Die Dichtung macht nun die Spannungen deutlich, die sie durchziehen. Die Kunst ist nötig, damit *erscheinen* kann, was ein Erlebnis ist, das im Leben doch immer dumpf und unkonturiert bleibt; aber indem sie es zur Erscheinung bringt, wird es *scheinhaft*, verliert seine Lebensunmittelbarkeit. Indem aber die Kunst noch das sagt, sagt sie auch, daß das wirkliche Leben das Jenseits der Dichtung ist. In die Dichtung einbezogen, wird es alsbald Dichtung; siehe das Mädchen. Die Kunst ist in diesem Realitätsverhältnis Programm eines Lebens, das immer erst zu erfinden bleibt und das, erfunden, immer etwas anderes sein wird als das realisierte Programm. Das wirkliche Leben ist die Utopie des Dichters.

Was heißt das für den Sonettenzyklus? Die Sonettierung des Mädchens erschöpft sich nicht darin, Unmittelbarkeit zu manipulieren; sie sagt damit auch – und zwar in der einzig möglichen Weise, nämlich ex negativo –, was Unmittelbarkeit ist. Nur deshalb kann der Dichter das Mädchen zwar zum Schweigen bringen, aber sich nicht der Ironisierung entziehen, die ihm aus dessen Perspektive zuteil wird. Umgekehrt: Die Ironisierung des Dichters ist nicht das letzte Wort zur Dichtung; das letzte Wort ist vielmehr, daß der ironisierte Dichter, wie das Mädchen, gedichtet ist. Die Sonette stilisieren ihn auf sein manipulatives Verhältnis zum wirklichen Leben hin und sind damit, wiederum ex negativo, das Jenseits seines Dichtens – im Gedicht. Der Sonettenzyklus ist demnach der Raum, in dem die Kunst Leben verherrlicht, das der Kunst widerspricht, und dieser Triumph des Lebens ist der Triumph der Kunst. Das Gedicht spielt mit dem Leben. Im Gedicht spielt sich das Leben ab.

DOKTOR FAUST, SIND SIE DES TEUFELS?
HEINRICH HEINE: »SEEGESPENST«

Im »Nordsee«-Essay seiner »Reisebilder« spielt Heine
(1797-1856) auf die Sage von einer in der Nähe der Insel
Norderney im Meer versunkenen Landschaft an und zitiert
eine Strophe aus Wilhelm Müllers Gedicht »Vineta«, das
auf dem gleichen Motiv beruht, wobei allerdings Vineta
zwischen Usedom und Wollin gesucht werden muß:

> »Aus des Meeres tiefem, tiefem Grunde
> Klingen Abendglocken dumpf und matt,
> Uns zu geben wunderbare Kunde
> Von der schönen alten Wunderstadt.
>
> In der Fluthen Schooß hinabgesunken,
> Blieben unten ihre Trümmer stehn.
> Ihre Zinnen lassen goldne Funken
> Wiederscheinend auf dem Spiegel sehn.
>
> Und der Schiffer, der den Zauberschimmer
> Einmal sah im hellen Abendroth,
> Nach derselben Stelle schifft er immer,
> Ob auch rings umher die Klippe droht.
>
> Aus des Herzens tiefem, tiefem Grunde
> Klingt es mir, wie Glocken, dumpf und matt.
> Ach, sie geben wunderbare Kunde
> Von der Liebe, die geliebt es hat.
>
> Eine schöne Welt ist da versunken,
> Ihre Trümmer blieben unten stehn,
> Lassen sich als goldne Himmelsfunken
> Oft im Spiegel meiner Träume sehn.
>
> Und dann möcht' ich tauchen in die Tiefen,
> Mich versenken in den Wiederschein,
> Und mir ist, als ob mich Engel riefen
> In die alte Wunderstadt herein.«[1]

Heines eigenes Gedicht »Seegespenst« aus dem ersten Zyklus der »Nordsee«, 1825 etwa gleichzeitig mit Müllers Versen entstanden, zeigt seine Eigenart im Vergleich, zu dem Heine mit seiner Anspielung geradezu herausfordert.

>Ich aber lag am Rande des Schiffes,
Und schaute, träumenden Auges,
Hinab in das spiegelklare Wasser,
Und schaute tiefer und tiefer –
Bis tief, im Meeresgrunde,
Anfangs wie dämmernde Nebel,
Jedoch allmählig farbenbestimmter,
Kirchenkuppel und Türme sich zeigten,
Und endlich, sonnenklar, eine ganze Stadt,
Altertümlich niederländisch,
Und menschenbelebt.
Bedächtige Männer, schwarzbemäntelt,
Mit weißen Halskrausen und Ehrenketten
Und langen Degen und langen Gesichtern,
Schreiten, über den wimmelnden Marktplatz,
Nach dem treppenhohen Rathaus,
Wo steinerne Kaiserbilder
Wacht halten mit Zepter und Schwert.
Unferne, vor langen Häuserreihn,
Wo spiegelblanke Fenster
Und pyramidisch beschnittene Linden,
Wandeln seidenrauschende Jungfern,
Schlanke Leibchen, die Blumengesichter
Sittsam umschlossen von schwarzen Mützchen
Und hervorquellendem Goldhaar.
Bunte Gesellen, in spanischer Tracht,
Stolzieren vorüber und nicken.
Bejahrte Frauen,
In braunen, verschollnen Gewändern,
Gesangbuch und Rosenkranz in der Hand,
Eilen, trippelnden Schritts,
Nach dem großen Dome,
Getrieben von Glockengeläute
Und rauschendem Orgelton.

Mich selbst ergreift des fernen Klangs
Geheimnisvoller Schauer!
Unendliches Sehnen, tiefe Wehmut
Beschleicht mein Herz,
Mein kaum geheiltes Herz; –
Mir ist, als würden seine Wunden
Von lieben Lippen aufgeküßt,
Und täten wieder bluten –
Heiße, rote Tropfen,
Die lang und langsam niederfalln
Auf ein altes Haus, dort unten
In der tiefen Meerstadt,
Auf ein altes, hochgegiebeltes Haus,
Wo melancholisch einsam
Unten am Fenster ein Mädchen sitzt,
Den Kopf auf den Arm gelehnt,
Wie ein armes, vergessenes Kind –
Und ich kenne dich armes, vergessenes Kind!

So tief, meertief also
Verstecktest du dich vor mir,
aus kindischer Laune,
Und konntest nicht mehr herauf,
und saßest fremd unter fremden Leuten,
Jahrhundertelang,
Derweilen ich, die Seele voll Gram,
Auf der ganzen Erde dich suchte,
Und immer dich suchte,
Du Immergeliebte,
Du Längstverlorene,
Du Endlichgefundene –
Ich hab dich gefunden und schaue wieder
Dein süßes Gesicht,
Die klugen, treuen Augen,
Das liebe Lächeln –
Und nimmer will ich dich wieder verlassen,
Und ich komme hinab zur dir,
Und mit ausgebreiteten Armen
Stürz ich hinab an dein Herz –

Aber zur rechten Zeit noch
Ergriff mich beim Fuß der Kapitän,
Und zog mich vom Schiffsrand,
Und rief, ärgerlich lachend:
Doktor, sind Sie des Teufels?«[2]

Wilhelm Müller macht Vineta, die von Glocken tönende Stadt unterm Meeresspiegel, zum Bild einer verlorenen Liebe, die eine tödliche Anziehung auf den Liebenden ausübt. Wo Müller in matten, sentimentalen Volksliedstrophen erst die Situation ausmalt und sie dann Zug um Zug allegorisiert – die »Wunderstadt« als »des Herzens tiefer, tiefer Grund«, der immer wieder zwischen die Klippen gelockte Schiffer als Liebhaber –, da umspielt Heine als Lyriker doppeldeutig, was er als Essayist nahe bei Müller stufenweise deutlicher ausspricht: »Ich liebe das Meer, wie meine Seele. Oft wird mir sogar zu Mute, als sei das Meer eigentlich meine Seele selbst ... Man sagt, unfern dieser Insel, wo jetzt nichts als Wasser ist, hätten einst die schönsten Dörfer und Städte gestanden, das Meer habe sie plötzlich alle überschwemmt, und bei klarem Wetter sähen die Schiffer noch die leuchtenden Spitzen der versunkenen Kirchtürme, und mancher habe dort, in der Sonntagsfrühe, sogar ein frommes Glockengeläute gehört. Die Geschichte ist wahr; denn das Meer ist meine Seele –« (II, 224). Daß des Menschen Seele dem Wasser gleicht, wußten die Dichter natürlich schon aus Goethes »Gesang der Geister über den Wassern«, wo der Vergleich noch gleichermaßen zum Himmel und in die Tiefe, »stufenweise zum Abgrund« weist; und bereits der Klang der Wörter verrät ihre etymologische Beziehung: Seele ist altgermanisch eine Ableitung von See.[3]

Im Gedicht Heines schaut der Passagier »träumenden Auges, hinab in das spiegelklare Wasser«. Eine winzige Differenz zu Müllers Text, wo das lyrische Ich in den »Spiegel seiner Träume« sieht, genügt, damit die Vorstellung ins Gleiten gerät. Bei Heine wirft der Meeresspiegel das Bild des Ich zurück; weiter und weiter in dieses Spiegelbild eindringend, fällt der träumerische Blick in die Tiefe des Wassers, die Tiefe des Ich ist. Dort geht ihm, selbstreflexiv, allmählich der Trauminhalt der Seele auf – aber entfremdet, vergegenständlicht als altertümliche Stadt. »Meertief« und in der Tiefe der Zeit – Raum- und Zeitmetaphern für den Abgrund der Seele – hat sich die Geliebte versteckt. Parodiert die hyperbolische Aussage, der Liebende habe sie »jahrhundertelang auf der ganzen Erde« gesucht, eine Konvention der Leidenschaftssprache, so steckt schon in der gesamten Situation ein Witz, der in der braven Allegorie Müllers fehlt: Die verlorene Geliebte wird in der eigenen Seele wiedergefunden, unter der vertrauten Seelenschicht des Grams. Die Erfahrung, die im Gedicht laut wird, ist also monologisch, Selbsterfahrung, und zwar in narzißtischer Weise. Der Träumer ist von sich fasziniert und erkennt sich doch nicht, nicht die Geliebte, die seine anima ist.

Gemeinsam ist Müllers und Heines Gedichten die Nähe zu einer religiösen Bildtradition, nach welcher der Abgrund nicht nur die Hölle, sondern auch die Unergründlichkeit Gottes und der menschlichen Seele bezeichnen kann.[4] Eine geläufige symbolische Raumvorstellung der Romantik, besonders Eichendorffs, die bis zu Keller, Storm und dem Symbolismus Conrad Ferdinand Meyers ungebrochen bleibt, ist in diesem Rückbezug bei Müller und Heine verinnert. Der verlockende Grund, zuweilen unterm Wasserspiegel, ist Ort einer heidnisch-chaotischen Lebensfülle, die den Menschen dazu verführt, aus seiner ›ebenerdigen‹, häufig im Zeichen des Christentums gesehenen Ordnungswelt auszubrechen: »Komm, ach komm zum stillen Grund«, lockt es in Eichendorffs »Nachtzauber«, und in Conrad Ferdinand Meyers »Schwüle« heißt es:

»Eine liebe, liebe Stimme ruft
Mich beständig aus der Wassergruft.“

Bereits Goethes Fischer in der Ballade wird von einer Wasserfrau in die Tiefe gerufen, und bei Gottfried Keller tastet in »Winternacht« mit »ersticktem Jammer« eine Nixe unter der Eiskruste des Wassers hin und her, auf der das Ich steht:

> »Ich vergeß' das dunkle Antlitz nie,
> Immer, immer liegt es mir im Sinn.«[5]

Bei Theodor Storm werden in »Meeresstrand« – anklingend an den Psalm »De profundis« – die Stimmen hörbar, die über der Tiefe sind. In E. T. A. Hoffmanns Märchen »Der goldne Topf« schließlich sieht der Student Anselmus träumerisch das Schlänglein Serpentina mit seinen Schwestern bei einer Bootsfahrt auf der Elbe im Blitzen des Wassers durch die Fluten dahinziehen:

»›Ach, seid ihr es denn wieder, ihr goldenen Schlänglein, singt nur, singt! In eurem Gesange erscheinen mir ja wieder die holden lieblichen dunkelblauen Augen – ach, seid ihr denn unter den Fluten!‹ – So rief der Student Anselmus und machte dabei eine heftige Bewegung, als wolle er sich gleich aus der Gondel in die Flut stürzen. ›Ist der Herr des Teufels?‹ rief der Schiffer und erwischte ihn beim Rockschoß.«[6]
Im Beinahe-Zitat dieser Episode am Ende des »Seegespensts« weist Heine selbst auf die Motivlinie, die Wilhelm Müller belanglos ins Innerseelische auszieht, während Heine sie umstülpt. Zwar geht auch bei Heine vom Abgrund das Tödliche aus. Der erzählerische Gedichteingang schägt mit dem Auftauchen der Stadt in der Tiefe vom epischen Präteritum ins Präsens der unmittelbaren Vergegenwärtigung um. Die rhythmisierte Prosa gliedert sich mit der Verdichtung der Vision fortschreitend kleinerräumig, in kürzeren, bewegten, freirhythmischen Zeilen; der Bericht wird zur Anrede des Du in der Tiefe; Anaphern und Parallelismen häufen sich als Stilfiguren der Leidenschaftssprache. Der Zauber der Schönen in der Tiefe hat etwas Vampirisches, das an die todeswunden Gesänge der Nachtigallen

im ansaugenden Grund des Eichendorffschen »Nachtzau-
bers« erinnert. Die Herzenswunde der Leidenschaft, von
lieben Lippen aufgeküßt, öffnet sich bei Heine mit der An-
näherung an die Geliebte wie in der Sage, etwa im Nibelun-
genlied, die Wunde des Ermordeten bei der Annäherung
des Mörders, und die fallenden Blutstropfen weisen den
Weg zu ihr. Die Volksliedreminiszenz der altertümlichen
Imperfektbildung »täten bluten« signalisiert Herzenston.[7]

Aber im Aufgebot all dieser Schauereffekte bleibt doch
etwas Putziges, das bei Heine neu und unverwechselbar
ist. Wilhelm Müller läßt die Stadt in seiner Seele gut ro-
mantisch in Trümmern liegen. Bei Heine ist sie wohlerhal-
ten, wie unter einer frischen Schicht von Firnis. Wenn
diese Traumstadt mit ihrem Personal »altertümlich nieder-
ländisch« genannt wird, ist damit nicht einfach eine histo-
rische Epochencharakteristik angedeutet, sondern eine po-
puläre Richtung der bildenden Kunst – niederländische
Portrait- und Genremalerei. Und in der Tat – die bedächti-
gen Männer, schwarzbemäntelt, mit weißen Halskrausen
und Ehrenketten; die seidenrauschenden Jungfern mit
schlanken Leibchen, die Blumengesichter sittsam um-
schlossen von schwarzen Mützchen und hervorquellendem
Goldhaar; die verführerisch stolzierenden bunten Gesellen
in spanischer Tracht; die bejahrten Frauen in braunen, ver-
schollnen Gewändern, Gesangbuch und Rosenkranz in der
Hand; das melancholisch am Fenster des hochgiebligen
Hauses sitzende Mädchen – sie alle bilden eine Musterkol-
lektion von geläufigen malerischen Motiven der niederlän-
dischen Schule. Während in C.F. Meyers »Schwüle«, in
Kellers »Winternacht«, in Eichendorffs »Nachtzauber«, in
E.T.A. Hoffmanns »Goldnem Topf« Elementargeister ihr
Wesen treiben, scheint die Seele des Liebesvisionärs bei
Heine ein imaginäres Museum mit seiner gemalten Bevölke-
rung zu sein.[8]

Der Eindruck läßt sich ergänzen und spezifizieren. 1825

bis 1826, in der Phase der »Nordsee«-Bilder, plante Heine eine Faustdichtung. Nicht nur im »Nordsee«-Essay, sondern auch im Motto aus »Dichtung und Wahrheit«, das dem Erstdruck des ersten Gedichtzyklus in den »Reisebildern« (1826) voransteht, scheint Goethes Gestalt auf.[9] Am 28. Juli 1826 erwähnt Heine in einem Brief an Friedrich Merckel »Seebilder und neue Szenen zu meinem Faust«. Wenngleich Heines Tanzpoem »Der Doktor Faust« erst zwanzig Jahre später hervortritt, ist doch anzunehmen, daß in ihm Motive und Szenerien des Faust-Plans wieder anklingen. Jedenfalls spinnt sich ein Verweisungszusammenhang zwischen Goethes »Faust«, dem Tanzpoem und dem »Seegespenst«, das – wie alle Faustdichtungen – in die zentrale Faustfrage mündet, hier im E. T. A. Hoffmann-Bezug versteckt: »Doktor, sind Sie des Teufels?«

Männer und Frauen, die Gesellen und Mädchen der Stadt in der Tiefe verweisen auf den Osterspaziergang. Glockengeläute und rauschender Orgelton, deren Klang geheimnisvoller Schauer, unendliches Sehnen auslöst? Schauer bzw. Schauder ist ein Schlüsselwort der Goetheschen Faustdichtung, und im Osternacht-Monolog spricht Faust vom »längst entwöhnten Sehnen«. Das einsame, in seiner Umwelt fremd gewordene Mädchen am Fenster mit dem »süßen Gesicht«, den »klugen treuen« Augen, dem »lieben Lächeln« deutet auf Gretchen am Spinnrad:

> »Nach ihm nur schau ich
> Zum Fenster hinaus,
> Nach ihm nur geh' ich
> Aus dem Haus.«[10]

Vor allem der fünfte Akt der Tanzdichtung »Faust« enthält zahlreiche Parallelen zum »Seegespenst« – von den »Bürgern in niederländischer Tracht« über das von Faust begehrte blondlockige »Jungfrauenbild aus der niederländischen Schule« der Malerei bis zu den »pyramidisch« bzw.

»zierlich« beschnittenen Linden. Über alledem wieder
Glocken- und Orgelklang, nur mit dem Unterschied, daß
der eine Doktor dabei vom Teufel geholt, der andere aber
hinangezogen wird, wenn auch nicht vom Ewig-Weibli-
chen, das im »Seegespenst« eher seine hinabziehende Ten-
denz entfaltet, so doch vom Kapitän, dem Chef des Ganzen
also.

Überhaupt sind sowohl das Faust-Poem wie die beiden
lyrischen »Nordsee«-Zyklen wie auch der »Nordsee«-Es-
say Literatur aus und über Literatur, Kunst aus und über
Kunst. Sie bilden eine Bühne, auf der die Kulissen der
Selbstinszenierung eines Ich gestellt werden, das nach
»Tasso«-Tradition aus seinen Leiden Literatur macht, in-
zwischen aber längst dem Verdacht anheimgefallen ist,
seine Leiden ihrerseits seien aus Literatur gemacht, seien
von Literatur gar nicht mehr unterscheidbar. Vertraute At-
trappen aus den Beständen des Fundus umstellen Faust im
Tanzpoem – der Teufel »eine Ballettänzerin, gekleidet im
gewöhnlichsten Gaze- und Tricotkostüme«, die ihn »in der
bekannten koketten Weise« umtänzelt (VI/1, 358); das
teuflische Zauberwerk »eine ungeheuerliche Arabeske«;
das Theater beim höfischen Fest »ein Schäferspiel ... im
ältesten Rokokogeschmacke« (VI/1, 361). Fausts Beschwö-
rung des tanzenden Königs David bringt die Auferstehung
eines »Kartenkönigs« mit »Karikaturen« polnischer Juden
(VI/1, 362). Die Walpurgisnacht ist »gotischer Wust«. Die
antike Helenawelt ruht in der »Harmonie ... der uneigen-
nützig edlen Gestalten der homerischen Frühlingswelt«,
wie sie »das gelehrte, nach antikem Ideal dürstende Herz
des Doktors begehrte« (VI/1, 366). Hier wird Faust zur
Spottgestalt des klassisch gebildeten Gymnasiallehrers, so
wie der lyrische »Nordsee«-Zyklus die Elementarwelt des
Meeres als Welt aus Literatur erstehen läßt: die Liebeslieder
des Sängers sind ein »Hofstaat von steifgeputzten Sonetten,
stolzen Terzinen und höflichen Stanzen« für die Geliebte (I,

180). Das Meer – durch die Brille der Odyssee und der Xenophontischen Anabasis wahrgenommen – rauscht Sagen, Märchen, Sprache der Heimat, ist also mehrsprachig und ungemein wortgewandt. Die antiken Götter, im Norden zum Schnupfen neigend (I, 185), sind wandelnde Paraphrasen von Schillers »Göttern Griechenlands«. Das Poetlein gibt für Poseidon eine Witzfigur ab. Es ist alles andere als Odysseus, mit dem es sich identifiziert, denn der Dichterling auf seinem »armen Schiffchen« hat »kein einziges Türmchen verletzt an Priamos' heiliger Feste« (I, 186).

Die »Nordsee«, das »Seegespenst«, das ist Rede vom Ende der Kunstperiode her, wie es Heine im »Salon« verkündet hat (III, 72). Goethes Faust deutet Gretchens Welt als Idylle, als Naturraum, in dem sich ihre Seele naturhaft entfaltet.[11] Der Faust des Helena-Akts ruft ein Arkadien der Kunst hervor, das zwar künstlerisch als Schöpfung durch das Wort erscheint, darin zugleich aber reinste Erscheinung des Friedensreichs der Natur ist, an dem menschliche Praxis gemessen wird. In Heines »Faust« kommt Idylle nur noch als fades Schäferspiel oder heroisches Pastorale mit Pantomimen vor, »welche von den alten Autoren so wohlgefällig beschrieben sind« (VI/1, 368). Mit langem Degen und langen Gesichtern gehen die Leute in Heines »Faust« und in seinem »Seegespenst« spazieren, weil die idyllischen Linden, unter denen sie wandeln, beschnitten sind, weil Natur hier nur noch als verschnittene Künstlichkeit vorhanden ist. Der Sturm und Drang sowie die Romantik haben die Kunst, speziell die Literatur, gedeutet und veranstaltet als Sprache der Seele, in der ihr Naturlaut hörbar wird. Er steigt aus der Tiefe auf, sei es verführerisch oder beseligend, wie die »uralten Lieder« in Eichendorffs »Nachtzauber«, dem Lied dieser Lieder. Aber das Verhältnis von Natur und Kunst ist dialektisch, wie schon Klingsohr in Novalis' »Heinrich von Ofterdingen« weiß: »Man betrachte nur die Liebe. Nirgends wird wohl die Notwendigkeit der Poesie zum Bestand der Menschheit so klar, als in ihr. Die Liebe ist stumm, nur die Poesie kann für sie sprechen. Oder die Liebe ist selbst nichts, als die höchste Naturpoesie. Doch ich will dir nicht Dinge sagen, die du besser weißt als ich.«[12] Poesie wird also durch Liebe hervorgebracht, aber auch Liebe durch Poesie.

Gegen Ende der Kunstperiode tritt diese Bewegungsrichtung – Natur als Produkt von Kunst – immer schärfer hervor. Goethe, der Erfinder des Naturlauts der Poesie, ist auch der Erfinder einer Selbstkritik der Poesie, die sich bezichtigt, nur *Erscheinung* von Natur, nicht aber diese selbst zu sein. Jetzt wendet sich das Blatt. Die Kritik erreicht das Leben selbst und entlarvt es als nur literarisch. Sogar das elementarische Schlänglein Serpentina im »Goldnen Topf« schlängelt und züngelt nicht nur im Holunderbaum und in den Wasserwellen, es schlängelt am tiefsten verführerisch aus dem Duktus der Schriften der Bibliothek des Archivarius Lindhorst herauf, den der poetische Schreiber Anselmus, von Serpentina inspiriert, selbst aufs Papier zu zaubern lernt. Sie ist, wie Friedrich Adolf Kittler in einer ingeniösen Analyse gezeigt hat[13], nichts anderes als die Idealgestalt des Schriftduktus selbst, wie ihn die Schreibreformer des beginnenden 19. Jahrhunderts entworfen haben. Kein Wunder, daß der traurige Poet, der das Glücksmärchen vom schreibend liebenden und liebend schreibenden Poeten Anselmus zu Papier bringt, am Ende den Trost erfährt: »Still, still, Verehrter! klagen Sie nicht so! – Waren Sie nicht soeben selbst in Atlantis, und haben Sie denn nicht auch dort wenigstens einen artigen Meierhof als poetisches Besitztum Ihres innern Sinns? – Ist denn überhaupt des Anselmus Seligkeit etwas anderes als das Leben in der Poesie, der sich der heilige Einklang aller Wesen als tiefstes Geheimnis der Natur offenbaret?«[14] Atlantis, das der uralten Tradition nach im Meer versunkene selige Land, liegt auf dem Grund poetischer Imagination.

Heines »Seegespenst«, das Goethe und E. T. A. Hoffmann sowohl zitiert wie travestiert, ist der Kehraus: Mag sein »Seegespenst« einen biographischen Anlaß haben, ist er nicht mehr als der Reizpunkt, um den die Perle herumwächst. Die Tiefe des literarischen Meeres, das die Metapher für die Tiefe der Seele abgibt, ist trockenes Papier. Die Blutstropfen, die aus der künstlich am Bluten gehaltenen Herzenswunde hinunterfallen und zur Geliebten weisen, sind ein ganz besonderer Saft: Tinte, die zu Papier kommt. Wie der Naturlaut der Seele aus dem beschriebenen und bedruckten Papier der Literatur aufgestiegen ist, decouvriert sich die Gretchen-Idylle in der Tiefe der Seele als Theater, Genreszene, Zitat. Der Grund, von dem Eichendorff so verführerisch singt, ist nächtlich wie Drukkerschwärze.

Der Boden der Tatsachen, auf den im »Seegespenst« das in den Abgrund seines Seelenraums hinabhängende lyrische Ich von den rauhen Händen und der rauhen Stimme des Kapitäns zurückgeholt wird, ist flach genug. Der »Unmensch ohne Rast und Ruh« Faust, der Großkolonisator des Meeresstrandes, ist zum Feriengast an der Nordsee geworden. Der im »Nordsee«-Essay im Zusammenhang der Vineta-Episode erinnerte fliegende Holländer auf dem Gespensterschiff erscheint im Maßstab verkleinert als Ausflügler zu Wasser. Der Doktor, der mit ärgerlichem Lachen zurechtgerückt wird, ist Doktor Heinrich Faust, reduziert auf den frischgebackenen Doktor jur. Heinrich Heine[15], sowohl im bürgerlichen Beruf wie als Poet ein Papiermensch. Er ist ähnlich nervös von Konstitution wie ein anderer leidenschaftlicher Leser von Hoffmanns »Goldnem Topf«, gleichfalls eine Landratte, Richard Wagner.[16] Er verdankt Heine sowohl den Tannhäuserstoff wie den des »Fliegenden Holländers«[17], den Stoff vom Abgrund des Venusberges mithin und vom säkularisierten Ahasver der Meere, der statt der Wiederkehr des Messias der Erlösung durch die Liebe entgegenharrt und in einem illuminierten Liebestod, vereinigt mit der Geliebten, dem Meere entsteigt.

Die Pointe des »Seegespensts« ist erst darin erreicht, daß der Kapitän im »Seegespenst«, der Tatsachenmensch schlechthin, ebenso schlechthin wie bewußtlos im literarischen Zitat sprechen muß: »Doktor, sind Sie des Teufels?« Die Wirklichkeit ist die bauchrednerische Stimme der Literatur. So verscheucht denn das Anschlußgedicht »Reinigung« mit Anklang an die Aristotelische Katharsis den wahnsinnigen, verführerischen Traum der literarischen Liebe in die Ewigkeit und Tiefe der literarischen Hölle. Aber nur vermeintlich erreicht die »befreite Seele« damit das offene Meer (I, 195). Sie landet in Wirklichkeit alsbald in einem neuen literarischen Traum, aus dem der erste Teil des Zyklus nicht mehr herauskommt. Es ist der Friedenstraum vom himmlischen Jerusalem, bei Heine ein langweiliges Gegenbild zu Fausts orgel- und glockendurchtönter Stadt in der Tiefe. Wo sonst als in diesen literarischen Topos sollte eine Schiffsreise hinführen, die als Lebensreise selbst nichts anderes als ein uralter Topos ist. »Doktor, sind Sie des Teufels?« Der Doktor ist vielmehr des Himmels der Poesie; er posiert als Narziß in ihrem Pantheon, vor dem Spiegel des großen Meeres und des großen Goethe.

Das bereits erwähnte Motto des Erstdrucks des ersten »Nordsee«-Zyklus zitiert »jenes freche spätere Wort: ›Wenn ich dich liebe, was geht's dich an?‹« aus dem 14. Buch von »Dichtung und Wahrheit«, ein mystifiziertes Zitat Philines, das sich in Goethes Autobiographie als Umschreibung eines Spinoza-Wortes zu erkennen gibt.[18] Heine meint mit diesem Motto gewiß mindestens so sehr den unnahbaren Dichter wie irgendeine unnahbare schöne Frau. So gehört es sich für ein zitiertes Zitat eines Zitates. Soll man es für einen Zufall halten, daß der so zitierte Dr. jur. Goethe fast genau gleich alt war wie der Dr. jur. Heine, als er seinen freirhythmischen Hymnus »Seefahrt« schrieb, ein heroisches Bild der Ausfahrt ins Leben? Nur – die Zeiten haben sich geändert. Der junge Goethe sah sich nicht als Landmensch im Rettungsgriff des Kapitäns, er sah sich am Steuer des Schiffes.[19] Seine literarische Metapher spricht ein Lebensgefühl aus. Heines literarische Metapher flüstert uns, daß sie eine literarische Metapher ist.

V. DAS GEDICHT
ALS SEINE
WIRKLICHKEIT

DER POETISCHE TRAUM.
CLEMENS BRENTANO:
»WENN DER LAHME WEBER TRÄUMT«

»Wenn der lahme Weber träumt, er webe,
Träumt die kranke Lerche auch, sie schwebe,
Träumt die stumme Nachtigall, sie singe,
Daß das Herz des Widerhalls zerspringe,
Träumt das blinde Huhn, es zähl die Kerne,
Und der drei je zählte kaum, die Sterne,
Träumt das starre Erz, gar linde tau es,
Und das Eisenherz, ein Kind vertrau es,
Träumt die taube Nüchternheit, sie lausche,
Wie der Traube Schüchternheit berausche;
Kömmt dann Wahrheit mutternackt gelaufen,
Führt der hellen Töne Glanzgefunkel
Und der grellen Lichter Tanz durchs Dunkel,
Rennt den Traum sie schmerzlich übern Haufen,
Horch! Die Fackel lacht, horch! Schmerz-Schalmeien
Der erwachten Nacht ins Herz all schreien;
Weh, ohn Opfer gehn die süßen Wunder,
Gehn die armen Herzen einsam unter!«

Achtzehn Verse Clemens Brentanos (1778-1842), in der erweiterten Fassung des Märchens »Gockel, Hinkel und Gackeleia« von 1838 erstmals erschienen[1], bauen eine einzige Strophe und ein einziges Satzgefüge auf. Mancherlei bleibt unklar. Als erstes, ob der mit ›wenn‹ beginnende Nebensatz, der den ersten Vers ausmacht, temporal oder konditional aufzufassen ist. Geschieht alles, wovon in den folgenden Versen die Rede ist, immer dann, wenn der lahme Weber träumt, oder geschieht es unter der Bedingung, daß er träumt? Da auf das »wenn« zunächst kein ›dann‹ folgt, zeigen die aneinandergereihten Aussagen darüber hinaus die Tendenz, ihr Abhängigkeitsverhältnis vom »wenn«-Satz überhaupt vergessen zu lassen. Die grammatische Abhängigkeit der gereihten Aussagesätze vom Wenn-Eingang läßt vor die Satzsubjekte die Prädikate rücken; die Auslassung des ›dann‹ verschafft ihnen die Spitzenstellung im Vers. Da es durchgehend Träume sind, die von einem Traum des lahmen Webers abhängen, gerät auf diese Weise fünfmal die suggestive Satzaussage »träumt« an den trochäisch beschwerten Verseingang. So wird der Leser oder Hörer geradezu in die Träume hineingesogen.

Alle »träumt«-Sätze reden vom Trauminhalt der Träumer in kurzer indirekter Rede: er webe, sie schwebe, sie singe usw. Dabei ist Pedanterie dadurch vermieden, daß die entstehenden Regularitäten leise gestört werden. Einmal wird die Aussage über den Trauminhalt durch einen daß-Satz konsekutiv erweitert, der einen ganzen Vers füllt, ein zweites Mal durch einen sonst parallelen Konsekutivsatz mit »wie«. Zweimal verbindet das Prädikat »träumt« zwei Subjekte. Viermal bestehen die auch rhythmisch gleichen abhängigen Nebensätze zweiten Grades über den Trauminhalt nur aus Pronominalsubjekt und folgendem Prädikat; zweimal steht in erweiterten Nebensätzen gleicher Funktion das Pronominalsubjekt am Versende. Von den acht Traumsubjekten führen sechs zweisilbige Attribute bei sich, und die fünf mit »träumt« beginnenden Sätze sind bis in die Versmitte grammatisch und rhythmisch gleich gebaut.

Es wäre allerdings denkbar, die Traumverse variierend in größeren rhythmischen Bögen zu lesen; da aber das »wenn« des Gedichteingangs mit dem ersten Subjekt »Weber« und dem Verb am Versausgang »weben« alliteriert und das ganze Gedicht grammatisch von dieser Konjuktion abhängt, da außerdem die fünfhebigen Trochäenverse mit ihren schweren Eingängen die Schwerfüßigkeit des lahmen Webers artikulieren, da schließlich die grammatischen Wiederholungsfiguren eine nur leicht umspielte Gleichförmigkeit erzeugen, liegt es nahe, die Eingangs-Traumpartie des

Gedichts rhythmisch dem Metrum eng anzuschmiegen und auch mit einem beschwerten »wenn« zu beginnen. Ein einlullender, leicht monotoner Singsang wird dann hörbar bis in die durchgehend unbetonten Endsilben der weiblichen Reime.

Auch die Reime fördern diese Monotonie. Sie stehen im Traumteil in der einfachen Reihung a a b b c c usw., bei der sie besonders stark ins Gewicht fallen. Daneben finden sich markante Reime im Innern der Verse vor allem bei den Traumsubjekten: Nachtigall – Widerhall[s]; Erz – Herz; taube Nüchternheit – Traube Schüchternheit; linde tau es – Kind vertrau es. Die letzten Reime klingen beinahe wie Schüttelreime, und alle zusammen erzeugen in den Versmitten eine Art zweiter Reimsäule. Dazu kommt die Assonanz: lahme – kranke. Es entsteht ein betäubendes, bei der Bilderflucht der Sätze zugleich phantasieerregendes Reimspiel.

Alles das paßt zum Traum, in dem die seltsamsten Dinge zusammenklingen und die Alltagsordnung außer Kraft tritt. Die vertikalen Reimsequenzen durchlaufen wie Weberschiffchen die inhaltlichen Aussagen, so daß sich in der sprachlichen Gestalt ein Gewebe aus Kette und Schuß ergibt. Immer wieder muß der Leser oder Hörer gleichsam die Augen aufreißen und fragen: *was* sagt er da? Doch kein Ich tritt für diese Rede ein; sie scheint von niemandem zu kommen und zu niemandem zu gehen; sie ist einfach da. In der Reihung der Träume, die sie vornimmt, geht die Auflösung weiter. Menschen, Vögel, Erz, eine Metonymie (Eisenherz als pars pro toto für einen harten, kriegerischen Menschen) und eine personifizierte Eigenschaft träumen gleichermaßen, als sei gar nichts dabei, als gebe es keine logischen Klassifikationen mehr. So ist zu *hören*, »wie der Traube Schüchternheit berausche« – der Rausch wird mit der verrückten Konsequenz der Träume als Rauschen beim Wort genommen. Die Pflanze kann Charaktereigenschaften haben und die Nüchternheit körperliche Mängel.

Dennoch ist *eine* Deutlichkeit vorhanden. Lauter Män-
gelwesen, lauter Mühsame und Beladene träumen den
Traum vom großen Glück. Der lahme Weber, der den
Webstuhl nicht bedienen kann, webt. Die kranke Lerche
fliegt, die stumme Nachtigall singt, das blinde Huhn sieht.
Der nicht bis drei zählen kann, zählt die Unzahl der Sterne;
das starre Erz taut; das einserne Herz gewinnt Kinderver-
trauen; die taube Nüchternheit lauscht, wie die Schüchtern-
heit berauscht. Das ist – in aller Verspieltheit – ein heilsge-
schichtliches Modell, das Bild einer zu ihrem Heil verkehr-
ten Welt, des wiederhergestellten Paradieses. Man kennt es
aus der Bibel: Die Blinden sehen und die Lahmen gehen, die
Aussätzigen werden rein und die Tauben hören, die Toten
stehen auf und den Armen wird das Evangelium gepredigt
(Matth. 11,5). Das läßt Christus Johannes dem Täufer sagen
auf dessen Frage, ob er der verheißene Messias sei, und er
spielt damit auf die alttestamentliche Verwendung dieses
Modells (Jes. 35,5-6) an.
Weil es um eine neue Welt geht, stehen die Träume nicht
einfach isoliert nebeneinander, wie sonst der Traum ja
isoliert. Vielmehr zieht der Traum des einen den Traum
des anderen nach sich. Ist erst das eschatologische Para-
digma erkannt, werden auch zentrale religiöse Anklänge in
den Trauminhalten aufschließbar. Der Traum der kranken
Nachtigall ist, wie die Forschung schon früher erkannt hat[2],
eine Anspielung auf die Sammlung geistlich-allegorischer
Lieder, die der Jesuit Friedrich von Spee 1649 unter dem
Titel »Trutz Nachtigal, oder Geistlichs-Poetisch Lust-
Waldlein« veröffentlicht hat – Trutz Nachtigal deshalb,
»weiln es trutz allen Nachtigalen süß / unnd lieblich singet
…«.[3] Speziell das vierte und fünfte Lied ist von Brentano
erinnert. Im vierten klingt der im Wald sehnsuchtsvoll nach
Christus rufenden Seele eine Stimme entgegen, die Liebes-
ruf, Lockung, Klage, Verzagen erwidert, bis schließlich die
singende Seele erkennt, daß es sich um den »Widerschall«

handelt, mit dem sie nun bis zum Tode um die Wette singen will, auf daß die Natur vom Lob Gottes singe, ja sogar springe, das heißt tanze; nicht undenkbar, daß das Orpheusmotiv hier anklingt. Das fünfte Lied handelt im Kontrast dazu von einer Nachtigall, die, weil sie ihn nicht als solchen erkennt, mit dem Widerhall so lange um die Wette nach Jesus ruft, bis ihr »mütigs hertz« »kracht«, d.h. bricht. Dieses Bild der rastlosen, das Leben nicht achtenden Selbstüberbietung im Gotteslob führt die Seele zu dem Entschluß:

> »Nun wil ich doch in diesem Wald /
> Bey deinem grab verbleiben;
> Hoff mich mit jhren pfeilen bald
> Begierd / und leib entleiben.
> Will ruffen starck
> Zum todten sarck
> Biß mein Geliebter komme:
> Ein halten wil
> Mich in der still
> Biß letzt ich gar verstumme.«

Das ist der Traum der stummen Nachtigall im Weberlied: singen, bis das Herz des Widerhalls (Instrumentalis = durch den Widerhall) zerspringt; in Liebe sich zu Tode singen.

Entsprechend läßt sich auch der Traum der tauben Nüchternheit tiefer erfassen, als wir bisher getan haben. Auch hier hat die Forschung schon den Weg gewiesen[4], ohne den letzten Schritt zu gehen: Die Traube erscheint bei Brentano häufig »als Sinnbild der Fruchtbarkeit und Fülle ... In erotischen Gedichten bezeichnet sie oft die weiblichen Brüste [nach Hohelied 7,7; Einfügung G.K.], in religiösen die Fülle der göttlichen Gnade« – nach der Christusrede: „Ich bin der Weinstock, ihr seid die Reben« (Joh. 15,5). Danach ist der Weinstock mit Reben und Trauben Eucharistiesymbol. Diese Traube ist schüchtern, weil sie die *geistliche* Liebe meint. Die taube Nüchternheit ist die für den Offenbarungsruf – höre Israel; wer Ohren hat zu hören, der höre (5. Mos. 6,4; Ps. 81,9; Matth. 11,15; u.ö.) – noch taube Gesinnung. Sie empfindet aber schon ihre Mangelhaftigkeit und vermag zu träumen, daß sie in der eucharistischen Vereinigung mit Christus vom Rausch des ›Enthusiasmus‹ – im Wortsinne – ergriffen werde. Nüchternheit kommt biblisch nur in einem positiven Sinne vor (z.B. »seid nüchtern allenthalben« 2. Tim. 4,5); hier bei Brentano ist sie, ähnlich wie schon in der Abendmahlshymne des Novalis (1802), als ein Zustand der Bedürftigkeit dem Enthusiasmus entgegengestellt. Das Lauschen, auf ein beim Wort genommenes [Be]rauschen beziehbar, kann als Hören auf die in der Eucharistie [be]rauschende Offenbarung entziffert werden. Das ist der höchste Traum: die Welt soll des Gottes voll sein!

Was bedeutet es, daß alle diese Träume, undeutlich zwar, aber doch grammatisch eindeutig vom Traum des lahmen Webers abhängen, er könne seinen Webstuhl bedienen? Gott wird Jesaia 38,12 einem Weber verglichen, der das Leben des Menschen webt.[5] Der Erdgeist in Goethes »Faust« webt der Gottheit lebendiges Kleid, und diesem schöpferischen Genius ist der Dichter nahe verwandt. Sein Text ist Gewebe: textura.[6] Das Traumgedicht Brentanos ist ein poetologisches Gedicht vom Dichter, der von einem Text träumt, der alle seine Figuren den Traum vom vollkommenen Leben träumen läßt. Der Dichter, in diesem Gedicht ein schlechter Nachahmer Gottes, lahm wie alles und alle, seit die Sünde in die Welt kam, ein lahmer Christ, vom Engelskampf gezeichnet wie Jakob und hinkend wie der Teufel, ist der Träumer der Träumer. Und auch die Undeutlichkeit des Abhängigkeitsverhältnisses der folgenden Traumsätze von diesem ersten Traumsatz baut den poetologischen Sinn des Gedichts mit auf. Beginnt der Dichtertraum, dann hört der Dichter auf, eindeutig Subjekt des Traums zu sein. Er geht in den Traum des Textes mit ein. Er lebt und webt unter seinen Geschöpfen, wie die Lutherbibel vom Verhältnis des Menschen zu Gott sagt: »In ihm leben, weben und sind wird.« (A. G. 17,28)

In einem vertrackt kindlichen Märchen- und Traumton, der die volksläufigen Redensarten liebt – von einem der nicht bis drei zählen kann, vom blinden Huhn, vom übern Haufen rennen –, spricht also Brentanos Gedicht von dem, was die Kunst tut, besser was seine Kunst tut. Es wird vielleicht deutlicher im Blick auf den späten Goethe und seine Behandlung der Kunstthematik, wie sie sich im »Helena«-Akt von »Faust II« oder in der »Novelle« darbietet.[7] In den Bildern, welche die Kunst stellt, kommt bei Goethe die universelle Versöhnung der Welt zur Erscheinung, welche die Wirklichkeit in ihrer problematischen Verfassung verweigert. Die Versöhnungsbilder erscheinen um den Preis, daß sei *Schein* und *Erscheinung* in einem sind. Bei Brentano wird Goethes phänomenologische Bestimmung der Kunst zum Verwerfungsurteil über sie. Der Text ist Traum des Traums. In Goethes poetologischen Dichtungen gehört trotz aller Kritik am Scheinhaften der Kunst Wahrheit ihr zu. Mag es der Kunst an Lebensdichte mangeln, mag sie Verrat am Leben sein, vermag sie doch auch, die Wahrheit zum Leuchten zu bringen und das Leben, das in der Diffusion der Praxis dumpf und zerstreut bleibt, zur Gestalt zu steigern. In Brentanos Weber-Gedicht erzeugt der Text nur wahnhaft »süße Wunder«; das Wort Wahrheit taucht nur als Gegenwort zum poetischen Heilstraum auf. So bricht das Gedicht in der Mitte um:

> »Kömmt dann Wahrheit mutternackt gelaufen,
> . . .
> Rennt den Traum sie schmerzlich übern Haufen.«

Dieser Einbruch ist so heftig, daß das Reimschema für den
Wahrheit-Satz umspringt und erst später wieder in sein
Gleichmaß zurückkehrt: a b b a c c d d. Auch der Rhythmus
ändert sich, wird bewegt und setzt sich vom Metrum ab.
Der träumerische Singsang ist vorbei. Starke Akzente fallen
in die Versmitte.

»Kömmt dann Wahrheit ...

Führt der hellen Töne ...

Und der grellen Lichter ...«

Die Wortklänge »hell« und »grell« stechen scharf und
schmerzlich heraus; im fünfzehnten Vers erhält der zweite
Imperativ »horch« einen harten gegenmetrischen Akzent,
so daß sechs stoßende Hebungen entstehen:

»Horch! die Fackel lacht, horch! Schmerz-Schalmeien ...«

Was geschieht? Die mutternackte Wahrheit rennt den
Traum übern Haufen. Die Lichtsymbolik der Aufklärung
kommt bei Brentano in der gleichen Umkehrung vor wie in
den geschichtsphilosophischen »Hymnen an die Nacht«
(1800) des Novalis. »Muß immer der Morgen wiederkom-
men? Endet nie des Irdischen Gewalt?« heißt es dort. Das
Licht stört frech die »heilige Nacht«. Auch bei Brentano
zerreißt Licht die Nacht, den Traum. Die synästhetische
Vermischung optischer und akustischer Reize wird bis zum
Exzeß getrieben. Helle Töne glänzen, grelle Lichter tanzen,
Fackeln lachen. Die Synästhesie dient hier nicht, wie sonst
oft in der Romantik, der Herstellung, sondern der Zertrüm-
merung einer magischen Einheitsspähre zu einer universel-
len Unordnung. Die mutternackt einherlaufende Wahrheit
steht in der Reihe redensartlicher Wendungen und bringt sie

doch auch durcheinander. ›Splitternackt‹ oder ›splitterfasernackt‹ sind die geläufigen Verstärkungen; »mutternackt« aber – bei Herder ist »mutterfadennackt« belegt – scheint aus der Nähe von ›mutterseelenallein‹ bzw. »mutterseeligallein« (in Brentanos »Godwi«) zu kommen und hat doch einen besonderen Sinn.[8] Die nackte Wahrheit, wie sie aus dem Schoß von Mutter Natur hervortritt, wird zum Hohn auf die Nacht der poetischen religiösen Wiederherstellungsträume, klärt sie rücksichtslos, schmerzlich und gründlich auf, schreit ins Herz der Nacht. Das Licht der Wahrheit ist nur die desillusionistische Wahrheit des Aufklärungslichts. So kann man in den Fackeln dieses Wahrheitszuges den Passionsbericht Johannes 18,3 anklingen hören:[9] vom Zug der Häscher, die »mit Fackeln, Lampen und mit Waffen« ausgezogen sind, Christus zu verderben. Durch seine Stellung nach dem Dativobjekt läßt das unbestimmte Zahlpronomen »all« ein »Herz-all« der Nacht als Gegenwort zum Weltall des Tages anklingen.

Diese Wahrheit ist tödlich für die armen Herzen der verstörten, von Heilung und süßen Wundern träumenden Welt, denn sie erklärt den Traum vom Heil für nichtig. Dabei enthält der Traum doch wenigstens ein Bild des Heils, wenn auch ein ohnmächtiges; die bilderstürmerische Wahrheit dagegen ist heillos.

>»Weh, ohn Opfer gehn die süßen Wunder,
> Gehn die armen Herzen einsam unter!«

Nicht die mutternackte Wahrheit, sondern die Wahrheit des erlösenden Opfers Christi muß die armen Herzen, die in der Poesie das Heil nur phantasieren, wirklich heil machen. Eine andere Instanz muß für die süßen Wunder des Traums einstehen durch eine Heil*stat*, die zu Nachfolgetaten freisetzt. Das poetologische Gedicht scheint in der Entthronung der Poesie durch die Religion zu enden.

Doch so einfach ist die Sache bei Brentano nie. Es muß

stutzig machen, daß, trotz der Wahrheitswende, der Stil des
Gedichts im Grunde sich durchhält – das trochäische
Grundmaß wird vom Rhythmuswechsel nicht nachhaltig
erschüttert. Die Synästhesien – auch wenn sie die alles übern
Haufen rennende Wahrheit charakterisieren – kommen
doch letztlich aus dem Arsenal der Konturen verwischen-
den romantischen Stimmungsnacht. Die verwirrenden
Reimverschlingungen im Innern der Verse werden in der
zweiten Gedichthälfte noch vielfältiger und weiter ausgrei-
fend: Glanzgefunkel – Tanz durchs Dunkel; Schmerz-
Schalmeien – Herz all schreien; Fackel lacht – erwachte
Nacht; helle – grelle. Sogar das Undeutliche in der Abhän-
gigkeit der Sätze vom Eingangsnebensatz »Wenn der lahme
Weber träumt« hält sich durch, trotz des vermeintlich klä-
renden, auf das »wenn« sich zurückbeziehende »dann«, das
sich endlich in dem Vers von der Wahrheit einstellt. Da
schon vorher alle dem ersten folgenden Verse in der wenn-
dann-Relation stehen, was heißt dann dieses explizite
»dann«? Wenn der Weber träumt, dann träumen alle, aber
wie nun weiter – gleichläufig oder gegenläufig? Ist zu ver-
stehen: *aber* wenn alle träumen, dann kommt die Wahrheit,
oder: *und* wenn alle träumen, dann kommt die Wahrheit?
Kommt sie außerhalb des Traums oder *im* Traum? Daß er
übern Haufen gerannt wird, ist jedenfalls keine eindeutige
Antwort. Man kann, jeder weiß es, auch das Aufwachen aus
dem Traum träumen.

Dieses Gedicht spricht, noch wo es vom Lichteinbruch
und Ende des Traums redet, wie im Traum; es *ist* poetische
Traumrede vom Ende des Traums. Doch damit nicht ge-
nug. Das Gedicht ›verspielt‹ auch die Heilsgehalte des
Traums so sehr, daß sie nur wie zerrüttete, halb verschol-
lene Botschaften lesbar werden. Ihre direkte Entschlüsse-
lung geht insofern zugleich an ihnen vorbei, als auch die
Verunsicherung zur Botschaft gehört. Und das gilt noch
einmal für die Rede vom Heilsopfer. Sie ist bei aller

Schlichtheit raffiniert doppeldeutig. Der »Weh«-Ausruf kann als Feststellung, aber auch als Bedingungssatz mit einem versteckten ›wenn‹ am Anfang gelesen werden – so wie die Traumsätze, die vom Traum des lahmen Webers abhängen, mit einem versteckten ›dann‹ beginnen: Weh, *weil* kein Opfer erscheint, gehen die armen Herzen unter – weh, *wenn* kein Opfer erscheint, gehen die armen Herzen einsam unter. So ist alles auch wieder offen und schwebend; alles kommt ins Gleiten. Sagt der Kreter, der sagt, alle Kreter lügen, die Wahrheit? Ist das Erwachen der Übergang aus einem Traum in einen anderen Traum? Beides sind uralte philosophische Probleme, das zweite noch dazu ein literarisches Motiv ehrwürdigen Alters: »Das Leben ein Traum«? Wenn das Gedicht an sich selbst poetische Traumrede ist und das in seiner Form zum Ausdruck bringt, kann sein Reden nicht aus dieser Bestimmung heraus. Nicht nur ist seine Rede vom Traum des lahmen Webers, der Träumer träumt, und von ihrer aller Aufwachen ein Traum nochmals in der nächsten Potenz; auch die Abwertung des Heilstraums ist dann eine Traumaussage, ja sogar der Hinweis auf das Heilsopfer. Die Stimme, die da spricht, die Art, wie da gesprochen wird, läßt das Gedicht samt Wahrheitseinbruch und Heilszeugnis in den Heilstraum des lahmen Webers zurückmünden; es ist lediglich Rede vom Tun. Indem das Gedicht sich tiefer in Frage zu stellen scheint als bei Goethe, setzt es sich zugleich absolut. Es behauptet sich in der Selbstaufhebung.

Das Weberlied Brentanos ist von der Forschung zunächst ohne Hinsicht auf den Kontext in der zweiten, erweiterten Fassung des Märchens »Gockel, Hinkel und Gackeleia« interpretiert worden, in dem Brentano es veröffentlicht hat. Daran hat auch Heinrich Henel teilgenommen, ehe er in einem wichtigen grundsätzlichen Beitrag die Frage stellte, ob und wieweit dieser Zusammenhang zu beachten sei. Er selbst kommt im Blick auf die Stellung des Gedichts im Märchen zu einer Interpretation, die seiner vorhergehenden, das Gedicht isolierenden, entgegensteht. Zuerst hat Henel die Wahrheit negativ, das Traumreich positiv interpretiert. Jetzt sieht er in der Wahrheit »die Erkenntnis, daß das Irdische eine Scheinwelt ist« und einen Verweis auf Christus, wodurch das Traumreich ein negatives Vorzeichen gewinnt.[10] Mir scheint, daß die von Henel aufgeworfene Frage nicht prinzipiell zu beantworten ist. Allerdings ist mir der Gedanke schwer erträglich, daß die Isolierung von Gedichten aus ihrem Kontext ihren Sinn geradezu umkehren könnte. Jedenfalls glaube ich für das Weberlied nicht an eine solche Sinnumkehrung durch den Erzählzusammenhang. Im Gegenteil: der Sinn des Gedichts wird durch ihn unterstrichen und vertieft.

Das Weberlied steht im »Tagebuch der Ahnfrau«, dem Anhang zu »Gockel, Hinkel und Gackeleia« in der Zweitfassung des Märchens. Es gehört ursprünglich dem guten Weber Jürgo zu, der sich im Dienst dreier verwaister Schwestern so aufgeopfert hat, daß er den Verstand verlor.[11] Aus seinem Munde hat es Klareta, eine der Schwestern, die ihrerseits im stellvertretenden Opfer für Jürgo wahnsinnig geworden ist. Sie betont gegenüber Amey, der Gräfin von Hennegau, die als Schreiberin und Hauptfigur im Mittelpunkt des »Tagebuchs der Ahnfrau« steht, immer wieder, und mehrfach in den Worten des Gedichts, die Notwendigkeit, zum Heil der Welt Opfer zu bringen. Amey entzieht sich wiederholt diesem Anspruch, dessen Dringlichkeit ich nicht, wie Henel, als übertrieben verstehe[12], sondern als Reaktion auf die große Verkehrtheit der Welt. Ihre ›Verrücktheit‹ zeigt deren ›Verrückung‹ an. Zum Versagen Ameys gehört, daß sie, statt sich Klareta zuzuwenden, der Verlockung eines Hirtenzuges am Vorabend der Johannisnacht verfällt, der mit brennenden Kienfakkeln, Pfeifen und Schalmeien im Dunkeln einherzieht. In dieser Situation spricht Klareta das Gedicht Amey zu. Das bestätigt die Lesung, daß das Gedicht die Notwendigkeit und nicht das grundsätzliche Fehlen von Opfern betont, und daß diese Opfer eine Ausstrahlung und ein Wirksamwerden des Opfers Christi meinen. Der Wahnsinnstraum des Webers und Klaretas ist darin tiefsinniger und richtiger als die oberflächliche Normalität Ameys, daß er eine inbrünstige Heilsbedürftigkeit und Heilssehnsucht ausspricht. Klaretas ›Verrücktheit‹ ist auch normaler als die Scheinnormalität der anderen – und wahrer als das Gedicht, weil sie als einzige eine entschiedene Opferhaltung einnimmt. Der Fackelzug bricht grell und schmerzlich in diesen Heilstraum ein, weil er ein Glück und eine Lust verspricht, die heilsvergessen sind. So wird auch Amey fortlaufend vom Heilsweg abgezogen und verfällt dem Lustversprechen der Johannisnacht, die zwar vordergründig christianisiert, hintergründig aber voller heidnischer Bezüge ist.[13] Das Tagebuch Ameys spricht von dem »lärmenden Johannisfest«.[14]

Auch die Wahrheitsfrage wird durch die Erzählung nicht anders gestellt als im Gedicht. Sie wird durch Jakob von Guise ins Spiel gebracht, den frommen Seelsorger Ameys, der doch nicht in der letzten Tiefe von der Heilssehnsucht erfaßt ist, wie sie in Klareta lebt, sondern mehrfach nach taktischen Rücksichten handelt.[15] Er erzählt von einer Begegnung mit dem ewigen Juden, der sich durch die Annahme der Taufe Christus zugewandt hat, damit aber um so tiefer die Qual erleidet, in der Passion an Christus schuldig geworden zu sein. Als Carthophilax – wie hier der ewige Jude heißt – nach der Erzählung seiner Geschichte in Wehklagen ausbricht und entfliehen will, faßt ihn Jakob von Guise am Mantel mit den Worten: »Erst sage mir von allem Mitgeteilten, was ist Wahrheit?« Ihn aber durchzuckte diese Frage mit schrecklicher Erinnerung, er zitterte, blickte mich an und erwiderte: ›Wie Du fragest, so fragte

Pilatus den, der gesprochen: »Ich bin in die Welt gekommen, der Wahrheit zum Zeugnis, wer aus der Wahrheit ist, der höret meine Stimme.« – Weh mir! Ich war nicht aus der Wahrheit, aber ich hörte doch ihre Stimme; sie sprach zu mir, der sie fortstieß auf den Leidensweg: »Ich gehe, und du sollst gehen, bis ich komme.« Das geschah nach der Frage: Was ist Wahrheit? und so irre ich der Wahrheit zum Zeugnis über die Erde bis zum Tage, da sie wiederkehrt.‹[16]

In dieser Geschichte ist die Abfolge des Johanneischen Passionsberichts umgekehrt (Joh. 18, 37 f). Dort antwortet Pilatus mit seiner skeptischen Frage nach der Wahrheit auf Jesu Zeugnis: »Ich bin in die Welt gekommen, der Wahrheit zum Zeugnis, wer aus der Wahrheit ist, der höret meine Stimme.« Im Märchen stellt zuerst Jakob von Guise die Wahrheitsfrage des Pilatus und erfährt eine Zurückweisung mit dem Zitat des Christusswortes. Die Pilatusfrage im Munde des Jakob von Guise ist lieblos, weil sie, statt sich dem Leidenden zuzuwenden, ihn zum Gegenstand der Neugier macht. Sie ist zugleich zu kurz geraten, weil sie, aus Unbetroffenheit gestellt, eine plane Richtigkeit meint. Der ewige Jude hingegen verweist auf die Wahrheit, die Christus *ist*. Es ist die Wahrheit der tief betroffenen Liebe, des Opfers und der Erlösung. Sie kann gar nicht im Fackelzug einhergelaufen kommen, weil sie erst am Ende der Tage, in der heilsgeschichtlichen Erscheinung Christi, wiederkehren wird. Auch Carthophilax ist nicht aus dieser Wahrheit Christi, aber er hat doch wenigstens ihren Anruf gehört. Er ist, wie Klareta, in seiner tiefen Verstörung von unendlicher Heilssehnsucht erfüllt. Genau diese beiden Wahrheiten nun spricht das Gedicht an. Die Wahrheit, die schmerzlich mit Fackeln und Schalmeien in den Traum der Heilssehnsucht einbricht, ist die lieblose, skeptische Wahrheit des Pilatus. Doch damit die armen Herzen nicht einsam untergehen müssen, bedürfen sie einer anderen Wahrheit. Es ist die in der Passion Christi erschienene Wahrheit des Opfers, die am Ende der Tage die Welt neu machen wird.

Ohne daß hier auf die verschlungene Handlung des »Tagebuchs der Ahnfrau« weiter eingegangen werden könnte und müßte, bleibt in bezug auf unser Gedicht festzustellen, daß auch dieser Kontext nicht einfach unter Absehung von seinen Verspieltheiten beim Wort genommen werden kann. Auch hier gilt: seine Verspieltheit ist ein Moment seiner Aussage – einer Aussage, die letztlich vor die oft erörterte Grundsatzproblematik der Brentanoforschung führt: Wie ist Brentanos Bekehrung zu verstehen? Wieweit wird seine Poesie vom Katholizismus, wieweit sein Katholizismus von seiner Poesie in Dienst genommen? Ich neige dazu, zumindest im »Tagebuch der Ahnfrau« die gleiche Relation zu sehen wie im Gedicht: Ist das Gedicht ein poetischer Heilstraum, so das Märchen ein poetisches Heilsmärchen – mit allen Implikationen, die ich in der Gedichtinterpretation entwickelt habe; das heißt, es ist nicht nur Zeugnis der Befolgung der Christusmahnung, einfältig wie die Kindlein zu sein, es ist auch eine poetische Gegenwirklichkeit, in der das Christentum märchenhaft wird. Das bedeutet unter anderem, daß der Märchenzusammenhang zwar eine Gedichtstelle vereindeutigt und in Klareta das Gedicht auf Praxis hin überschreitet, daß der Märchenkontext aber auch die Vereindeutigung und den Praxisbezug zum Märchen macht. Goethe hat im hundertsten der venetianischen Epigramme scherzhaft von der Möglichkeit gesprochen, dem Poeten könne es gehen wie dem König Midas, dem alles, was er anrührt, zu Gold wird, so daß er den Zugang zum Leben verliert. Brentano ist der Dichter, dem alles, was er berührt, zu Dichtung wird, auch die Religion.

Das Märchen hat ein tiefsinniges Zeichen für diese Situation. Das »Tagebuch der Ahnfrau« erzählt von einem Büblein, das der heilsverbürgenden Henne Gallina die Körner stiehlt, um sie einem anderen Huhn zu füttern, in der vergeblichen Hoffnung, es werde ihm ein goldenes Ei legen. Er büßt dafür, indem er Gallinas Nachkommen, in denen das Heilsversprechen weiterlebt, mit Futter versorgt. Im Verlauf der Tagebuchniederschrift erfährt Amey immer mehr vom Büblein – es entsteht gleichsam in ihrer Niederschrift – bis zu dem Umschlagspunkt, an dem klar wird, daß das Büblein im vorhinein ins Tagebuch schreibt, was Amey erleben wird. Am Ende reicht Amey einen Bogen Löschpapier, »... der ohnedies etwas schadhaft war, dem Büblein, seine Feder daran zu reinigen. Es tat dies und verschwand, das Papier mit einem Tintenfleck fiel mir zu Füßen. Das Büblein war fort, es war, als habe es sein eigenes Dasein aus der Feder geputzt. Ich legte das Blatt auch in das Buch, als ein Andenken an das arme Büblein, und las die letzten Worte, die es in das Tagebuch geschrieben:

> Was reif in diesen Zeilen steht,
> Was lächelnd winkt und sinnend fleht,
> Das soll kein Kind betrüben,
> Die Einfalt hat es ausgesät ...«[17]

Die letzten Worte, die das Büblein ins Tagebuch geschrieben hat, sind die letzten Worte des Tagebuchs. Das Büblein ist, wie man längst weiß, eine Symbolfigur des Dichters.[18] Er büßt dafür, daß er in Hoffnung auf ein goldnes Ei das Huhn der Poesie mit dem Futter gefüttert hat, das von ihm dem Huhn des Glaubens gestohlen wurde. Aber dieser Büßer ist es auch, der in einem poetischen Büchlein diese Büßergeschichte erdichtet.

O LIED, MEIN LAND.
EDUARD MÖRIKE: »GESANG WEYLAS«

»Du bist Orplid, mein Land.
Das ferne leuchtet;
Vom Meere dampfet dein besonnter Strand
Den Nebel, so der Götter Wange feuchtet.

Uralte Wasser steigen
Verjüngt um deine Hüften, Kind!
Vor deiner Gottheit beugen
Sich Könige, die deine Wärter sind.«[1]

In einem Brief vom 27. Juni 1826 wird Eduard Mörike von
seinem Studienfreund Ludwig Bauer daran erinnert, wie sie
sich als Studenten eine Wunschinsel ausdachten, für die
Mörike den Namen »Orplid« erfand.[2] Bauer versuchte spä-
ter, in historischen Dramen dieser Insel einen Ort in Raum
und Geschichte zu geben. Mörike (1804-1875) fügte seinem
Roman »Maler Nolten« ein »phantasmagorisches Zwi-
schenspiel« »Der letzte König von Orplid« ein, das auch als
ein »Schattenspiel« bezeichnet wird. Beide Benennungen
haben die Gemeinsamkeit, daß sie die Insel Orplid mit ihren
Bewohnern in einer Spähre der Träume und Schatten belas-
sen. Dem Schauspieler Larkens, einer Hauptfigur des Ro-
mans, ist die autobiographisch getreue Erzählung vom
Phantasie-Ursprung Orplids in den Mund gelegt. Er deutet
auch, im Unterschied zum folgenden Spiel, durch Winke
die geographische und geistesgeschichtliche Lage dieses
Landes an. »In dem Stillen Ozean zwischen Neuseeland
und Südamerika« gelegen, erinnert es an die Tahiti- und
Südseeschwärmerei des ausgehenden 18. Jahrhunderts, die
bis in die Werbung und in den Reiseprospekt-Glamour mo-
derner Hawai-Touristik nachwirkt. Im Weiterspinnen der
Berichte berühmter Reisender wie Louis-Antoine de Bou-

Südsee-Reklame

gainville und Georg Forster dachte man sich in der Südsee die irdischen Inseln der Seligen, geschichtsloser, harmonischer Naturmenschen.

In den Namen Orplid, Ulmon, Weyla, in den Elfen und Feen des Spiels leben weiter Reminiszenzen an eine keltisch-germanische Sagenwelt, in die unter anderem Goethes Ballade vom König in Thule, einer fernen nordischen Insel der Treue, und die Ossian-Dichtung des Schotten Macpherson verweisen, die man lange für das Orginaldokument einer faszinierenden Frühzeit hielt. Berührungen mit der griechischen Götterwelt deutet wiederum Larkens selbst an. Tatsächlich ist das Sehnsuchtsland Orplid wohl am tiefsten geprägt vom Vorbild der geistigen Landschaft der Antike, in die von Johann Joachim Winckelmann über Goethe, Schiller und Wilhelm Heinse bis zu Hölderlin das Ideal des ganzen, mit sich und der Welt übereinstimmenden Menschen entworfen wird. Im Unterschied zum edlen Wilden steht er nicht außerhalb, sondern am Anfang der Geschichte in einer heroisch-genialen Jugend der Menschheit.[3]

Genauso wichtig wie die Bezüge auf Leitbilder der zurückliegenden Epoche ist aber, daß diese Rückbezüge weder Trennschärfe noch Verbindlichkeit besitzen. Das Koordinatensystem eines epochalen Mythos, mit dessen Hilfe Klassik und Romantik ihren geschichtsphilosophischen und anthropologischen Ort bestimmten, ist in Orplid zum ahnungsumwitterten Trümmerfeld einer Privatmythologie gefühl- und phantasievoller Theologiestudenten geworden. Eine andere Antwort auf die gleiche Zeiterfahrung des Verbindlichkeitsverlusts tradierter Denkmuster ist Heinrich Heines »Bimini«-Gedicht (aus dem Nachlaß 1869) als ironischer Abgesang auf die Südseeromantik.[4] Auch die geschichtsphilosophischen Elemente der Orplid-Welt haben die programmatische Dignität und Deutungskraft verloren, die sie von Rousseau bis Hegel entfalteten. Im Jahr von Goethes Tod, dem Erscheinungsjahr des »Maler Nolten«, ist im phantasmagorischen Spiel von Orplid, im Mythos selbst, seine Schrumpfung und Vergängnis thematisch:

Das alte Heldenvolk von Orplid ist seit fast tausend Jahren schon in einem Strafgericht der Götter untergegangen, das es sich durch den Verlust der »alten Einfalt« in »verderblicher Verfeinerung der Denkweise und Sitten« zugezogen hatte. Ein modernes, in Schiffbrüchen angespültes, triviales Volk aus Europa lebt in einem nachgeschichtlichen Zustand neben den verfallenden Zeugen der großen Vergangenheit. Der letzte König von Orplid, an dem der Tod vorbeigegangen ist, muß in einem Buch von damals die Erlösungsformel wiederfinden, die sein mürbe gewordener Geist verloren hat. Statt daß die Götter nach Orplid zurückkämen, wie das dem heilsgeschichtlichen Dreischritt entspräche, welcher der klassischen und romantischen Geschichtsphilosophie zugrunde liegt, wird der König nach tausendjährigem einsamen Dämmerleben zu einem Tod erlöst, der ihn unter die Götter entrückt, während Orplid seinem tristen Zustand überlassen bleibt. Wenn er nach dem Blick in einen großen Spiegel, der von einer Halbelfe aus der Mitte des Mummelsees ihm entgegengehoben wird, im Spiegel dieses seit alters sagenumspielten Wassers versinkt, ist das ein narzißtisches Hinschwinden, ein Rückfall der mythischen Welt in sich selbst. Tahiti, Thule, das mit der Seele gesuchte Land der Griechen haben sich im Schwarzwald eingemummelt.

Der »Gesang Weylas« setzt als Gedicht die Rückzugsbewegung des Mythos auf sich selbst, seine Aufhebung in der Selbstbezüglichkeit fort, denn vom Schattenspiel her verstanden ist der »Gesang Weylas« das Lied der Inselgöttin, die zugleich eine Quell- und Flußgöttin ist, auf ihr eigenes Land. Die Göttin Weyla singt sich selbst in ihrer Insel an, die sie zum göttlichen Kind anthropomorphisiert. Da Mörikes Gedicht aber nicht im Orplid-Spiel vorkommt und mit keinem Wort ausdrücklich auf dieses Spiel Bezug genommen wird, obwohl das Gedicht 1831 in zeitlicher Nähe entstand, ist auch der Mythos im Gedicht noch mehr als im Spiel freischwebend, ortlos, u-topisch, ein kontextloser Punkt im Irgendwo-Nirgendwo. Das Lied soll und will nicht aus dem Textkorpus des phantasmagorischen Orplid-Theaters gedeutet werden. Es vollzieht in sich die Bewegung der Selbstreflexion und der Verinselung, die sich bei der Interpretation des Titels von der Phantasmagorie her aufzeigen läßt. Es ist selbst die von der banalen Gegenwart abgeschnittene mythische Welt, von der nur ein vielbedeutender vieldeutiger Nachklang herüberweht. Der »Gesang Weylas« ist die punktuelle Steigerung und Vollendung des dramatischen Spiels von Orplid; er ist Orplid.

Liest man »Gesang Weylas« so für sich, scheint der Titel zumindest zu ergeben, daß es sich um den Gesang einer Frau handelt, deren Namen mit seinem Vokalreichtum vielfältige Assoziationen heraufruft: das zärtliche Mutter-Kind-Lallwort ›eia‹, das ebenso kindliche Klagewort ›weia‹, auch ›Eiland‹, das poetisch gehobene Wort für Insel, und ›Weihe‹, schließlich das altertümliche Adverbialadjektiv ›weiland‹ = vormals, in neuerer Zeit eingeengt auf ›selig verstorben‹. Von ferne mag vielleicht auch das feierliche Verbum ›benedeien‹ antönen. Alle diese Assoziationen weisen in das Gedicht hinein. Der Gesang ist eine zärtlich-weihevolle Benedeiung des Eilands, das ins Weiland entzogen ist – deshalb der Klageton – und das in der zweiten Strophe unversehens als göttliches Kind angesprochen und gepriesen wird. Der besonnte Strand gleitet als Vorstellung hinüber in die gleichfalls vom Wasser bespülte Hüftschwingung. Da alle diese Beziehungen im Namen stecken, ist Weyla selbst das selige Land in der Ambivalenz, Eiland der Seligen und Insel der Toten zu sein – man denke an Arnold Böcklins (1827-1901) berühmtes, in fünf Fassungen existierendes Gemälde »Die Toteninsel« mit seiner verwandten

Assoziations-Aura; Weyla ist das Kind, das dieses Land auch ist, aber entrückt, verklärt, das Ich sich unerreichbar wie in der Narziß-Mythe, sein eigenes faszinierendes Jenseits. Was sich am uralten Wasser vollzieht, wenn es verjüngt um die Hüften des Kindes steigt, deutet auf die mütterliche Frau Weyla, die als Kind Verjüngung des Uralten ist, wobei wiederum die Betonung der Hüften, die erst bei der Entwicklung zur jungen Frau signifikant werden, die Anrede »Kind« als uneigentlich erscheinen läßt. Die Frau, das Kind, das Land, die Hüften eines Schoßes – warum ist ihr Zusammenhang so einleuchtend und rätselhaft? Weil älteste Vorstellungen bis an die Schwelle des Vergessens herangerufen werden, nach denen die uralte und ewig junge Mutter, die Erde, auch die Mutter, die Quelle, das uralte und ewig junge Wasser ist.[5]

Vom Kreislauf des Wassers spricht das Gedicht, aber nur von seinem aufsteigenden Bogen. »Vom Meere dampfet dein besonnter Strand den Nebel«; die uralten Wasser der Tiefe steigen im Wärmesog verjüngt, leichter werdend, nach oben. Der Nebel, der von der Mutter Wasser-Land, der Göttin unten, zu den männlichen Göttern oben emporschwebt, erinnert an einen naturhaften Opferrauch. Aber dieser Nebel-Rauch feuchtet die Wangen. Das weist auf Erquickung, weist auch auf Tränen. Wie im Schattenspiel die Götter aus Orplid ausgewandert sind, wird im Gedicht nichts hörbar von der Rückkehr des Nebels als süßer Regen zur Erde. Nur indirekt, im »besonnten Strand« an die Erde geheftet, tritt die Sonne in den Vorstellungsraum ein: die Kraft, die als göttliches Feuer die Wasser steigen macht. Land und Meer sind genannt, aber nicht der Himmel! Der Selbstbenedeiung der Muttergöttin in ihrer Verjüngungsgestalt als Kind entspricht das Opfer an die Götter oben, aber keine Antwort wird faßbar. Noch das abschließende Bild, mit dem die Aussagehaltung der Benedictio ins Ausgesagte umschlägt, ist befremdlich. Vor der Gottheit des Kindes

274

Arnold Böcklin, Die Toteninsel. Fünfte Fassung.

sich beugend, treten Könige auf, die seine Wärter sind. Die einzigen Gestalten geraten ins Blickfeld, das bisher – bis auf die mythische Anthropomorphisierung der Insel im ganzen – menschenleer dalag, und zerrütten es, denn wie soll man die Vorstellung einer Insel als Kind oder junger Frau in Relation zu Menschen bringen, die ihr zugeordnet sind – verhalten sie sich überhaupt räumlich zueinander? Daß Mörike statt des rein reimenden, deshalb naheliegenden Prädikatsverbs ›neigen‹ das unreine »sich beugen« setzt, macht die Huldigung zur Unterwerfung. Und doch lassen diese Wärter nicht nur an die Tätigkeit des Aufwartens, sondern auch an die Funktion von Gefängniswärtern denken, die das göttliche Kind im Exil bewachen. Es bleibt unentschieden, ob die Könige etwas mit den Göttern zu tun haben, ob sie vielleicht sogar selber diese Götter in einer Entfremdungsgestalt sind, in der sie als Herren und Knechte zugleich erscheinen, beidergestalt unfrei. Es ist, als läge eine Unerlöstheit noch über dem Glücksbild, in dem Wasser, Land und Sonne, Gottheiten oben und unten, Steigen und Fallen im Kreisen eine Einheit sein sollten.

Die Interpretation muß sich hier in Vermutungen verlieren, weil das Gedicht noch mehr als das Orplid-Spiel Imaginationsräume öffnet, ja ein Imaginationsraum ist. Er zeigt eine weitere Dimension darin, daß der Titel »Gesang Weylas« – ähnlich wie Goethes Hymnentitel »Mahomets-Gesang« – nicht nur als Genitivus subiectivus, sondern auch als Genitivus obiectivus gelesen werden kann: Gesang, den Weyla singt – Gesang, der Weyla als Huldigung zugehört. Aus dem sublim selbsterotischen Gedicht tritt dann ein ebenso sublimes Liebesgedicht heraus. Ein Mann singt es Frau Weyla zu, die ihm als Land Orplid ein ferne leuchtender, vertrauter und doch unerschlossener Kontinent und kindhafte Göttin zugleich ist. Das Lied spräche von einer Frau und zu einer Frau, in der sich dem Singenden die in Erde und Wasser symbolisch verhüllte Mutter zur kindlichen Geliebten verjüngte. Entrückte Götterväter halten sie in Bann. Die mütterliche Heimat wäre in die Zukunft als unnahbares Sehnsuchtsziel entworfen. Und gewiß wäre das auch eine Spiegelschrift und deshalb nicht simpler psychologischer Dechiffrierung offen: Die Geliebte ein leuchtendes fernes Land; das ferne leuchtende Land der Sehnsucht, der utopische Ort, wo alles in allem ist, eine Geliebte. Letztlich läßt sich die Lesung von »Gesang Weylas« als Genitivus obiectivus einschließend um die Lesung als Genitivus subjectivus legen. Der Liebende sänge eine unerreichbare Geliebte an, die sich selbst ansingt und sich selbst unerreichbar ist; die erotische Seelenbewegung mündet in die Spirale der Selbsterotik ein.

Dennoch drohte dem Gedicht eine Auflösung aller Konturen, leistete es nicht etwas, was das Orplid-Spiel nicht zu leisten vermag: die Überschreitung des Sehnsuchtsspiels um das unerreichbare Ich und das unerreichbare Du, die Vollendung der Selbstbezüglichkeit des Gesangs im Bezug auf seine Eigenschaft, Gesang zu sein. Orplid das Land und die Frau und das Kind und das Ich ist auch das Lied, das als schönes selig in ihm selbst scheint wie in einem anderen berühmten Gedicht Mörikes das Kunstgebilde der Lampe. Der Name Orplid erinnert an den Namen des mythischen Sängers Orpheus, der die Welt zum Lied machte, sie zum Tönen brachte. Er enthält vielleicht noch mehr:

> »Du bist Orplid, mein Land!
> Das ferne leuchtet ...«

> Du bist o Lied, mein Land,
> Das ferne leuchtet ...

Die Nichtrealisierung der ersten Jambenhebung der dreihebigen Eingangszeile im Rhythmus, das starke Betonungsgefälle zwischen den folgenden beiden Hebungen und allen

Senkungen des Verses enthalten einen Wink, indem sie die Klangassoziation heraustreten lassen: die ferne Insel ist die Insel des Gedichts, die dem Dichter als seine Schöpfung und sein Eigentum zugehört und die er doch nie betreten und bewohnen kann. Sie ist er – und nicht er; seine Geliebte, sein Land, seine Verjüngungs- und Sehnsuchtsgestalt, Projektion und Gegenüber in einem. Der Sänger feiert sein Lied, das Lied feiert sich selbst. Schon bei Goethe ist die südliche Antike geistige Landschaft der Kunst; man denke an Mignons Lied »Kennst du das Land, wo die Zitronen blühn ...« In Heinses Roman »Ardinghello« schweben die »glückseligen Inseln ... gleichsam zwischen Himmel und Meer. Das Meer ist bei Heinse immer wieder Bild des Lebendigen, des Unergründlich-Abgründigen, Elementaren, aber auch des Erfrischenden, Welterhaltenden; es ist die ›alte Mutter‹, der ›unermeßliche Lebensquell‹.«[6] Der Süden der Dichtung, besonnt und feucht, Welt der oberen und der unteren Gottheiten, des Nebels und des Lichts, wird auch in Mörikes Orplid ahnbar. Vor seiner Gottheit beugen sich Könige und sind doch auch die Gefängniswärter, die Kunst ein- und ausschließen, unter den Bann stellen, Utopie zu sein, menschenleeres Niemandsland, während Heinse seine glückseligen Inseln noch zu einem Idealstaat kühner Menschen machte.

So vage das Gedicht in seinen Assoziationsanreizen, in seinen inhaltlichen Bezügen, in seiner Redekonstellation und Adresse ist, so privat bis zur Selbstaufhebung seine Mythologie, so konkret ist es da, wo es nichts meint als sich selbst. Das Steigen und Sinken der Vokalhöhen, die Umkehr der Reimfolge männlich – weiblich – weiblich – männlich zwischen erster und zweiter Strophe entsprechen dem Steigen des Nebels und der Fluten und vollenden in der Form die kreisende Bewegung des Wassers, die inhaltlich offen bleibt, oder besser: die erst in der zweiten Strophe sinnverschoben sich schließt, weil die Subjekte zu »steigen«

und »beugen« verschiedenen Bereichen angehören. Die jeweils am Strophenanfang und -ende leicht sich anhebende und dann ebenso leicht abfallende Sprechmelodie, die sich im Stropheninneren völlig eben verhält, bildet sprachlich die flache Horizontlinie der Insel mit dem umgebenden Meer aus. Sie wird umspielt von Vokalhöhen und -tiefen und steht in leichter Spannung zur steigenden Tendenz der Reimvokale (a – eu – ei – i) und der i-Beimischungen durch Umlaut (einmal in der ersten Strophe, viermal in der zweiten Strophe). Die Irritation des unreinen Reims in der zweiten Strophe hält sich in den Grenzen der Gesamtharmonie der Reimvokale, die an Interjektionen des kindlichen Wohlbehagens erinnern; allenfalls das i ist ambivalent. Überhaupt gibt es wenige Gedichte in deutscher Sprache, die eine so betörende Musik der Vokale, der klingenden Dentale und Labiale entfalten wie der »Gesang Weylas«.

Das jambische Metrum ist in raffinierter Einfachheit variiert von zweihebigen bis zu fünfhebigen Versen. Das hebt die vierzeiligen Strophen von der Volksliedstrophe mit ihrer durchgehenden Vierhebigkeit ab, obwohl das Reimschema a b a b, der Wechsel von männlichen und weiblichen Reimen und der unreine Reim auf sie verweisen. Der »Gesang Weylas« ist kein Lied im Gleichmaß, sondern ein träumerischer, frei sich ergehender Gesang voller differenzierter differierender Ausdrucksmomente. Der Beginn mit einem dreihebigen Jambenvers, dessen männlicher Ausgang, durch das Ausrufezeichen markiert, vor den anschließenden Relativsatz eine Pause setzt, und die Beschränkung dieses zweiten Verses auf zwei Hebungen läßt beide Zeilen, vor allem aber die zweite, lang ausschwingen. In den Pausen steigt die Vision des ferne leuchtenden Südlandes auf, wobei der männliche Versausgang und die kräftigen Betonungsunterschiede zwischen Hebungen und Senkungen in der ersten Zeile, von denen schon die Rede war, den evokativen Anruf markieren, während die zweite Zeile mit ihren geringen Differenzen zwischen Ton- und Nichttonstellen, der genauen Entsprechung von Metrum und Rhythmus und dem weiblichen Versausgang Ruhe und Balance ausstrahlt. Die zweite Strophenhälfte nimmt diese Balance auf und verstärkt den Fluß durch das Enjambement zwischen dritter und vierter Zeile.

Dabei ist der Satz, der beide Verse einnimmt, grammatisch korrekt, aber sperrig durch die Inversion zwischen Subjekt – »dein besonnter Strand« – und Präpositionalobjekt »vom Meere« sowie durch die ungewöhnliche transitive Verwendung des Verbs »dampfen«. Diese Sperrigkeit wird verstärkt durch die Verschiebung des Akkusativobjekts »den Nebel« in den folgenden Vers, die den Eindruck entstehen läßt, der Satz sei am Zeilenende schon vollständig, bis vom nächsten Vers her erkennbar wird, daß der Satz weitergelaufen ist über die Versgrenze hinweg und daß die Satzmelodie bis zur Pause vor dem Relativpronomen steigt. Die Schwerverständlichkeit der Folge schlichter Wörter innerhalb der einfachen rhythmischen Figur bringt etwas wie Kräuseln, wie leichten Nebel hervor.

Der so geformte Satz ist der knappest mögliche. Jeder Versuch, inhaltlich das gleiche konventioneller zu sagen, bestätigt das. Vor allem aber: unter Mitwirkung des bereits erwähnten archaischen Relativpronomens »so«, das durch Betonung herausgehoben ist und zunächst wie ein Vergleichspartikel wirkt, bildet sich in diesem grammatischen System eine seltsame Diffusion seiner Elemente aus, die wie hoch bedeutende, aber nur undeutlich zusammenhängende Vorstellungs- und Sinntrümmer auseinander liegen. Wieder vermittelt die Form den Inhalt: ›weiland‹ ganz gewesene, jetzt zerborstene, verschleierte mythische Welt. Wieder ist aber auch die Form ihr eigener Inhalt. Der Gesang singt sich, sein Steigen und Fallen, die ruinöse rätselhafte Schönheit seiner Sätze, in denen sich Uraltes zu verjüngen, Jüngstes ins Uralte zu entfernen scheint.

»Uralt« – das einzige gegenmetrische auf beiden Silben schwer betonte Wort des Gedichts, ist seine Klangbasis. Das »Du« an der gleichen Versstelle der ersten Strophe leitet dahin. Was vokalisch am tiefsten liegt, heißt uralt. Die Reimwörter der zweiten Strophe sagen, was der Satz tut, nun in einem noch gleichmäßigeren Fluß mit metrischer Identität zwischen erstem und drittem Vers, nochmaligem Enjambement zwischen dritter und vierter Zeile und einem Ausruhen im letzten Vers, der als einziger der Strophe sich zur Fünfhebigkeit verbreitert. Eine Fortführung, jede weitere Strophe wäre undenkbar, obwohl der Bildraum noch ganz offen ist. Sie würde die Insel verlanden lassen. Der Bildsprung vom Land mit seinen Stränden zum Kind mit seinen Hüften ist die stumme Mitte des Gedichts, der Einschnitt zwischen den Strophen, ein Riß. Im Nennen der Hüften, statt die ganze menschliche Gestalt zu beschwören, gewinnt das Gedicht die paradoxe Geschlossenheit eines archaischen Torso.

Was ist das Einzigartige dieser acht Zeilen? Ihre schöne Unverständlichkeit, die durch jede Interpretation schon gefährdet wird. Ihre Verweigerung. Daß sie in ihrem Leuchten so fern bleiben. Im eingangs erwähnten Spiel vom letzten König von Orplid haben die armseligsten Neuankömmlinge unter dem banalen Geschlecht der modernen Inselbewohner, ein malerisch verkommener Buchdrucker und der liebenswürdig verkommene Schneider Wispel, das alte prophetische Buch gefunden, das dem letzten König von Orplid Erlösung bringt, indem es ihn verschwinden läßt, während die Halbelfe Silpelitt, die dem König hilft, ihre Elfenvergangenheit vergessen und gänzlich ein Menschenkind werden wird. Im Buchdrucker und im poetisch angehauchten Friseur meldet sich bei Mörike als Abgesang auf Klassik und Romantik leise die Parodierung der Kunst-

Leben-Thematik an, die bei Heinrich Heine demonstrativ stattfindet. Bei Buchdruckern und Modefriseuren wird sich der Schlüssel für das finden, was einer Epoche Natur, Seele, Liebe, Ursprung hieß. Aber noch bleibt bei Mörike das Erlösungsbuch uralt und selbst mythisch. Im »Gesang Weylas« ist die Seelensprache gerettet, indem sie von dem Land, der Frau, dem Süden spricht, die auf der Insel des Gedichts ihr königliches Exil haben. Aus dem Spiegel des Narziß führt kein Weg heraus, keiner in ihn hinein, es sei denn der Tod. Sprach die Seelensprache einst von Söhnen der Mutter Natur, die in Frauen die Mutter wiedererkennen; sprach die Selbstkritik der Seelensprache davon, daß im Sprechen die Seele entschwindet, so ist nun die Seele nur noch im reinen Selbstbezug des Gedichts; die Seele kann nur noch da überwintern, wo die Seelensprache sich als Gedicht benedeit – als weiland Seele.

DER SCHÖNE TAG DES GEDICHTS.
CONRAD FERDINAND MEYER:
»DER SCHÖNE TAG«

In Heinrich Heines »Seegespenst« will sich der Nordsee-
tourist in die Wassertiefe stürzen, wo ihm das Bild der Ge-
liebten erscheint, aber was ihn als seliger Abgrund der Liebe
verlockt, wird desillusioniert in doppelter Hinsicht: Die
Wassertiefe ist die Tiefe des Wasserspiegels – was der Rei-
sende in ihr erblickt, ist ein entfremdetes Bild seiner selbst,
seine anima, und diese Seelengestalt ist nicht unsägliche
Fülle des Lebens, sie ist ein literarisches Klischee in einem
Ensemble von Klischees. Das Gedicht ist ein lyrischer Ent-
larvungsgestus: die Lebensfülle ist nur Literatur.

Auch Conrad Ferdinand Meyers Gedicht »Der schöne
Tag« (Fassung von 1887) – wie fast alle Gedichte Meyers
über Vorstufen zu seiner verdichteten Endgestalt gebracht –
beginnt bei einer spiegelnden Wassertiefe:

Der schöne Tag

In kühler Tiefe spiegelt sich
Des Juli-Himmels warmes Blau,
Libellen tanzen auf der Flut,
Die nicht der kleinste Hauch bewegt.

Zwei Knaben und ein ledig Boot –
Sie sprangen jauchzend in das Bad,
Der eine taucht gekühlt empor,
Der andre steigt nicht wieder auf.

Ein wilder Schrei: »Der Bruder sank!«
Von Booten wimmelt's schon. Man fischt.
Den einen rudern sie ans Land,
Der fahl wie ein Verbrecher sitzt.

Der andre Knabe sinkt und sinkt
Gemach hinab, ein Schlummernder,
Geschmiegt das sanfte Lockenhaupt
An einer Nymphe weiße Brust.[1]

Auf den ersten Blick ist dieses Gedicht ein Bericht über einen tödlichen Badeunfall in der dafür typischen Jahreszeit, wie ihn Meyer (1825-1898) tatsächlich miterlebt hat: ein Julitag ohne jeden Windhauch. Zwei Knaben haben ein Boot gefunden, das ›los und ledig‹, also unangebunden und unbeaufsichtigt war, und sind verbotenerweise hinausgefahren, um zu baden. Vom Sprung ins Wasser kommt der eine abgekühlt wieder hoch, der andere nicht. Während Reime die Versenden hervortreten lassen und damit die lyrische Form betonen, wird hier ein reimloser Vers verwendet, der dem Berichtenden, ›Prosaischen‹ zu entsprechen scheint.

Dennoch ist das Unangemessene dieser Lesart des Gedichts als Tatsachenbericht augenscheinlich. Nicht nur bietet sie keinen Raum für die mythische Vorstellung von einem Knaben, der, an eine Nymphe geschmiegt, hinabsinkt; sie paßt auch nicht zu dem wilden Schrei des Überlebenden: »Der Bruder sank!« Wer schreit schon Sätze, und noch dazu im Präteritum; wer sagt schon »der Bruder«, statt ›mein Bruder‹? Die Lesung als Bericht erfaßt schließlich nicht die äußerste Knappheit im Darbieten des Unfalls und seiner Motivierung bei relativer Ausführlichkeit des Naturbildes, eine Verknappung, infolge derer nur erschlossen werden kann, daß und unter welchen Umständen die Knaben hinausgerudert sind und warum der Überlebende sich wie ein Verbrecher fühlt.

Die Raffung geht einher mit gänzlicher Distanz und Unpersönlichkeit der Redeweise, die das für Lyrik so charakteristische Sprechen in der ersten Person vermeidet und doch von der Abstandshaltung des Nachrichtensprechers oder Berichterstatters verschieden ist. Wenn auch nicht durch stimmungshafte Reime, ist die Sprache doch stark stilisiert: das strenge vierhebige Jambenschema der vierzeiligen Strophen mit den spröden, durchgehend männlichen Ausgängen erzielt eine Beachtung, die weg vom Vorgang mit seiner emotionalen Ladung zu geistigen Bedeutungen lenkt. Über drei Strophen hin bremst die sprachliche Tendenz, Zustände darzustellen, die Ereignisse ab und dämpft noch die jähen Bewegungen. Von der Transponierung des Schreis in den Präteritalsatz war schon die Rede; auf die gleiche Weise wird der Sprung unter Jauchzen abgerückt. Das Wiederauftauchen des einen, das Verschwinden des anderen, die Katastrophe also, wird im logisch-syntaktischen Parallelismus eingefroren, was um so leichter möglich ist, als das Sinken offenbar plötzlich, stumm und ohne Gegenwehr eingetreten ist. Dieselbe Redefigur dient noch einmal dazu, die Geschehnisse nach der Katastrophe gedanklich zu organisieren und damit zu zähmen.

Die erste Zeile der zweiten Strophe macht aus der Handlung des Hinausruderns durch Weglassen des Prädikats eine Aussage, die zwischen Tableau und formelhafter Bestandsaufnahme in der Mitte steht. Der Gedankenstrich vergegenwärtigt Stille und Ruhe; er ist ein Zeichen, mit dem die Unbewegtheit des Wasserspiegels bis ins Druckbild hineinreicht. Die erste Zeile der dritten Strophe läßt abermals das Prädikat aus und löst damit den Schrei aus der Ereignisfolge, gibt ihm fast Zuständlichkeit. Während beim Sprung ins Wasser die adverbiale Bestimmung »jauchzend« rhythmisch kräftig hervorgehoben ist, wird die Zeile des Schreis genau in der Mitte durch eine Zäsur in metrisch-rhythmisch gleiche Hälften geteilt – auch das ein Beitrag zur Feststellung des Erregten, wogegen umgekehrt die rhythmische Unruhe der folgenden Zeilen, die von den Aktivitäten der Helfer sprechen, balanciert wird durch die summierenden neutralen Formulierungen. Alle diese Stillstellungsbemühungen lassen die Aufmerksamkeit des Lesers von der Oberfläche des Ereignisses hinabsinken in ein stilles Reich der symbolischen Bilder.

Immerhin sind die Mittelstrophen bewegter als die Ausgangs- und Zielstrophe. Die erste Strophe zeigt einen durchgehenden Zusammenfall von Metrum und Rhythmus bei gleichbleibender Tonhöhe, und das Enjambement am Ende des ersten Verses trägt noch zum ebenen Verlauf der Rede bei. Wie die Wasserfläche wird auch das Metrum nicht vom kleinsten rhythmischen Hauch berührt. Erst diese Stille ermöglicht die Spiegelung des Himmels im Wasser, bei der von vornherein das Unten, die kühle Tiefe, wichtiger ist als das Oben, das warme Blau des Himmels, das nur als gespiegeltes und damit gekühltes erscheint.

Die Spiegelung des Himmels im Wasser steigert sich in der Darstellung des Libellentanzes, der nicht über, sondern »auf der Flut« erfolgt – die Formulierung läßt Bild und Spiegelbild in der Spiegelebene zusammenfallen, denn sie macht unentscheidbar, ob vom Phänomen selbst oder von seinem Spiegelbild die Rede ist. Zugleich verdeutlicht die erste Strophe, daß Spiegelung Identität in der Spiegelverkehrung meint und Gegensätze aufeinander bezieht: kühle Tiefe – warmes Blau; oben und unten; leichten Tanz der Libellen und schwere Reglosigkeit der Flut. Die metrisch-rhythmische Figur »Libellen tánzen« bringt das Tanzen schon in das Subjekt des Satzes und trägt mit ihren spitzen Hebungen auf Kurzvokalen auch zu dessen Charakterisierung bei. Der Libellentanz ist flirrend und ruckhaft. Das Wort Flut läßt zunächst Wasser in Bewegung erwarten, ehe der Relativsatz von der Reglosigkeit spricht. Beide Male liegt eine Starre über Beweglichem, die der Gesamttendenz des Gedichts zur Überformung der Dynamik mit Statik gemäß ist. Und wie in der Darstellung des Libellentanzes Bild und kontrastives Spiegelbild in eins fallen, so die Kontraste in den Libellen selbst, deren anderer Name ›Wasserjungfern‹ ist.

Diese Jungfern sind gefährliche Räuber, schön und tödlich schillernd, ihr Tanz ist Jagd nach Beute.

Die Spiegelebene ist eine Scheidelinie. Man kann hinter den Spiegel in die Tiefe treten, während der Spiegel den Raum in Fläche verwandelt. Die Perspektive der ersten drei Strophen liegt über dem Wasserspiegel, die der letzten Strophe unter ihm. Die zwei Mittelstrophen reden vom Verschwinden des einen Knaben und den Reaktionen darauf an der Tagwelt. Die vierte Strophe geht in die Tiefe und sagt, was unten geschieht. Sie gibt damit eine Bedeutung des Spiegelmotivs zu erkennen: Der Tod ist Durchbrechung des Spiegels ein für allemal – vom Narziß der Ovidischen »Metamorphosen« bis zu Jean Cocteaus Film »Orphée«. Der Tote geht woanders hin. Er gewinnt – im Gegensatz zur flachen Alltagswelt oben – einen mythischen Raum. Bewegung kommt frei in der Wiederholung des Bewegungsverbs »sinken«, und wenn am Ende wieder ein ruhiges Bild herrscht, sind Bewegung und Ruhe nicht mehr, wie in den vorhergehenden Strophen, in der Spannung; vielmehr löst sich die eine in der anderen.

Doch über diese Ordnung des Gedichts legt sich eine andere, aus der deutlich wird, daß es in diesem Gedicht nicht einfach um Leben und Tod geht. Die eindringliche Entfaltung des Spiegelphänomens im Gedichteingang, bei der das Unten gegenüber dem Oben bestimmend ist, setzt die übergreifende Bedeutungstopographie für das ganze Gedicht fest. Auch die *zwei* Knaben sind Spiegelungsfiguren in bezug auf die Spiegelachse des Sees. Der zweifache Parallelismus: der eine – der andere, der von der dritten in die vierte Strophe hineingreift und beide über den Perspektivenschwenk hinweg verbindet, ist wie ein syntaktisches Spiegeln. Es ordnet den Steigenden und den Sinkenden einander spiegelverkehrt zu. Der eine bringt Kühle von unten mit empor, wobei bemerkenswert ist, daß vom Empor*tauchen*, nicht vom Empor*steigen* die Rede ist; so konsequent wird das Oben darum gebracht, eine eigenständige Dimension zu sein. Der »Bruder« bringt seine Wärme der Flut zu, der er schon vom Wortklang her angehört. Dem Emporgetauchten gelten zwei Zeilen, also eine Strophenhälfte, dem Sinkenden aber gilt eine ganze Strophe, vier Zeilen.

Im kontrastiven Parallelismus erweist sich die Rettung als Verdammnis, der Untergang als Seligkeit. Der Aufgetauchte wird anonym wie ein willenloser Gegenstand befördert.

> »Der andre Knabe sinkt und sinkt
> Gemach hinab, ein Schlummernder,
> Geschmiegt das sanfte Lockenhaupt
> An einer Nymphe weiße Brust.«

Hier ist alles Lösung und Hingabe. »Halb zog sie ihn, halb sank er hin«, wird in Goethes Ballade »Der Fischer« der Zusammenfall von Hingabe und Verführung formuliert. In »gemach« steckt Gemächlichkeit im Gegensatz zum wimmelnden Hin und Her der Vorgänge oben, wo es auch rhythmisch zu wimmeln beginnt. Vielleicht kann man anklingen hören, daß das Adverb mit dem Substantiv ›Gemach‹ = wohnlicher Raum und – über die gemeinsame Deutungswurzel ›passend, bequem‹ – mit ›Gemahl‹ verwandt ist. Die Repetition des Prädikatsverbs gehört zur Lösungstendenz, die sich bis in die Syntax durchsetzt. Die Vokalwiederholungen an benachbarten Tonstellen und Nebentonstellen – andre Knabe – sinkt und sinkt – gemach hinab – geschmiegt – geben der letzten Strophe im Gegenspiel zur ersten, mit der sie die rhythmische Erfüllung aller metrischen Akzente gemein hat, etwas Wiegendes, das auch in der schönen ausschwingenden Betonung »Schlúmmerndér« zur Geltung kommt. Während die erste Strophe in der Tonmelodie unbewegt eben verläuft, löst sich in der letzten die Starre im langsam-stetigen Sinken der Wortmelodie nach unten. Dabei bekommt auch eine weitere Entsprechung zur ersten Strophe – das Enjambement, das dort einmal, hier zweimal auftritt – den anderen Sinn, dieses Hinabfließen gleitend zu machen.

Wie der Rhythmus sich der Melodie anschmiegt, so der Knabe mit seinem »sanften Lockenhaupt« der Nymphe mit ihrem sanften Locken. Es geht dem Knaben so nahe, daß es sich als Assoziation des homonymen Wortes in seinen Haarkräuseln versteckt. Bei alledem ist auch die Nymphe in der letzten Strophe eine Spiegelungsfigur der Libellen aus der ersten Strophe, ja, die Spiegelstruktur ist hier zur letzten Konsequenz getrieben. Denn nicht nur heißen Libellen auch Wasserjungfern; die unter Wasser lebende Libellenlarve heißt zoologisch – Nymphe. Und natürlich sind die Konnotationen wieder verkehrt. Auch die Nymphen mit der griechischen Wortbedeutung ›junge Frauen‹ zeigen in der Mythologie gefährliche Züge. Der Held Hylas und der Schäfer Daphnis werden ihre Opfer, und den Hellenen galt der von den Nymphen Ergriffene als wahnsinnig. Aber sie sind auch die Pflegerinnen göttlicher Kinder wie des kleinen Zeus und Dionysos. Meyers Gedicht läßt durch den Assoziationszusammenhang im Tanz der Libellen, der schönen Wasserjungfern der Luft, das Mörderische des Jagdtanzes anklingen; bei der Wasserjungfer der Tiefe hingegen überdeckt die Schönheit das Mörderische, das ihr doch zoologisch anhaftet: mit Unterlippe und Oberkiefer zerrt die Libellenlarve namens Nymphe ihre Beute unter Wasser.

Es ist sogar, als hätten sich im Gedicht die Ambivalenzen der Libellen aus der ersten Strophe polarisiert und auf oben und unten verteilt. Etwas von ihrem schwirrenden Jagdverhalten wiederholt sich in den anonymen, stummen Rettungsaktionen, in denen man oben fischend auf Fang geht und den fahlen Überlebenden, dessen Charakteristik nicht nur an einen Verbrecher, sondern auch an einen Todeskandidaten denken läßt, wie eine Beute an Land zieht. Die Wasserjungfer in der Tiefe dagegen gewährt sinnliche Liebesruhe, Liebesschlaf, freilich tödlich verführerisch, weil der Tod es ist, der hier wahres Leben gibt. Die weiße Brust der Nymphe ist ein altehrwürdiges Formelwort des Schönheits- und Liebespreises, besonders beliebt im Barock, wo es gern zum Bild der *schnee*weißen Brust erweitert wird und doppelsinnig auftreten kann: als Kennzeichen höchster, hinreißender Schönheit, aber auch als Kennzeichen der kühlen Keuschheit, ja Kälte der Geliebten, die gerade dadurch den Mann zur sinnlichen Raserei treiben kann.

Schon hier ist also Kälte ein paradoxes Lockmittel, so wie die weiße Kälte der warmen Brust paradox ist. Bei Meyer ist der »Nymphe weiße Brust« das Schlußwort des Gedichts. Es spiegelt zum letzten Mal die Wärme in die Kälte hinab, das Leben in einen Tod, der mehr wert ist als das, was oben verblieb, an einem schönen Tag, der plötzlich das fahle Licht eines Hades wirft. Unten ist Elysium. Wie Spiegelung hintergründig das ganze Gedicht organisiert, greift auch vom Schluß her das Mythische ins ganze Gedicht aus. Die Nymphe ist versteckt in den Libellen wie der Hades in der Fahlheit des Knaben. »Der schöne Tag« – welch ein Titel! Was meteorologisch ein schöner Tag heißen kann, wird zum Tag eines Todes, der wieder in einem tieferen Sinn schöner Tag ist. Ist er es, wenn der Gerettete der Verlorene und der Verlorene der Gerettete ist? Fahl wie ein Verbrecher sitzt der eine im Licht, nachdem der andere verschwunden ist: weil er mit dem anderen zusammen das Verbotene getan hat, für das nur der andere zahlt; weil er die Frage nach dem verschwundenen Gottesliebling: ›Wo ist dein Bruder Abel?‹ nicht wird beantworten können; weil er den Bruder nicht gerettet hat; aber auch: weil er sich dem Liebesruf der Tiefe feige verschlossen hat, den Tod – das wahre Leben – geflohen ist. Er hat in jeder denkbaren Hinsicht versagt.

Hier nun muß einen Augenblick abgeschweift werden – ins Grundsätzliche. Meyers Gedicht aktualisiert die traditionsreiche Vorstellung vom Tod als erotischem Lusterlebnis. Schon bei der Heine-Interpretation ergab sich der Hinweis, daß die Verlockung der Wassertiefe seit Goethes »Fischer«-Ballade ein geläufiges poetisches und speziell lyrisches Motiv ist, das von Heine parodiert wird. Noch bei Meyers Landsmann und Zeitgenossen Gottfried Keller wird der ursprüngliche Gehalt dieses symbolischen Ortes deutlich. Wie bei Meyer gibt es in Dichtungen Kellers eine nüchterne und ernüchternde Tagwelt und ein glühendes Leben in der Tiefe, die öfter Tiefe des Wassers ist.

> »Die oben nicht zum Leben Raum gefunden,
> O was für Liebe schläft und träumt da unten,
> Friert endlich ein zu hartem Diamant! ...«,

heißt es in Kellers Gedicht »Nacht«.[2]

Bei Keller wie bei Meyer ist dieser Raum tödlich gefährlich und verführend zugleich, und im Werk beider liegt diese Verführung zuletzt dahin, daß dort ineinanderfließt, was in der mythologischen Vorstellung der Nymphen getrennt ist: Die Retterinnen und Ernährerinnen göttlicher Kinder sind zugleich Verderberinnen leidenschaftlicher Männer. Meyers Nymphe, die mit dem Knaben vereinigt hinabsinkt, ist Geliebte und Mutter in einem. In die mütterliche Einschläferung des Kindes fließt sexuelle Anziehung ein, der Schlaf ist erotisch aufgeladen. Umgekehrt wird die Sexualität, die, in voller Kraft von einer Mutterfigur ausgestrahlt, einem Kind tödlich verschlingend werden müßte, zum Schlaf domestiziert, in dem dann doch wieder Todeszüge erscheinen, wie denn überhaupt das tödlich Verschlingende, im Bild der Nymphe entschärft, im Vorgang des Versinkens im Wasser voll gegenwärtig bleibt. Kellers wie Meyers Werke sprechen von diesen Lüsten und dämpfen sie in der gleichen Weise: im Schlummer, in der Kühle des Wassers, das im Frost erstarren kann. Das Wasser bietet ihnen die symbolischen Möglichkeiten, zugleich Lebens-

wasser, Todeswasser, Reinheitswasser, Lethe des Verges-
sens zu sein. Bei beiden wird Biographisches in die Konstel-
lation einverwandelt, eine Mutterbindung, die bei Meyer
bis ins Katastrophische geht.[3] Seine psychiatrisierte Mutter,
die im Wasser den Tod gesucht hat, ruft ihn aus der Tiefe, so
in dem Gedicht »Schwüle«:

> »Eine liebe, liebe Stimme ruft
> Mich beständig aus der Wassergruft –«[4]

Diesen Gemeinsamkeiten aber steht ein prinzipieller Unter-
schied entgegen. Bei Keller trennt der Schnitt zwischen
oben und unten erlaubtes Ordnungsleben und verbotene
chaotische Lebensfülle, die gefesselt werden muß. Aus-
schließung und Abtrennung vom Leben, die vor allem den
Künstler betrifft, werden bei Keller tief erlitten, aber der
grundsätzliche Schritt, den Meyer geht, erfolgt nicht: die
triumphale Trennung von einer banalen, im tieferen Sinne
toten Lebenswirklichkeit zugunsten eines Reiches der
Kunst, in dem – um den Preis des Todes, der Formstarre,
der Monumentalisierung – das volle, wahre Leben herrscht
und dem Künstler zuteil wird. Diese Zuweisung bringt Kel-
lers Trennung von Erlaubtem und Unerlaubtem bei Meyer
auf eine neue Ebene, wo sie radikal werden kann: In der
Kunst ist alles erlaubt, weil sie ein Bild ist. Bei aller Über-
einstimmung in der Zähmung des Liebeslebens zum Liebes-
schlaf – ein solch verabsolutiertes Erfüllungsbild inzestuö-
ser Todeslust wäre bei Keller unmöglich, ebenso unmöglich
das Umklappbild, das auf der einen Seite die grausige Nym-
phe mit den mörderischen Mundwerkzeugen, gemeinhin
auch Vampir genannt, auf der anderen Seite dagegen die
schöne Schlummernymphe zeigt. Es kann bei Meyer vor-
kommen, weil das Liebestodgedicht vom Schlaf mit der
Muttergeliebten unter der Oberfläche ein poetologisches
Gedicht ist, wie Keller es so nicht kennt. Wo bei Keller
Dichtung, Imagination, Phantasieleben thematisch werden,

sind sie mehr oder weniger karikiert, abgewertet zugunsten des ›wirklichen‹ Lebens oder vexierspiegelhaft versteckt. Dichten bedeutet für Keller, daß man auf dem Eis steht, unter dem das Leben sich bewegt. Daß dieses Leben, imaginiert und gedichtet, nur als gedichtetes Leben so lebendig ist, kann aufblitzen, wird aber nicht tragend, schon deshalb nicht, weil bei Keller der Dichter nur als unfertige oder kümmerliche Gestalt vorkommt. Meyer zieht die Konsequenz, die Keller ausläßt. Bei ihm ist Dichten das Versinken in einem Raum, in dem Leben, Tod und Kunst identisch sind. Die Kunst kommt zur Herrschaft, indem sie sich vom ›wirklichen‹ Leben abwendet, auf es verzichtet. In dieser Verinnerlichung und Verabsolutierung aller denkbaren Verbote sind die Verbote zugleich alle ausgelöscht. Der Todesraum Kunst ist Ort der Liebe und des Lebens, während die Tagesrealität nur unwesentlich und schattenhaft ist. Weil die Mutter die Nymphe und die Nymphe die Muse ist, darf die Muse die Nymphe und die Nymphe die Mutter sein. Zur Mutter darf man nicht hinab; zur Mutter als Muse muß man.

Warum in Meyers Dichtung inhaltlich ein Umschlag von einem psychologischen in ein poetologisches Koordinatensystem stattfindet, läßt sich abermals am leichtesten vom Gemeinsamen in der Verschiedenheit des Kellerschen und Meyerschen Werks her erklären. Die Mutterfixierung der Söhne, die in beider Werk eine entscheidende Rolle spielt, gründet in der Mittelpunktsstellung der Mutter in der modernen Familie, wie sie in ihrem Verhältnis zum Epochenparadigma Erlebnislyrik bereits skizziert wurde. Es liegt auf der Hand, daß in der Innigkeit und umfassenden Dichte des Mutter-Kind-Verhältnisses, dem beim männlichen Kind noch die frühesten Erfahrungen des anderen Geschlechts eingebettet sind, mit den Chancen der emotionellen Seelenentfaltung auch neue oder zumindest verstärkte Krisenmöglichkeiten auftauchen. Je höher organisiert und differenziert ein psychologisches System ist, um so anfälliger ist es auch.

Wird die Mutter der Rolle der Gemüts- und Phantasiebildnerin nicht gerecht, die ihr in der modernen Familie exklusiv zukommt, fehlt es an der psychischen Intensität der Mutter-Kind-Beziehung, so entbehrt das Kind den Spiegel- und Resonanzraum, in dem es sich wahrnehmen, bejahen und lieben lernt. Kommt hingegen die Ablösung aus einer seelisch überfrachteten Mutterbeziehung nicht zustande, dann übt die Mutter einen nicht endenden Sog auf das Kind aus, der es in die Regression zurückzuziehen droht. In beiden Fällen ist die Ich-Bildung gestört. Wie das von der Mutter alleingelassene Kind seiner selbst nicht gewiß wird, so auch das von der Mutter übersetzte, denn es muß Selbstbewahrungs- und Selbstfestigungsmechanismen entwickeln, damit es sich nicht entschwindet, und kann sich deshalb nicht frei an die Welt mitteilen. Das einsame Kind ist so sehr damit beschäftigt, sich selbst zu finden, daß es bindungsscheu bleibt. Das mutterfixierte Kind ist so überbeansprucht in seiner Bindungsfähigkeit, daß es einerseits nicht zu befriedigende Totalansprüche an Bindung in sein Erwachsenenleben hinüberträgt, andererseits vor diesen Ansprüchen zurückschreckt und sich auf sich selbst zurückzieht. Auch Mutterfixierung kann so zur Bindungsschwäche und Ich-Bezogenheit führen. In beiden Fällen entsteht ein innerseelisches Drama, das als nach außen ausgelebte Handlung im Mythos von Narziß gefunden werden kann. Der Jüngling Narziß erblickt in der Quelle sein Spiegelbild und verfällt dessen Faszination, vertraut und fremd zugleich zu sein. Er versinkt und ertrinkt in diesem Bild, ohne der Liebe der Nymphe Echo gewahr zu werden, die seine selbstverliebten Klagen aus dem Wald widerhallen läßt und damit die Situation verdoppelt: sie ist der Spiegel, ins Akustische übersetzt.

Sowohl in Kellers wie in Meyers Werk werden Verein-

nahmungstendenzen der Mutter und narzißtische Selbstbe-
wahrungstendenzen gestaltet, aber ihre Relation und poeti-
sche Umsetzung ist bei beiden verschieden. In Kellers Werk
haftet allen Schreib-, Erzähl- und Imaginationsakten etwas
von moralisch verurteilten narzißtischen Ersatzbefriedi-
gungen und von Selbstverfangenheit an. Absonderung, be-
sonders die in einem Phantasieleben, ist ein Makel. Dagegen
spricht Meyers Werk immer wieder von großen einzelnen,
in deren Selbstbewahrung, in deren Nichtaufgehen im Le-
ben der anderen Macht und Rang liegen. Sich heraushalten
bedeutet verfügen können. Der Inbegriff dieser Haltung
und dieser Gewalt liegt im Künstler. Seine Selbstzurück-
nahme aus der Realität ist radikal und ermöglicht ein radika-
les künstlerisches Spiel mit dem Leben. Bei Keller ist der
Träumer und Phantasiespieler Außenseiter; bei Meyer ist er
als Außenseiter Herr. Das wirkliche Leben verblaßt vor sei-
nen künstlerischen Realisationen; das wahre Leben ist nicht
jenseits des poetischen Produzierens wie bei Keller, son-
dern in ihm. Immer wieder spricht Meyers Werk vom
Triumph der Kunst, und immer wieder stellt es sich als
Triumph der Kunst dar, indem es seine Stilisiertheit und
Künstlichkeit herrisch vorweist, wo Keller die von ihm so
genannte Reichsunmittelbarkeit der Poesie nur schmerzlich
lächelnd in Anspruch nimmt.

In der Selbstmächtigkeit des Dichters wird bei Meyer
über alles, was sonst bedrohte, frei geschaltet; alles, was
sonst gefährdete, wird kühn ausgelebt, weil es real konse-
quenzenlos bleibt. Im Arm der Nymphe versinken ist *noch*
angstbesetzter Wunschtraum, im Schoß der Mutter unter-
zugehen; es ist aber auch *schon* triumphales poetologisches
Bild der Hingabe an das Gegenreich der Kunst. Die tiefste
Eigenart seiner poetischen Rede erreicht Meyer da, wo die
gesamte psychische Ladung seiner poetischen Welt gerade
deshalb so beredt werden darf, weil sie so entschieden ins
Poetologische transformiert ist. Nirgends ist seinen Ge-

dichten konzediert, so laut von seiner Seele zu reden, wie da, wo sie von seiner Poesie reden. Mit der Errichtung der absolutistischen Kunstwelt ist der Narzißmus ins Recht gesetzt. Die Selbstbewahrung ist so dominant geworden, daß sie – unter diesem Vorzeichen – in der Dichtung aufgegeben werden kann. Bei Keller läuft im Werk ein – verurteilter – Narzißmus mit; Meyers Werk ist die Machtübernahme des Narzißmus selber. Das epochal frühere ›Erlebnisgedicht‹ kristallisiert Anlässe aus, die aus der Verflechtung des Ich in Lebenszusammenhänge entstehen. Das symbolistische Gedicht Meyers kombiniert in distanzierter Weise Symbole, in denen Erlebnisse und psychische Konstellationen tief vergraben und dadurch künstlerisch manipulierbar geworden sind. Der Vergrabungsakt ist die Lösung vom Anlaß. Das eigene Leben wird überführt in ein Bündel von Symbolen, die Narziß fasziniert immer neuen Formationen zuführt.[5]

Die Erfindung des Gegenreichs der Kunst ist ein narzißtischer Akt, epochaler Ausdruck und zugleich Vehikel dafür, daß familiengeschichtlich seit der Mitte des 19. Jahrhunderts bis zur Gegenwart zunehmend anstelle des auf kommunikative Entfaltung angelegten, aber konflikthaften Ich das einsame Ich programmiert und produziert wird. Bei Keller bahnt sich der Umschwung an, bei Meyer findet er statt. Bei Keller ist die narzißtische Komponente des Werks noch der Mutter-Sohn-Thematik eingelagert; bei Meyer tritt die Mutter-Sohn-Thematik ins Zeichen eines triumphalen Narzißmus. In der Folge dominiert mehr und mehr eine Dichtung, in welcher der Narzißmus zum Zeugnis und Programm jenes Ich wird, dem zuwenig an ursprünglicher Geborgenheit zuteil geworden ist. Gesellschaftsgeschichtlich läßt sich der Sachverhalt so formulieren, daß die heraufziehende amorphe Massengesellschaft mit ihren anonymen Strukturierungen narzißtischen Störungen weitaus mehr Resonanz und Aufladung zuführt als ödipalen Störungen, wie sie das Mutter-Vater-Kind-Dreieck der modernen Fa-

Auch in der bildenden Kunst gibt es das Motiv
der verlockenden Tiefe.
Verführung. Radierung und Aquatinta
von Max Klinger.

milie in der Epoche ihrer Formierung dominant durchzie-
hen. Wir verfolgen eine Linie des programmierten Narziß-
mus, indem wir von der Kunst als Gegenwelt sprechen.

Ist die Einsetzungsurkunde der Kunstwelt bei Meyer die
Nichtigkeitserklärung der Wirklichkeitswelt, dann wird
Heines Verhöhnung des Lebens als ›nur‹ Kunst hinfällig;
dann wird aber auch Kellers Exklusionsverhältnis zwischen
oben und unten umformuliert. Der in der Oberwelt fahl wie
ein Verbrecher sitzt, ist in der Unterwelt frei. Und damit
offenbart die Spiegelstruktur von Meyers Gedicht erst ihren
letzten Sinn. Daß die zwei Knaben Brüder sind, weist auf
ihre Zusammengehörigkeit; die Spiegelstruktur des Ge-
dichts auf ihre Identität. Deshalb wohl auch die befremdli-
che Formulierung: »Der Bruder sank«. ›Mein Bruder sank‹,
würde dem Überlebenden das Wort geben, den Versunke-
nen vom Aufgetauchten her interpretieren. »Der Bruder«
hingegen gibt dem Gesunkenen, der ohnehin im Gedicht
mehr Raum hat als der Aufgetauchte, das Übergewicht,
weil damit das Bruderschaftsverhältnis von ihm her in den
Blick kommt. Der helle Bruder oben und der dunkle Bruder
unten, Zwillinge wie Amor und Mors oder Kastor und Pol-
lux[6], sind Spiegelungen des *einen*, der das Gedicht verlauten
läßt, aber nicht ›Ich‹ sagt, weil er sich an die Spiegelung ver-
loren hat und damit verdammt selig ist, nichts als halluzina-
torische Stimme zu sein.

Der Knabe unter Wasser ist stumm, aber auch über Was-
ser gibt es keine Rede, sondern nur deren Jenseits: das
Jauchzen beider Knaben, den Schrei des Überlebenden, die
sprachlosen Aktionen anderer. Daß überhaupt dem »wil-
den Schrei« Worte, so abgerückte zumal, unterlegt werden,
befremdet. Dächte man die Signale direkter Rede im
Druckbild ausgelassen, hätte der Satz denselben Status wie
alle anderen Aussagesätze des Gedichts. Die dem Schrei un-
terlegten Worte kommen von außen, aus der dritten Posi-
tion, obwohl sie durch Doppelpunkt und Anführungszei-

chen dem Aufgetauchten zugeordnet werden. Die Stimme aus der dritten Position spricht geisterhaft durch ihn, durch seine Sprachlosigkeit hindurch. Weil sie von außen kommt, ist die Stimme des Gedichts unpersönlich und distanziert; voll erstarrter Bewegung.

Von Goethe bis Gottfried Keller sprechen Gedichte vom Liebesabgrund einer Mutter Natur, die lebengewährend, aber auch verschlingend sein kann. Bei Heine birgt die Tiefe das Vexierbild der entfremdeten Seele, die als literarisches Klischee identifiziert wird. In Meyers Gedicht formuliert sich der Ursprungsmythos einer Kunst, die ihre Tödlichkeit als wahres Leben weiß. Fahl wie ein Verbrecher sitzt der helle Bruder im falschen Licht des sogenannten Lebens, während der dunkle Bruder unten im Lebensraum der Kunst, im Künstlichkeitsparadies ausschweift. Die Sphärenteilung zwischen Tagwelt und Kunstwelt begründet den Perspektivenwechsel zwischen Strophe drei und vier sowie die Zweigliederung in einen ›realen‹ und einen mythischen Bereich und die Funktion der Spiegelsymbolik als Todessymbolik: der Sinkende tritt ›hinter‹ den (Wasser)Spiegel. Doch indem das Gedicht von der Bedeutungs- und Bilderwelt der Kunst spricht und sie von der Tagwelt abhebt, ist es auch *Zeugnis* dieser Bilder- und Bedeutungswelt, gehört ihr selbst an, und darin liegt seine übergreifende Einheitlichkeit.

Das Ausgreifen der mythischen Bezüge, das mit dem Gedichteinsatz schon beginnende Absinken der Rede von der Oberfläche der Erscheinungen in die Tiefe der Bedeutung, das Durchgehen der Spiegel*struktur* auch nach Verlassen der Spiegel*symbolik* machen es insgesamt zum poetologischen Gedicht.

WORTWELTEN – WELTWORTE.
DIE ERSTEN BEIDEN
DIONYSOS-DITHYRAMBEN NIETZSCHES

Der alte platonische Vorwurf, daß die Dichter lügen, in einer langen Tradition immer aufs neue von den Poeten und den Poetikern zurückgewiesen, tritt seit Goethe mit veränderter Gestalt in der Mitte der Dichtung selbst auf.

> »Dichten zwar ist Himmelsgabe,
> Doch im Erdeleben Trug,«

heißt es im »West-östlichen Divan«.[1] Wenn Tasso in der Prinzessin Leonore das Urbild der Schönheit anschaut, verherrlicht er sie zwar, aber er verwandelt sie auch aus dem lebendigen Menschen ins Bild. Dichten überhöht das Leben und stellt es zugleich fest, läßt es erstarren, so daß es dem Dichter wie dem König Midas ergehen kann, dem alles, was er anfaßte, zu Gold wurde, damit tödlich. Goethe redet über diesen Abgrund leichthin im hundertsten der »Venetianischen Epigramme«. Am Ende der literarischen Epoche Goethes, die in einer unerhörten Weise Seele, Erleben, Innerlichkeit zum Ausdruck gebracht hat, erscheint den Epigonen das Leben selber als Bauchredner der Literatur. Wahrnehmungs- und Erlebnisweisen sind so stark literarisch geprägt, daß sich, was gemeinhin Wirklichkeit heißt, als Sediment von Motiven der Kunst darbietet. So in Heinrich Heines Gedicht »Seegespenst«. Nietzsches Gedicht »Nur Narr! Nur Dichter!« scheint auf den ersten Blick nichts anderes als eine Fortschreibung dieser Kritik und ihre Konzentration auf den Dichter zu sein:

> »Nur Narr! Nur Dichter!
>
> Bei abgehellter Luft,
> wenn schon des Thau's Tröstung

zur Erde niederquillt,
unsichtbar, auch ungehört
– denn zartes Schuhwerk trägt
der Tröster Thau gleich allen Trostmilden –
gedenkst du da, gedenkst du, heisses Herz,
wie einst du durstetest,
nach himmlischen Thränen und Thaugeträufel
versengt und müde durstetest,
dieweil auf gelben Graspfaden
boshaft abendliche Sonnenblicke
durch schwarze Bäume um dich liefen
blendende Sonnen-Gluthblicke, schadenfrohe.

Der *Wahrheit* Freier – du? so höhnten sie
nein! nur ein Dichter!
ein Thier, ein listiges, raubendes, schleichendes,
das lügen muss,
das wissentlich, willentlich lügen muss,
nach Beute lüstern,
bunt verlarvt,
sich selbst zur Larve,
sich selbst zur Beute
das – der Wahrheit Freier? ...
Nur Narr! Nur Dichter!
Nur Buntes redend,
aus Narrenlarven bunt herausredend,
herumsteigend auf lügnerischen Wortbrücken,
auf Lügen-Regenbogen
zwischen falschen Himmeln
herumschweifend, herumschleichend –
nur Narr! nur Dichter! ...

Das – der Wahrheit Freier? ...

Nicht still, starr, glatt, kalt,
zum Bilde worden,
zur Gottes-Säule,
nicht aufgestellt vor Tempeln,

eines Gottes Thürwart:
nein! feindselig solchen Tugend-Standbildern,
in jeder Wildniss heimischer als in Tempeln,
voll Katzen-Muthwillens
durch jedes Fenster springend
husch! in jeden Zufall,
jedem Urwalde zuschnüffelnd,
dass du in Urwäldern
unter buntzottigen Raubthieren
sündlich gesund und schön und bunt liefest,
mit lüsternen Lefzen,
selig-höhnisch, selig-höllisch, selig-blutgierig,
raubend, schleichend, *lügend* liefest ...

Oder dem Adler gleich, der lange,
lange starr in Abgründe blickt,
in *seine* Abgründe ...
– oh wie sie sich hier hinab,
hinunter, hinein,
in immer tiefere Tiefen ringeln! –
Dann,
plötzlich,
geraden Flugs
gezückten Zugs
auf *Lämmer* stossen,
jach hinab, heisshungrig,
nach Lämmern lüstern,
gram allen Lamms-Seelen,
grimmig gram Allem, was blickt
tugendhaft, schafmässig, krauswollig,
dumm, mit Lammsmilch-Wohlwollen ...

Also
adlerhaft, pantherhaft
sind des Dichters Sehnsüchte,
sind *deine* Sehnsüchte unter tausend Larven,
du Narr! du Dichter! ...

Der du den Menschen schautest
so *Gott* als *Schaf* –,
den Gott *zerreissen* im Menschen
wie das Schaf im Menschen
und zerreissend *lachen* –

das, das ist deine Seligkeit,
eines Panthers und Adlers Seligkeit,
eines Dichters und Narren Seligkeit! . . .

Bei abgehellter Luft,
wenn schon des Monds Sichel
grün zwischen Purpurröthen
und neidisch hinschleicht,
– dem Tage feind,
mit jedem Schritte heimlich
an Rosen-Hängematten
hinsichelnd, bis sie sinken,
nachtabwärts blass hinabsinken:
so sank ich selber einstmals,
aus meinem Wahrheits-Wahnsinne,
aus meinen Tages-Sehnsüchten,
des Tages müde, krank vom Lichte,
– sank abwärts, abendwärts, schattenwärts,
von Einer Wahrheit
verbrannt und durstig
– gedenkst du noch, gedenkst du, heisses Herz,
wie da du durstetest? –
dass ich verbannt sei
von aller Wahrheit!
Nur Narr! *Nur* Dichter! . . .« (VI/3, 375 ff)[2]

Der Dichter wird hier als hoffnungsloser Freier der Wahr-
heit und Tier, das lügen muß, verhöhnt – eine Verzerrungs-
form der antiken Definition des Menschen als animal ratio-
nale. Dem entspricht, daß Nietzsches Gedicht erstmals im
Zusammenhang des vierten und letzten Teils des »Zara-
thustra« auftaucht als Lied des alten Zauberers, den Zara-

thustra als »Schauspieler« und »Lügner aus dem Grunde« bezeichnet (VI/1, 313). Allerdings gerät schon hier die Rede dieses Lügners in ein seltsames Spiel der Perspektiven und Widersprüche, denn der alte Zauberer ist zwar geringer als Zarathustra, aber er ist doch ein »höherer Mensch«. Er vermag seinen Gesang als Eingebung zu erkennen und anzukündigen, die sein »schlimmer Trug- und Zaubergeist«, sein »schwermüthiger Teufel« zu verantworten hat (VI/1, 366). Zarathustra selber nimmt die Verwirrungen, zu denen dieses Lied gehört, als Teil eines kathartischen Prozesses, den die höheren Menschen durchlaufen, und umgekehrt sieht auch der Zauberer den Verkündiger Zarathustra, dem er in Haßliebe anhängt, öfter »gleich einer schönen Heiligen-Larve, – gleich einem neuen wunderlichen Mummenschanze [...]« (VI/1, 366). Die sich von hier aus öffnende Frage, wieweit die höheren Menschen in Zarathustras Umgebung auch abgetrennte Momente seiner selbst repräsentieren, braucht jedoch an dieser Stelle nicht beantwortet zu werden, denn Nietzsche hat das Gedicht in einem letzten Arbeitsgang 1888/89 aus dem vierten Teil des »Zarathustra« von 1885 herausgenommen und einem Zyklus »Dionysos-Dithyramben« zugeordnet, dessen Anfang es bildet. Das letzte Motto der Dionysos-Dithyramben aber erklärt diese Gesänge zu Dithyramben des Dionysos selber, denn es trägt die Unterschrift »Dionysos« und hebt an: »Indem ich der Menschheit eine unbegrenzte Wohltat erweisen will, gebe ich ihr meine Dithyramben.« Nicht mehr der alte Zauberer, vielmehr der Gott singt zumindest *die* Dithyramben, die nicht als Rollengedicht oder Dialog eingeführt sind.

Damit stellt Nietzsche (1844-1900) seine Dithyramben-dichtung in eine bedeutende, ihm wohlvertraute Tradition. Der andere große Zögling von Schulpforta, Friedrich Gottlieb Klopstock, hat seine Erneuerung der antiken Strophen-formen in der Moderne an enthusiastischen Höhepunkten zum Ausdruck des dichterischen Sendungsbewußtseins eingesetzt. »Feyrend in mächtigen Dithyramben« strömt die Rede in dem Odenzyklus »Auf meine Freunde«; »Evan«, »Evohe« ertönt in ihm der Kultruf des dionysischen Festes.[3] Die Erfindung des freien Rhythmus ist eine Konsequenz dieser Antikenrezeption, und wieder mit Vorliebe in den freien Rhythmen, vorab in der »Frühlingsfeyer« von 1759, präsentiert sich der Sänger als gottbegeisterter Prophet und neuer Moses unter Blitz und Donner göttlicher Offenbarung.[4] Im Sturm und Drang – bei Herder, Maler Müller und Goethe – wird der Rückbezug des Dithyrambus auf Dionysos und den als Dithyramben-Dichter gefeierten Pindar befestigt und die christliche Überformung abgestreift.[5] Das expressivste freirhythmische Gedicht des jungen Goethe, »Wandrers Sturmlied«, entfaltet das dichterische Selbstgefühl im Sturm der Inspiration durch einen Redeprozeß, der von Apoll zu Dionysos führt, ehe die konkurrierenden Gottheiten sich mit Jupiter zum Dreigestirn ordnen. »Wandrers Sturmlied«, tief ironisch vom späteren Goethe als »Halbunsinn« charakterisiert[6], ist der größte Dithyrambus in deutscher Sprache, und eben das »Halbunsinnige« macht ihn vollends zum Dithyrambus, dem Kultgesang zu Ehren des Rauschgottes. Friedrich Nietzsche, der Dichter des Über-Wandrers Zarathustra, geht mit seinen freien Rhythmen den letzten, unüberholbaren Schritt und nennt sich in »Ecce homo« den Erfinder des Dithyrambus (VI/3, 343). Am gleichen Ort bezeichnet er den Dithyramben-Dichter Zarathustra, dessen eigene Dithyramben aus dem Verkündigungswerk »Also sprach Zarathustra« allerdings nicht in den Zyklus herübergenommen worden sind, als »solchen Dionysos«. In den »Dionysos-Dithyramben« läßt Nietzsche den Gott, der aus Asien nach Europa gewandert ist, selbst dichten, wobei in der Schwebe bleibt, ob der Gott das Sprachrohr des Dichters oder der Dichter das Sprachrohr des Gottes ist. Nietzsche, der sich immer wieder in Rollen versteckt hat – als freier Geist, als Prinz Vogelfrei –, singt zuletzt durch den Mund Zarathustras, der den Gott singt; oder: der Gott singt durch den Mund Nietzsches, der durch den Mund Zarathustras singt.

Mit der Feststellung dieser Traditionslinie ist jedoch das Problem von Wahrheit und Lüge des Dichters in den »Dionysos-Dithyramben« allgemein und speziell im ersten Dithyrambus der Lösung kaum nähergebracht. Auch wenn – im Ausgang von dem letzten Textzusammenhang, den Nietzsche kurz vor seinem Zusammenbruch hergestellt hat – »Nur Narr! Nur Dichter!« als Lied des Dionysos gelesen wird, bleibt es eine Dichtung, die dichtet, daß die Dichter lügen. Es gäbe zwei Zugänge, die Bedeutung dieser Aussage aufzuhellen: der Weg durch Nietzsches Philosophie und der Weg in diesen poetischen Text. Ich entscheide mich für den zweiten Weg, weil nur er die Möglichkeit eröffnet, das Gedicht als Poesie ernstzunehmen, d.h. in seiner Prätention, mehr zu sein als Beleg und Illustration eines philosophischen Denkens, und weil nur der zweite Weg das Problem in der Radikalität ansichtig macht, daß der Text seinen eigenen Status in Frage stellt.

Der Dithyrambus beginnt mit einer Anrede des sprechenden Ich an sein Herz, die mit emphatischer Wiederholung einer Erinnerung nachfragt:

>»Bei abgehellter Luft,
>wenn schon des Thau's Tröstung
>zur Erde niederquillt,
>unsichtbar, auch ungehört
>– denn zartes Schuhwerk trägt
>der Tröster Thau gleich allen Trostmilden –
>gedenkst du da, gedenkst du, heisses Herz,
>wie einst du durstetest,
>[…]«

Dieses zu erinnernde »Einst« war eine Stunde blendender abendlicher Sonnenglutblicke, die Stunde wenn nicht der größten Hitze, so doch des größten Durstes, wie er während eines langen versengenden Sonnentages wächst. Der umfangreiche Mittelteil des Gedichts ist die in direkter Rede des Ich zu seinem Herzen erinnerte Hohnrede der Sonnenglutblicke zu eben diesem Herzen. Am Ende der Rede der Sonnenglutblicke im Munde des Ich kehrt es mit wortgleichem Einsatz zu einem Abend zurück, von dem aus erinnert wird und dessen Verhältnis zum Abend des Redebeginns völlig offen ist:

> »[. . .]
> Bei abgehellter Luft,
> wenn schon des Monds Sichel
> grün zwischen Purpurröthen
> und neidisch hinschleicht,
> – dem Tage feind,
> mit jedem Schritte heimlich
> an Rosen-Hängematten
> hinsichelnd, bis sie sinken,
> nachtabwärts blass hinabsinken:
> so sank ich selber einstmals,
> aus meinem Wahrheits-Wahnsinne,
> aus meinen Tages-Sehnsüchten,
> – sank abwärts, abendwärts, schatterwärts,
> von Einer Wahrheit
> verbrannt und durstig
> – gedenkst du noch, gedenkst du, heisses Herz,
> wie da du durstetest? –
> [. . .]«

Die in Rede stehende Situation kann die des gleichen Abends sein, von der die Rede ausging. Man kann den Text so verstehen, daß das Ich die Evokation der damals gegebenen Umstände nach der Erinnerungsrede wieder aufnimmt. Tau, Purpur der untergegangenen Sonne, ein grüner Mond der Nachterwartung passen zusammen. Es kann sich aber auch um zwei verschiedene Situationen des gleichen Abends handeln, wobei wiederum deren Verhältnis nicht geklärt ist. Erst der Tau, dann der Mond, oder umgekehrt? Es können sogar zwei verschiedene Situationen verschiedener Abende sein, ja, da kein hic et nunc, kein ›Jetzt‹ fixiert ist, kann die Abendcharakteristik auch als zeitlicher Bedingungsrahmen wiederholbarer Erinnerungen aufgefaßt werden: Heißes Herz, gedenkst du immer dann, wenn bei abgehellter Luft der Tau quillt und/oder der Mond schleicht, jenes Einst?

Doch auch dieses Einst ist nicht eindeutig festgelegt, wenn dem ersten »einst« der Sonnenglutblicke nun im Schlußteil des Gedichts ein »einstmals« entspricht, an dem das Ich aus seinem Wahrheits-Wahnsinne, aus seinen Tages-Sehnsüchten abwärts sank, verbrannt und durstig. In dem ansonsten wörtlich wiederholten Fragesatz kann das statt »einst« eingesetzte »noch« zurückweisen auf das »gedenkst du da [...]« der ersten Frage, aber zwingend ist das nicht. Ebensowenig muß das in die zweite Satzhälfte gewanderte »da« auf die Situation des einstigen Dursts bezogen werden. Das einstige Dursten unter den Sonnenglutblicken und das einstige dursterfüllte Sinken aus dem Wahrheits-Wahnsinn können ebensogut zwei getrennten Zeitpunkten angehören wie einem abrupten oder fließenden Übergang in der Zeit. Die Meinung wäre dann: Im Anschluß an das Dursten des Herzens sank das Ich aus seinem Wahrheits-Wahnsinne.

Ehe die Frage nach dem Sinn dieser komplizierten und vieldeutig gleitenden Zeitschichtung verfolgt werden kann, muß allerdings die einstige boshafte und schadenfrohe Rede der Sonnenglutblicke in ihrer Einbettung in die jetzige Rede des Ich zum heißen Herzen erörtert werden. In ihr steht der an das Herz des Ich ergehende Vorwurf, »Nur Narr! Nur Dichter!« und ein hoffnungsloser Freier der Wahrheit zu sein. Daneben finden sich zwei weitere Vorwürfe: das Dichterherz sei ein Raubtier, das in einer Welt lediglich aus

Worten, auf lügnerischen Wortbrücken, zwischen falschen Himmeln herumschweift – also eine Art Papiertiger; zweitens: das Dichterherz sei in sich zwiespältig, mit sich zerfallen und im Widerspruch, wobei dieser Spaltungsvorwurf bis in die widersprüchliche Charakterisierung hineingetrieben wird. Wenn das Herz *willentlich* lügen *muß*, tritt ihm sein Müssen von innen und sein Wollen von außen fremd entgegen. Der Dichter ist als Narr verlarvt auch vor sich und für sich, als Raubtier auch sich zur Jagd und zur Beute, ja er ist, wie der Fortgang des Gedichts zeigen wird, vor allem sich zur Maske und zur Beute. Bunt und Buntes reden Narren; bunt redend und Buntes redend, erredet der Dichter die Lügen-Regenbogen, auf denen er herumschleicht. Das ist wie ein böses Echo Goethes, noch mehr Heines: Dichten selbst ist schon Verrat, der Leben beiseite schafft; auch – siehe Tasso – Selbstverrat. Dichtung selbst ist Tötung und – siehe nochmals Tasso – Selbsttötung. Die Welt des Dichters, für uns und für ihn, ist nur künstlich, eine Kulissenwelt.

Doch mit der vierten Strophe nimmt die Rede eine unerwartete Wendung. Indem die erinnerte Rede der Sonnenglutblicke es unternimmt, den Abstand des Dichternarren und Narrendichters von den echten Verehrern der Wahrheit herauszuarbeiten, die als Türwärter der göttlichen Wahrheit doch noch nicht einmal den Anspruch erheben, ihre Freier zu sein, gerät die Charakterisierung der Wahrheit in ihren Dienern unversehens zu deren Verspottung und die Verspottung des Dichters unversehens zu dessen Verherrlichung. Still, starr, glatt, kalt stehen die Tugendstandbilder und Gottessäulenheiligen vor den Tempeln einer Wahrheit, die denn doch auch starr, glatt, kalt und tot sein muß. Die Wildnis des Dichter-Raubtiers dagegen gibt Raum für Katzenmutwillen, und die Sprünge durch die Fenster in die Zufälle lassen mehr an solchen Mutwillen als an eine mindere Seinsqualität dieser Wildnis denken. Buntheit wird zum Attribut buntzottiger Raubtiere, die sündlich gesund und schön und bunt laufen. Das ist eine Umwertung der Werte, nicht begrifflich, sondern als Sprung des Gedichts selber durch den vermeintlich festen Bewertungsrahmen, der vorher errichtet worden ist, in ein Zufallsspiel der Wortkombinationen, in urwaldhafte Verschlingungen und Widerstreit der Vorstellungen. Rauben, Schleichen, Lügen wird zum Fest des Lebens in der Alliterationsbeziehung von »lügend laufen« zu »lüsterne Lefzen«; »selig-höhnisch, selig-höllisch, selig-blutgierig« ist ein alle Konturen auflösender Wirbeltanz von Lust und Unlust, Gut und Böse.

Dem entspricht, daß die im folgenden evozierten Bilder der Selbstaggression des Herzens eher pathetischen als satirischen Charakter haben, wobei das Pathos der Rede sich stilistisch als Aufbrechen der bis dahin intakten logisch-grammatischen Fügungen unter der Gewalt der beschworenen Vorstellungen bezeugt. Der schwierig gestaffelte Satz, der den Dichter den Tugend-Standbildern gegenüberstellt, geht aus dem Indikativ unvermittelt ins Optativische über: »daß [...] du liefest [...]«. Die folgende Strophe ist halb Satz, halb Nebensatz, dem zum Vergleich das Bezugsglied, der Dichter nämlich, fehlt und dessen Modus offenbleibt. Steht immer noch ein Wunsch oder eine Aussage, ein Sachverhalt oder eine Vision vor uns? Erst die anschließenden Verse mit ihrer Infinitivkonstruktion machen klar, daß hier, wenn auch mit dem zeitlichen Anschluß »dann«, lediglich von Vorstellungen die Rede ist, und erst in der nächsten Strophe wird mit der Konjunktion »also« das Vergleichsglied – nicht der Dichter, sondern des Dichters Sehnsüchte – nachgeschoben, damit der visionäre Charakter des Vorhergehenden sichergestellt. Beide folgenden Strophen zusammen bilden abermals *einen* Satz, in dem sich Auflösung und Festigung der Fügungen noch einmal im kleinen abspielen. Die Anredestrophe an den Dichter bringt die Bezüge in einer noch zu klärenden Weise ins Offene; die Voranstellung der inhaltlichen Bestimmung der Seligkeit als Tätigkeit und Geschehen des Zerreißens und Lachens stellt diese Vollzüge als absolute Bilder vor Augen, ehe sie in die Satzaussage der folgenden Strophe eingebunden werden.

Was ist die inhaltliche Aussage dieser Strophen? ›Sich zur Beute werden‹ erweist sich als grandioses Ereignis im Adler, der in *seine* Abgründe blickt, die sich ihrerseits in immer tiefere Tiefen ringeln. Adler und Schlange, die Tiere Zarathustras, sind hier Momente im Dichter: der hochfliegende Adler seit Pindar Sinnbild des Dichters, der kraft Inspiration alles überfliegt; die Schlange bei Nietzsche das Zeichen der ewigen Wiederkunft, die diesen Flug einfängt, aber auch diesem Flieger in den Blick gerät: als Lehre vom ewigen Kreisen des Weltlaufs in sich. Schon in den scheinbar eindeutigen Spottstrophen des Anfangs gab es verborgene Hinweise auf die Zarathustra-Größe, die Übermenschen-Größe des Dichters, die in die Preisstrophen hinüberlaufen: Zarathustra selber ist »die weiseste Seele, welcher die Narrheit am süssesten zuredet« (VI/3, 342); »die umfänglichste Seele, welche am weitesten in sich laufen und irren und schweifen kann« (ebd.); »die nothwendigste, welche sich mit Lust in den Zufall stürzt« (ebd.); Cesare Borgia, eine »Art Übermensch« (VI/3, 130) und »Raubthier« (VI/2, 119), gehört zu den »gesündesten aller tropischen Unthiere und Gewächse«. »Es scheint, dass es bei den Moralisten einen Hass gegen den Urwald und gegen die Tropen giebt?« (VI/2, 119). Selbst die Verlarvung kann Zeichen der Größe heißen: »Alles, was tief ist, liebt die Maske«, wird in »Jenseits von Gut und Böse« gesagt (VI/2, 53). Wo die ersten Redestrophen der Sonnenstrahlen die bloße Sprachlichkeit der Dichterwelt verunglimpfen, wird jetzt das Verhalten und jähe Hinabstoßen des Adlers in zwei Einwort-, dann zwei Zweiwortversen und einem Dreiwortvers mit Sperrdruck des Zielpunkts »Lämmer« zum sprachlichen Vollzug. Dasselbe geschieht im Zerreißen des Satzes, der vom Zerreißen des

Gottes und des Schafs im Menschen spricht. Dabei bekräftigen der Tugendhohn in der Schilderung des heißhungrigen Adlers und der Spott auf die Lammsseelen, der in Nietzsches Verwerfung des Christentums mit seinem Schafsgott Christus, dem Lamm Gottes, wurzelt, die Umwertung der Werte, die in der Wahrheitsstrophe begonnen hat. Tugend und kalte, starre Wahrheit erscheinen hier wie dort verächtlich.

Zugleich aber wird diese Polemik in die Ich-Spaltung eingeführt, die untergründig auch in der Urwaldstrophe herrscht, wo das Dichtertier, mutwillig in die Zufälle springend, in die ›Zufalle‹ gerät. So wie der Dichter als Adler über seinem Abgrund schwebt, stürzt er sich in der Vision auch zerreißend auf das Lamm in sich und den Gott in sich hinab; trägt doch sogar der »freie Geist« »Gott, Teufel, Schaf und Wurm« in sich (VI/2, 58).

> »Der du den Menschen schautest
> so *Gott* als *Schaf*«

bietet wiederum zwei Lesemöglichkeiten. Der Dichter schaut den Menschen sowohl als Gott wie als Schaf, aber er ist auch selber sowohl Gott als Schaf, wenn er den Gott wie das Schaf im Menschen zerreißt und zerreißend lacht – abermals mehrdeutig: Er lacht, die Beute zerreißend; er lacht in zerreißender Weise; er lacht, indem er selber zerreißt.

> »[...]
> *das, das ist deine Seligkeit,*
> eines Panthers und Adlers Seligkeit,
> eines Dichters und Narren Seligkeit! ...
> [...]«

Zerreißen im Doppelsinn ist die Seligkeit des Zerrissenen. Wenn in der Redefigur des Parallelismus »Dichter« an die Stelle von »Panther« und »Narr« an die Stelle von »Adler« tritt, heißt das: Der sich als Panther gibt, ist nur ein Dichter;

der sich als Adler gibt, ist nur ein Narr, aber es sagt zugleich umgekehrt: Nur der Narr ist Adler, nur der Dichter Panther. Nur der Narr, der sich zur Maske wird, ist weise; nur das närrische Raubtier, das sich zur Beute wird, ist das wahre Raubtier. »Du Narr! du Dichter! ...« statt »Nur Narr! Nur Dichter!« wird zur Huldigung: Der Dichter, der wissend lügt und lügend weiß; der lügen will und muß, erscheint als Inbegriff höchster menschlicher Möglichkeiten. Dichterische Lügen wirken als äußerste Lebensfülle, äußerste Lebensfülle stellt sich als Produkt dichterischen Lügens dar. Weil dem so ist und er es weiß, will und muß der Dichter lügen. Er nimmt um des großen, bewegten Lebens willen wissend und leidend den Widerspruch auf sich. Die *Begründung* für diese Gegebenheit gibt nicht das Gedicht, sondern Nietzsches Sprach- und Erkenntistheorie in Relation zu seinem dionysischen Weltbild, auf die im Zusammenhang um der Textnähe der Interpretation willen erst am Schluß der Überlegungen eingegangen werden soll. Als *Stimmung* ist der Lobpreis des Dichters und seiner dichterischen Welt an dieser triumphalen Stelle des Gedichts unmittelbar evident. Die Feststellung, daß das Leben nur Literatur sei, verliert hier den pejorativen Sinn, den sie bei Heine hat, und nimmt eine epochal neue Bedeutung an, die einen entscheidenden deutschen Beitrag zum Selbstverständnis des europäischen Symbolismus darstellt. Das glühende Leben ist nur Literatur, aber es ist auch nur in der Literatur. Die Gleichung Literatur = Leben verliert gleichzeitig ihre Statik. Das in Literatur stattfindende Leben ist Spiel und Widerspiel, Bauen und Destruieren von Entwürfen des Seins als unendlicher Prozeß. Die Wortwelt als eine Welt der Vorstellungsprozesse ist, wie sich ergeben wird, die beste aller möglichen, immer in Fluß, in dem alles allem widerstreitet und alles wiederkehrt.

Wie ist die Umwertung der Werte im Redeprozeß zu verstehen, der den Mittelteil des Gedichts ausmacht? Sie wird verständlicher durch die Wahrnehmung, daß mit dieser Umwälzung eine zweite, gegenläufige einhergeht, quasi eine Umwertung der Umwertung, die mit der ersten zusammen eben dieses Widerspiel – Literatur ist Lüge und Leben in einem – vergegenwärtigt. In dem Maße, wie der bunte Urwald des Dichters und sein Raubtierdasein in diesem Urwald ihre papierene Flachheit verlieren und dreidimensional werden, in diesem Maße wird auch offenbar, daß dieser Urwald und dieses Raubtierdasein noch und gerade in Spaltung und Zerrissenheit imaginativer Vorgriff, Utopie ist. Das ist der tiefere Sinn der optativischen und infinitivischen Aufweichung der Aussage bis hin zur Feststellung: »[...] adlerhaft, pantherhaft sind des Dichters *Sehnsüchte*« (Kursivierung G. K.). Diese Sehnsüchte, und nur sie, *sind* seine Seligkeit. An die Stelle von Sehnsucht nach Seligkeit tritt Sehnsucht als Seligkeit, und diese Sehnsucht ist tiefstes Zeugnis der Zerrissenheit, die so radikal ist, daß sie immer wieder momenthaft als defizitär erfahren werden muß, auch wenn sie grundsätzlich als unaufhebbar bejaht und akzeptiert ist.

Damit wird die seltsame Einschachtelung der Hohnrede der Sonnenstrahlen zum Herzen in die Erinnerungsrede des Ich zu demselben Herzen einleuchtend. Indem das Ich sich zum Sprecher der Sonnenstrahlenrede an das Herz macht, ›erinnert‹ es diese, nimmt sie in sich hinein, wird ihre Stimme. Der einstige Hohn wird erinnernd akutalisiert. Das Einst, das schon so lange vorbei ist, ist auch schon wieder ganz nahe. Sofern aber die Sonnenstrahlenrede in der Ich-Rede durch die Umwertung der Werte umfunktioniert wird, geht sie auch im Ich unter, das über die starre, tote, kalte Wahrheit metayphysischer Systeme und moralischer Normen hinaus ist, übergetreten in den Urwald bunter Selbst- und Weltentwürfe und ihrer Destruktion. Der Dichter ist nicht der »Freier«, er ist »freier« der toten Wahrheit als andere, auch wenn er der Versuchung ausgesetzt bleibt, bis zum Verlangen nach ihr zurückzufallen. Je tiefer die Rückfälle, um so weiter die Vorsprünge. Also sprach Zarathustra:

»[...] der schlimmste Feind, dem du begegenen kannst, wirst du immer dir selber sein; du selber lauerst dir auf in Höhlen und Wäldern. Einsamer, du gehst den Weg zur dir selber! Und an dir selber führt dein Weg vorbei und an deinen sieben Teufeln!
Ketzer wirst du dir selber sein und Hexe und Wahrsager und Narr und Zweifler und Unheiliger und Bösewicht.
Verbrennen musst du dich wollen in deiner eignen Flamme: wie wolltest du neu werden, wenn du nicht erst Asche geworden bist!
Einsamer, du gehst den Weg des Schaffenden: einen Gott willst du dir schaffen aus deinen sieben Teufeln!
Einsamer, du gehst den Weg des Liebenden: dich selbst liebst du und desshalb verachtest du dich, wie nur Liebende verachten.

Schaffen will der Liebende, weil er verachtet! Was weiss Der von Liebe, der nicht gerade verachten musste, was er liebte!
Mit deiner Liebe gehe in deine Vereinsamung und mit deinem Schaffen, mein Bruder; und spät erst wird die Gerechtigkeit dir nachhinken.
Mit meinen Thränen gehe in deine Vereinsamung, mein Bruder, Ich liebe Den, der über sich selber hinaus schaffen will und so zu Grunde geht. –« (VI/1, 78 f).

In diesem Urwald voller Bewegung, in diesem unaufhörlichen πόλεμος gibt es kein einfaches Nebeneinander von Vitalität und Geist, Leidenschaft und Imagination, destruierender Reflexion und entwerfender Phantasie. Reflexion und Imagination sind so vital, wie die Vitalität sich als Reflektieren und Imaginieren äußert. In Gottfried Kellers »Mißbrauchten Liebesbriefen« erweist sich das Herzblut des Literaten als Tinte[7]; in Heinrich Heines »Seegespenst« äußert sich die gleiche Erfahrung. Bei Nietzsche kehrt sich auch das um: »Von allem Geschriebenen liebe ich nur Das, was Einer mit seinem Blute schreibt. Schreibe mit Blut: und du wirst erfahren, dass Blut Geist ist« (VI/1, 44).

»Geist ist das Leben, das selber in's Leben schneidet« (VI/1, 130). »Ihr seid keine Adler: so erfuhrt ihr auch das Glück im Schrecken des Geistes nicht« (VI/1, 130). Das sind Weisheiten des Zarathustra. Panther und Adler sind so sehr Raubtiere der Vitalität wie der Reflexion in einem Ich, einer Seele, die nichts anderes ist als die Bühne bewegter und widerstreitender Kräfte und Regungen. Der Streit von Reflexion und Imagination ist nur ein Sonderfall des unaufhörlichen Aufsteigens und Niedersinkens, des Werdens und Vergehens, des Kämpfens und Leidens im Ich.[8]

Damit ist aber schon der Schritt vollzogen zu der Einsicht, daß die Sonnenstrahlenrede nicht eine Stimme von außen ist, etwa die Instanz jener Wahrheit, die im Verlauf der Rede so negativen Bestimmungen verfällt. Sie kann es aus einem formalen und einem inhaltlichen Grund nicht sein. Eine Stimme, die von außen in den monologischen Raum des Gedichts einbräche, würde seine Eigenart in der Tradition Klopstocks und Goethes zerstören. Überall in deren freien Rhythmen ist das redende Ich die Instanz, welche die Einheit des Gedichts sicherstellt. Es bliebe mit dem Verlust dieser Einheit eine matte, rhetorisch aufgeputschte Allegorie zurück. Der Einschub der Rede der Sonnenstrahlen in die Rede des Ich wäre funktions- und sinnlos, schlimmer: eine störende Unklarheit. Und der inhaltliche Grund, warum die Sonnenstrahlenrede nicht im Namen der starren Wahrheit ergehen kann: Die Sonnenstrahlenrede verbrennt und versengt, sie ist heiß; jene Wahrheit aber ist kalt. Nicht nur sind Adler und Schlange Zarathustras Tiere, auch die Sonne ist das Gestirn dessen, der von seinem »unbeugsamen Sonnen-Willen« spricht (VI/1, 215). So sind auch die das Ich verhöhnenden Sonnenstrahlen Momente des Ich selber, das sich ja von vornherein dialogisch-monologisch artikuliert. Das Ich spricht zu seinem heißen Herzen, dem die heißen Sonnenstrahlen so entsprechen wie ihr Hohn dem

»selig-höhnisch« raubenden Raubtier, das sich selbst jagt. Beide laufen sie nach der gleichen Beute. Die heißen Sonnenstrahlen schweben über dem heißen Herzen wie der Adler über seinem Abgrund. Sie sind nicht Stimme *der* Wahrheit, sondern, durch Großschreibung herausgehoben, »Einer Wahrheit«, der Wahrheit des Narren und Dichters nämlich, der unter seiner Zerrissenheit leidet und sie akzeptiert, der zerreißt und zerreißend lacht, dessen Seligkeit das Zerreißen ist. Seine Wahrheit ist, daß er das sich jagende Raubtier ist und der Narr, der sich zur Maske wird. Seine Wahrheit ist zu wissen, daß er das lügende Tier ist. Seine Wahrheit ist zu wissen, daß nur die Dichtung der Ort des Lebens im Prozeß ist, weil das Leben Dichtung ist. »Was ist mir jetzt ›Schein‹! Wahrlich nicht der Gegensatz irgend eines Wesens, – [...] Schein ist für mich das Wirkende und Lebende selber [...]«, sagt Nietzsche in der »Fröhlichen Wissenschaft« (V/2, 91). Der Dichter zieht die Konsequenz dieser Wahrheit; er ist es, der die Wahrheit »erst schafft«, wie Nietzsche von sich als Dichter des »Zarathustra« in »Ecce homo« im Vergleich mit Goethe und Shakespeare sagt (VI/3, 341): „Vielleicht bin ich ein Hanswurst ... Und trotzdem oder vielmehr *nicht* trotzdem [...] redet aus mir die Wahrheit. – Aber meine Wahrheit ist *furchtbar*: denn man hiess bisher die *Lüge* Wahrheit« (VI/3, 363).

Von diesem Ergebnis her wird nun auch die bereits beschriebene Zeitstruktur des Gedichts mit der Staffelung und Entgegensetzung von Tagesend- und Nachtanfangssituation verständlich, deren komplizierte Spannung sich bis in den Schluß des Dithyrambus durchhält. Doch vor der Erörterung des Schlusses ist ein Blick auf die Traditionslinie der Nachtsymbolik notwendig, auch wenn er nur flüchtig sein kann. Bei Novalis, Brentano und Eichendorff, bei Wilhelm Müller, Heine und Gottfried Keller gibt es eine Nacht der Verlockung zur Rückkehr in den mütterlichen Ursprung des Lebens, der allen Unterscheidungen voraus liegt – sei es, daß er ein Erlöschen im Chaos oder im ewigen Vergessen verheißt.[9] Dieser Nacht steht der Tag der väterlichen Ordnungen und Unterscheidungen gegenüber, der bei Eichendorff auch in eine zur Ursprungsnacht konträre Nacht des Vaters, des Ruhens in Gott, münden kann. Bei Schopenhauer und Richard Wagner, von denen Nietzsche sich abstößt, ist die Tagsphäre Trugwelt der Erscheinungen – so Schopenhauer – und Chaos der Machtkämpfe in verblassenden Vaterordnungen geworden – so Wagner. Erlösung gibt es nur als Lösung von der Tagwelt und Anheimgabe an das Nichtsein, das Nirwana. »Nur Narr! Nur Dichter!« kann als Widerhall von Wagners leidenschaftlichem Kult der Nacht, des Leidens an der Tagwelt in »Tristan und Isolde« gelesen werden, wo der sterbende Held singt:

> »O dieser Sonne
> sengender Strahl,
> wie brennt mir das Hirn
> seine glühende Qual!
> für dieser Hitze
> heißes Verschmachten,
> ach, keines Schattens
> kühles Umnachten!«[10]

Schon das ist wie ein Echo von Novalis' »Hymnen an die Nacht« mit ihrer Frage: »Muß immer der Morgen wiederkommen? Endet nie des Irdischen Gewalt?«[11], ein Echo gleichfalls von Schopenhauers Absage an den »Widerspruch, mit welchem der Wille zum Leben [...] behaftet ist«[12], und an die Qual des Lebens, die auch bei ihm unter dem Bild der Sonne erscheinen kann: »Die Sonne [...] brennt ohne Unterlaß ewigen Mittag«.[13]

An anderer Stelle zitiert Schopenhauer die antike Spruchsammlung, die unter dem Namen Theognis überliefert ist, eine Sammlung, über die der junge Nietzsche seine erste, die Klaue des Löwen verratende altphilologische Studie geschrieben hat – und hier ist denn auch der Ursprung der Sonnenqualmetapher zu suchen. Nietzsche bezieht sich auf die gleiche Stelle in der »Geburt der Tragödie«[14], wo er von der schrecklichen Wahrheit des Silen spricht:

> »Gar nicht geboren zu werden, das wäre für Menschen das beste,
> Nimmer des Sonnengottes sengende Strahlen zu schauen.
> Ist man aber geboren, so schnell, wie es geht, in des Hades
> Pforten zu dringen und dort unter der Erde zu ruhn.«[15]

Schopenhauer findet hier eine Formulierung, die seine Abkehr von der ewigen Umwälzung historisch beglaubigt. Wie steht Nietzsche in dieser Tradition? Er geht bis zu Theognis zurück, um sich letztendlich von diesem Ruhewunsch abzusetzen und sich zum »großen Mittag« zu bekennen. Bei Nietzsche wechseln Tag des Widerstreits und Nacht des Vergessens. Eine Entscheidung zwischen ihnen steht nicht an, weil sie polar zusammengehören in den Gegensätzen des Lebendigen. Es steigt als Flucht der Erscheinungen unaufhörlich aus einem Göttlichen auf. Nicht in den Erscheinungen, vielmehr im Versuch, diese Erscheinungsflucht stillzustellen, liegt der Wahn. Das Göttliche aber heißt Dionysos – keine Mutter, kein Vater, doch ein männliches Prinzip: Projektion des einzigen Nietzsche-Zarathustra ins Unendliche oder umgekehrt der einzigen Nietzsche-Zarathustra Projektion des Gottes. Gleichviel ob der die Erscheinungswelt dichtende Gott im Dichter-Philosophen Nietzsche sich aufs höchste bezeugt oder ob der Dichter-Philosoph den Gott als überhöhte Spiegelung seines Selbst entwirft – Erlösung ist bei Nietzsche jedenfalls Übergabe an den Willen zum Leben und dessen Einbettung in die ewige Wiederkunft des Gleichen. Sich wegschleichen wollen aus dem Erscheinungswiderstreit ist verächtlich. Dem Rausch des Verlöschens wird der Rausch der Fülle und Intensität entgegengestellt. Das Ja zum immer höher ausgreifenden, sich im unendlichen Selbstwiderspruch übersteigenden Ich verschmilzt mit dem Ja zum Kreisen des Lebens in sich, bei dem alles wiederkommt. So ist das *Steigen* im Selbstwiderspruch auch ein *Kreisen* im Selbstwiderspruch. Ruhe will in Bewegung übergehen und Bewegung in Ruhe. Der Übergang zwischen Durst und Versinken ist ein Balanceaugenblick, in dem der Blick nach rückwärts zugleich ein Blick nach vorwärts ist. In Wagners »Tristan und Isolde« heißt das letzte Wort:

> »[...] ertrinken,
> versinken –,
> unbewußt –,
> höchste Lust!«[16]

Bei Eichendorff gibt es ein in langer Tradition stehendes Gedicht »Der Einsiedler«, in dem ein Schiffer wandermüd sein Abendlied zu Gottes Lob im Hafen singt – sein Schiff ist heimgekommen.[17] Bei Nietzsche findet sich im Dionysos-Zyklus der siebente Dithyrambus mit der Überschrift »Die Sonne sinkt«, der sich vom »schiefen Verführerblick« der Nacht abwendet. Hier läuft am Ende der Nachen *hinaus* (VI/3, 395); es ist der Nachen des Dionysos, der ihn seinem Götterschicksal entgegenführt. Der Zeit dieses Dithyrambus entspricht vielleicht in unserem Gedicht der Moment, in dem das Ich zu sich als Du spricht und – schon geneigt zur Nacht – zum ersten Mal »ich« sagt im ganzen Gedicht. Es ist Ich im transitorischen Moment der Beruhigung des internen Widerstreits und vor dem Verschwimmen der Konturen. Die Stunde des Übermenschen jedoch, der mit dem Ja zu Widerstreit und Wiederkunft einer unendlichen Ruhe in *unendlicher Bewegung* teilhaftig wird[18], ist der Mittag als »heiterer schauerlicher Mittags-Abgrund« eines bewußten Schlafs, in dem die Vollkommenheit der Welt als Stich ins Herz erfahren wird (VI/1, 341). »[...] *herauf nun, herauf, du grosser Mittag!* – Also sprach Zarathustra und verließ seine Höhle, glühend und stark, wie eine Morgensonne, die aus dunklen Bergen kommt« (VI/1, 404). So spricht die paradoxe Seligkeit und Erlöstheit des Sisyphos.[19]

Schwingt »Die Sonne sinkt« im Vorgefühl des Verlöschens aus, dem doch schon Umkehr innewohnt, so kreist allerdings »Nur Narr! Nur Dichter!« weiter. Das Ich fällt in den Sog der Nacht hinein, aber nur, um durch ihn hindurch wieder in das Bewußtsein des Zerreißens zu fallen. So der Schluß: Nachtabwärts wie die von der Sichel des Todesmondes geschnittenen Rosen sank das Ich aus seinem Wahrheits-Wahnsinne und seinen Tages-Sehnsüchten, von einer Wahrheit verbrannt. Nicht das Vergessen des Durstes, vielmehr der Durst ist der letzte Fluchtpunkt des Gedenkens, in dem es ohne weiteres an seinen Anfang zurückzukehren scheint. Doch in Wirklichkeit hat sich unversehens eine zweite radikale Wende im Gedicht vollzogen: Nicht einfach steht am Ende das Wissen vom Durst. »Wahrheits-Wahnsinn« und »Tages-Sehnsucht« verlangen nach zweifacher Lesung – als Wahnsinn durch Wahrheit und Wahnsinn nach Wahrheit, als durch den Tag geweckte Sehnsucht und Sehnsucht nach dem Tag, als Durst nach Vergessen des Durstes und Durst nach dem Durst. Erst so wird der Kreislauf wahrhaft zwingend, erst so die Wahrheitsfrage unentrinnbar. Dem entspricht, daß nun erst das Verbrennende, das zuerst über *die* Wahrheit gesprochen hat, als eine, nämlich seine, des Dichters Wahrheit, bestimmt wird. Es ist die Wahrheit, von *aller* Wahrheit verbannt zu sein, am Ende auch von der eigenen, neuen. Die Unentrinnbarkeit der Wahrheitsfrage ist zuletzt auch ihre absolute Unlösbarkeit, sofern noch die Wahrheit, daß alles Lüge ist, am meisten das Festgestellte, genau in der Feststellung, in der Herausnahme aus dem Prozeß, schon wieder aufhört, Wahrheit zu sein.

Von da aber ist es nur noch ein Schritt zu dem *anderen* möglichen Verständnis des gesamten Zusammenhanges:

>[...]
dass ich verbannt sei
von aller Wahrheit!«

muß nicht unbedingt die inhaltliche Bestimmung der Mangelerfahrung des Dursts sein. Es kann auch – als Stimme der tiefsten Verzweiflung – Sehnsucht, statt Klage, ausdrücken, grammatisch analog zu dem Wunsch »[...] dass du in Urwäldern [...] liefest«. Besser von der Wahrheit – Subjekt oder adverbielle Bestimmung des Ortes – verbannt, als verbrannt. Jedenfalls sprechen hier nicht mehr die Sonnenstrahlen durch den Mund des erinnernden Ich; hier hat das einst von den Sonnenglutblicken verhöhnte Ich Hohn und Trauer vollends in sich hineingenommen. Das Gedicht könnte am Schluß den Ort erreicht haben, wo für Nietzsche der Wahrheitswille überhaupt fragwürdig wird – nicht weil es keine Wahrheit gäbe, sondern weil sie *tödlich* zerreißend und zerrissen sein kann. »Menschliches, Allzumenschliches« spricht von der »Gefahr [...], dass der Mensch sich an der erkannten Wahrheit verblute« (IV/2, 108; vgl. IV/3, 117f). »›Wille zur Wahrheit‹ – das könnte ein versteckter Wille zum Tode sein«, heißt es in »Die fröhliche Wissenschaft« (V/2, 258). »[...] *wir haben die Kunst*, damit wir nicht an der Wahrheit zu Grunde gehn«, schreibt Nietzsche im Nachlaß der 80er Jahre (VIII/3, 296). Auch in diesem Licht kann der Schluß: »Nur Narr! Nur Dichter!« gelesen werden – auch darin entgegengesetzt zu Schopenhauer und Wagner, denen die tödliche Wahrheit willkommen ist, während Nietzsche Wahrheiten der Forderung, schmerzlich lebensteigernd zu sein, unterstellt.

Und noch mit dieser Ungewißheit – Wunsch oder Klage – ist es nicht genug. Geht man von der Parenthese aus, in welche die Erinnerungsfrage gestellt ist, dann erscheinen Wunsch wie Klage, verbannt zu sein, als Erinnerungsbestand, und zwar in beiden Fällen nicht der Nacht des Versinkens, sondern dessen, was dem Balance- und Umschlagsmoment vorherging. Wunsch und Klage sind ja Stimme des Entbehrens, nicht des Vergessens. Der Schluß greift also hinter das schattenwärts Sinken zurück, und er greift zugleich vor: Denn da das Vergessen transitorisch ist, werden Klage und Wunsch wiederkehren, ja, sie tun es gerade so, wie in der Erinnerungsrede des Ich am Anfang die einstige Sonnenstrahlenrede wiederkehrt. Ist doch der optativische Konjunktiv in der Präsensform gleich gut präsentisch wie präterital zu orten. In diesem Fall sogar besser: Nietzsches Sperrdruck der letzten Zeilen, der nur die Schlußworte »Narr« und »Dichter« ausnimmt, gibt diesem Satz besonderen rhetorischen Nachdruck – aufgipfelnd in der bedeutungsschweren Zurücknahme der entscheidenden Worte. Das entspricht mehr einem Ausrufesatz als einem abhängigen, von einem Bezugswort weit entfernten Nebensatz, und abermals mehr einer Gegenwart als einer Erinnerung. Die Ausdrucksenergie der Schlußsätze, die Kraft der Vergegenwärtigung schafft Gegenwart.

Wie dem aber auch sei: selbst dieser Punkt ist einer im Kreisen und in der unaufhörlichen Streithaftigkeit, innerhalb derer die Kraft, Wahrheiten auszuhalten, auch Maß menschlicher Größe ist. »›Wieviel Wahrheit *erträgt*, wieviel Wahrheit *wagt* ein Geist?‹ – dies wurde für mich der eigentliche Werthmesser [...] Eine solche Experimental-Philosophie, wie ich sie lebe, nimmt versuchsweise selbst die Möglichkeiten des grundsätzlichen Nihilismus vorweg: ohne daß damit gesagt wäre, daß sie bei einem Nein, bei einer Negation, bei einem Willen zum Nein stehen bliebe. Sie will vielmehr bis zum Umgekehrten hindurch – bis zu einem *dionysischen* Jasagen zur Welt, wie sie ist, ohne Abzug, Ausnahme und Auswahl –, sie will den ewigen Kreislauf, – dieselben Dinge, dieselbe Logik und Unlogik der Knoten. Höchster Zustand, den ein Philosoph erreichen kann: dionysisch zum Dasein stehn –: meine Formel dafür ist amor fati [...]« (VIII/3, 288). Damit ist aber auch die Zeitstruktur des Gedichts erklärt: Sonnengluten einst und jetzt, Nachtheraufkunft einst und jetzt, Zeitschichten und Zeitpunkte im Gedicht sind nicht eindeutig zu fixieren, weil es sich um ständig kreisende Oppositionen handelt, so wie Erlahmen und Aufbrechen, Rücksinken und Raubtiersprung in die neue Wahrheit, daß die alte Wahrheit tot ist, zusammengehören.

Die These, daß die Stimme der Sonnenstrahlen eine Stimme im Ich und dieses Ich die Bühne ebensosehr wie das Subjekt des Dithyrambus ist, läßt sich stützen aus dem Ganzen des Zyklus, in dem immer wieder das Ich im Widerstreit mit sich erscheint: als Wüste, die sich selbst schlingt und würgt im zweiten Dithyrambus (VI/3, 380ff), als »Selbstkenner, Selbsthenker« und »Gefangener [...] im eignen Schachte«, sich »selber angrabend« im vierten (VI/3, 388f), als Ariadne, der Dionysos *ihr* Labyrinth ist, also das Unbekannte, Verwirrende ihrer selbst, im siebenten (VI/3, 396ff). So erscheint auch mehrfach eine neue Wahrheit; als ein Plural der Wahrheiten Zarathustras, welche die alten Werte Ruhm und Tugend destruieren, im achten Dithyrambus (VI/3, 400ff), als seine Wahrheit, die dem Ich offenbart, daß sein Durst nicht löschbar ist, weil dieser zu seiner Absolutheit gehört, im letzten Dithyrambus (VI/3, 404ff). Nur wer bedürftig ist, erfährt Liebe. Diese Wahrheit ist eine Versuchung zur Bedürftigkeit, die nach der Antwort der Unbedürftigkeit ruft – ein offenes Ende des Zyklus entsprechend dem offenen Ende des »Zarathustra«. Gleichermaßen werden andere Positionen des ersten Dithyrambus in den folgenden extrapoliert und variiert. Der dritte Dithyrambus verflicht Tanz, Kampf, Tötung und Tod als Lebensentfaltung in der Entzweiung (VI/3, 386). Der fünfte Dithyrambus, »Das Feuerzeichen«, feiert den Angler auf hohen Bergen, der die Angel in den Himmel auswirft nach seiner siebenten Einsamkeit – Bild des paradoxen Über-sich-

Hinausstrebens des Ich, das sein eigenes Jenseits ist, dessen Utopie ›Ich als Welt‹ heißt (VI/3, 391 f).

Vielleicht noch wichtiger als die Bekräftigung aus dem Gesamt des Zyklus ist die Bestätigung der These vom Widerstreit im Ich als Vorgang des ersten Dithyrambus durch das Motto, das den Dithyramben-Zyklus als Folge von Gesängen des Dionysos ausweist. Dionysos taucht schon in Nietzsches Frühwerk »Die Geburt der Tragödie aus dem Geist der Musik« maßgeblich in der Gestalt des zerrissenen Gottes auf. Dort heißt es in Paragraph 10:

»Es ist eine unanfechtbare Ueberlieferung, dass die griechische Tragödie in ihrer ältesten Gestalt nur die Leiden des Dionysus zum Gegenstand hatte und dass der längere Zeit hindurch einzig vorhandene Bühnenheld eben Dionysus war. Aber mit der gleichen Sicherheit darf behauptet werden, dass niemals bis auf Euripides Dionysus aufgehört hat, der tragische Held zu sein, sondern dass alle die berühmten Figuren der griechischen Bühne, Prometheus, Oedipus u.s.w. nur Masken jenes ursprünglichen Helden Dionysus sind [...] der eine wahrhaft reale Dionysus erscheint in einer Vielheit der Gestalten, in der Maske eines kämpfenden Helden und gleichsam in das Netz des Einzelwillens verstrickt. [...] In Wahrheit [...] ist jener Held der leidende Dionysus der Mysterien, jener die Leiden der Individuation an sich erfahrende Gott, von dem wundervolle Mythen erzählen, wie er als Knabe von den Titanen zerstückelt worden sei und nun in diesem Zustande als Zagreus verehrt werde [...]« (III/1, 67 f).

Ohne daß hier der Gedankengang dieser Abhandlung weiter verfolgt werden könnte oder müßte, wird doch unmittelbar deutlich, daß die Aufsplitterung in eine Mehrheit der Figuren und Masken für Nietzsche wesentlich zum Mythos des Dionysos gehört. In der Entfremdungs- und Spiegelungsgestalt der Ariadne tritt der Gott sich anklagend und liebend gegenüber und hört als seine Rede, daß er Ariadnes Labyrinth sei. Er ist das Verirrte in ihr, sie seine Fremdheit von sich. Gehören die Masken zum Dionysos, so ist der sich selbst zur Maske werdende Narr eine Gestalt des zer-

rissenen Gottes; ist der Panther das Tier des Dionysos, so
ist das Raubtier auf den Wortbrücken eine Tiergestalt des
Gottes, der auch wieder eine Gründungsgottheit des Thea-
ters ist. Der Adler, der außer dem Lamm auch den Gott im
Menschen zerreißt, zerreißt nicht nur den Lamms- und Tu-
gendgott Christus; er zerreißt auch den Dionysos, dessen
Mänaden wiederum ihre Opfer zerreißen, und der Dichter-
Dionysos ist es, der im Wahrheits-Wahnsinne zerreißend
lacht.[20] In *einem* Bild sind die Gegensätze zusammenge-
schlossen:

»Dionysos gegen den ›Gekreuzigten‹: da habt ihr den Gegensatz. Es ist
nicht eine Differenz hinsichtlich des Martyriums, – nur hat dasselbe
einen anderen Sinn. Das Leben selbst, seine ewige Fruchtbarkeit und
Wiederkehr bedingt die Qual, die Zerstörung, den Willen zur Vernich-
tung ... [...] Dionysos ist eine *Verheißung* ins Leben: es wird ewig
wieder geboren und aus der Zerstörung heimkommen« (VIII/3, 58f).

So heißt es im Nachlaß der Achtzigerjahre.[21]
    Damit legt es sich nahe, sogar den zweiten der Dionysos-
Dithyramben in seiner Eigenschaft als Rollengedicht, ge-
sungen vom Schatten Zarathustras, als Offenbarung jenes
Dionysos zu verstehen, der sich im Motto als Autor der
Dithyramben zu erkennen gibt. In der komischen Zerrge-
stalt des Schattens des Zarathustra verkürzt sich die diony-
sische Sehnsucht. Schon in Goethes Dithyrambus vom
Dichter »Wandrers Sturmlied« richtet sich der satyrhafte
Spott des sich in seinem Anspruch offenbarenden Ich gegen
den Zusammenbruch dieses Anspruchs. Bereits im Motto
der Dionysos-Dithyramben ist das Moment der Brechung
und Zerreißung enthalten, wenn sich der Gott Dionysos
wie ein Autor und der Autor wie ein Dionysos verhält: die
antike Gottheit legt ihre Gesänge als Werk, d.h. als ge-
schriebenes oder gedrucktes Opus mit Verfassernamen, zur
Vermittlung ans Publikum einem modernen Autor in die
Hände, den der Gott gleichzeitig zum größten modernen

Satyr erklärt. Die Satyrn als boshafte und vitale Naturgeister gehören in das Gefolge des Dionysos, aber der moderne Satyr ist ein Geist der Literatur.[22]

Entsprechende Sprachbrüche und -verwerfungen gehen durch »Nur Narr! Nur Dichter!« vom Titel an, der in der pejorativen Formulierung auch schon den Selbstpreis enthält, bis zu den Wortwitzen im sonst pathetischen Text, bei denen die Katzen in den Zufall wie in eine Falle springen und die »Rosen-Hängematten« abgesichelt werden. Generell entwickelt Nietzsche hier eine Sprache, die, bei Anknüpfungen an Klopstock und Goethe, den Wortweltcharakter der Dichtersphäre, ihre Umschlägigkeit von Abwertung zur Verherrlichung des Lebensmediums Dichtung bis zum selbstparodistischen Umkippen des Stils herausarbeitet. An dieser Grenze balanciert z. B. die Lämmerstrophe oder das Bild vom Tröster Tau, und beide Textpartien lassen zugleich weitere Eigenheiten kenntlich werden. Während assoziative Reihen bei Goethe primär von Wortbedeutung zu Wortbedeutung und von Bild zu Bild gehen, also inhaltlichen Bindungsprinzipien folgen, entstehen die Reihen bei Nietzsche häufig über Klangassoziationen, also über das, was gesprochene Wörter medientechnisch sind: artikulierte Laute. Sprache wird tendenziell selbständig als Klangwelt, statt auf eine Welt jenseits ihrer zu verweisen.

Solche Wortklangvervielfältigungen sind: Taus Tröstung – Tröster Tau – Trostmilder – Tränen – Taugeträufel; lüsterne Lefzen – nach Lämmern lüstern – Lamms-Seelen – Lammsmilch-Wohlwollen. In diesen und anderen Verbindungen wie boshaft schadenfrohe Sonnen-Glutblicke, lügend laufen, Wortbrücken, Lügen-Regenbogen, falsche Himmel sind darüber hinaus je ein anschauliches und ein abstraktes, ein sinnliches und ein geistiges Vorstellungsglied so verschränkt, daß ein Kontinuum in der Schicht sinnlicher Vergegenwärtigung einer gegebenen Welt nicht entstehen kann. Das ist auf der Ebene der Wörter die Entsprechung zur grammatischen Struktur, sofern sie den Modus der Sachverhalte, von denen sie redet – Wunsch, Vorstellung, Gegebenheit –, in die Schwebe bringt. Bei selig-höhnisch, selig-höllisch, selig-blutgierig, Wahrheits-Wahnsinn begegnen sich auf kleinstem Raum radikale Gegensätze in selbstverständlicher Zusammengehörigkeit, so wie die Rede der Sonnen-Glutblicke der Ich-Rede eingekeilt ist. In stereotyp wiederholten Beiwörtern wie »bunt« für verschiedenste Sachverhalte wird das charakterisierende Wort seiner Anschaulichkeit beraubt und gewinnt zugleich neue geistige Bedeutungsnuancen aus dem jeweiligen Zusammenhang, wobei es zusätzlich Bezüge zwischen Vorstellungen schafft, die auf den ersten Blick weit auseinanderliegen; so: bunt verlarvt – bunt herausredend – buntzottige Raubtiere – bunt laufend. Hier werden die Narrensphäre der Buntheit und die Raubtiersphäre sprachlich so verbunden, wie sie es inhaltlich sind, zu einer Narrenraubtierwelt, hinter der keine andere Wirklichkeit steckt.

Am tiefsten lassen allerdings die Wortwitze »Zufall(e)« und »Rosen-Hängematten« in die sprachliche Ausdrucksqualität des ersten Dionysos-Dithyrambus blicken. Wo eine gegenstandsorientierte Dichtung dazu neigen wird, mit Synonymen zu arbeiten – also verschiedenen Worten für den gleichen Sachverhalt –, geht Nietzsche hier von Homonymen, von gleichen Wortklängen aus, die ganz verschiedenartige Sachen bezeichnen: Hänge – Matten – Hängematten – Fall – (Zu)fall. Die Aufmerksamkeit wird dadurch auf Wörter, statt Sachen, gelenkt – eine Lenkung, die sich gleichfalls in der auffälligen Neigung zu Wortwiederholungen und reigenhaften Wortverschlingungen bezeugt. Solche Wortwiederholung und -verschlingung findet sich etwa in der Romantik – bei Brentano, wo es um Auflösung der Gegenstandswelt in narkotische Klänge geht; sie findet sich auch im Lied von Goethes »Novelle«, wo es sich um einen Kreistanz eschatologischen Glücks handelt; sie findet sich aber auch als geläufiges Mittel der Schulrhetorik, auf die Nietzsche in exzessiver Weise zurückgreift.[21] Narkotisierung, Rausch, Kreisen werden auch bei Nietzsche bewirkt; doch am meisten prägend ist die rhetorische Tendenz, weil Nietzsches Wortwelt zugleich Streitwelt, Selbstbestreitungswelt ist, in der es gewalttätig zugeht, in der überredet, eingehämmert, festgepfählt, gehöhnt, widerlegt, behauptet wird – kein Zufall, daß Nietzsche sich des Zwangs erinnert, »unter dem bisher jede Sprache es zur Stärke und Freiheit gebracht, – des metrischen Zwangs, der Tyrannei von Reim und Rhythmus. [...] Das Wesentliche, ›im Himmel und auf Erden‹, wie es scheint, ist [...], dass lange und in Einer Richtung *gehorcht* werde: dabei kommt und kam auf die Dauer immer Etwas heraus, dessentwillen es sich lohnt, auf Erden zu leben, zum Beispiel Tugend, Kunst, Musik, Tanz, Vernunft, Geistigkeit, – irgend etwas Verklärendes, Raffinirtes, Tolles und Göttliches.« So heißt es in »Jenseits von Gut und Böse« (VI/2, 110f); und in »Götzen-Dämmerung«, als Preis des römischen Klassikers Horaz, in dessen Imitation lateinische Schulstilistik und Rhetorik eingeübt wurde: »Dies Mosaik von Worten, wo jedes Wort als Klang, als Ort, als Begriff, nach rechts und links und über das Ganze hin seine Kraft ausströmt, dies minimum in Umfang und Zahl der Zeichen, dies damit erzielte maximum in der Energie der Zeichen – das Alles ist [...] *vornehm* par excellence. Der ganze Rest von Poesie dagegen etwas zu Populäres, – eine blosse Gefühls-Geschwätzigkeit ...« (VI/3, 149).[24]

Da bei der kursorischen Beiziehung der weiteren Dionysos-Dithyramben zur Interpretation von »Nur Narr! Nur Dichter!« die Gefahr der Umgebung widerständiger Textbefunde besteht, soll im folgenden als eine Art von Kontrollgang der zweite Dithyrambus einläßlicher erörtert werden, weil er – als der gegen Interpretation sperrigste des gesamten Zyklus – eine Gegenbewegung zum ersten Dithyrambus vollzieht.[25] Dieses Gedicht gehört gleichfalls ur-

sprünglich in den vierten Teil des »Zarathustra«, wo er zwei
Abschnitte nach »Nur Narr! Nur Dichter!« vom Wandrer,
der »sich der Schatten Zarathustra's nannte« (VI/1, 375),
»mit einer Art Gebrüll« gesungen wird (VI/1, 376). Auch
der Wandrer ist ein höherer Mensch, auch diesem Lied wird
von Zarathustra eine kathartische Wirkung im Kreis der hö-
heren Menschen zuerkannt, aber es hat im Kontrast zum
vorhergehenden »Lied der Schwermuth« (VI/1, 365) von
vornherein leichteres Gewicht, denn es wurde als »Nach-
tisch-Psalm« für die »Töchter der Wüste« gedichtet (VI/1,
365), von denen es spricht. Trägt der Schatten Zarathustras
als Figur Züge einer Zarathustra-Parodie, so hat das *ge-
samte* Lied einen parodistischen Charakter. Das singende
Ich, in »Nur Narr! Nur Dichter!« schmerzlich heroisch
gestimmt, ist hier komisch, und Nietzsche hat durch die
Herübernahme des »Zarathustra«-Kontexts in den Diony-
sos-Zyklus, die sonst kein Gegenstück hat, diese Perspekti-
vierung beibehalten. Allerdings hat er die »Zarathustra«-
Fassung um einige Schlußverse erweitert, die den Gesamt-
charakter des Gedichts verändern:

> *Die Wüste wächst: weh dem, der Wüsten birgt ...*
>
> Ha!
> Feierlich!
> ein würdiger Anfang!
> afrikanisch feierlich!
> eines Löwen würdig
> oder eines moralischen Brüllaffen ...
> – aber Nichts für euch,
> ihr allerliebsten Freundinnen,
> zu deren Füssen mir,
> einem Europäer unter Palmen,
> zu sitzen vergönnt ist. Sela.
>
> Wunderbar wahrlich!
> Da sitze ich nun,

der Wüste nahe und bereits
so ferne wieder der Wüste,
auch in Nichts noch verwüstet:
nämlich hinabgeschluckt
von dieser kleinsten Oasis
– sie sperrte gerade gähnend
ihr liebliches Maul auf,
das wohlriechendste aller Mäulchen:
da fiel ich hinein,
hinab, hindurch – unter euch,
ihr allerliebsten Freundinnen! Sela.

Heil, Heil jenem Walfische,
wenn er also es seinem Gaste
wohlsein liess! – ihr versteht
meine gelehrte Anspielung? …
Heil seinem Bauche,
wenn es also
ein so lieblicher Oasis-Bauch war,
gleich diesem: was ich aber in Zweifel ziehe.
Dafür komme ich aus Europa,
das zweifelsüchtiger ist als alle Eheweibchen.
Möge Gott es bessern!
Amen!

Da sitze ich nun,
in dieser kleinsten Oasis,
einer Dattel gleich,
braun, durchsüsst, goldschwürig,
lüstern nach einem runden Mädchen-Maule,
mehr aber noch nach mädchenhaften
eiskalten schneeweissen schneidigen
Beisszähnen: nach denen nämlich
lechzt das Herz allen heissen Datteln. Sela.

Den genannten Südfrüchten
ähnlich, allzuähnlich
liege ich hier, von kleinen

Flügelkäfern
umtänzelt und umspielt,
insgleichen von noch kleineren
thörichteren boshafteren
Wünschen und Einfällen, –
umlagert von euch,
ihr stummen, ihr ahnungsvollen
Mädchen-Katzen
Dudu und Suleika
– *umsphinxt,* dass ich in Ein Wort
viel Gefühle stopfe
(– vergebe mir Gott
diese Sprachsünde! . . .)
– sitze hier, die beste Luft schnüffelnd,
Paradieses-Luft wahrlich,
lichte leichte Luft, goldgestreifte,
so gute Luft nur je
vom Monde herabfiel,
sei es aus Zufall
oder geschah es aus Übermuthe?
wie die alten Dichter erzählen.
Ich Zweifler aber ziehe es in Zweifel,
dafür komme ich
aus Europa,
das zweifelsüchtiger ist als alle Eheweibchen.
Möge Gott es bessern!
Amen.

Diese schönste Luft athmend,
mit Nüstern geschwellt gleich Bechern,
ohne Zukunft, ohne Erinnerungen,
so sitze ich hier, ihr
allerliebsten Freundinnen,
und sehe der Palme zu,
wie sie, einer Tänzerin gleich,
sich biegt und schmiegt und in der Hüfte wiegt
– man thut es mit, sieht man lange zu . . .
einer Tänzerin gleich, die, wie mir scheinen will,

zu lange schon, gefährlich lange
immer, immer nur auf *Einem* Beinchen stand?
– da vergass sie darob, wie mir scheinen will,
das *andre* Beinchen?
Vergebens wenigstens
suchte ich das vermisste
Zwillings-Kleinod
– nämlich das andre Beinchen –
in der heiligen Nähe
ihres allerliebsten, allerzierlichsten
Fächer- und Flatter- und Flitter-Röckchens.
Ja, wenn ihr mir, ihr schönen Freundinnen,
ganz glauben wollt,
sie hat es *verloren* ...
Hu! Hu! Hu! Hu! Hu! ...
Es ist dahin,
auf ewig dahin,
das andre Beinchen!
Oh schade um dies liebliche andre Beinchen!
Wo – mag es wohl weilen und verlassen trauern,
dieses einsame Beinchen?
In Furcht, vielleicht vor einem
grimmen gelben blondgelockten
Löwen-Unthiere? oder gar schon
abgenagt, abgeknabbert –
erbärmlich wehe! wehe! abgeknabbert! Sela.

Oh weint mir nicht,
weiche Herzen!
Weint mir nicht, ihr
Dattel-Herzen! Milch-Busen!
Ihr Süssholz-Herz-
Beutelchen!
Sei ein Mann, Suleika! Muth! Muth!
Weine nicht mehr,
bleiche Dudu!
– Oder sollte vielleicht
etwas Stärkendes, Herz-Stärkendes

hier am Platze sein?
ein gesalbter Spruch?
ein feierlicher Zuspruch? ...

Ha!
Herauf, Würde!
Blase, blase wieder,
Blasebalg der Tugend!
Ha!
Noch Ein Mal brüllen,
moralisch brüllen,
als moralischer Löwe vor den Töchtern der Wüste brüllen!
– Denn Tugend-Geheul,
ihr allerliebsten Mädchen,
ist mehr als Alles
Europäer-Inbrunst, Europäer-Heisshunger!
Und da stehe ich schon,
als Europäer,
ich kann nicht anders, Gott helfe mir!
Amen!

* * *

Die Wüste wächst: weh dem, der Wüsten birgt!
Stein knirscht an Stein, die Wüste schlingt und würgt.
Der ungeheure Tod blickt glühend braun
und *kaut*, – sein Leben ist sein Kaun ...

Vergiss nicht, Mensch, den Wollust ausgeloht:
du – bist der Stein, die Wüste, bist der Tod ...«(VI/3, 380ff).

Worin ist der zweite Dithyrambus parodistisch, sein Sänger komisch? Weil das Gedicht darin hinter die Haltung des ersten Dithyrambus zurückfällt, daß der brüllende Sänger dem Zerreißen zu entkommen sucht in einer endgültigen Anheimgabe an jene große transitorische Ureinheitserfahrung, die im ersten Dithyrambus Nacht, im zweiten Oase heißt. In ihr sitzend, evoziert das Ich-Tier das Bild der wachsenden Wüste, mit dem der Dithyrambus anhebt, wobei sofort diese Wüste als Zustand im Ich, nicht als geographischer Sachverhalt eingeführt wird. Ähnlich dem Urwald der ersten Dithyrambe hat auch die Wüste in dieser für sich stehenden Zeile ihr »Wehe«. Schon die Anfangszeilen der folgenden Strophe aber lassen Wüste, die doch für Zarathustra Ort der Anheimgabe an den Widerstreit ist, fern den Städten des dumpfen Volkes (VI/1, 128ff), zur Größenphantasie des Europäers verarmen. Der Europäer kann bei Nietzsche als Negativfigur auftreten, sofern die europäische Geschichte ein Irrlauf in Moral und Metaphysik ist, als Positivfigur, sofern aus diesem Irrlauf die von Nietzsche getragene Wende möglich werden soll. Im zweiten Dithyrambus erscheint dieser Europäer als eine Spottgestalt, die keine Ahnung hat vom Widerstreit der Kräfte im Ich, der Umschlägigkeit von Vitalität und Imagination ineinander; der es gar keinen Unterschied macht, sich als moralischer Brüllaffe oder als Löwe zu gerieren. Ist dem Ich des ersten Dithyrambus im Inhalt der Rede, durch die prozessual in ihr erscheinende Umwertung der Werte und durch die Verschichtung der Sprechinstanzen seine Zerrissenheit im Bewußtsein vorhanden, so ist das Ich des zweiten Dithyrambus der diffusen Widersprüchlichkeit seiner Intentionen und Reaktionen bis zur Lächerlichkeit ausgeliefert, wenn es versucht, in der Oase einheimisch zu werden, dem Fluchtraum im Fluchtraum. Dazu sagt Zarathustra: »Wahrhaftig – so heisse ich Den, der in götterlose Wüsten geht und sein verehrendes Herz zerbrochen hat. Im gelben Sande und verbrannt von der Sonne schielt er wohl durstig nach den quellenreichen Eilanden, wo Lebendiges unter dunkeln Bäumen ruht. Aber sein Durst überredet ihn nicht, diesen Behaglichen gleich zu werden: denn wo Oasen sind, da sind auch Götzenbilder« (VI/1, 129) – die Oase selbst, als Ort der Ruhe und Beruhigung, ist ein Götzenbild.

Das Unternehmen des Europäers ist aber nicht nur armselig, es ist auch zum Scheitern verurteilt. Wenn nicht ihre Gegebenheit, sondern Kraft, Buntheit, Streithaftigkeit die Wirklichkeit der Welt ausmachen, dann ist die Nacht des Vergehens im ersten Dithyrambus eine Wirklichkeit, aber die Oase des zweiten Dithyrambus nur eine schläfrige Hirngegend, ein Punkt in einem müßigen Denken. Dieser Ort nur ausgedachter naturhafter Ureinheit erscheint um so trivialer, weil spannungslos, je dringender das Denken in ihm zu verschwinden sucht. Nietzsche verwendet für die Charakterisierung des Europäer-Sehnsuchttraums das gleiche Mittel, das im Helena-Akt von Goethes »Faust II« den Kunstcharakter Arkadiens sicherstellt: das exzessive Zitat von Bildungs- und Literaturtraditionen.[26] Die Polarität von Norden und Süden bzw. Orient und Okzident ist seit Goethe ein Grundmuster, in dem die Spannung von Natur und Bewußtsein, Naturformen und zivilisatorischen Komplikationsformen des menschlichen Lebens dargestellt wird. Immer wieder erscheinen nordische Wandrer, die in südliche Idyllen eintreten. Bereits bei Goethe wird dabei dichterisch gestaltet, daß Idylle weniger reale Gegebenheit als Ergebnis der sehnsuchtsvoll-produktiven Anschauung des Wandrers ist. Der Süden oder der Orient als Weltgegend der Natur ist darin Weltgegend der Kunst. So ist der Held der »Römischen Elegien« ein Künstler, der durch Anschauungsakte den Kunstcharakter seines idyllischen Roms sicherstellt. Nietzsches Europäer in der Oase ist demnach ein ins Exotische ausgeschweifter Nachkomme älterer nordischer Wandrer in südlichen Räumen. Von hier geht die Entwicklung der Konstellation zu Gottfried Benns polynesisch-ozeanischen Entgrenzungsschüben. Nur ist bei Nietzsche die Oase ein seltsames Sammelsurium aller möglichen Versatzstücke, die nebeneinandergestellt, allerdings gleichzeitig auch witzig unterminiert werden.

So findet sich neben dem Nord-Süd-Schema Goethes der

Name Suleika aus dem »West-östlichen Divan«, es kontrastieren ursprünglich-vitales Altes Testament und (in der Sicht Nietzsches) moralisierendes Neues Testament. Das »Sela« des Psalmisten steht gegen das »Amen« der Kirche. Prophetengeschichte, Paradiesesmythos, Sphinx-Rätsel vom vier-drei-zweibeinigen Wesen Mensch stehen beisammen, der Schatten der blonden Bestie als ironisches Selbstzitat von Nietzsches Philosophie huscht vorüber: das grimme, gelbe, blondgelockte Löwen-Untier als nördliche Phantasiegeburt! Den Oasenraum diskreditierend, finden sich triviale Klischees des Harems ein, der mit Flitterrock-Mädchen, Bauchtanz und dem lallenden Kosenamen »Dudu« an Tingeltangel und Bordell erinnert.[27] Dann der sprengende Witz: Wenn die Mädchen-Flügelkäfer den betörten Europäer im Verein mit seinen eigenen Wünschen und *Einfällen* umspielen, wenn der *Zufall* der Paradiesesluft vom Mond sich dem Bericht alter Dichter verdanken mag, wenn gar der Europäer in das aufgesperrte »Mäulchen« der Oase hineingefallen ist und von ihr verschluckt wurde, dann ist dieser ganz afrikanische Orient nichts als ein Einfall, der den Europäer eingenommen hat, ein gelehrter Tagtraum sehr entsprechend den gelehrten Anspielungen, die der Brüllaffe aus Europa für deplaziert hält. Und in der Tat: Das Frauenzimmer Oasis, eine Allegorie in bester Poetiktradition, ist ein Sprachmensch durch und durch, ein Laut am Rande der Sprache. »[...] sie sperrte gerade gähnend ihr liebliches Maul auf«. Oa – das Gähnen *ist* die Oase, Sela. Wiederum eine Klanggeburt in der Wortwelt.

Ist die Oase der faule Punkt, das Gähnen des Bewußtseins, so antizipiert dieses im Blick zum Propheten Jona ahnungslos das Ergebnis seiner Exkursion zu den Müttern. Es geht dem Europäer beim Versuch seines Rückfalls in den ungeheuren und zugleich doch auch nur chimärischen Mutterbauch wie dem Propheten des Alten Testaments, der vom Leidensweg der Berufung – analog dem heroischen

Leidensweg des Ich im ersten Dithyrambus – wegzulaufen versucht: Er wird ausgespien. Nicht nur durch die Banalisierung des südlichen Idyllenraums, sondern auch durch die Banalisierung des nordischen Wandrers hebt sich Nietzsches Dithyrambus von der Tradition ab. Wo das Ich der »Römischen Elegien« das Kunst-Natur-Leben der Idylle wissend lebt, ist Nietzsches törichter Europäer bewußtseinsflüchtig und doch vom Bewußtsein verfolgt. Jedem Anlauf zu tieferem Rückgang in den Urgrund der Vitalität läuft das kommentierende und zweifelnde Bewußtsein hinterher und überholt ihn wie der Swinegel den Hasen, bis am Ende der ›Held‹ ein für allemal draußen steht, hinausgeworfen in sein Europäertum, das seit Sokrates und neuzeitlich noch einmal seit Descartes vom Zweifel imprägniert ist.

Schon der Anfang des Gedichts zeigt, wie das funktioniert: Der Einsatz des Europäers – die Einzeilenstrophe vom Wachsen der Wüste – hat, für sich selbst genommen, die Dichte der Narren-Raubtierwelt des ersten Dithyrambus, aber die nächste Strophe antwortet darauf mit läppischen Selbstinterpretationen. In dem Zweibuchstabenvers »Ha!« ist die emotionsgeladene, sprachsprengende Brüllinterjektion zugleich Anleihe im Arsenal konventionalisierter Leidenschaftslaute des Schauerdramas. Die Kennzeichnungen »feierlich« und »würdig« mögen europäischen Bildungsveranstaltungen und Äußerungen moralischer Brüllaffen angemessen sein, aber sie treffen nicht den Urlaut des afrikanischen Löwen, den das Möchtegernraubtier ausgestoßen zu haben glaubt. In vermeintlicher Anpassung an so paradiesesursprüngliche Oasenverhältnisse stimmt der Europäer alsbald einen pseudo-galanten und pseudo-witzigen Salonton an. Der über sich hinausgreifend, sich vergreifend das Lied von der Wüste des wilden, bunten, zerrissenen Lebens angestimmt hat, verrät diesen Gesang durch seine Zuversicht, in nichts noch verwüstet zu sein und demgemäß unter die allerliebsten süßen Naturkinder der Oase zu passen. Den gigantischen Mutterbauch, in den er zurückgefallen ist, sieht er bevölkert von Wüstentöchtern, die in ihrer anonymen, frag- und charakterlosen Vielzahl der Gegenwurf zum je einen, zweifelsüchtigen europäischen Eheweibchen sind. Wo in der Tradition der großen Liebesdichtung die immer einzige Liebe die immer einzige Liebeserfahrung des Kindes mit der Mutter wiederholt, transformiert und ausfaltet, hat hier der seines Ichs ungewisse, schon ursprünglich bindungsunsichere Selbstbespiegler die entgegengesetzt-entsprechende Vision: hinter der Quantität vieler Frauen versteckt sich die Qualität Große Mutter. Es ist eine heruntergekommene Spielart des romantischen Don-Juanismus.

Doch *einmal* in diesem von Mädchen bevölkerten Bauch verschwunden zu sein, genügt noch nicht, wenn das Bewußtsein sich nicht hat abschütteln lassen. Der im Bauch sitzt, möchte nochmals gefressen sein, denn er kommt sich angesichts der weiblichen Früchtchen wie eine süße Dattel vor; in papierenem Amtsdeutsch, das die Salonsprache decouvriert: er sieht sich »den genannten Südfrüchten ähnlich«. »Umsphinxt« fühlt er sich vom Rätsel Weib in Gestalt der Mädchen-Katzen und leistet sich damit als einzigen Sündenfall im Paradies eine Sprachsünde. Ihr folgt ein zweiter von der kartesianischen Zweifelsucht überrundeter Beschreibungsversuch der Oase, nach ihrem Vergleich mit dem Walfischbauch des Jona. Der Europäer atmet, mit Nüstern geschwellt gleich Bechern, Paradiesesluft. Doch indem er sich ohne Zukunft und Erinnerung *weiß*, *ist* er es nicht und muß noch dringender versuchen, sie loszuwerden. Dieser Versuch vollzieht sich nach Wunschphantasien vom Verschlungenwerden durch Mutter Natur und viele Mädchenmäulchen nun auf dem Weg der mimetischen Identifikation mit einer Pflanze: der Palme.

Im stillen Grund Eichendorffs ist der tiefste Punkt der Verlockung eine Pflanze, aus der Mädchenglieder sprießen, bei Eichendorff ein verstörendes Bild der Entpersonalisierung und Enthumanisierung durch die Dämonie der Leidenschaft.[28] Aber bei Nietzsche geschieht skurril Pubertäres. Schon die Lustvorstellung, gefressen zu werden, unterläuft regressiv die Geschlechtsdifferenzierung, denn sie kann für die weibliche Erfahrung männlicher Sexualität ebenso einstehen wie für die männliche Erfahrung weiblicher Sexualität. Nun verwandeln sich dem zuschauenden Mitmacher die Bewegungen einer Palme in den Tanz einer Tänzerin, dem ein Tanz seiner Erektion antwortet: »– man tut es mit, sieht man lange zu ...« Doch diese Phantasielust zielt nicht auf Vereinigung, kann nicht zur Vereinigung führen, sondern nur zum Rückfall des Tagträumers auf sich. Er projiziert seine Erektion auf die Tänzerin, die eine Palme ist; sie wirft ihm sein Bild zurück: Der Tanz, seit Klassik und Romantik Zeichen der leibseelischen Harmonie und Verschmelzung der Geschlechter, bei Nietzsche sonst Zeichen der ekstatischen und heiteren Übereinstimmung des einsamen Ich mit sich selbst und seinem Schicksal – hier bezeichnet er das Trauerspiel der Selbstbefriedigung in einer entdifferenzierten Sexualwunschwelt. Wenig später wird die Wüstentochter Suleika mit der dümmlich-witzigen Aufforderung: »Sei ein Mann!« bedacht werden. Und so kippt auch die Erektionsphantasie noch vor dem Höhepunkt in eine ebenso infantile Kastrationsphantasie – Strafe für verbotene Lust – um. Das ominöse, unter dem Flatterröckchen abhandene Beinchen ist vermutlich abgenagt worden. Die Frau erscheint als männliches Schreckbild des kastrierten Mannes. Dem liegt die letzte Schrumpfungs- und Umschlagsform eines abermals klassischen Verhaltensmusters der Geschlechter zugrunde, nach welchem das Geistwesen Mann – bei Goethe eben der Wandrer – auf das Naturwesen Frau stößt, das von ihm zur Sprache gebracht und interpretiert werden will: Faust und Gretchen im Garten, dahinter Ödipus und die Sphinx, die auch bei Nietzsche ein Rätsel über den Menschen und seine Beine stellt: wieviel ›Standbeine‹ hat der Mann? Hier ist die Frau nicht mehr das Andere des Mannes, sie ist vielmehr sein Spiegel, in dem ihm der eigene Mangel erscheint.

Es wäre ein Mißverständnis dieses Interpretationsvorschlags, sähe man in ihm den Versuch, literarische, gar philosophische Metaphorik auf krude sexuelle Komplexe zu reduzieren. Das Gegenteil ist der Fall. In der »Geburt der Tragödie«, Nietzsches Frühwerk, ist die Zerstückelung des Dionysos das Gleichnis für die Leidenserfahrung der Individuation (III/1, 68). Der Untergang im dionysischen Rausch ist demgemäß Erlösung und Rückkehr, »während unter dem mystischen Jubelruf des Dionysus der Bann der Individuation zersprengt wird und der Weg zu den Müttern des Sein's, zu dem innersten Kern der Dinge offen liegt« (III/1, 99). Das ist eine Vorstellung, die vor allem der Nietzsche-Adept Gottfried Benn in seiner Nietzsche-Interpretation ausgebaut und mit Reminiszenzen an Johann Jakob Bachofens faszinierte Rekonstruktion archaischer Mythen der Großen Mutter kombiniert hat: »[...] es ist fünfzig Jahre her, daß Nietzsche den Mann das unfruchtbare Tier nannte, jetzt aber stoßen ganze Schichten nach ihm vor, nach dieser Chimäre, dem Gerippe der Sphären – die Mutterreiche fordern ihn an. Fausts große Stunde war einzig bei den Müttern, Don Juan erstickt im Fruchtwasser, die Kurve des Mannes sinkt zurück [...], im Prinzip herrscht in der Natur Parthenogenesis, mit aller Wucht untermauert sie das Primat der Mutter.«[29] In der Tat ist der Moderne seit Goethe, seelenhaft verinnert in Liebes- und Naturdichtung, ein Hauch der von Nietzsche dionysisch genannten Erlösungsphantasie im mütterlichen Ur-Einen gegenwärtig. Sie gerinnt in dem von Nietzsche parodierten »Faust«-Schluß zum Bild der Jungfrau-Mutter-Königin-Göttin, einer Kontamination von Himmelskönigin Maria und Magna Mater, Repräsentanz des gebärenden und erlösenden Liebesgrundes der Welt.

Der späte Nietzsche jedoch, der sich von Wagner und Schopenhauer abgewandt hat, nennt den immer aufs neue zerreißenden Dionysos selbst den Grund: »[...] Eins und ›Vieles‹, hier sich häufend und zugleich dort sich mindernd, ein Meer in sich selber stürmender und fluthender Kräfte, ewig sich wandelnd, ewig zurücklaufend, mit ungeheuren Jahren der Wiederkehr, mit einer Ebbe und Fluth seiner Gestalten, aus den einfachsten in die vielfältigsten hinaustreibend, aus dem Stillsten, Starrsten, Kältesten hinaus in das Glühendste, Wildeste, Sich-selber-Widersprechendste, und dann wieder aus der Fülle heimkehrend zum Einfachen, aus dem Spiel der Widersprüche zurück bis zur Lust des Einklangs, sich selber bejahend noch in dieser Gleichheit seiner Bahnen und Jahre, sich selber segnend als das, was ewig wiederkommen muß, als ein Werden, das kein Sattwerden, keinen Überdruß, keine Müdigkeit kennt –: diese meine *dionysische* Welt des Ewig-sich-selber-Schaffens, des Ewig-sich-selber-Zerstörens, diese Geheimniß-Welt der doppelten Wollüste, dieß mein Jenseits von Gut und Böse, ohne Ziel, wenn nicht im Glück des Kreises ein Ziel liegt [...]« (VII/3, 338f). Nietzsche verachtet, wie schon erörtert, die billige Ausflucht aus dem tragischen Umschwung, den der Name Dionysos bezeichnet. So verwirft er im Nachlaß der Achtzigerjahre, dem auch der eben zitierte berühmte Aphorismus angehört, die Menschen, die »in die große Natur« gehen, »nicht um sich zu finden, sondern um sich in ihr zu verlieren und zu vergessen. Das ›Außer-sich-sein‹ als Wunsch aller Schwachen und Mit-sich-Unzufriedenen« (VII/1, 299). Die Rückkehr in die mütterliche Geborgenheit eines Ursprungs jenseits aller Spaltung ist eine Unmöglichkeit, und so ist denn auch die Zote und die obszöne Anspielung nicht ein Ausrutschen der Phantasie ins Allzumenschliche, vielmehr im strikten Sinne ein literarisches Zeichen. Die Unmöglichkeit der Sache wird wortwörtlich als Unmöglichkeit zur Rede gestellt.

Diese Unmöglichkeit reicht noch weiter. In Steigerung eines Diminutivgeredes, das immer kindischer wird – hierher gehört noch das »Hu! Hu! Hu! Hu!«-Geweine über das fehlende Beinchen neben dem parodistisch verwendeten »wehe! wehe!« der Tragödie –, wird auch der Kummer über den auf ewig verschwundenen Ständer in die »Dattel-Herzen! Milch-Busen! [...] Süssholz-Herz-Beutelchen!« hineingespiegelt. Ist doch der Europäer selber ein Dattelherz. »Dudu« ist eine Spottgeburt von ›Ichich‹. Dieser Projektion gilt dann der Tröstungsversuch, der am Ende zum blasphemischen Sexualwitz gerät. Der Europäer, dem seine erträumte Löwenkraft verflogen ist, besinnt sich auf die einzige Potenz, die ihm zur Verfügung steht, den einzigen »gesalbten Zuspruch«, den er zu spenden vermag. Seine ›Stärke‹ ist die Moral und damit das, was ihn von seinem Sehnsuchtafrika unterscheidet, was ihn zum Fremdling in der Oase macht, ja was ihn in der Oase, mit seiner Oase allein sein läßt. Er ist im Rückgang letztlich in sich hineingefallen:

> »Ha!
> Herauf, Würde!
> Blase, blase wieder,
> Blasebalg der Tugend!
> Ha!
> Noch Ein Mal brüllen,
> moralisch brüllen,
> als moralischer Löwe vor den Töchtern der Wüste brüllen!
> – Denn Tugend-Geheul,
> ihr allerliebsten Mädchen,
> ist mehr als Alles
> Europäer-Inbrunst, Europäer-Heisshunger!
> Und da stehe ich schon,
> als Europäer,
> ich kann nicht anders, Gott helfe mir!
> Amen!«

Luthers Antwort auf die Forderung des Wormser Reichstages zum Widerruf, in diesem historisch nicht exakten Wortlaut ein geflügeltes Wort und von Nietzsche mehrfach in Anspruch genommen (s. VI/3, 300; V/2, 170), wird hier zur traurig-ungeheuerlichen Potenzprahlerei. Der moralische Phallos steht dem Europäer. Er kann nicht anders. Die Zote ist die stilistische Erscheinung dessen, was in den von der Reflexion überholten Regressionsphantasien des Europäers vor sich geht, denn der Entfesselungsversuch der nackten Sexualität in der Zote ist zugleich deren witzige Depotenzierung.

Doch dieses trübsinnige Ende des Phantsiespiels ist nicht das Ende des Gedichts. Es kreist vielmehr in der »Zarathustra«-Fassung in den Anfang zurück. Die letzte Zeile ist dort:

»Die Wüste wächst, weh dem, der Wüsten birgt!«

Der Idee nach heißt das, der Ablauf des Gedichts könnte von vorn beginnen – mit der Mißdeutung dieses Einsatzes, mit dem Umphantasieren der toten Moral, der toten Metaphysik, des toten begrifflichen Denkens des Europäers zur imposant aufgeblähten Kraft der Wüste. Doch in der Fassung der »Dionysos-Dithyramben« folgen einige Reimverse von eherner Monumentalität, die in unvergleichlich kühner Spannung zu den vorhergehenden Obszönitäten stehen. Das ist ein kalkulierter Bruch innerhalb der Einheit des Gedichts, den Nietzsche durch drei Sterne zwischen dem Ende der freien Rhythmen und den Reimversen hervorgehoben hat. Sie präsentieren sich als ein Lied im Lied, das insgesamt auf dem Problemniveau des ersten Dithyrambus steht und damit auch den Problemgehalt der ersten Zeile des Gesamtgedichts aktualisiert und entfaltet. Sofern das wahre Leben im unendlichen Prozeß der Kräfte ein Entwerfen und Destruieren von Lebensbildern und Deutungen ist, also Dichtung, sind wir der Urwald unserer Entwürfe

und die Wüste unserer Destruktionen, der Panther des Ur-
walds und der Löwe der Steppe, aber nicht in einem selbst-
betrügerischen Vitalismus, sondern in einem heroischen
Über-uns-Hinauswerfen, -Hinausentwerfen, -Hinausdich-
ten unserer selbst, in dem wir uns unserem Leben und unse-
rem Tod zudichten. In unserem tödlich-großartigen Selbst-
prozeß sind wir die uns selber verschlingende Wüste in
unserem Inneren und als solche unser uns selbst verschlin-
gender Tod; der uns gemäße Tod, nicht der Tod der Er-
schlaffung. Wir sind darin aber auch das uns gemäße Leben.
Wir leben es im Lebendichten, nicht in der Flucht in Re-
gressionsabgründe. In doppeltem Sinne schreibt Nietzsche
den platonischen Vorwurf, Dichten sei Lügen, fort – er
nimmt ihn auf und er dichtet ihn weg: im Gedicht, das Le-
ben dichtet. Dieses Lebendichten ist die Wollust, die den
Menschen »ausloht« – eine Wortbildung Nietzsches, die
auf Lohen = Brennen, aber auch auf Lohen = Gerben zu-
rückgehen kann. Beides ergibt den gleichen Sinn: Ausbren-
nen ist ein Reinigungsverfahren; Lohen ist ein Verfahren,
durch das Häute zu Leder werden. Die wahre Wollust rei-
nigt und vollendet den Menschen. In ihr ist er sich seine
Welt. Eine Steigerung gegenüber dem ersten Dithyrambus
ist der zweite dahin, daß er den Sänger als Narren und Dich-
ter zugleich vorführt. Als dem Anspruch des eigenen Ent-
wurfs nicht Gewachsener, ja ihn nicht einmal voll Verste-
hender, ist der Dichter Narr, Hanswurst, Selbstkarikatur.
Im Entwerfen des Entwurfs ist er seine uneinholbare Zu-
kunft: Übermensch, Gott, Dionysos und als Dionysos wie-
der alles, auch sein eigener Abfall.

Es bleibt zuletzt die Frage zu beantworten, die am Beginn
der Interpretation von »Nur Narr! Nur Dichter!« stand:
was die Aussage ›die Dichter lügen‹ als Aussage dieses Ge-
dichts sagt. Wenn anläßlich von Goethes Dichtung diese
Frage auftaucht, liegt die Antwort darin, daß das Ganze des

jeweiligen Werkes – sei dieses Ganze nur ein einzelnes Epi-
gramm oder, wie »Tasso«, ein Drama – diese Aussage im
Gültigkeitsbereich begrenzt und einbettet. In »Nur Narr!
Nur Dichter!« ist sie das mehrdeutige letzte Wort des Ge-
dichts und kann in dieser Stellung als eine Art von Selbstauf-
hebung des Gedichts gelesen werden. Indem aber dieser
Schluß spiralig in den Anfang zurückweist, ist er nicht das
Ende eines Prozesses, sondern dessen Moment. Diese Ei-
genart ist die äußerste Erscheinung des Kreisens in sich, des
Widerstreits der Elemente und der Wiederkunft des Glei-
chen im Gedicht. So geht die Sonnenglut-Rede in der Ich-
Rede auf und unter, so das Einst im Jetzt, der Tag in der
Nacht. Daß die Dichtung dergestalt sagt, die Dichter lügen,
setzt definitiv die Wahrheit als Kategorie außer Kraft und
als Prozeß-Moment in Kraft, destruiert definitiv alle »Hin-
terwelten« des Gedichts.

Man könnte meinen, der Widerstreit in seiner Erschei-
nungsweise als Gegeneinander von Imagination und Refle-
xion ergebe die Zweigesichtigkeit von Nietzsches Denken
als aphoristische Analyse und als Verkündigung, die von
der »Geburt der Tragödie« bis zum »Zarathustra« und den
»Dionysos-Dithyramben« zur Dichtung tendiert. Dieses
Modell ist jedoch deshalb zu einfach, weil Nietzsches ana-
lytisches Denken selbst das begriffliche Denken so in Frage
stellt, daß es den Boden unter den Füßen verliert. Auf die-
sem Wege, soweit er durch sprachtheoretische und erkennt-
niskritische Überlegungen führt[30], ergibt sich nun aber auch
die argumentative Antwort auf die bisher offene Frage,
warum Dichtung als Lüge zugleich höchstes Leben, warum
höchstes Leben nur in den Lügen der Dichter ist. Nietz-
sches Sprachtheorie unterläuft letztlich sowohl die traditio-
nelle Frage nach dem Verhältnis von Sprache und Gegen-
standswelt wie die seit dem Sturm und Drang aktuelle Frage
nach dem Verhältnis von Sprache und Seele, denn über die
Gegenstandswelt an sich selbst wissen wir laut Nietzsche

nichts (V/1, 105 f), und ›Seele‹ und ›Ich‹ sind konventionelle Oberbegriffe für ein Ensemble von Nervenreizen und Strebungen.[31] Die Sprache ist ihrem Wesen nach metaphorisch, indem sie Nervenreize in Töne überträgt und diese, zu Wörtern und Sätzen gebündelt, als Mitteilungen adressiert. Alle begrifflichen Aussagen überdecken den metaphorischen Charakter der Sprache, indem sie Eindeutigkeit vortäuschen, die in Wirklichkeit nicht gegeben ist. Das Täuschende dieses Verfahrens begrifflicher Sprache wird um so größer, je allgemeiner und höher abstrakt die Aussagen werden. Metaphysik, Moral, Religion sind Systeme von Scheinwahrheiten. Die Dichtung hingegen als eingestandenermaßen metaphorische Rede entwirft bunte Lebenswelten, in denen sich Menschen und Kulturen entfalten.

In seiner umfassenden Formulierung läßt dieser Ansatz den polemisch-ideologiekritischen Impetus hinter sich und erfaßt die illusionäre begriffliche Fixierung der Lebenserscheinungen durch den Menschen, die Statuierung einer festen Größe Subjekt in einer Objektwelt als lebensnotwendige Fiktionen, die dem Menschen allererst ermöglichen, im Lebensstrom Orientierungsmarken zu setzen. »Wahrheit ist die Art von Irrthum, ohne welche eine bestimmte Art von lebendigen Wesen nicht leben könnte. Der Werth für das Leben entscheidet zuletzt« (VII/3, 226). Das Leben selbst verstellt also dem Menschen den vollen Anblick, damit auch die volle Erfahrung des Lebens. Alle Menschen sind deshalb Tiere, die lügen müssen; alle Menschen sind Dichter. Die wahren Dichter unterscheiden sich lediglich nach der Größe und Lebensmacht ihrer Entwürfe, nach dem Grad des Wissens und der Willentlichkeit ihres Tuns, nach dem Willen zur Macht, zur Bemeisterung, zum Eingriff, der in ihrer Dichtung lebt. Die vorliegenden Überlegungen sind der Linie der Dichterverherrlichung gefolgt; es gibt daneben bei Nietzsche eine andere, wo das Lügen der Dichter, ihr Ersatzleben in der Dichtung einem verächtlichen Blick unterliegt. Das geschieht immer, wo der Dichter als Gestalt geringerer Lebenskraft, als trostspendender Illusionist und als Propagandist der herrschenden Mächte gesehen wird – ein Sklave der Mächtigen, wo er selbst der Mächtige und Übermächtigende zu sein berufen ist.[32] Große Dichtung ist dagegen Lebensoffenbarung und Lebensformung, nicht nur in ihren Inhalten, sondern auch in ihrem Verfahren, lebensermöglichende und -steigernde Bildflüsse zu produzieren. Das geschieht im höchsten Maß beim tragischen Dichter, dessen Werke das äußerste, dem sich selbst übersteigenden Menschen gerade noch erträgliche Maß an Widerstreit enthalten: »[...] ›der Schein‹ bedeutet hier die Realität *noch einmal*, nur in einer Auswahl, Verstärkung, Correctur ... Der tragische Künstler [...] sagt [...] *Ja* zu allem Fragwürdigen und Furchtbaren selbst, er ist *dionysisch* ...« (VI/3, 73). Sofern die etablierten Wahrheiten mit ihrem Anspruch selbst Lügen sind, deren Lügenhaftes vergessen wurde, ist der Wahrheitsbegriff irrelevant. Sofern der dichtende Entwurf der Lebenswelten das Widerstreitende und Prozeßhafte des Selbst mitentwirft, wohnt jedem Moment dieses Entwurfs schon in seinem Hervortreten dessen Widerruf inne, es ist Lüge gemessen an der ›Wahrheit‹ des Entwerfens. Noch die Aussage, daß alles Feste Schein und nur die Bewegung real ist, macht auch die Bewegung zum Schein, nämlich zur isolierten Vorstellung, zum Begriff. Da wahres Leben nur als Entwerfen gedacht werden kann, gibt es bei Nietzsche keine angemessene Vorstellung von gemeinsamer Welt des Menschen. Als Entwerfender ist der Mensch allein. Nietzsche sagt: »meine dionysische Welt« (VII/3, 399). Ebensowenig gibt es eine angemessene Vorstellung von Praxis. Praxis als praktisch ausgeübte ist immer nur Machttechnik, die deformierte Menschen voraussetzt. Dagegen ist die höchste Praxis, die den Übermenschen im Bekenntnis zum Willen zur Macht und zur ewigen Wiederkehr des Gleichen hervorbringen will, lediglich ein

Projizieren in eine Zukunft, die bei der ewigen Wiederkunft immer Zukunft bleiben wird, so daß die unendliche Wiederkunft im Licht einer unendlichen Eschatologie spielt. Weil das Sich-Entwerfen immer auch ein Entwerfen in die Entzweiung ist, fällt es immer wieder auch in die Versuchung durch den Anspruch der alten totalen Wahrheiten, denn die Wiederkehr des Gleichen bringt auch die Vergangenheit immer wieder mit herauf.

Wenn Lebensbedeutungen und -entwürfe an ihrer Prozessualität, Dynamik und Lebensmacht zu messen sind, kann am Ende dieser Untersuchung statuiert werden, daß die Deutung des Ich in seiner höchsten Gestalt Zarathustra als eine Erscheinung des zerreißenden Dionysos an Tiefe und darin ›Wahrheit‹ über die Deutung als transitorisches Ensemble von Reizen hinausgreift; daß die Deutung der Welt als Spiel des Dionysos, als Poiesis, an Tiefe und Wahrheit ihre Deutung als kollektive Illusion überragt. Denn: »Man sucht das Bild der Welt in der Philosophie, bei der es uns am freiesten zu Muthe wird; d. h. bei der unser mächtigster Trieb sich frei fühlt zu seiner Thätigkeit. So wird es auch bei mir stehn!« (VII/1, 352). Damit wird Dichtung zur Spitze der Philosophie oder – gleichermaßen: die Philosophie tritt in die Dichtung über.[33] »Oh meine Seele, nun gab ich dir Alles und auch mein Letztes, und alle meine Hände sind an dich leer geworden: – *dass ich dich singen hiess*, siehe, das war mein Letztes!« So sagt Zarathustra zu sich selbst (VI/1, 276). »Sie hätte *singen* sollen, diese ›neue Seele‹ – und nicht reden! Wie schade, dass ich, was ich damals zu sagen hatte, es nicht als Dichter zu sagen wagte«, bekennt Nietzsche im »Versuch einer Selbstkritik« von 1886 (III/1, 9).[34] Wo aber das Denken Dichten wird, weiß es sich immer, sogar, wenn es sich als einziges Leben feiert, auch *nur* als Dichtung. In Nietzsche hat dieses Weltbild nicht nur seinen Grund, sondern auch seine Spitze, denn er ist der Philosoph, in dem die Philosophie in die Dichtung über-

tritt. Sie tut es, genau besehen, auch da, wo sie schein-
bar reine Reflexion, kritisches Raisonnement, entlarvende
Ideologiekritik ist – und das ist der andere Grund, weshalb
ein statisches Gleichgewichtsmodell – hier Analyse, da
Dichtung – in der Anwendung auf Nietzsche versagt. Es
darf nicht vergessen werden, daß auch Nietzsches Analysen
Raubtiersprünge sind: kein systematisches Philosophieren,
keine Expeditionen nach *der* Wahrheit, vielmehr Kraftakte,
häufig in entgegengesetzten Richtungen. Unter der Maske
der Kälte sind sie bestimmt von leidenschaftlicher Partei-
nahme, meist Haß. Kaum eine Äußerung, zu der sich nicht
eine Gegenäußerung finden ließe. Jeder Begriff Nietzsches
ist parteilich, polemisch, operational, mag er sich auf noch
so schlicht Faktisches oder Naturwissenschaftliches beru-
fen.[35] Daß Nietzsche es weiß, unterscheidet ihn von seinen
modernen Epigonen in allen Lagern. Wenn nach Nietz-
sches Lehre in jeder Lebensäußerung Wille zur Macht
wirkt, was wirkt dann in Nietzsches Philosophieren? Wenn
alle Kulturäußerungen Praktiken und Mechanismen der
Gewalt sind – was ist dann Nietzsches Kulturkritik? Nietz-
sches Dichtung ist die Hauptmacht des Entwerfens, die sei-
nen Destruktionen gegenläuft. Sie vermag damit das Höch-
ste, aber nur das eine nicht: sie kann nicht Sprachtheorie
treiben und damit nicht sich selbst begründen. Diesen letz-
ten Schritt der Selbstreflexivität geht erst die eigentliche
Moderne – es sei denn, auch Nietzsches Sprachtheorie lasse
sich als Dichtung begreifen. Nietzsche jedenfalls meint tie-
fer als alle Dichter vor ihm zu wissen, weil er als Philosoph
zu begründen imstande ist, daß zwar nur Dichtung Leben,
aber auch Leben nur Dichtung ist.

Die moderne Lyrik beginnt im Sturm und Drang als Aus-
druck des Individuellen und Intimen der Seele. Neben die-
ser dominierenden Linie läuft eine andere. Sie führt bei
Klopstock von der *Lehre* zu enthusiastischer *Verkündigung*
allgemeinverbindlicher Aussagen. Hier erscheint das spre-

chende Ich als Priester, Prophet, stellvertretender Mensch vor einer Gemeinde der Ergriffenen. Diese Lyrik, die über den jungen Schiller und Hölderlin als ihren Hauptrepräsentanten weitergeht, nimmt von der Lyrik der Individualität und Intimität den Impuls auf, das Eigentümliche der Welterfahrung in das Gedicht mitzubringen, und hält zugleich den Anspruch durch, von Größerem und Allgemeinerem zu sprechen als individueller Welterfahrung. Das ist eine Überkreuzung der Intentionen und Ansprüche, die in eine Aporie führen muß, denn je mehr das Ich sich zur Geltung bringt im Besonderen seiner Lebenssituation, um so mehr muß es sich als Gefäß eines Größeren vor sich und dem Publikum legitimieren. Des Dichters in die Dichtung gehobenes Lebensschicksal wird zur Offenbarung dessen, was es mit der Welt auf sich hat. Auch wenn diese Entwicklung ins zwanzigste Jahrhundert weiterläuft – etwa zu Rilke, Stefan George und Paul Celan –, überschlägt sie sich doch in Nietzsche, weil Dichtung höchsten Anspruchs hier mit Philosophie höchsten Anspruchs konvergiert. Nietzsche ist nicht nur Zarathustra, nicht nur Ecce-homo-Gestalt, er ist einziger Mensch, er ist in einer Welt ohne Götter Gott. Er ist es in der einzigen Gestalt, in der es den Menschen und den Gott gibt – als gedichtete Gestalt. In seinen Reden und Gesängen dichtet Zarathustra sich selbst. In den Dionysos-Dithyramben dichtet sich Dionysos. Nietzsches Dichtung im Licht seiner Philosophie zu lesen darf nicht der letzte Schritt sein, denn sie tritt in Dichtung über, und so bedarf die Lektüre der Umkehr: Wahrheit kann nur *gedichtet* werden. Das ist die Wahrheit. Die ewige Wiederkunft des Gleichen ist – ins Weltbild transformiert – das ebenso lebensgefährliche wie grandiose Kreisen von Philosophie in Dichtung und so weiter. Hier beginnt Stefan Georges Nietzsche-Überbietung: Im Zeitgedicht »Nietzsche« zitiert George dessen Selbstkritik an der »Geburt der Tragödie«:

>[...] sie hätte singen
nicht reden sollen diese neue seele.«

George interpretiert Nietzsche in dem Sinne, daß der
Schritt zum Dichter der Schritt über die Zerstörung hinaus
gewesen wäre.

>[...] nun ist not
sich bannen in den kreis den liebe schliesst.«[36]

Hier setzt auch Gottfried Benns ganz andersartige Nietz-
sche-Deutung und Nietzsche-Nachfolge an, in philoso-
phierenden Essays, die selbst Dichtung sind, deshalb nicht
haftbar zu machen, deshalb auch aufnahmebereit für lyri-
sche Selbstzitate.[37] Zum Stichwort Nietzsche:

>Die weiße Perle rollt zurück ins Meer ...«[38]

DER DICHTER ALS HERR DER INSEL,
HERR DER WELT.
STEFAN GEORGE: »DER HERR DER INSEL«
UND HUGO VON HOFMANNSTHAL:
»DER KAISER VON CHINA SPRICHT«

»Der Herr der Insel

Die fischer überliefern dass im süden
Auf einer insel reich an zimmt und öl
Und edlen steinen die im sande glitzern
Ein vogel war der wenn am boden fussend
Mit seinem schnabel hoher stämme krone
Zerpflücken konnte, wenn er seine flügel
Gefärbt wie mit dem saft der Tyrer-schnecke
Zu schwerem niedrem flug erhoben: habe
Er einer dunklen wolke gleichgesehn.
Des tages sei er im gehölz verschwunden,
Des abends aber an den strand gekommen,
Im kühlen windeshauch von salz und tang
Die süsse stimme hebend dass delfine
Die freunde des gesanges näher schwammen
Im meer voll goldner federn goldner funken.
So habe er seit urbeginn gelebt,
Gescheiterte nur hätten ihn erblickt.
Denn als zum erstenmal die weissen segel
Der menschen sich mit günstigem geleit
Dem eiland zugedreht sei er zum hügel
Die ganze teure stätte zu beschaun gestiegen,
Verbreitet habe er die grossen schwingen
Verscheidend in gedämpften schmerzeslauten.«[1]

Stefan Georges (1863-1933) Gedicht »Der Herr der Insel«
knüpft an das von ihm selbst übersetzte Baudelaire-Gedicht
»L'Albatros« an. Baudelaire handelt in großer allegorischer
Klarheit von der Erniedrigung des Dichters in der Gesell-
schaft, die sich im Bild des gefangenen, verhöhnten Alba-

tros darstellt. Der »Fürst der Wolke« (prince des nuées) ist, auf die Schiffsplanken heruntergebracht, plump und hilflos. Georges Gedicht spricht von einem Vogel geringer Reichweite und gewaltiger Größe, den Menschen fern und entrückt. Als autochthoner Gebieter einer Insel ist er dem arabischen Märchenvogel Ruch verwandt, der in »Tausendundeiner Nacht« mehrfach erwähnt wird und seinen bekanntesten Auftritt in den Erzählungen des Seefahrers Sindbad hat:[2]

Die Besatzung eines Schiffes, das durch Sindbad angeheuert worden ist, findet auf einer unbewohnten, öden Insel das riesige Ei des Vogels Ruch, und die Männer zerschlagen es. Das Vogelmännchen kommt herbeigeflogen, und zusammen mit seinem Weibchen zertrümmert es das fliehende Schiff durch Felsbrocken. In einem anderen Märchen der Sammlung gilt es als ungeheure Missetat, das Ei dieses Vogels zu rauben, der ein Geisterfürst ist und in seiner Stärke Kamele und Elefanten davontragen kann. Wieder an anderer Stelle lassen sich Menschen von dem Vogel über große Strecken mitnehmen, ohne daß er die Last bemerkt. Immer wieder erscheint er als Inselherrscher von gewaltiger Stärke und Größe, mit Flügeln wie eine Wolke, und immer wieder geht es um die Zerstörung seines Eies als Frevel, der ihn herausfordert. Im Ei ist die biologische Fortsetzung von Vogelmännchen und -weibchen in der Geschlechterfolge bedroht.

Auch der Vogel in Georges Gedicht beherrscht eine einsame, südliche Insel, aber weder Fruchtbarkeit noch Ödnis sind für ihre Charakterisierung maßgeblich. »Reich an zimmt und öl Und edlen steinen«, ist sie eine Gegend, in der funktionslos Schätze des Prunks und des Luxus gehäuft sind. Zimt ist ein kostbares Gewürz, kein Nahrungsmittel, und auch bei Öl ist im Zusammenhang mit Spezereien und Edelsteinen weniger an Speiseöl als an Salböl zu kultischem, vielleicht auch kosmetischem Gebrauch zu denken. Kein

Paradies ursprünglicher Natur tut sich auf, wie es Weltreisende in den Südseeinseln erblickt hatten; nicht Mörikes mythisch-geschichtliches Orplid erscheint am Horizont, vielmehr ein Land wie ein Geschmeide; eine Bühne königlicher und hieratischer Spiele. Wie der Vogel Ruch ist auch Georges »Herr der Insel« riesengroß, baumhoch, mit wolkenartigen Flügeln. Aber das Gedicht sagt nichts über Krafttaten gegenüber Mensch oder Tier, vielmehr erscheint das Flügelwesen in einer seltsamen Weise scheu, beschäftigungslos, plump und unbeholfen, der Erde seiner Insel verhaftet. Sein Flug ist schwer und niedrig; seine Fähigkeit, am Boden fußend, hohe Baumkronen zu zerpflücken, deutet am ehesten auf ziellosen Zeitvertreib. Tags verschwindet er im Gehölz, und abends kommt er an den Strand – bemerkenswert alltägliche und alltagssprachlich formulierte Verhaltensweisen für ein so imposantes Tier und einen Autor, der die imposante Redeweise liebt. Erst beim Herannahen des Todes kommt es zu einer Art kultischer Handlung. Der Vogel versucht nicht etwa davonzufliegen; er steigt auf den Inselhügel und verbreitet verscheidend seine großen Schwingen – eine sehr expressive, aber auch hilflose Gebärde. Die Buchstabenähnlichkeit von »verbreitet« und »verscheidend« läßt das Flügelbreiten geradezu als Sterben erscheinen.

Dabei ist der Vogel in Georges Gedicht mehr noch als das arabische Märchentier ein herrscherliches Wesen. Seine Flügel sind »Gefärbt wie mit dem saft der Tyrer-schnecke«, eine barocke Formulierung für die kaiserliche Purpurfarbe. Die Querbezüge zu (Salb-)Öl, das unter anderm der Krönung diente, ferner zu edlen Steinen und zu Kronen – sei es auch nur hoher Bäume – stellen ein Feld des Majestätischen um ihn her. Dazu gehört seine Uranfänglichkeit, in der er auch wieder der Kraft, die sich in Fruchtbarkeit bezeugt, entrückt ist. Wie er keine Vorfahren besitzt, pflanzt er sich nicht fort. Von einem Vogelweibchen, gar dem in den Märchen zentralen Motiv des Eies, ist nicht die Rede. Der Herr der Insel ist majestätisch einsam, zeit- und geschlechtslos. Die Macht, die er ausübt, ist die Macht der Töne. Bei Baudelaire ist das Linkische des Vogels Zeichen seiner Entwürdigung durch die Menschen; bei George ist die Weltfremdheit des Vogels die Rückseite seiner Inselherrschaft. Er ist, statt zum Flug, zur Elevatio bestimmt, und auch diese ist nicht primär Seelenerhebung, vielmehr Gesang. Der sich nur zu schwerem, niederem Flug erheben kann, hebt abends, am Strande stehend, im kühlen Windhauch von Salz und Tang mühelos und schön die Stimme. Es ist ein Gesang, der sich nicht auf Artgenossen bezieht, sondern auf Delphine, die nach antiker Sage den von Räubern ins Meer geworfenen Sänger Arion retteten und ans Land trugen, weil sie von seinem Sterbelied so entzückt waren – die Räuber hatten es als letzte Gunst gewährt. Der musikliebende Delphin ist seitdem unter die Sternbilder versetzt worden. Daß der Vogel die Delphine anlockt, ohne daß dabei zwischen Absicht oder Unabsichtlichkeit entschieden werden könnte, ist ein Zeichen für das Sphärenverbindende, Weltverknüpfende, ja Paradiesische dieses Gesanges und zugleich für dessen Einsamkeit. Er stellt keine Beziehungen, keine Nähe her, nur eine leise Annäherung des Getrennten. Indem er das tut, ist Frieden sogar mit den Geschöpfen, die man sich als Beute des Riesenvogels denken könnte. Aber der Herr der Insel scheint der Nahrung nicht zu bedürfen. Er lebt nur der Stunde des süßen Gesanges, der deshalb süß sein kann, weil er nicht Triumphschrei einer gewaltigen Kraft ist. Der herrliche Vogel ist paradiesisch und elend zugleich; als strecke sich in ihm eine Sehnsucht nach jenem einfach Lebendigen aus, das im kühlen Meereshauch voll Salz und Tang spielt.

Wie die Hebung des Flugs und des Gesangs aufeinander verweisen, so das Glitzern der Edelsteine im Inselland und das glänzende Fluten des Wassers beim Gesang, ohne daß ein kausales oder temporales Verhältnis hergestellt würde.

Die Delphine schwimmen näher »Im meer voll goldner fe-
dern goldner funken«. Das ist ein optisches Phänomen, auf-
geladen mit Bedeutung. Feuer gesellt sich zu Erde, Wasser,
Luft, aber selbst die Elemente werden in der Sphäre dieses
Lieds zu Pretiosen. Das Gold ordnet sich der Kaiserfarbe
Purpur bei. Zugrunde liegt die Vorstellung einer leicht be-
wegten Meeresfläche – gleichviel ob vom Gesang direkt
oder vom Heranschwimmen der Delphine –, die an Fun-
kenspiel und goldenes Vogelgefieder erinnert.

Doch diese Übersetzung in diskursive Prosa tötet das Eigen-
tümliche Georgescher Gedichte überhaupt und besonders
dieses Verses. Auch sprachlich wird hier Unverbundenes
verbunden, in der Isolation verknüpft und damit offenbart,
was der Gesang des Vogels und das Gedicht tun. Das Attri-
but »gold« und die metrisch betonte Klangverwandtschaft
beziehen Federn und Funken aufeinander und lassen sie
doch für sich, weil die Beziehung unerläutert bleibt. Sie
greift in dieser Unbestimmtheit aus: Das Meer »voll« Fe-
dern und Funken wird dem Vorstellungs- und Klangkom-
plex über die Vokalbeziehung e-o-o-e-e-e angeschlossen.
Das Fehlen von Interpunktion oder Bindewort zwischen
goldnen Federn und goldnen Funken nähert die Vorstellun-
gen einander gleichmäßig an und verinselt sie zugleich als
Einzelwörter ohne deutlichen syntaktischen Zusammen-
hang. Man kann von hier zur Großkomposition des Ge-
dichtbandes übergehen, in dem sich »Der Herr der Insel«
findet. Es ist die Sammlung »DIE BÜCHER DER HIRTEN- UND
PREISGEDICHTE, DER SAGEN UND SÄNGE UND DER HÄNGEN-
DEN GÄRTEN«, die erstmals 1895 als Privatdruck veröffent-
licht wurde. Verbunden-unverbunden steht unser Gedicht,
durch seinen herrscherlichen Vogel dem Märchenorient zu-
gehörig und durch die Anspielung auf die Arion-Sage leicht
der Antike verknüpft, genau in der Mitte des ersten Teils
der Sammlung, Gesänge einer arkadischen und einer hero-
isch-historischen Welt voneinander scheidend. Dieser erste

Teil des Bandes holt Urbilder griechischer und römischer Antike herauf, während der zweite Teil junge Männer der Gegenwart durch antikisierende Überhöhung feiert. Erst die dritte Gedichtgruppe des Sammelbandes – »Das Buch der hängenden Gärten«, auf die hängenden Gärten der legendären assyrischen Königin Semiramis anspielend – gehört dann gänzlich dem Orient, der Mittelteil dem Mittelalter.

Die für *einen* Vers bedachte, aber durchgehende Eigentümlichkeit der Georgeschen Interpunktion sowie die vom Meister offiziell eingeführte Orthographie – Kleinschreibung aller Wörter, welche nur bedeutungsschwerste Substantive, hier Tyrer-schnecke, ausnimmt, und die Aussparung der Kommata vor Nebensätzen – rücken alle Wörter auf *eine* Ebene und lassen die syntaktische Gliederung hinter der Wortreihe zurücktreten. Beides bewirkt eine Verständnisschwierigkeit, die jedem Wort für sich Aufmerksamkeit und Schwingungsraum sichert. Der Versbau dient der gleichen Tendenz. Reimlosigkeit läßt die Verse für sich stehen; ein streng getragener, dem Metrum sich unterwerfender Rhythmus bindet sie ebenso wie der überreiche Gebrauch des Enjambements. Zugleich verhindert dieser gleichförmige Rhythmus, daß der Gesang des Vogels sich akustisch im Gedicht entfaltet durch Klangfülle und Melodik. Die an sich reiche Klangwelt des Gedichts ist überall gleichermaßen vom Metrum dominiert, das dem feierlichen Bericht dient, und noch der einzige Vers, der sich für einen klanglichen Aufschwung des Vogelliedes in Anspruch nehmen ließe – eben der vom goldenen Meer – arbeitet viel mehr mit reichen optischen als mit akustischen Sensationen. Das Gegenteil von dem findet statt, was an Brentanos Gedicht »Wenn der lahme Weber träumt, er webe«, beobachtet wurde. »... der hellen Töne Glanzgefunkel« mischt synästhetisch klangliche und Augenwahrnehmungen. George übersetzt Gesangespracht in Augenpracht; er verbindet und trennt die Sinnesbereiche. Sogar die eigentümliche Typographie der Originalausgaben Georgescher Gedichte – hochstilisiert und ästhetisch einfach zugleich, indem sie alle Buchstaben aus nichts als Punkt, Gerade und Kreissegmenten zusammensetzt –, steht unter diesem Gesetz, dem George später noch seine Handschrift in Drucktypen unterwirft. Auf der Ebene des Graphischen wiederholt sich die Relation der Sinnesbereiche im Innern des Gedichts. Ein Goethe-Gedicht wie »Über allen Gipfeln ist Ruh« macht sein Schriftbild vergessen, indem es das Naturbild vor dem inneren Auge aufsteigen läßt und aus der Schrift den Hauch zum Tönen bringt. Ein George-Gedicht wie »Der Herr der Insel« zwingt zur Konzentration auf ein Druckmuster, aus dem transformativ ein üppiges Phantasiebild erzielt werden muß. Das asketische Schwarz-Weiß und die Formstrenge der Drucktypen ruft kontrastiv die Pracht der Sinnenwelt hervor. Umgekehrt verweist deren Pretiosität auf das Prätentiöse und Preziöse der graphischen Askese, die nicht nur jedes Wort, sondern jeden Buchstaben kostbar macht und ihm als einzelnem Aufmerksamkeit sichert.

Diese Lyrik ist nicht in dem Sinne exklusiv, daß sie als Wortgraphik genossen werden wollte, vielmehr in der Weise, daß sie einen magischen Blick herausfordert, dem das Starre ins Lebendige umschlägt. Georges poetologisches Gedicht »Der Teppich« erzählt davon: Die Teppichfiguren queren sich »in dem erstarrten tanze«. »Da eines abends wird das werk lebendig«, »... die lösung bringend über die ihr sannet!«

> »Sie ist nach willen nicht: ist nicht für jede
> Gewohnte stunde: ist kein schatz der gilde.
> Sie wird den vielen nie und nie durch rede
> Sie wird den seltnen selten im gebilde.«

Dichtung, Gedicht, Wort, Buchstabe sind also abgeschnitten vom allgemeinen Alltag, abgehoben vom Modewortschatz der Poetengilde ebenso wie vom individuellen, bis in die Handschrift reichenden Ausdruck und in der Trennung trotzdem auch Ausdruck sowohl der Zeit wie des Individuums, antithetisch auf sie bezogen. In der Konsequenz ist Georges Verzicht auf die individuelle Kursivschrift genauso Absage an Personausdruck wie höchster Anspruch darauf. Die Druckschrift aber – in gleicher Nähe zur karolingischen Minuskel wie zu versachlichenden Reformschriften der Industriekultur – verbindet und trennt Geschichte und Gegenwart, wie Georges Vorwort zur Sammlung »DIE BÜCHER DER HIRTEN- UND PREISGEDICHTE...« es postuliert: »Jede zeit und jeder geist rücken indem sie fremde und vergangenheit nach eigner art gestalten ins reich des persönlichen und heutigen und von unsren drei grossen bildungswelten ist hier nicht mehr enthalten als in einigen von uns noch eben lebt.«

Es ist offensichtlich, daß der Herr der Insel der Poet ist, die südliche Insel die Welt der Dichtung, wie George sie sieht und entwirft. Es ist ebenso offensichtlich, daß hier die klassische Süd- und Orientsymbolik der Kunst und der Topos der Seligen Inseln tiefgreifend verwandelt wird. Georges Insel ist, bei allem sonstigen Gegensatz, so menschenleer wie Mörikes Eiland Orplid, so fern, so unerreichbar. Vom Herrn der Insel heißt es, »Gescheiterte nur hätten ihn erblickt«. Das ist ein Spiel mit dem ursprünglichen Wortsinn des Schiffbruchs und der übertragenen, dabei geläufigeren geistigen Bedeutung. Ein wahrhaft todesstarrer Exklusivanspruch der Kunst tut sich da auf, wo die Berührung dieses Landes nur um den Preis der Rückkehrunmöglichkeit in die gemeine, allgemeine Welt möglich ist. Ein ›point of no return‹ ist von dem zu überschreiten, der sich der Kunst aussetzt. Aber auch der Künstler und die Kunst sind in einer extremen Weise mächtig und bedroht zugleich. Der Herr der Insel ist der kaiserliche Sänger und der Tolpatsch in einem. Er ist kraft- und machtlos außerhalb seines Gesanges, einsam auf seinem Eiland und auf der verborgenen Insel noch einmal verborgen im Gehölz. Schon eine einzige planvolle Annäherung aus der Welt der Zweckrationalität draußen macht sein prekäres, aus Edelmaterialien zusammengesetztes, von Saat und Ernte, Zeugung und Geburt ausgeschlossenes Paradies zum Mausoleum seines Herrschers und – wie es scheint – einzigen Bewohners. Der Paradiesestraum der unschuldigen Südseeinseln ging unter in dem Augenblick, als er in Europa entstand: mit der Annäherung europäischer Segelschiffe, die ihre Kunde in die Alte Welt zurückbrachten. Der Herr der Insel, in der gleichen Situation wie die Südseeinsulaner beim Herannahen der europäischen Entdeckungsschiffe, überblickt noch einmal seinen Lebensraum, die »teure stätte«, seinen exklusiven, emotional hoch angereicherten Juwelenladen, breitet die Schwingen aus und verscheidet »in gedämpften schmerzenslauten« – der Vogel Ruch wird zum sterbenden Schwan, allerdings mit aufgesetztem Dämpfer. Die rettenden Delphine der Arion-Sage bleiben aus.

Wieviel mehr noch als bei Mörike die Kunst bei George Gegenreich der Wirklichkeit geworden ist, zeigt sich zuletzt darin, daß im »Gesang Weylas« von der Wirklichkeit her die ferne Insel wahrgenommen wird, im »Herr der Insel« aber die Menschenwelt mit dem nüchternen Weiß ihrer Segelschiffe von der Insel her. Doch ist damit die Perspektive des Gedichts noch nicht genau genug erfaßt: »Die fischer überliefern dass im süden auf einer insel ... ein vogel war ...«. Die Insel und ihr Herr sind nicht als den Augen wahrnehmbar vorhandene, sondern als »Überlieferung« Gegenstand des Gedichts. Rede ist es, die sich imaginativ auf die Insel versetzt. An der Stelle, wo der Vogel ins Riesige wächst, sein Flug der Purpurwolke gleicht, geht das Gedicht in den Konjunktiv indirekter Rede über, einen Status der Unverbürgtheit. Und was da unverbürgt erzählt wird, ist noch dazu Vergangenheit. Die Überlieferung, die Tradition sagt, daß einst ein Vogel auf einer Insel Herr war. Kein jetzt Lebender hat ihn gesehen, kein je Lebender konnte von ihm berichten, denn nur Gescheiterte sollen ihn erblickt haben, für die es kein Zurück mehr gab. Das ist die Übersteigerung der Erzählsituation der Sammlung von »Tausendundeiner Nacht«, wo die Märchenerzählerin Scheherezade erzählt, was Überlebende erzählt haben. Was die Fischer überliefern, kann nur mit den Augen der Seele einst gesehen worden sein; es ist Anamnesis eines Zustandes, wo die reinen Ideen noch nicht von der Wirklichkeit getrübt waren. Der »Herr der Insel« ist wirklich und ausdrücklich, der Text sagt es, eine Sage, seine Geschichte ein Untergangsmythos. Die Fiktion der Dichtung sagt, daß die Dichtung eine Fiktion ist und als solche das Reich der Schönheit und nicht des Lebens. Das Gesagte der Sage teilt mit, daß dieses Reich aus Worten erzielt ist. Georges Hybris beginnt da, wo er die Fiktion zur Gründungsurkunde eines heroischen Reiches der Tat zu machen versucht. Der Herr der Insel wird damit zum Seher des Reichs. Baudelaires Poet ist der Gefangene der anderen. George wird zum Gefangenen der eigenen Vision von der Macht des Poeten, indem er deren Voraussetzung nicht mehr wahrhaben will: ohnmächtig zu sein.

*

Noch einen Schritt weiter als Georges Gedicht »Der Herr der Insel« geht Hugo von Hofmannsthal (1874-1929) mit seinen reimlosen Versen »Der Kaiser von China spricht«, die ursprünglich das »Kleine Welttheater« von 1897 eröffnen sollten und 1907 in den »Gesammelten Gedichten« erschienen.

> »Der Kaiser von China spricht:
>
> In der Mitte aller Dinge
> Wohne Ich der Sohn des Himmels.
> Meine Frauen, meine Bäume,

362

Meine Tiere, meine Teiche
Schließt die erste Mauer ein.
Drunten liegen meine Ahnen:
Aufgebahrt mit ihren Waffen,
Ihre Kronen auf den Häuptern,
Wie es einem jeden ziemt,
Wohnen sie in den Gewölben.
Bis ins Herz der Welt hinunter
Dröhnt das Schreiten meiner Hoheit.
Stumm von meinen Rasenbänken,
Grünen Schemeln meiner Füße,
Gehen gleichgeteilte Ströme
Osten-, west- und süd- und nordwärts,
Meinen Garten zu bewässern,
Der die weite Erde ist.
Spiegeln hier die dunkeln Augen,
Bunten Schwingen meiner Tiere,
Spiegeln draußen bunte Städte,
Dunkle Mauern, dichte Wälder
Und Gesichter vieler Völker.
Meine Edlen, wie die Sterne
Wohnen rings um mich, sie haben
Namen, die ich ihnen gab,
Namen nach der einen Stunde,
Da mir einer näher kam,
Frauen, die ich ihnen schenkte,
Und den Scharen ihrer Kinder,
Allen Edlen dieser Erde
Schuf ich Augen, Wuchs und Lippen,
Wie der Gärtner an den Blumen.
Aber zwischen äußern Mauern
Wohnen Völker meine Krieger,
Völker meine Ackerbauer.
Neue Mauern und dann wieder
Jene unterworf'nen Völker,
Völker immer dumpfern Blutes
Bis ans Meer, die letzte Mauer,
Die mein Reich und mich umgibt.«³

Hier tritt – unterm Bild des Kaisers von China – der Poet als Herr nicht nur der Insel, sondern der Welt auf. In Anlehnung an die Kaiser-Ideologie des alten China verkündet der Poet sich als Mitte von allem. Das traditionelle kaiserliche Attribut »Sohn des Himmels« setzt den Anspruch, daß allein durch den Kaiser Himmel und Erde regelgemäß aufeinander bezogen sind. In seinen Kult- und Regierungshandlungen stellt er die gedeihliche Weise der Berührung von Himmel und Erde sicher. So bereist er das Reich in Richtung des Sonnenlaufs und setzt damit auf der Erde die himmlische Ordnung durch.[4] Für das Gedicht ist dagegen konstitutiv, daß das kaiserliche Ich des Gedichts als sprechendes, nicht als handelndes auftritt. In seiner Selbstdeklaration setzt es sich als Mittelpunkt der Welt; seine Rede ist Weltordnung, seine Rede vollzieht die Ordnung der Welt. Das Sprechen in gleichmäßig gefüllten vierhebigen Trochäen vergegenwärtigt das Majestätische seines Schreitens. Sprache schafft und ist Wirklichkeit.

In dieser Schöpferkraft des Kaisers, die chinesische Vorstellungen noch übertrifft, klingt Biblisches an. So sind auch die vier Ströme, die den Weltgarten des Kaisers durchfließen, Entsprechungen zu den vier Strömen vom Paradiesesgarten (1. Mos. 2,10ff). Dreizehnmal in vierzig Versen drückt der Kaiser Menschen und Dingen das Possessivpronomen »mein« wie einen Stempel auf, der ihnen mit der Prägung erst Dasein gibt. Viermal steht im Gedicht das Verb wohnen: Der Kaiser macht die Welt wohnlich. Die Edlen sind aus der Namenlosigkeit und damit der Nichtexistenz herausgetreten in der Stunde, da sie vom Kaiser ihren Namen empfingen. Seine Frauen, seine Bäume, seine Tiere, seine Teiche werden von der ersten Mauer eingeschlossen – Menschen, Tiere, Pflanzen, die Erde mit ihren Gewässern gehören ihm. Indem er seine Tätigkeit mit der des Gärtners an den Blumen vergleicht, klingt Größeres an: Allen Edlen dieser Erde Augen, Wuchs und Lippen verleihend, ist er

Gott gleich. Er schenkt seinen Adligen Frauen, wie Gott dem Erdenmann Adam die Männin Eva zugesellt.

Vertikal und horizontal dehnt sich die Herrschaft des Kaisers bis ans Ende der Welt aus. Wenn der Sohn des Himmels schreitet, dröhnt sein Schritt bis ins Herz der Welt, die Tiefe der Erde hinunter. Die vier Ströme lassen seine Kraft in die vier Himmelsrichtungen ausstrahlen. Mauern, die sich in immer weiteren Abständen um den Palast legen, schaffen eine Rangordnung der Dinge und Menschen nach ihrer Nähe zum Kaiser. Noch das Meer, das die Welt umgibt, ist als letzte Mauer ihm zugeordnet. Die Ahnen des Kaisers liegen in den Gewölben, wie es einem jeden ziemt. Weil sie kaiserlich sind, haben sie als einzige neben dem Kaiser dingliches Eigentum, Waffen und Kronen, als Herrschaftsinsignien. In der Ordnung des Totenreichs wiederholt sich die Ordnung der Lebenden und umgekehrt. Das allumfassende Reich übergreift auch die Zeit und hebt sie in seiner ewigen Sich-Gleichheit auf. Zur Vorstellung China gehört eine Dominanz räumlicher Ordnungen, eine Exklusion des gestaltauflösenden Zeitlaufs. Mit den Ahnen in der Tiefe ist die Zeitrelation in eine Raumrelation übersetzt. Im Allumfassenden und doch Begrenzten des Reichs ist garantiert, daß es nirgends ins Vage verläuft. Es ist absolut in seiner Ausschließlichkeit.

Der Traum einer Sprache, die identisch ist mit den Dingen, weil sie ihnen Wesen und Leben gibt; der Traum vom Schöpfungslogos im Mund des Menschen erscheint realisiert im Gedicht eines Autors, der in seinem berühmten »Brief des Lords Chandos« (1902) die Sprachkrise der Moderne, den Weltzerfall im Sprachzerfall, exemplarisch formuliert hat. Gewiß ist dieser Chandos-Brief später als das Gedicht, aber doch darf auch im Gedicht die perspektivische Brechung nicht übersehen werden.

Die erste besteht im Einleitungssatz, der die Rede des Kaisers als Rollenrede bestimmt. Nicht das Gedicht, vielmehr die als Rollen-Ich eingeführte Figur des Kaisers steht für den Inhalt der Rede ein. Nicht von der Welt und ihrer Ordnung, vielmehr von seinem Weltbild ist die Rede. »Ich, der Sohn des Himmels ...«: das ist zudem zeremonielle, nicht aktuell gesetzte und begründete Selbstprädikation. Das ganze Gedicht kann auch als kaiserliche Interpretation einer Majestätsformel gelesen werden, die durch die Großschreibung des Ich und das Fehlen von Kommata, wie sie nachgestellte Appositionen sonst einschließen, hervorgehoben wird. Der Kaiser von China spricht: Das ist eine relikt- und zeichenhaft ins Gedicht übernommene Regieanweisung. Das Gedicht ist somit ein Monodrama im Kleinformat. Der Kaiser ist eine Rollenfigur des Gedichts; der Sprecher ist auch der Schauspieler der Rolle des Kaisers. Eine Theaterfigur spricht, die sich dem Wort des Autors verdankt, wenn sie das schöpferische Wort in Anspruch nimmt; eine Theaterfigur, deren Deszendenz aber auch den Schöpfungsanspruch fragwürdig macht. Das Wort der Kaiserrolle ist nur in dem Sinne und Maße weltschöpferisch, wie es das Wort des Theaterautors ist. Seine Schöpfung durch das Wort ist Schöpfung von Worten. Daß der Kaiser als Redender, statt als Handelnder auftritt, bedeutet also nicht nur die Steigerung der Figur gegenüber dem traditionellen Anspruch der chinesischen Kaiser-Ideologie ins Göttliche, sondern auch eine Reduzierung: Er handelt nicht, er redet nur.

Und durch diesen Redestatus wird der Inhalt der Rede nicht allein relativiert, er wird schließlich sogar unterlaufen. Immer wieder bezeugt sich die Kunstwelt bei Hofmannsthal auch darin, daß sie zeitlos ist: »Früchte spiegelnd ohne Ende / In den *alterslosen* Seen«, heißt es im »Reiselied«. So ist auch das China des Gedichts feierliche Etablierung der zeitlosen Kunstwelt. Indem nun aber der Kaiser von China ausdrücklich *spricht*, wird das Medium der Vergegenwärtigung Chinas hier eigens thematisch gemacht. Die Regieanweisung hat einen anderen Status als eine Überschrift, bezeichnet einen Sprecherstatus, nicht einfach ein Thema. Die Hervorhebung der Darbietungsweise liefert demnach China der Macht aus, die der Inhalt der kaiserlichen Rede ignoriert. Sprechend überantwortet der Kaiser von China sein zeitloses Reich der Macht der Zeit, gegen die er es abzugrenzen sucht; denn Sprechen – Lessings Abhandlung »Laokoon oder über die Grenzen der Malerei und Poesie« (1766) hat es der deutschen Literatur und Poetik eingeprägt – ist ein Vorgang in der Zeit, der Räume und Zustände nur dergestalt vergegenwärtigen kann, daß er sie in Zeichensukzessionen auflöst. Das zeitliche Medium dementiert den Zustandscharakter, den Kunst*raum* China.

Zum Chinabild des gebildeten Europäers, wie ihn Hofmannsthal repräsentiert, gehört eine Vorstellung der Kaiser-Ideologie Altchinas, aber auch das mild-ironische Staunen über den darin enthaltenen Anspruch und dessen Diskrepanz zur historischen Wirklichkeit. So selbstverständlich uns ein eurozentrisches Welt- und Geschichtsbild ist, so befremdlich ist uns ein China-zentriertes. Als Hofmannsthal sein Gedicht schrieb, war das chinesische Kaiserreich in seiner Ordnung längst von innen unterminiert und von außen gedemütigt; die Kaiserideologie erschien als Farce, das Reich des Seins ausgehöhlt von Vergängnis. In der Zeit der in Erstarrung zerbröckelnder Donaumonarchie lag es zudem für den Österreicher Hofmannsthal nahe, Selbstverständnis und Zerfall des habsburgischen Weltreiches in Selbstverständnis und Zerfall des chinesischen Kaiserreiches hineinzuprojizieren.[5] Die unterworfnen Völker immer dumpfern Blutes lassen an die fremdsprachigen Untertanen des Hauses Habsburg bis nach Polen und auf den Balkan denken. Indem die Verkündigung des Universalreichs der Poesie dem Kaiser von China in den Mund gelegt wird, spricht sich auch aus, daß das Reich der Poesie mit seinen Ordnungen und Erscheinungen nicht nur nicht von dieser Welt ist, sondern daß es am Einspruch dieser Welt unterzugehen im Begriff ist.

Daß das Allreich des Kaisers ummauert ist, daß noch das Meer Mauer heißt, zeugt von Ordnung, aber auch von Furcht und Gefangenschaft im eignen Reich. Der Kaiser ist der Herr und auch der Knecht der Ordnungen, nicht nur der Schöpfer und der Sinn der Welt, sondern auch der Funktionär des Systems. Über dem Reich der Poesie liegt die Starre einer statischen Ordnung, in der es nur Sein, aber kein Handeln und Werden gibt. Kein Klang als der Schritt der kaiserlichen Hoheit und der Hall ihrer Worte ist in dieser Welt, in der Menschen mit stummen Lippen – gleich den Toten – nichts anderes gestattet ist, als zu wohnen. Das Dröhnen der kaiserlichen Schritte und Rede macht die Welt zu einem Resonanzraum dieses Ich, das einsam ist, weil es in ihr kein Gegenüber hat. Seine Frauen sind ihm so nah und fern wie seine Bäume, Tiere und Teiche, mit denen sie in *einer* Reihe stehen. Die Wiesen sind ihm zu Rasenbänken und grünen Schemeln seiner Füße verdinglicht. Auch bei Goethe gibt es ein »Königlich Gebet« (1775/76), vielleicht eine Anregung für Hofmannsthal:

> »Ha, ich bin der Herr der Welt, mich lieben
> Die Edlen, die mir dienen.
> Ha, ich bin der Herr der Welt, ich liebe
> Die Edlen, denen ich gebiete.
> O gib mir, Gott im Himmel, daß ich mich
> Der Höh' und Lieb' nicht überhebe.«[6]

Hier wird die Vertikale der Hierarchie durchquert von der Liebe und Wechselliebe, die Ich und Du auf gleiche Ebene stellt. In Hofmannsthals Gedicht gibt es keine Liebe, kein begegnendes Du. Der Gärtner im »Kleinen Welttheater«, der ehemals »den Stirnreif und Gewalt der Welt« trug, erinnert sich, daß er während seiner Herrschaft von der wahren Art der Welt nur

»in einem trüben Spiegel Spuren fand,
wenn ich umwölkt von Leben um mich blickte:
denn alle Mienen spiegelten wie Wasser
nur dies: ob meine zürnte oder nickte.«[7]

Jetzt ist er in aller Demut der wirkliche Gärtner geworden, welcher der Kaiser von China als Herr der Welt zu sein wähnt. Wenn die Mauern einfallen, wird deshalb nicht nur ein Ende, sondern vielleicht auch ein Anfang sein. Das Gefüge bröckelt; könnte Freiheit, auch für den Poeten, eindringen?

... warten auf alle? ... warten
warten auf; welche und dann warten warten
nun allerdings wir alle davon zu warten
Aber das Warten ja nicht allein dabei ist.

Peter, es war in alle? Während des wild liebe geworden,
welche ... Der Kaiser von China, ihr Herr der Welt zu sein
wollte. Wenn die Augen schließen, war es vielleicht nicht nur
ein Ende; sondern vielleicht gab es ein Anbeginn. Das war
ihre ... Laune ... denn auch ... an den Dingen, die
dahinter.

VI. SPRACHE

Paul Celans Gedicht »Sprachgitter« aus dem gleichnamigen Gedichtband von 1959 ist wie eine moderne Antwort auf Goethes Sprachgedicht »Wink«:[1]

> Augenrund zwischen den Stäben.
>
> Flimmertier Lid
> rudert nach oben,
> gibt einen Blick frei.
>
> Iris, Schwimmerin, traumlos und trüb:
> der Himmel, herzgrau, muß nah sein.
>
> Schräg, in der eisernen Tülle,
> der blakende Span.
> Am Lichtsinn
> errätst du die Seele.
>
> (Wär ich wie du. Wärst du wie ich.
> Standen wir nicht
> unter *einem* Passat?
> Wir sind Fremde.)
>
> Die Fliesen. Darauf,
> dicht beieinander, die beiden
> herzgrauen Lachen:
> zwei
> Mundvoll Schweigen.[2]

Hier wie dort ist das Sprachgedicht auch ein Liebesgedicht. Hier wie dort geht es im geliebten Gegenüber um den Inbegriff des menschlichen Welt- und Selbstverhältnisses. Hier wie dort ist die Sprachthematik ins Optische übersetzt – analog bis ins zentrale Bild von Auge und »Stäben«, die Buchstaben assoziieren lassen. Doch diese Nähe der Grundvorstellungen macht den Abstand zwischen den Gedichten um so deutlicher.

Aus den Stäben des Kommunikationsspielzeugs Fächer sind bei Celan (1920-1970) die Stäbe eines Gitters geworden. Fast unmöglich bei dem poeta doctus Celan anzunehmen, daß dieses Gitter nicht die Erinnerung an das Käfiggitter aus Rilkes berühmtem Gedicht »Der Panther« beschwört:

> »Sein Blick ist vom Vorübergehn der Stäbe
> so müd geworden, daß er nichts mehr hält.
> Ihm ist, als ob es tausend Stäbe gäbe
> und hinter tausend Stäben keine Welt.
> . . .
> Nur manchmal schiebt der Vorhang der Pupille
> sich lautlos auf –. Dann geht ein Bild hinein,
> geht durch der Glieder angespannte Stille –
> und hört im Herzen auf zu sein.«[3]

Freilich ist die eingängige Melancholie und Melodie Rilkes bei Celan gebrochen. Vor allem: Rilkes Gedicht handelt von einem einsamen Tier, mithin nicht von Sprache des Menschen, und es spricht von einem *gefangenen* Tier, das keinen Blick nach draußen mehr gewinnen kann. Bei Celan hat sich das Gitter als Wimperngitter dem Augapfel unmittelbar aufgelegt, aber doch kommt ein »Blick frei«; ein Blick, der von innen nach außen fällt – und möglich ist –, und zugleich einer, der von außen nach innen dringen kann. Dem entspricht, daß Sprachgitter in seiner eigentlichen Wortbedeutung nicht Gefängnisgitter, sondern das Gitter im Parlatorium von Nonnenklöstern ist, durch das die Klosterfrauen mit Besuchern sprechen.[4] Dieses Gitter ist mithin nicht Zeichen einer Freiheitsberaubung, die weggedacht werden könnte oder weggewünscht wird, vielmehr eine Gegebenheit unter anderen Gegebenheiten einer Lebensform, gegeben wie Lid und Wimpern dem Auge. Es ist Begrenzung ebenso wie Ermöglichung der Kommunikation. Trotzdem ist bei Celan der Sachverhalt der Geschiedenheit durch das

Sprachgitter in gleichem Maße dominierend, wie bei Goethe dem zur Nähe Verlockenden, Winkenden des Sprachfächers der Nachdruck gehört. Auch Wimpern könnten ja winken, aber sie tun es hier nicht.[5]

Trennung bei aller Nähe, ja als Ergebnis größter Nähe äußert sich aber noch in etwas anderem. Bei Goethe sind innerhalb des Gedichts die Stäbe zum Fächer geordnet, sind die schönen Augen dem Mädchen zugeschrieben. Es entsteht eine geschlossene bildliche Vorstellung. Das ist bei Celan anders. Bei Celan ist die Wahrnehmungsposition so nah an das Wahrgenommene herangerückt, daß nicht ein Mensch, nicht einmal sein Augenpaar, ja nicht einmal das Ganze des Auges mit Lid und Wimpern erfaßt wird, sondern lediglich abstrakte Form in ihrer Befremdlichkeit: Augenrund zwischen den Stäben. Es ist dieselbe Umschlägigkeit von Nähe und Ferne, die in einem früheren Gedicht das Gegenüber so nah sein läßt, als weilte es nicht hier.[6]

Auch die Koordination der Bewegungsabläufe ist dem kurzsichtigen Nahblick unmöglich. Nicht das Mädchen blinkt augenwimper-winkend dem Geliebten zu, nicht der Mensch, nicht das Auge hebt das Lid, kein Ziel des Blicks wird benannt. Als verselbständigtes Lebewesen Flimmertier rudert das Lid nach oben, läßt die ebenso selbständige Schwimmerin Iris frei. Noch seltsamer wird diese Desintegration dadurch, daß mit der Vorstellung Flimmertier die Flimmern oder Wimpern, die beim Menschen schützend das Auge umstehen, als Wahrnehmungs-, Fortbewegungs- und Nahrungsfangwerkzeuge einem fressenden Schlund zugeordnet werden, der eigentlich das ganze, in einer seiner Unterarten tüllenförmige Primitivlebewesen ausmacht. Am seltsamsten schließlich, daß die einzelnen Bildvorstellungen – verselbständigt wie die Teile und Funktionen des Auges – beziehungslos nebeneinanderstehen, sogar einander überlagern und bestreiten. Wimpern als Stäbe des Sprachgitters, das nur als Überschrift auftaucht, sind auch bewegliche

Teile eines Tieres; die Schwimmerin Iris ist menschliche, ja mythische Gestalt – nach antiker Mythologie Göttin des Regenbogens und Götterbotin, Trägerin göttlicher Botschaft, aber in Verbindung mit dem Wimpertier kann man auch die schwimmende Iris als selbständiges Kleinlebewesen denken. Iris ist ferner eine Blume von intensiver Farbigkeit, aber Infusorium, Göttin und Blume können nicht ineinander gedacht werden. Die Blume verblaßt. Der Regenbogen, der Friedensbogen, die Phantasiebrücke ist traumlos und trüb. Die geistigste Form der Weltteilhabe, das Sehen, gerät mit der Assoziation Flimmertier in Nähe zur materiellsten, zu Nahrungssuche, Beutefang, Verzehr. Schlagworte wie Verdinglichung, Zerstückelung, Entfremdung drängen sich auf, weil das Gedicht die Konkretheit dieser Abstraktionen ist. Bei Goethe heißt es voll Gewißheit:

> »Wär nicht das Auge sonnenhaft,
> Die Sonne könnt' es nie erblicken«[7]

In Celans Gedichteingang scheinen solche Entsprechungen nur noch mangelhaft vorhanden zu sein. Himmel und Herz sind im Attribut »herzgrau« verbunden – eher eine Farbe des Todes als des Lebens, das nach ›herzrot‹ verlangen würde. Die Nähe des grauen Himmels, indiziert durch die Trübe der Iris, wirkt mehr lastend als hoffnungsvoll, während die oft blaue Blume Iris den durchsonnten Himmel auf die Erde holt. Das Nah-sein-Müssen kann ein schicksalhaftes Verhängnis meinen oder eine Vermutung sein, vielleicht eine Selbstbeschwichtigung, durch den Doppelpunkt als Folgerung aus dem Vorhergehenden gekennzeichnet. Der diffusen Helligkeit von außen korrespondiert in der Tiefe des Auges der »blakende«, also rußende Span »Schräg, in der ... Tülle« – ein Bild für die Pupille, die veränderliche Lichtöffnung des Auges, wobei der Bildbestandteil Tülle sich abermals nicht eindeutig zuordnen läßt. Das Wort kann auf das tüllenförmige Infusorium bezogen werden, aber auch auf den Kienspanhalter an einer Wand des vergitterten Raums. Auch daß am Lichtsinn des Auges, seiner Fähigkeit, sich nach dem Licht zu orientieren, die Seele zu erraten sei, ist eine tastende Aussage. Der Sprecher muß ein Du überzeugen, das vielleicht er selbst ist. Schon die Zeile

>Iris, Schwimmerin, traumlos und trüb<

ist als Anrede an Iris und als Aussage über sie lesbar.

Doch nun schlägt das Gedicht um in einer Wende, die zweifach angekündigt ist: erstens durch die Signalwörter >Sinn< und >Seele< in einer Umgebung opaker Sinnenhaftigkeit; zweitens durch eine geheime Ambivalenz der Lichtsymbolik, die bislang einsinnig gelesen worden ist. Trübe, herzgrau, ungewisses Blaken sind nur dann negativ besetzte Vorstellungen, wenn strahlende Helligkeit als Positivum gedacht wird. Gerade das aber ist in Paul Celans Lyrik nicht der Fall.[8] Wo kein Lichtsinn ist, ist keine Seele; aber die Seele ist nicht im blendend Hellen, sie ist in der Trübe, im Grau, im Schatten.

>Blicke umher:
sieh, wie's lebendig wird rings –
Beim Tode! Lebendig!
Wahr spricht, wer Schatten spricht<,

heißt es in dem Gedicht >Sprich auch du<.[9] Der Schatten des Todes ist zugleich der Schatten einer inneren Lebendigkeit, die sich vom Vorhandenen abstößt, Zeichen des Unterwegsseins. Im Entfremdungsbild von >Sprachgitter< ist demnach auch eine Gegenspur von seelischer Energie und Spontaneität, die jetzt freigesetzt wird. Wirkte die bedrängende Fremdheit des Wahrgenommenen wie die Folge zu angestrengter Annäherung, so deutet sich plötzlich in der Ferne eines Irrealis und Präteritums Nähe an. Im Gegensatz zum Vorhergehenden beginnt Erinnerung, Innerlichkeit zu sprechen. Eine große, einfache Situation wird direkt be-

nannt. Es ist nun eine Situation des Hörens, nicht des Se-
hens; der Hingenommenheit, nicht der Ungewißheiten; der
unsichtbaren Strömung, nicht der sichtbaren Bestände. Die
Frage stellt nicht in Frage; sie appelliert an eine gemeinsame
zweifelsfreie Erinnerung.

> »(Wär ich wie du. Wärst du wie ich.
> Standen wir nicht
> unter *einem* Passat?
> Wir sind Fremde.)«

Der Parallelismus von Ich und Du gehört zum Altbestand
der Liebeslyrik – »Dû bist mîn, ich bin dîn«[10] – und spielt
besonders in den Sesenheimer Gedichten des jungen Goethe
eine große Rolle:

> »Laß mich ihr und laß sie mein«[11]

> »Und doch, welch Glück, geliebt zu werden,
> Und lieben, Götter, welch ein Glück!«[12]

> »O Mädchen, Mädchen,
> Wie lieb' ich dich!
> Wie blinkt dein Auge,
> Wie liebst du mich!«[13]

Wie im berühmten Lied an Frau von Stein »Warum gabst du
uns die tiefen Blicke«[14] tastet sich bei Celan anschließend
das Ich anamnetisch an einen Punkt der Einheit zurück, wo
zwei Getrennte als »wir« beisammen waren:

> »Ach, du warst in abgelebten Zeiten
> Meine Schwester oder meine Frau.«

Bei Goethe wie bei Celan wird Glück negativ, am Schmerz
des Entbehrens ermessen.

Damit aber beginnen schon wieder Gegensätze. Bei Goe-
the spricht das Ich des Gedichts durchgehend im Bewußt-
sein der vergangenen Einheit, die so umfassend war, daß in
ihr noch rückblickend eine Differenzierung des geliebten

Gegenüber nach »Schwester« oder »Frau« belanglos ist. Der Liebende hat sich im Blick und in der Zuwendung der Geliebten gewonnen, wie sich das Kind im Auge der Mutter erkennt und bejaht: »fühlte sich in deinem Auge gut«. Bei Celan tauchen Wunsch und Erinnerung blitzhaft aus der Gegenwartsschicht disparater Bildlichkeit auf. Und wie die Korrespondenzen bei Celan viel ungewisser sind als zwischen »Auge« und »Sonne« bei Goethe, so ist der Ausdruck der einstigen Nähe auch sehr viel komplizierter, noch im leisen Insistieren der rhetorischen, auf die Herstellung von Einvernehmen zielenden Frage.

Die Klammer um die ganze Strophe schließt zwar als graphisches Zeichen das Getrennte zusammen – Ich und Du sind umklammert –, nimmt aber die Vereinigung zugleich ins Flüchtigste, in die Zwischenbemerkung, in die Parenthese zurück. Auch ist das Stehen unter *einem* Wind weniger als das Verschmolzensein bei Goethe, selbst wenn dieser Wind in seiner Beständigkeit ein Glückswind der Schiffer sein mag, weil er die Schiffe in den Hafen trägt; selbst wenn von altes her der wehende Wind ein Bild für das Wehen des Geistes und das Wirken der dichterischen Inspiration ist, selbst wenn der Name dieses Windes, der auf das spanische ›pasado‹ zurückgeht, letztlich auf das lateinische ›pando, pandi, passus‹ weist, was auch öffnen und offenbaren heißen kann.[15] Klingt nicht in »Passat« gleichfalls unüberhörbar das ›passé‹, das ›Vorbei‹ an? Deutet der Wind, der die Tropen kreuzt, nicht heimlich auch auf das Dazwischenschießende, das Gitter? Andererseits: meint »ich wie du ... du wie ich« nicht – sogar gegenüber Goethe – ein Äußerstes an Nähe?

Es meint solche Nähe, aber in einer abermals befremdlichen Weise. Bei Goethe ist aus der umgreifenden Einheitserfahrung ein seiner selbst – und sei es im Leiden – gewiß gewordenes Ich entstanden. Dagegen vereinigt der Wunsch ›ich wie du, du wie ich‹ in sich die Extreme einer absoluten

Selbstaufgabetendenz und einer ebenso absoluten Selbstbe-
wahrungstendenz. Wiederum bieten sich dafür zwei Les-
arten an, die jedoch nur scheinbar Entgegengesetztes mei-
nen: Das Ich will an die Stelle treten, wo jetzt das Du steht –
der Satz sagt es nicht nur inhaltlich, sondern auch in exak-
ten grammatischen Entsprechungen. Ich will völlig ›wie
du‹ sein, wogegen das Du völlig ›wie ich‹ sein soll. Das ist
ein Vorgang, bei dem am Ende Ich und Du abermals, nur
seitenverkehrt, einander gegenüberstünden. Die andere
Lesart: Zwischen Ich und Du soll jede Differenz aufgeho-
ben sein, sie sollen in der Identität Ich = Du zusammenfal-
len.

Beide Vorgänge miteinander verweisen auf das Modell
Bild und Spiegelbild. Bild und Spiegelbild sind seitenver-
kehrt vertauschbar, und beide sind identisch. Ist das Du der
Spiegel, in den man ganz übertreten will, so ist es gleichzei-
tig Untergangsort und Fundort des Ich, Medium der Selbst-
findung und der Selbstauflösung. Ich will nicht sein, und:
nichts soll sein außer Ich! So spricht ein Ich, das sich und die
Welt nie sicher gewonnen hat, dem die Welt zerfallen ist,
wie es in sich zerfallen ist; ein Narziß, der nichts als den
Spiegel sucht, aber doch zu nichts anderem als in ihm zu
verschwinden. Schon im verstörenden Nahblick des Ge-
dichteingangs ist auch etwas vom verstörten Blick in den
Spiegel, so wie in den Anreden bis zum »wir« ungewiß
bleibt, ob sie nicht lediglich Selbstapostrophen sind. Wo in
»Warum gabst du uns die tiefen Blicke« getrennte Liebende
im Schmerz des Entbehrens, in den tiefen Blicken des Er-
kennens vereinigt sind, ist bei Celan der das ›Passé‹ über-
dauernde Kern der Situation die als größte Nähe und aus
größter Nähe gewonnene Einsicht: »Wir sind Fremde«[16] –
wieder mit einer Doppelbedeutung: Wir sind einander
fremd, wir sind uns selber fremd. Für diesen Augenblick
wird der Blick des Auges und ins Auge frei. Nur als Fremde
sind wir ›wir‹, lieben wir einander und uns selber. Für die-

sen Augenblick – und nur für ihn – *ereignen* sich aber auch
eine Freiheit und eine Liebe. In der Erfüllung des Wunsches
›ich wie du, du wie ich‹ würde die Tür ins Schloß schnap-
pen. Im doppelten Irrealis, in der Kreuzung der Wünsche,
der Bewegungen, sich zu lieben und den andern, blitzt et-
was vom Du auf, das dem Aufgehen im Ich, und vom Ich,
das dem Aufgehen im Du entzogen ist. Das Ich erscheint als
das Andere des Du, das Du als das Andere des Ich; darin
sind sie »wir« und »zwei«. In der Frage öffnet sich das Ge-
dicht und lauscht über sich hinaus auf ein Echo.
Doch aus diesem Erkenntnisblick aufs Fremde kehrt das
Gedicht mit einem abermaligen Umschlag in die Schicht
heterogener Bildlichkeit zurück. Beginnt das Gedicht in ei-
nem prädikatslosen Aussagesatz, die Sprache stockend in
einer einzeiligen Kürzeststrophe; geht es nach einem weite-
ren Aussagesatz, wieder einer Strophe, abermals in einen
prädikatslosen Satz über; schwingt es aus in den Sätzen der
Begegnungs-/Trennungsstrophe, so zerfällt die Rede in der
Schlußstrophe in telegrammstilhafte Feststellungen. Noch
einmal gibt es eine Entsprechung – zwischen herzgrauem
Himmel und herzgrauen Lachen auf den Fliesen –, doch eine
Entsprechung, die alles verkehrt. War Iris auf den Himmel
und durch ihn auf das Herz bezogen, so sieht nun die aus
blickverengender Nähe in distanzierte Überschau fallende
Wahrnehmung zwei feuchte graue Flecken auf technisch
zugeschnittenen und gefügten, womöglich auch technisch
produzierten, glatten Steinplatten. In ihren Grenzlinien ge-
geneinander taucht das Gitter wieder auf, doch jetzt als
undurchdringliches und unbewegliches. Lassen die »herz-
grauen Lachen« zum letztenmal an die Augen denken – viel-
leicht Augenpfützen, vielleicht Tränenlachen –, so setzen
die Doppelpunkte zugleich eine Erläuterung und eine neue
Verwerfung der Bezüge. Entweder zeugen Tränenlachen
vom Schweigen der Münder, oder die schweigenden Mün-
der sind selbst »Lachen«, und dann bedeutete der Plural

nicht das Augenpaar, sondern Ich und Du »dicht beieinander«, gerade darin endgültig entzweit. Statt »wir« steht, abgesetzt als eine Zeile für sich, »zwei«. Die durch Synekdoche erzielte Konzentration auf das Kommunikationsorgan Mund ist auch dessen totale Reduktion. Kommt das Flimmertier als bewimperter Schlund noch zum materialen Weltverzehr, so sind die sprachlosen Münder in keinem Hauch, in keinem Kuß zueinander und zur Welt geöffnet; durch kein Sprachgitter getrennt vereinigt. Sie sind »Mundvoll Schweigen«, eingegrenzte Gegenstände, fest verortet in einem Koordinatenkreuz der Fliesenfugen. Wes das Herz voll ist, des geht der Mund über? Wes der Mund voll Schweigen ist, des geht das Auge über. Der »Mund voll Lachens« ist Hiob 8,21 und im Psalm 126 die Verheißung für die Frommen und die Erlösten, deren Zunge voll Rühmens sein wird – hier ist der Gegensatz: keine Erlösung.[17]

Bei alledem stehen Gedichtanfang und -ende in einem Verhältnis von Variation und Spiegelung mit dem Durchbruch in der Mitte. In »*zwei* M*u*ndvoll *Schwei*gen« kehren variiert der Lautbestand und die Situation der ersten Zeile wieder: »Augenr*u*nd *zwischen* den *St*äben«. Mund reimt sich auf Augenrund. Aber in der ersten Zeile ist von den Zweien, die in der Schlußstrophe benannt werden, nur einer im Text gegenwärtig; der andere, welcher wahrnimmt und spricht, steht als textkonstitutiv außerhalb. Die Textebene selbst als Sprachgitter scheidet Ich und Du. Das Augenrund zwischen den Stäben ist zur Sprache gebrachte Stummheit, denn der Blick, auch der Blickwechsel, ist stumm; am Ende jedoch herrscht Schweigen, ein Phänomen auf der Ebene der Sprache, so wie die Münder Organe der Rede sind. Die optisch orientierten Strophen des Anfangs[18] sprechen metaphorisch von Sprache; jetzt ist sie als Thema und Vollzug zugleich im Wort. Die erste Zeile benennt Stäbe als Gegenstände; die letzte Strophe schiebt mit ihren extrem großen Sprechpausen quasi hörbare ›Stäbe‹ zwischen die Wörter.

Ebenso *spricht* das Gedicht von Festem und Bewegtem, ehe es unbildliche Sprachbewegung wird in Anrede, Wunsch und Frage, die aus dem Objekt des Blickes den Adressaten einer Rede macht. Gleicherweise ist in der Offenheit, ob das erste Du (»am Lichtsinn/errätst du die Seele«) ein monologisches oder dialogisches ist, auf der grammatischen Ebene des Gedichts vollzogen, wovon die folgende Strophe als Wunsch spricht: die Aufhebung der Unterscheidbarkeit von Ich und Du.

Derart selbstreflexiv lesbar[19], *ist* das Gedicht selbst das Buchstabengitter, das sich auf die Netzhaut des Auges legt, es ist Flimmertier Li(e)d, Herzgrauen, verzweifeltes Lachen in den Lachen (der Tränen?), die »dicht« gedichtet sind – nämlich aus drei Wörtern (Ich und Du) in eines: »zwei«. Das Gedicht in seinem Selbstbezug ist das Anrede-Du. Der Augenblick, den das Flimmertier Lid freigibt, ist der Augenblick des Gedichts, der wie der Augenblick der Liebe die Kontinuitäten, auch das Kontinuum der Zeit, durchbricht. Er vereinigt Vergangenheit (»Standen wir nicht ...«), Gegenwart (»Wir sind ...«) und Zukunft in sich mit der gleichen Kraft, wie es der Augenblick des Gedichts und der Liebe bei Goethe tun. Nur ist bei Celan aus der realen Zukunft eine irreale geworden (»Wär ich ...«), der U-topos, die Utopie des Gedichts. Die am *Lichtsinn* zu erratende Seele ist die Seele des Gedichts, die sich im Sprachgitter ver*sinnlicht* und zugleich *Sinnlicht* durchs Sprachgitter wirft. Das sinnschwerste Einzelwort ist ein Spiegelwort.

Dieses Auf-sich-selbst-Verweisen des Gedichts ist etwas anderes als die geheime Identität von Lied und Land im »Gesang Weylas« von Mörike; es ist etwas anderes als Schillers Seelensprache von der Sprachlosigkeit der Seele und Goethes Wortfächer vom Fächer des Wortes, weil bei Schiller einsinnig die Sprache aus der Hörbarkeit des Seelenlautes Ach und des Sprechrhythmus erwächst und bei Goethe eine

vom Gedicht als eigenständig benannte Gegenständlichkeit
zustande kommt, die symbolisch auf Sprache als Wink zwi-
schen Welt, Ich und Du verweist. Auch bei Mörike voll-
zieht sich der Selbstbezug des Gedichts auf der Ebene einer
zwar trümmerhaften, aber doch ahnbaren Bild- und Sinn-
ganzheit. Bei Celan dagegen ist das Gedicht, das als solches
doch über sich hinaus will – eine Flaschenpost unterwegs zu
einem Anrede-Du –, wortwörtlich seine eigene Gegen-
ständlichkeit, und diese Gegenständlichkeit ist gerade darin
begründet, daß es durch Lücken zwischen den Strophengit-
tern, durch Lücken im Gitterwerk des syntaktischen und
logischen Gefüges, durch Bedeutungsspielräume zwischen
den Wörtern, durch Brüche und Fugen der Bildlichkeit,
durch Diskontinuitäten in der Verschränkung der Kommu-
nikationsmedien Hören und Sehen, von Bildlichkeit und
Lautlichkeit zu sprechen versucht, die kein Denk- und Vor-
stellungskontinuum, keine geschlossene Bezugsebene au-
ßerhalb seiner entstehen lassen.[20]

Schräg, halb quer in der Tülle der Buchstaben, blakt der
Span des Gedichts, in dem du die Seele errätst; trüb ist das
Reflexionsphänomen zwischen Iris und Himmel, das auf
die Selbstreflexivität des Gedichts verweist. Aber diese
Schräge ist auch ›Neigung‹, Richtung. Ins optische Feld
Schrift eingeschlossene Lautkorrespondenzen sind es, die
das gedanklich Getrennte gerade in der Trennung auch auf-
einander beziehen. In Augenrund – Flimmertier – rudert ist
das befremdliche Bild der Depersonalisierung auf die Perso-
nalpronomen Ich und Du, auf Schwimmerin und Himmel
orientiert; so der düster blakende Span auf den Passat des
Glücks; das bewegliche Lid auf die starren Fliesen. So wei-
sen die Vereinigungssignale frei, einem Passat, beieinander,
bei auf das Trennungssignal Schweigen. Umgekehrt spre-
chen die Klammern um die vierte Strophe, die sich vom Se-
hen und vom Sichtbaren löst, nur als abstrakte, wort- und
sprachlose, optische Zeichen. Sie sind so zentral wie un-

scheinbar: unhörbare Mitte der Aussage. Sie nehmen das Gedicht gerade da zurück, lassen es hinschwinden, wo die direkte Rede von Ich und Du aus der Bildlichkeit herausbricht – eine jähe Bewegung zwischen den vorhergehenden und den folgenden Bildkonglomeraten. Solange der Text Ich und Du trennt, ist das Gedicht am offensten nach draußen, von wo eben ein Ich Du sagt. Hingegen ist es *ein* Umschlag, der das Gedicht in die sprachliche Einholung seiner optischen Dimension *und* in die völlige Verdinglichung des Sprachlichen hineinfallen läßt: Auge wird Mund, Stummheit wird Schweigen, aber Mundvoll wird Raummaß, das Schweigen verräumlicht. Es wird ein Gefäß, das Schweigen aufnimmt, zu abzählbaren Mengen vervielfältigt und diese gegeneinander isoliert. Im Stein der Fliesen bricht sich das sprachliche Fließen, die Darauffolge der Wörter im Redefluß erstarrt, wo »darauf«, auf den Fliesen nämlich, das Lachen liegt.

Bei Schiller öffnet sich die zeitliche Spanne zwischen dem »schon« und »nicht mehr« Sprechen der Seele, bei Goethe die sprachsymbolische Spanne zwischen »an sich« und »für mich« des Gegenüber; bei Celan fällt das Sprechen des Gedichts, indem es über sich hinauslangt, in Sprachverdinglichung zurück; die Sprache muß um so mehr gerinnen und sich zu kombinatorischen Gefügen verfestigen, je weiter die Räume sind, in die sie zielt. Es ist die gleiche Logik, die in Celans Gedichtschluß

»als gäb es, weil Stein ist, noch Brüder«[21]

regiert, auf anderer Ebene analog zur Umkehrstruktur von Nähe und Ferne in ihrem Verhältnis. Ein Sprachkörper wird gebraucht, um ihn mit Schweigen zu durchschlagen, und ein Schweigeraum, um ihn mit Sprache zu perforieren. Bedeutungen werden gesetzt, damit Bedeutungsspielräume entstehen. Das Sprachgitter kennt keine Übergänge, kein tastendes Heraustreten der Sprache aus dem Seelenlaut; es kennt nur Positivitäten und Negativitäten: Hebung oder Senkung, Raum oder Grenze, rund oder gerade, schwarz oder weiß, und beides bestimmt sich am anderen, eines erscheint am anderen, so wie Buchstaben und weiße Gründe zusammen Sprachgitter formieren. Doch wie auf der Netzhaut und auf dem fotografischen Film das Negativ das Positiv und das Positiv das Negativ wird, so im Gedicht und seinen Ambivalenzen. Das Sprachgitter, eben noch die Pausen zwischen den sprechenden Wörtern, ist auch und noch mehr das Wortgefüge, das die Räume der bewegenden Sprachlosigkeit zustande bringt.[22] Wörter sind gebrochenes Schweigen, Schweigen ist unterbrochene, aufgebrochene Rede, die Stummheit des Schriftbildes kann Laut geben, Herzgrauen kann lachen.

Der Blick auf die der Gedichtsammlung »Sprachgitter« (1959) zeitlich eng benachbarte Büchner-Preis-Rede Paul Celans unter dem Titel »Meridian« (1960)[23] macht noch deutlicher, daß das Liebes- und Sprachgedicht Celans wie Schillers »Sprache« und Goethes »Wink« auch ein Gedicht über Dichtung ist. Dabei entsteht in der Meridian-Rede zunächst sogar der Eindruck, daß Celan mit seinem Sprechen von Sprache als »Atem« (188), von Dichtung als »Atemwende« (195), vom Stimmewerden der Sprache (201), vom Sich-Holen des Gedichts »aus seinem Schon-nicht-mehr in sein Immer-noch« (197) der Goethe-Schillerschen Sprachauffassung nicht so fernsteht, wie anläßlich des Gedichts »Sprachgitter« dargestellt wurde. Bei näherer Betrachtung bestätigt sich jedoch der grundlegende Unterschied, der in das Verhältnis von Dichtung und Leben hinüberreicht.

Die Meridian-Rede behauptet eine Zusammengehörigkeit und zugleich Unterschiedenheit von »Kunst« und »Dichtung«. »Dichtung« hat an Kunst mit ihren »Bilder und Tropen« (199), Regelmäßigkeiten und Wiederholungen Anteil, einem »marionettenhaften« und mechanismusartigen »Wesen« (187), das »Ich-Ferne« schafft (193) und medusenhaft Leben erstarren läßt, so daß in der Kunst das Unheimliche uns anblickt (192). Auch Kunst ist Gitter, Sprachgitter. Dichtung muß die Wege der Kunst gehen, um sie am Ende nicht nur zu überschreiten, sondern – immerfort – zu queren. Dichtung ist in dem Sprachgitter befangen, das durch sie doch auch hergestellt wird. Sie ist aber gleichzeitig »... das Gegenwort; das Wort, das den ›Draht‹ zerreißt ... ein Akt der Freiheit. Es ist ein Schritt« (189). »geh mit der Kunst in deine allereigenste Enge und setze dich frei« (200). Dichtung, am Sprachgitter der Kunst beteiligt, ist auch der Durchstoß durch das Sprachgitter, quer zu allen Mustern und zum Wiederkommenden. Das »Dazwischengekommene greift rücksichtslos durch« (189). Dichtung ist die »für die Gegenwart des Menschlichen zeugende Majestät des Absurden« (190). Sie ist Atem, nicht aus dem die Stimme erwächst, sondern der durchs Sprachgitter streicht; Stimme nicht, die als innere Stimme in der Schrift ertönt, sondern »gesehenes Sprechen« (188), so wie Lucile im Kunstgespräch des »Danton« das Sprechen des Geliebten *sieht*, ohne darauf zu achten, wovon die Rede ist. »Finden wir jetzt vielleicht den Ort, wo das Fremde war, den Ort, wo die Person sich freizusetzen vermochte als ein – befremdetes-Ich? Finden wir einen solchen Ort, einen solchen Schritt?« (195)[24]

Der Ort, auf den Dichtung vorläuft, ist – in der Formulierung Celans, die entschieden an eine theologische Redeweise von Gott anknüpft – das Fremde, das in der Berührung zum ›ganz Anderen‹ wird, dessen Berührung aber auch schon seine Verfehlung ist. So wird das Du, die Welt, das Ich angesprochen dergestalt, daß die Dichtung in ihrem Reden in »allereigenster Sache« (196) von diesem ganz Anderen spricht, ja es im Sprechen als das ganz Andere erst konstituiert (196). Die Dichtung durchläuft auf diesem Wege einen Kreis gleich einem Meridian, der »heitererweise« sogar die Tropen, im Wortsinn der Rhetorik die Redeweisen der Redekunst, durchkreuzt (202), so wie der Passatwind aus »Sprachgitter« ja auch in den Tropen weht: Das Ich ruft durch Nennung ein Du hervor, durch dessen Anrede ein anderes Ich, das Ich als anderes erzielt wird. Das Gedicht wird Gespräch, das Gespräch kreist ins Selbstgespräch und umgekehrt, es ist einsam und unterwegs; es ist nicht Sprache der Seele, sondern Sprache, die Seele finden, erfinden will. Das Sprechen vom Du, das im Spiegelkabinett der Selbstreflexivität des Gedichts das Gedicht selber ist, durchbricht dieses Spiegelkabinett. Während bei Goethe die Welt, das geliebte und wiederliebende alte Mädchen, immer schon da ist und nur zum Zuhören und Antworten gebracht werden muß, schafft bei Celan das Gedicht die Welt, auf die es zielt, indem es auf sie zielt. Aber man kann es auch anders lesen: Die Welt ist bei Celan nur Welt von Gnaden des Gedichts. Es macht aus dem Publikum ein Du, aber es erreicht ein Du letztlich auch nur als Publikum, das lediglich durch die Relation zum literarischen Produkt definiert ist und damit in dessen Selbstreflexivität hineinkreiselt. Das Welträtsel ist das Rätsel des Gedichts, über das sich die Celan-Enträtsler beugen. Der blakende Span zwischen Angehen und Ausgehen – was wird er tun? Herzgrau *zwischen* Schwarz und Weiß – was wird sein?

Weil die Dichtung, das Gedicht im Erreichen des ganz Anderen es auch schon verfehlt, weil in ihm »alle Tropen und Metaphern ad absurdum geführt werden« (199), an denen es doch unablösbar Anteil hat – so wie das Gitter nicht ohne die Durchbrechung, die Durchbrechung nicht ohne das Gitter ist –, deshalb ist das Gedicht gerichtet auf die Utopie (199), »am Rande seiner selbst« (197), geneigt zum Verstummen (197) – Ich-Nähe am Umschlag zur Ich-Ferne. Es ist nicht Atemrhythmus, in dem Sprache anhebt und in den es zurückkehrt, sondern Atemwende, der Einstand zwischen den Atemzügen. Sein Verstummen ist nicht – wie in »Über allen Gipfeln ist Ruh« – zur Ruhe Gehen, vielmehr Scheitern, ein Dementi der Rede, das der Rede von vornherein innewohnt. Dichtung erstickt im Sprachgitter, das sie zerrütten muß, um zu leben. Ihr Gelingen ist Sprengung. Das Gedicht ist punktuelle Aufschmelzung im Erstarrten, Atem im »Atemkristall«[24a]. »Dichtung eilt voraus« (194), ständig von Kunst eingeholt. Wohin eilt sie? In den Beispielen Celans in den Tod – Lucile aus »Dantons Tod« –, und in den Wahnsinn – Lenz in Büchners Novelle, der »den Himmel als Abgrund unter sich hat« (195). Sein Augenblick der Dichtung ist »ein furchtbares Verstummen, es verschlägt ihm – und auch uns – den Atem und das Wort« (195):

> »Die Fliesen. Darauf,
> dicht beieinander, die beiden
> herzgrauen Lachen:
> zwei
> Mundvoll Schweigen.«

Am furchtbarsten bei alledem aber ist – weil es auf die Aporie in Paul Celans Leben und Dichten verweist –, daß seine Beispiele des Lebens selber Beispiele der Kunst, literarische Figuren sind. Noch wenn sich Kunst bei ihm in die Luft sprengt, fällt sie auf sich selbst zurück.

Die verdeckte Tragik dieser Position wird noch deutlicher, wenn das Gedicht »Sprachgitter« und die Meridian-Rede in Anknüpfung bei Gottfried Benn, dem repräsentativen Lyriker der älteren Generation im Nachkriegsdeutschland, und im Widerspruch zu ihm verstanden werden. Benn hatte in seiner berühmten Marburger Rede »Probleme der Lyrik« von 1951 das Emotionale und Artifizielle am Gedicht gegenübergestellt und sich radikal auf die Seite des Artifiziellen, auch der Selbstbezogenheit des Gedichts und seiner Sprache geschlagen: »Das neue Gedicht, die Lyrik, ist ein Kunstprodukt.«[25] Und, unter Berufung auf Nietzsche: »Artistik ist der Versuch der Kunst, innerhalb des allgemeinen Verfalls der Inhalte sich selber als Inhalt zu erleben und aus diesem Erlebnis einen neuen Stil zu bilden, es ist der Versuch, gegen den allgemeinen Nihilismus der Werte eine neue Transzendenz zu setzen: die Transzendenz der schöpferischen Lust.«[26]

Von hier aus wird das Gedicht als absolut und radikal monologisch, »an niemanden gerichtet« bestimmt.[27] »... es gibt keinen anderen Gegenstand für die Lyrik als den Lyriker selbst.«[28] Im Selbstzitat einer Äußerung von 1923 vergleicht Gottfried Benn den Lyriker mit »im Meer lebende(n) Organismen des unteren zoologischen Systems, bedeckt mit Flimmerhaaren. Flimmerhaar ist das animale Sinnesorgan vor der Differenzierung in gesonderte sensuelle Energien, das allgemeine Tastorgan, die Beziehung an sich zur Umwelt des Meers. Von solchen Flimmerhaaren bedeckt stelle man sich einen Menschen vor, nicht nur am Gehirn, sondern über den Organismus total. Ihre Funktion ist eine spezifische, ihre Reizbemerkung scharf isoliert: sie gilt dem Wort ...«[29] »Nicht immer sind diese Flimmerhaare tätig, sie haben ihre Stunde. Das lyrische Ich ist ein durchbrochenes Ich, ein Gitter-Ich, fluchterfahren, trauergeweiht. Immer wartet es auf seine Stunde, in der es sich für Augenblicke erwärmt, wartet auf seine südlichen Komplexe mit ihrem ›Wallungswert‹, nämlich Rauschwert, in dem die Zusammenhangsdurchstoßung, das heißt die Wirklichkeitszertrümmerung, vollzogen werden kann, die Freiheit schafft für das Gedicht – durch Worte.«[30]

Hier greift Celan ein. Wo bei Benn die Flimmerhaare bestimmt sind, nach Worten zu tasten, tastet bei Celan das Ich durch die Flimmern des Auges – durch das Wort – nach Welt, an der es sich selbst erst vollends zum Ich bestimmt. Wo bei Benn das Gedicht monologisch sein soll, will es bei Celan dialogisch sein. Wo bei Benn das Gitter-Ich des Lyrikers von Wallungen durchflutet wird, die Wirklichkeitszertrümmerung und Zusammenhangsdurchstoßung durch das

Wort möglich machen, soll bei Celan das Kunstwerk als Sprachgitter vom Sprechen des Gedichts durchflutet werden, das auf Wirklichkeit zielt. Bei Benn geht es um Freiheit für das Gedicht, bei Celan um Freiheit für das Leben. In einem letzten verzweifelten Versuch der Welterfahrung durch das Gedicht will Celan – statt des Lebens – die Kunst zertrümmern, damit das Gedicht Leben erreichen kann.[31]

Der folgende Text von Eugen Gomringer[1] (*1925) gehört
der sogenannten Konkreten Poesie an, deren Namen auf die
Analogie von Denkstruktur und Zeichenstruktur im kon-
kreten Sprachgebilde weist[2] – also auf die Zeichenhaftigkeit
des Buchstabengefüges selbst:

```
schweigen schweigen schweigen
schweigen schweigen schweigen
schweigen            schweigen
schweigen schweigen schweigen
schweigen schweigen schweigen
```

Obwohl Gomringers Text nur zehn Jahre nach Celans
»Sprachgitter« veröffentlicht wurde, liegt zwischen beiden
ein Graben – tiefer als zwischen Schiller und Goethe einer-
seits, Celan andererseits. Paul Celan steht mit seiner Lyrik
am äußersten Ende eines Traditionsstranges, Gomringer
jenseits. Die Frage nach dem Vehältnis von Ich, Du und
Welt in der Sprache ist erloschen; Ich, Du und Welt kom-
men im Text nicht mehr vor. Gomringer versteht ihn als
Information[3], d. h. Mitteilung ohne Meinung, Sinn, Stim-
mung, Individualität, Ausdruck. Nach Person- und Sach-
bezug dieses Textes zu fragen, wäre ebenso verfehlt wie die
Frage an eine den Verkehr regelnde Lichtampel, warum
›rot‹ das Haltesignal und ›grün‹ das Bewegungssignal ist,
welche Beziehung sie zwischen den Menschen oder welche
Beziehung des Menschen mit sich selbst sie herstellt. Die
Verkehrsregelung durch die Ampel funktioniert gerade des-
halb, weil die reine Konventionalität des Zeichens jede
Sacherkennung oder Sacherinnerung erübrigt und weil es in
seiner Person- und Situationsneutralität an die Stelle der
Kommunikation tritt. Schon die Straßenverkehrsordnung
hat ihre Wirksamkeit darin, daß sie den Menschen nur in

seiner Eigenschaft als Verkehrsteilnehmer anspricht – unabhängig von Alter, Geschlecht, Gesundheitszustand, Charakter, Stimmung usw. Die Verkehrsampel erübrigt darüber hinaus der Idee nach noch die flüchtigste Kontaktaufnahme und Verständigung über die Situation zwischen den am Verkehr Beteiligten. Sie reduziert den Verkehrsteilnehmer für den Augenblick, in dem er unter ihrer Regelautomatik steht, auf die abstrakte Funktion, ihrem Signal folgend regelmäßig zu funktionieren.

So Gomringers Text. Ein Erlebnisgedicht Goethes stellt, indem es die Seele zur Sprache bringt, höchste Erlebnisintensität her; ein Gedicht wie Heines »Seegespenst« denunziert Leben als Literatur; Nietzsches »Nur Narr! Nur Dichter!« spricht aus, daß lediglich in der Literatur Leben stattfindet; Celan läßt das Gedicht aus der Sprengung der Kunst entstehen und auf sich entziehendes Leben zuhalten. Stéphane Mallarmé, der große Vertreter des französischen l'art pour l'art, von dem Celan sich absetzt, hat – zwischen Goethes »Wink« und Celans »Sprachgitter« – Fächergedichte geschrieben, von denen das an seine Frau gerichtete die Ablösung des Gedichts von der Gegenständlichkeit vorführt.[4] An die Stelle des Auf- und Zuklappens des Fächers tritt das Auf- und Zuklappen eines Wortfächers, dessen einzelne Worte nicht mehr mit einer vorgegebenen Wirklichkeit, sondern nur noch miteinander in Beziehung stehen sollen. Die Trivialsprache ist für Mallarmé durch ihren Wirklichkeitsbezug definiert; die Sprache der Kunst dagegen durch ihren reinen Selbstbezug – Kunst ist nicht Leben, auch nicht das eigentliche, sondern Kunst[5] –, eine Linie, die im Nachkriegsdeutschland theoretisch am reinsten durch Benns Marburger Rede repräsentiert wird. Deshalb die geheime Auseinandersetzung mir ihr, wenn Paul Celan diesen Selbstbezug, bei aller Selbstreflexivität seiner Sprache, wieder zu durchstoßen unternimmt: der letzte Schritt eines Weges ist der Widerruf des Widerrufs. Doch noch in Mallarmés Extremposition bleiben die Bedeutungsfelder der Wörter im Spiel; ihre gegenseitige Bestrahlung und Überschichtung ist das poetische Spiel. Nicht die Textualität; vielmehr die Evokationskraft der Wörter, ihr Vermögen, Assoziationen heraufzurufen und zu rhythmisieren, macht das Gedicht aus.[6]

Alles das ist aus Gomringers Text verschwunden, der nur in seiner Buchstäblichkeit als Struktur erscheint. Wo bei Goethe die Vögelein im Walde schweigen, spricht sich eine innere Stimme, ein Hauch, dem Verstummen zu. Wenn in »Sprachgitter« am Ende zwei Mundvoll Schweigen bleiben, bleibt der Schock der Verräumlichung von Stimmlosigkeit als dem Ende der Sprache in zwei gegeneinander stillgestellten Kommunikationsorganen. Wenn Christian Morgenstern in »Fisches Nachtgesang«[7], der schönsten Parodie des zweiten »Nachtliedes« von Goethe, an die Stelle des Gedichts mit seinem ausdrucksvollen Spiel von Metrum und Rhythmus ein kahles metrisches Schema stellt – noch dazu ein sprachlich unrealisierbares –, dann macht er wenigstens einen Witz, indem der ›Gesang‹ durch die metrischen Zeichen an die Metrik als Sparte der Poetik und durch die Überschrift sowohl an die lyrische Tradition wie an das zoologische Grundwissen appelliert, daß Fische nicht zu singen pflegen:

$$
\begin{array}{c}
\overline{} \\
\smile\ \smile \\
\overline{}\ \overline{}\ \overline{} \\
\smile\ \smile\ \smile\ \smile \\
\overline{}\ \overline{}\ \overline{} \\
\smile\ \smile\ \smile\ \smile \\
\overline{}\ \overline{}\ \overline{} \\
\smile\ \smile\ \smile \\
\overline{}\ \overline{}\ \overline{} \\
\smile\ \smile\ \smile\ \smile \\
\overline{}\ \overline{}\ \overline{} \\
\smile\ \smile
\end{array}
$$

Ganz abgesehen davon, wie hier Erlebnis in die einfachsten, oppositionellen Elemente von Schrift (Strich und Bogen), Ausdruck in Formel, Individuum in Regel, Akustik in Optik umschlägt; abgesehen davon also lädt das Schema zu Bildassoziationen ein – seien es geöffnete Fischmäuler unter einem Wasserspiegel, sei es – wenn man das Gebilde um neunzig Grad kippt – der Schuppenleib des Fisches selbst. All das wäre nicht witzig, unterliefe Morgensterns »Nachtgesang« nicht eine *gültige* Norm dessen, was ein Gedicht ist. Es ist eine Norm, der sich Morgenstern – als Dichter der »Galgenlieder« ein Galgenstrick – als lyrischer »Gottsucher« mit weihevollen Aphorismen über Kunst zuordnet: »Neue Dichter seh ich kommen, nach innen den Blick gerichtet – – –.«[8] Bei Gomringer dagegen ergeht nicht einmal eine Aufforderung zum Lachen; der Text erinnert an nichts. Er enthält keinerlei Gebrauchsanweisung, außer daß er nichts als gelesen sein will, weil seine Anordnung um ein Loch im Schriftgefüge nicht lautlich vergegenwärtigt werden kann. Da aber Schweigen als Tatbestand nicht lesbar ist, sondern nur als Buchstabenfolge, wird es vom Text ebenso unausdrücklich wie nachdrücklich als Tatbestand ausgeschlossen. Vorbei die Übersetzung von Seele in Sprache, Sprache in Schrift, Schrift in ›innere Stimme‹; vorbei die Bilder, die Vorstellungs- und Sinntiefe enthielten, keine Spannung auch zwischen Bild und Seele, Sache und Bedeutung. Das einzige »Bild« ist das Schriftbild, die Typographie. Damit ist die extreme Gegenposition zu Schillers Distichon »Sprache« erreicht, bei dem dieser Gang durch die deutsche Lyrik anfing. Schiller spielt das Verhältnis von Seele und Sprache ins akustische Feld hinüber und ›vergißt‹ das Schriftbild der Seelensprache. Gomringer spielt Sprache in Schrift hinüber und ›vergißt‹ die Seele. Schweigen ist nicht das Gegenteil von Stimme; es ist das Wort für die Lücke im typographischen Gefüge; die Lücke im typographischen Gefüge ist kein Ausdruck des Schweigens, sie ist die pure

Opposition zum Bedruckten. In ihr führt sich vor, was Druck ist und was die Lesbarkeit von Gedrucktem ausmacht: so wie dieser weiße Fleck entsteht durch seine bedruckte Umgebung, so entstehen Druckbilder von Wörtern im Außenverhältnis durch Wortabstände und im Innenverhältnis durch Buchstabenabstände, wobei die Buchstaben ihrerseits durch die umgebende weiße Fläche definiert sind und diese definieren. Strikt auf dieses binäre Schema sind die Texte Gomringers durch universale Kleinschreibung und Auslassen der Interpunktion reduziert. Großschreibung von Substantiven würde Tätigkeiten von Zuständen unterscheiden und damit in den Text als außertextuelle Referenzen einführen; Interpunktion und Großschreibung der Satzanfänge würde Wortbestände zu übergreifenden Einheiten gliedern. Kurrente Schrift würde neben Buchstaben und Abständen zwischen ihnen eine dritte Größe einführen: Buchstabentrennung oder -verbindung. Schreibmaschinenkleinschrift ist noch einfacher als die Verkehrsampel mit drei Farben. Gomringer vollzieht den Durchstoß zum Technischen der Schriftherstellung in seinem Grundbestand. Das Sprachgitter, bei Celan Metapher der Sprache, ist auf das zurückgeführt, was es materialiter und minimaliter ist: Buchstabengitter, serielle Anordnung von schwarzen, gegeneinander isolierten Lineamenten auf weißer Fläche. Das Sprachgitter ist das Sprachgitter ist das Sprachgitter. Grau wäre hier nicht mehr als »herzgrau« möglich; es wäre das Ende des Gegensatzes zwischen schwarz und weiß und damit das Ende der Lesbarkeit, das Ende des Druckes. Text ist autonym geworden, und die Autonymie vollendet sich in der Titellosigkeit, denn jeder Titel gibt Leseanweisungen, die über die Anweisung: du sollst das lesen! hinausgehen. Die Verkehrsampel vermittelt Informationen; Gomringers Text vermittelt die Information, was Information ausmacht. Das Medium ist hier in der Tat die Botschaft.

Hinter Signifikanten ohne Signifikat sind Welt und Mensch vergangen, ohne Andeutungen zu hinterlassen, wohin. Es besteht bei dieser konkreten Poesie eine Verwandtschaft zur modernen Musik und zur modernen bildenden Kunst, soweit alle drei nichts außer ihrem Material thematisieren und reflektieren. Innerhalb dieser Verwandtschaft aber ist eine Steigerungsreihe anzusetzen, da Töne, Farben und Formen schon aus sich selbst Gestimmtheiten und Bedeutungsanklänge im Menschen hervorrufen, Buchstabenserien aber nicht. Dieser Unterschied wird besonders deutlich an den Übergängen zwischen konkreter Poesie und bildender Kunst, die darin bestehen, daß sich bei Buchstaben und Buchstabenfolgen der Akzent von der Zeichenfunktion innerhalb des Alphabets zur Bildfunktion verschiebt.

Eugen Gomringer hat seine konkrete Poesie als Aufruf zur Konzentration, Sparsamkeit und Schweigen, als Beitrag zu einer neuen Ganzheitsauffassung bestimmt[9], aber verifizierbar am Gebilde ist diese Absicht nicht. Eben weil der Text nichts ist als er selbst, kann man keine und jede Relation zu ihm herstellen, alles und nichts mit ihm machen, alles und nichts in ihn hineinlesen. Er fordert an sich selbst zu nichts auf und leistet gegen nichts Widerstand, aber es gleitet auch alles von ihm ab. Mögen die von Bedeutung befreiten Menschen spielen, mögen die von Bedeutung verlassenen Menschen verzweifeln, mögen die von bedeutungslosen Informationen überschwemmten Menschen protestieren, mögen sie überhaupt verschwinden – der Rest ist jedenfalls

schweigen.

ANMERKUNGEN

Augenblicke. Gegenwart und Geschichte im Gedicht

1 Friedrich Theodor Vischer: Aesthetik. Hg. von R. Vischer. Bd. 1-6.
   2. Aufl. München 1923. Bd. 6, S. 208.
2 Goethe: Werke. Hamburger Ausgabe [=HA]. Hg. von Erich
   Trunz. Bd. 1-14. Hamburg 1948ff. Bd. 1, S. 122.
3 Das deutsche evangelische Kirchenlied des siebzehnten Jahrhun-
   derts. Hg. von Albert Fischer und W. Tümpel. Bd. 1-6. Gütersloh
   1904ff. Bd. 2, S. 64.
4 Novalis: Schriften. Hg. von P. Kluckhohn (†) und R. Samuel. Bd.
   1-4. 2. Aufl. Darmstadt 1960. Bd. 1, S. 344.
5 Goethe: Werke. HA. Bd. 1, S. 369f.
6 Siehe das Kapitel »Sprachliche Spazier-Lust«.
7 Siehe Gerhard Kaiser: Zur Aktualität Goethes. Kunst und Gesell-
   schaft in seiner »Novelle«. In: Jahrbuch der Deutschen Schiller-
   Gesellschaft 29. 1985. S. 248-265.
8 Eduard Mörike: Sämtliche Werke. Hg. von Gerhart Baumann. Bd.
   1-2. Stuttgart 1954. Bd. 1, S. 48.

Texterschließung durch Interpretation

1 Eine frühere Stufe meiner Auseinandersetzung mit der Rezeptions-
   ästhetik liegt vor in: G. K.: Antithesen. Zwischenbilanz eines Ger-
   manisten 1970-1972. Frankfurt 1973 (dort: Exkurs über Hans Ro-
   bert Jauss, Literaturgeschichte als Provokation der Literaturwis-
   senschaft [S. 38-49]; Nachruf auf die Interpretation? Zu: Wolfgang
   Iser, Die Appellstruktur der Texte [S. 51-70]). Vgl. a. G. K.: Neue
   Antithesen eines Germanisten 1974-1975. Kronberg/Ts. 1976
   (dort: Vorwort und eine Antwort an Wolfgang Iser [S. 7-12]).
2 Umberto Eco: Einführung in die Semiotik. Autorisierte Ausgabe
   von Jürgen Trabant. München 1972. S. 151.
3 Ebd. S. 152.
4 Ebd. S. 153.
5 Claude Lévi-Strauss: Wie arbeitet der menschliche Geist. Ein Ge-
   spräch mit Raymond Bellour. In: C.L.-S.: Mythos und Bedeu-

tung. Hg. A. Reif. Frankfurt 1980. S. 113-131, hier S. 127f; vgl. Eco, a.a.O. S. 156

6 Ebd. S. 146f.

7 Ebd. S. 147.

8 Oscar Wilde: Werke. 12 Bde. Berlin o. J. Bd. 6. Übersetzt von Paul Wertheim. S. 141-201, dort S. 184f, 200. (vgl. O.W.: Selected Essays and Poemas. Ed. H. Pearson. London 1954 [Penguin Books]. The Decay of Lying. S. 55-87, dort S. 78f, 87).

9 Eco. S. 163. Vgl. a. Manfred Frank: Was ist ein literarischer Text und was heißt es, ihn zu verstehen? In: Wege der Literaturwissenschaft. Hg. J. Kolkenbrock-Netz, G. Plumpe, H.J. Schrimpf. Bonn 1985. S. 10-25, u. ders.: Was ist Neostrukturalismus? Frankfurt 1984, bes. S. 549ff.

10 Jakob Burckhardt: Weltgeschichtliche Betrachtungen. Hg. R. Marx. Stuttgart 1978 (Kröners Taschenausgabe Bd. 55). S. 22f.

Friedrich Schiller: »Sprache«

1 Text nach Schiller: Werke. Nationalausgabe. Weimar 1943ff. Bd. 1, S. 302.

2 Das deutsche evangelische Kirchenlied des siebzehnten Jahrhunderts. Hg. A. Fischer und W. Tümpel. Bd. 1-6. Gütersloh 1904ff. Bd. 4, S. 78.

3 Georg Wilhelm Friedrich Hegel: Werke. Bd. 1-20. Frankfurt 1970ff. Bd. 1, S. 182. (»Die Positivität der christlichen Religion«).

4 Schiller: Werke. Nationalausgabe. Bd. 22, S. 273.

5 Ebd. Bd. 1, S. 316.

6 Klopstock: Werke und Briefe. Hist.-Krit. Ausgabe. Abt. IV, Bd. 1: Der Messias. Hg. E. Höpker-Herberg. Berlin, New York 1974. S. 1.

7 Vgl. Emil Staiger: Friedrich Schiller. Zürich 1967. S. 182f, der noch die gestrichenen Verse aus »Don Carlos« zitiert:

> »... Schlimm, daß der *Gedanke*
> Erst in der *Worte* tote Elemente
> Zersplittern muß, die Seele sich im Schalle
> Verkörpern muß, der Seele zu erscheinen.
> Den treuen Spiegel halte mir vor Augen,
> Der meine Seele *ganz* empfängt und *ganz*
> Sie wiedergibt ...«

(Schiller: Sämtliche Werke. Historisch-kritische Ausgabe. Bd. 1-10. Hg. O. Günter und G. Witkowski. Leipzig o. J. Bd. 20, S. 126). – Zur sprachlichen Gestalt von »Sprache« s. Staiger, S. 203. Zu Schillers Sprachauffassung s. Benno von Wiese: Friedrich Schiller. Stuttgart 1959. S. 436 ff; Marga Parzeller: Die Sprache bei Schiller. In: Goethe. Neue Folge des Jahrbuchs der Goethe-Gesellschaft 25. 1963. S. 299-319; Matthijs Jolles: Toter Buchstabe und lebendiger Geist. Schillers Stellung zur Sprache (in: Deutsche Beiträge zur geistigen Überlieferung. Hg. M.J. Bd. 4. Bern 1961. S. 65-108; dort sorgfältige Auseinandersetzung mit der älteren Literatur) sowie ders.: Dichtkunst und Lebenskunst: Studien zum Problem der Sprache bei Friedrich Schiller. Hg. A. Groos. Bonn 1980. Jolles wehrt mit Recht die Deutung ab, Schiller sei von tiefer Sprachskepsis generell beherrscht; ich folge ihm darin, daß ich »Sprache« als Frage speziell nach der Möglichkeit der Seelensprache auffasse. Allerdings kann ich seinem Lösungsvorschlag nicht folgen, lediglich die außerdichterische Sprache sei unfähig, die Seele auszusprechen, die dichterische hingegen – und nur sie – vermöge es ohne weiteres. – Übrigens kennt die Dichtung von alters her die Beteuerung, daß bestimmte Seelenzustände unaussprechlich sind; das ist aber etwas anderes als die grundsätzliche Unaussprechlichkeit der Seele.

8 Goethe: Werke. Hamburger Ausgabe [=HA]. Hg. E. Trunz. Bd. 1-14. Hamburg 1948 ff. Bd. 6, S. 74.

9 Herder: Sämmtliche Werke. Hg B. Suphan. Bd. 1-33. Berlin 1877 ff. (Neudruck (1967/68) Bd. 8, S. 207.

10 Schiller: Werke. Nationalausgabe. Bd. 25, S. 415. Vgl. Schillers »Der Geisterseher«, 2. Buch, 5. Brief, wo der Prinz sagt: »Liebe! – Erniedrigen Sie meine Empfindung nicht mit einem Namen, den tausend schwache Seelen mißbrauchen! Welcher andere hat gefühlt, was ich fühle? Ein solches Wesen war noch nicht vorhanden – wie kann der Name früher da sein als die Empfindung? Es ist ein neues, einziges Gefühl, neu entstanden mit diesem neuen einzigen Wesen, und für dieses Wesen nur möglich!« (Schiller: Werke. Nationalausgabe. Bd. 16, S. 134.)

11 Goethe: Werke. HA. Bd. 1, S. 130 (Spätere Fassung).

12 Ebd. Bd. 1, S. 26.

13 Clemens Brentano: Godwi oder Das steinerne Bild der Mutter. In:

C.B.: Werke. Bd. 1-4. Hg. von Friedhelm Kemp. Darmstadt 1963 ff. Bd. 2, S. 93.

14 Ebd. S. 139.

15 Die schöne Seele. Bekenntnisse, Schriften und Briefe. Hg. H. Funck, Leipzig 1911, S. 260.

16 Das Goethe-Zitat s. Goethe: Werke. HA Bd. 1, S. 320. – Für den Wandel der Familie und der Stellung des Kindes s. Dieter Schwab: Artikel Familie. In: Geschichtliche Grundbegriffe. Historisches Lexikon zur politisch-sozialen Sprache in Deutschland. Hg. O. Brunner, W. Conze, R. Koselleck. Bd. 2. Stuttgart 1975. S. 253-301; Jürgen Habermas: Strukturwandel der Öffentlichkeit. Untersuchungen zu einer Kategorie der bürgerlichen Gesellschaft. Neuwied und Berlin 1962; Ingeborg Weber-Kellermann: Die Deutsche Familie. Versuch einer Sozialgeschichte. Frankfurt 1974; Edward Shorter: Die Geburt der modernen Familie. Reinbek bei Hamburg 1977; Philippe Ariès: Geschichte der Kindheit. München 1975; Hört ihr die Kinder weinen. Eine psychogenetische Geschichte der Kindheit. Hg. Lloyd de Mause. Frankfurt 1977; Deutsche Kindheiten. Autobiographische Zeugnisse 1700-1900. Hg. I. Hardach-Pinke, G. Hardach. Kronberg/Taunus 1978. Zum Bild der Mutter in Kunst und Literatur s. Gerhard Kaiser: Mutter Nacht – Mutter Natur. Anläßlich einer Bildkomposition von Asmus Jacob Carstens (mit weiteren Literaturangaben). In: G. K.: Bilder lesen. Studien zu Literatur und bildender Kunst. München 1981. S. 11-51. Zum Wandel der Auffassung der Geschlechterrollen s. Karin Hausen: Die Polarisierung der »Geschlechtscharaktere« – Eine Spiegelung der Dissoziation von Erwerbs- und Familienleben. In: Sozialgeschichte der Familie in der Neuzeit Europas. Neue Forschungen. Hg. W. Conze. Stuttgart 1976. S. 363-393.

17 Siehe den Beitrag: Mutter Natur am Zürcher See. Das vorhergehende Zitat: Herder: Sämmtliche Werke. Bd. 29, S. 132. Daß Herder in diesem Gedicht dahin zielt, das Ich als offen und fragmentarisch zu erweisen, ist nur scheinbar ein Argument gegen die Verwendung dieses Zitats zur Illustration der neuen individuellen Seelenhaftigkeit. Sie ist bei Herder so grundsätzlich und selbstverständlich, daß sie immer vorausgesetzt werden kann. Das Fragezeichen bestreitet nicht das Vorhandensein der Persönlichkeit, sondern die Annahme, sie sei ein in sich geschlossenes System. Das

Gedicht richtet sich damit gegen die Autonomiethese des Moralismus und Rationalismus, die einer früheren Phase der Aufklärung angehören. Über deren Orientierung am Vater s. Gerhard Kaiser: Mutter Nacht – Mutter Natur. a.a.O. S. 25 u. 23.

18 Siehe Johann Gottfried Herder: Abhandlung über den Ursprung der Sprache. Hg. H.D. Irmscher. Stuttgart 1966; dort Nachwort.

19 Schiller: Werke. Nationalausgabe. Bd. 1, S. 285.

20 Goethe: Werke. HA. Bd. 1., S. 142.

21 Siehe Friedrich Adolf Kittler: Aufschreibesysteme 1800/1900. München 1985. S. 46-48. Mein Beitrag verdankt entscheidende Anregungen dieser ebenso materialreichen wie streng argumentierenden Untersuchung.

22 Goethe: Werke. HA. Bd. 1, S. 166.

23 Kittler: Aufschreibesysteme, S. 53. Dort ist zitiert: Ernst Tillich: Erstes Lesebuch für Kinder. Zweite durchaus umgearbeitete und verbesserte Auflage des Ersten Unterrichts. Leipzig 1809.

24 Goethe: Werke. HA. Bd. 4, S. 178f.

25 Schiller: Werke. Nationalausgabe. Bd. 1, S. 291 ff.

Goethes Sprachgedicht: »Wink«

1 Goethe: Werke. Hamburger Ausgabe [=HA]. Hg. von Erich Trunz. Bd. 1-14. Hamburg 1948ff. Bd. 2, S. 25.

2 Vgl. zu diesem Gesichtspunkt Ferdinand Bergenthal: (»Das Wort ist ein Fächer!« Über Goethes Sprachauffassung im »West-östlichen Divan«. In: Literaturwissenschaftliches Jahrbuch. Im Auftrag der Görres-Gesellschaft hg. von H. Kunisch. NF Bd. 5. 1964. S.335-344), dem ich aber nicht folgen kann, wenn er Goethes Sprachauffassung letzten Endes eine christliche Wendung gibt. Im Unterschied zur Sicht auf die durchgehende Streithaftigkeit der Momente Verhüllen und Enthüllen, die ich mit Gerhart Baumann teile (Goethe. Schöpfung und Sprache. In: G.B.: Sprache und Selbstbegegnung. München 1981. S. 125-134), gibt Bergenthal dem Verhüllenden des Worts zu wenig Nachdruck, damit auch der hier begründeten Goetheschen Sprachskepsis, wie sie sich vielfach in Goethes Dichtung äußert. Siehe dafür auch das Spruchgedicht »Spruch, Widerspruch« von 1818:

>Ihr müßt mich nicht durch Widerspruch verwirren!
Sobald man spricht, beginnt man schon zu irren.«

(Goethe: Werke. HA. Bd. 1, S. 328). Hierher gehört auch das Gedicht von 1820:

>»Worte sind der Seele Bild –
Nicht ein Bild! sie sind ein Schatten!
Sagen herbe, deuten mild
Was wir haben, was wir hatten. –
Was wir hatten wo ist's hin?
Und was ist's denn was wir haben? –
Nun, wir sprechen! Rasch im Fliehn
Haschen wir des Lebens Gaben.«

(Goethe: Werke. Weimarer Ausgabe. 1887ff. Bd. 4. S. 71). Es ist bemerkenswert, daß in dem Augenblick, in dem das Verhältnis Wort – Seele explizit zur Sprache kommt, das in »Wink« nur implizit verhandelt wird (siehe meine folgenden Ausführungen), auch bei Goethe, wie bei Schiller, der Zeitaspekt des Sprechens heraustritt. – Zum Gesamtzusammenhang vgl. Werner Keller: Goethes dichterische Bildlichkeit. Eine Grundlegung. München 1972, vor allem S. 17-47, und Walter Strolz: Goethes versteckte Sprachphilosophie. In: Jahrbuch des Freien Deutschen Hochstifts. 1981. S. 1-86. Strolz geht allerdings auf »Wink« nicht ein.

3 In einem seiner unsäglichen Verlobungsbriefe an Wilhelmine von Zenge (18. 11. 1800) stellt Heinrich von Kleist ihr die Denksportaufgabe: »Ein Mädchen, das verliebt ist, und es vor der Welt verbergen will, spielt in Gegenwart ihres Geliebten gewöhnlich mit dem Fächer. Ich nenne einen solchen Fächer einen Telegraphen (zu Deutsch: Fernschreiber) der Liebe. – Warum?« Der Telegraph als Medium zur Übermittlung von optischen Signalfolgen wurde unter dieser Bezeichnung in den französischen Revolutionsheeren verwendet. Kleist zeigt zugleich sein Verständnis und sein Mißverständnis der Sache, indem er den Fächer als Hilfsmittel in der ›Liebeskriegsführung‹ benennt, aber nicht erkennt, daß der Fächer als »Fernschreiber« der Liebe außer einem Defizit auch ein Plus an Aussageleistung gegenüber direkter Nahkommunikation besitzt – nämlich alle Möglichkeiten und Nuancen des Indirekten.

4 Eine Beobachtung von Annette Grönewäller.

5 Goethe: Werke. HA. Bd. 1. S. 149 ff.
6 Wolfgang Schadewaldt (Das Wort der Dichtung. In: W. Sch.: Goe-
  thestudien. Natur und Altertum. Zürich und Stuttgart 1963.
  S. 405-432, dort S. 414) weist in seiner Überlegung zu »Wink« auf
  eine Verankerung von Goethes Symbolbegriff in seiner Naturauf-
  fassung hin. Ich gehe hier von Goethes eigenem Begriff des Sym-
  bols und der Allegorie aus.
7 Goethe: Werke. HA. Bd. 1, S. 367.
8 Eine Beobachtung von Joachim Jung.
9 Ein später Beleg für diese Usance findet sich in Hermann Suder-
  manns Drama »Sodoms Ende« (1891). Dort schreibt der Schrift-
  steller Dr. Weiße einer jungen Dame ein eigenes Gedicht auf den
  Fächer (I,6). Von diesem Sachverhalt wird wie von etwas Geläufi-
  gem gesprochen.
10 Zu Flor siehe Werner Keller: Goethes dichterische Bildlichkeit.
  München 1972. S. 20 ff. Mit gleichem Doppelsinn verwendet Goe-
  the das Wort in dem Divan-Gedicht »Zwiespalt«.
11 Paul Celan: »Der Tauben weißeste …« In: P. C.: Gesammelte
  Werke. Bd. 1-5. Frankfurt 1983. Bd. 1, S. 61. Die Brücke von
  »Wink« zu »Sprachgitter« schlägt Alfred Kelletat, der auch den
  Doppelsinn von Flor bemerkt (Accessus zu Celans ›Sprachgitter‹.
  In: Der Deutschunterricht 18. 1966. Heft 6, S. 94-110).

Das Gedicht als liturgische Zeitaufhebung.
Martin Luther: »Jesaia dem propheten das geschach …«

1 D. Martin Luther: Werke. Kritische Gesamtausgabe (Weimarer
  Ausgabe). 1883 ff. Bd. 19. Weimar 1897. S. 100-102.
2 Luther: Werke. Weimarer Ausgabe. Die deutsche Bibel. Bd. 11, 1.
  Weimar 1960. S. 38-40. Zitate aus anderen biblischen Büchern nach
  der Ausgabe letzter Hand. Wittenberg 1545. Neudruck Wiss.
  Buchgesellschaft. Darmstadt 1972.
3 Ich beziehe im folgenden den Liedtext Luthers auf den Prosatext
  Luthers zurück, obwohl der Prosatext erst später veröffentlicht ist.
  Meine Rechtfertigung liegt darin, daß der Prosatext zwar nicht
  chronologisch, aber theologisch das Original ist. Seine Intention ist
  die wörtliche Übersetzung der biblischen Erzählung aus dem He-
  bräischen. Daß das Lied eine andere Intention hat, soll gezeigt wer-

den. – Die Relation zwischen Aussprache und Schreibung in Lu-
thertexten ist ein schwieriges Kapitel, auf das hier nicht näher ein-
gegangen werden muß. Für die Zwecke dieses Essays genügt die
Feststellung, daß trotz der Schreibung ohne Umlaut die Ausspra-
che »füllet«, »flügel«, »füße« anzusetzen ist. »sach« und »ge-
schach« ist wahrscheinlich mit Reibelaut gesprochen worden. Lu-
ther verwendet für die 3. Pers. Sg. Prät. von »geschehen« durchge-
hend »geschach«, für die entsprechende Form von »sehen« sonst
»sahe«. »sach« steht hier wohl um des Reimes willen. Vgl. Ph.
Dietz: Wörterbuch zu Dr. Martin Luthers deutschen Schriften. 2.
Aufl. Hildesheim 1961. Bd. 1 und Bd. 2, 1. Lieferung. Hier Bd. 2,
1. Lieferung S. 91. (Reprographischer Nachdruck der Ausgabe
Leipzig 1870-72).

4 Luther: Werke. Weimarer Ausgabe. Bd. 19, S. 60.

5 Zum Problem s. A. Behrmann: Einführung in die Analyse von
Verstexten. Stuttgart 1970 (= Slg. Metzler). S. 5-10 (über »Kom
heyliger geyst herre Gott« von 1524).

6 Luthers Reim auf »Zebaoth« ist »Gott«, s. »Ein feste burg ...«.

7 Goethe: Werke. Hamburger Ausgabe. Hg. von Erich Trunz. Bd.
1-14. Hamburg 1948 ff. Bd. 1, S. 146.

8 K. Drescher meint im Kommentar zum Jesaia-Lied (Weimarer
Ausgabe Bd. 35. 1923. S. 231), Luther gebe »die Schilderung der in
Jes. 6,1 ff berichteten Vision rein objektiv, ohne eigene Deutung.«
Er fügt allerdings hinzu: »Es scheint aber die Veranlassung für eine
solche geworden zu sein, die Bugenhagen in einem Brief an einen
Unbekannten von der erwähnten Prophetenstelle gibt. Im An-
schluß an Joh. 12,41 bezieht er das Gesicht auf Christus.« Gegen
Drescher meine ich zeigen zu können, wo Luthers Freund und
Seelsorger Bugenhagen bei dieser Interpretation auf Deutungsmo-
mente in Luthers Text selbst zurückgreifen kann.

9 Einer der zehn in der Weimarer Ausgabe aufgeführten frühen
Drucke der »Deutschen Messe« hat die Lesart »rufften«. Da Lu-
ther die stark flektierte Form (rief – riefen) bevorzugt, könnte es
sich um einen Druckfehler handeln. Jedenfalls kommt in der Bibel-
ausgabe letzter Hand die schwache Form nicht vor, in den Erst-
drucken nur einmal, im Pentateuch von 1513 (4. Mose 22,5; Wei-
marer Ausgabe. Die deutsche Bibel. Bd. 8, S. 506). Möglicherweise
handelt es sich hier aber um eine Dialektform des Konjuktivs, wie

sie noch der Thüringer Novalis in seinen »Hymnen an die Nacht«
verwendet. (Novalis: Schriften. Hg. von P. Kluckhohn (†) und R.
Samuel. Bd. 1-4. 2. Aufl. Darmstadt 1960. Bd. 1, S. 151. Hinweis
von Artur Henkel).

10 Gerhard Tersteegen: Geistliches Blumengärtlein inniger Seelen ...
   16. Aufl. Stuttgart 1969. S. 340-342.

11 Luther: Werke. Weimarer Ausgabe. Bd. 35. Weimar 1923. S. 457.

Sprache als Echo.
Philipp von Zesen: »Ein Jambisch Echonisch Sonnett«

1 Text nach: Gedichte des Barock. Hg. von U. Maché und V. Meid.
  Stuttgart 1980. S. 133 f.

2 Siehe Georg Philipp Harsdörffer: Frauenzimmer Gesprächspiele.
  Neudruck Tübingen 1968 ff. Hg. von I. Böttcher. Bd. 1, S. 436;
  Bd. 2, S. 64 ff; Bd. 3, S. 473; Bd. 4, S. 180 ff; Bd. 5, S. 156 ff, 164,
  400 ff, – vgl. auch Emblemata. Handbuch zur Sinnbildkunst des
  XVI. und XVII. Jahrhunderts. Hg. von A. Henkel und A. Schöne.
  Stuttgart 1967, Sp. 69 ff. Ein Echo-Gedicht von Martin Opitz fin-
  det sich in: Gedichte des Barock. Hg. von U. Maché und V. Meid.
  S. 20.

3 Siehe Artikel »Echo« in: Trübners Deutsches Wörterbuch. Hg.
  von A. Götze. Bd. 2. Berlin 1940. Noch in einem Echo-Gedicht
  aus Eduard Mörikes »Maler Nolten« kommt »Frau Echo« vor.
  E. M.: Sämtliche Werke. Hg. von Gerhart Baumann. Bd. 1-2.
  Stuttgart 1954. Bd. 2, S. 80 f.

4 G. Ph. Harsdörffer: Frauenzimmer Gesprächspiele. Bd. 5, S.
  156 ff.

5 A. a. O. S. 350 f, vgl. auch die positive religiöse Wendung des Mo-
  tivs bei Friedrich von Spee. s. S. 256 f. dieses Bandes.

Sprachliche Spazier-Lust.
Johann Klaj: »Hellgläntzendes Silber ...«

1 Text nach: Gedichte des Barock. Hg. von U. Maché und V. Meid.
  Stuttgart 1980. S. 155.

2 Neudruck in: Die deutsche Literatur. Texte und Zeugnisse. Bd. 3:
  Barock. Hg. A. Schöne. München 1963. S. 765-782.

Der Dichter als vorbildlich Fühlender.
Friedrich Gottlieb Klopstock: »Die Frühlingsfeyer«

1 Friedrich Gottlieb Klopstocks Oden. Hg. von F. Muncker und J. Pawel. Bd. 1-2. Stuttgart 1889, dort Bd. 1, S. 133-137. – Klopstocks »Frühlingsfeyer« ist in den vergangenen Jahren zweimal in weitverbreiteten Sammelwerken behandelt worden: von Paul Böckmann in »Gedicht und Gedanke«. Hg. von H.O. Burger. Halle (Saale) 1942. S. 89-101, und von Robert Ulshöfer in »Die deutsche Lyrik. Form und Geschichte«. Hg. von Benno von Wiese. Düsseldorf 1956. S. 168-184. Böckmann wie Ulshöfer gehen methodisch einen ähnlichen Weg, indem sie das Verständnis der Dichtung aus einer großflächigen Zeichnung des geistesgeschichtlichen Hintergrundes entwickeln. Die »Frühlingsfeyer« wird gewürdigt als Beispiel des durch Klopstock vollzogenen literarhistorischen Durchbruchs. Für den geistigen und dichterischen Zusammenhang, in dem das Gedicht steht, vgl. meine Monographie »Klopstock. Religion und Dichtung«. Gütersloh 1963. Die neueste Interpretation stammt von Uwe-K. Ketelsen. In: Gedichte und Interpretationen. Bd. 2: Aufklärung und Sturm und Drang. Hg. K. Richter. Stuttgart 1983. S. 245-256.

2 Vgl. Kurt Berger: Barock und Aufklärung im Geistlichen Lied. Marburg (Lahn) 1951, S. 118f.

3 Barthold Hinrich Brockes: Irdisches Vergnügen in Gott. Gedichte. Hg. von A. Elschenbroich. Stuttgart 1963. S. 14-20.

4 Declamatio, qua poetas epopeiae auctores, rec. F.G. Klopstock, abgedr. in: Klopstock: Sämmtliche sprachwiss. u. ästhet. Schriften. Hg. von A.L. Back und A.C.R. Spindler. Bd. 1-6. Leipzig 1830, dort IV, S. 45-82.

5 Schon Johann Georg Hamann hat auf den religiösen Quellgrund der neuen lyrischen Form hingewiesen mit seiner Vermutung, das »freie Gebäude« Klopstocks sei »ein Archaismus, welcher die rätselhafte Mechanik der heiligen Poesie bei den Hebräern glücklich nachahmt« (J.G.H.: Aesthetica in nuce. In: Sturm und Drang. Kritische Schriften. Plan und Auswahl von E. Loewenthal. Heidelberg 1949, S. 141).

6 Die Strophen sind von mir numeriert. Im folgenden bedeutet eine in Klammer beigesetzte Zahl jeweils die Strophennummer.

7 F. G. Klopstock: Oden. a. a. O. Bd. 1, S. 133.

8 Das alte mystische Bild vom Ozean als Symbol für die Vollkommenheit Gottes wird schon von Leibniz auch als Gleichnis für den Weltzusammenhang und für den unendlichen Raum jenseits der Gestirne verwandt (Gottfried Wilhelm Leibniz: Theodizee. Vorw.; Theol. I, § 9; Theol I, § 19). Klopstock dient der Topos vom Ozean sowohl zur Kennzeichnung Gottes als Urquells des Ozeans der sittlichen Handlungen (Messiade V, 953 f u. Muncker-Pawel Bd. II, S. 12) wie vor allem zur Darstellung der Unendlichkeit des Weltalls. Gott ist der Wunderbare, »der unzählbare Welten in den Ozeanen der Unendlichkeit aussäte« (Muncker-Pawel, Bd. 1, S. 176). Sonnen sind Schaum (ebd. II, S. 51), Sterne Tropfen in diesem Ozean (ebd. I, S. 153) und »Inselchen ... im weiten Meere ... der Schöpfung Gottes« (ebd. II, S. 46). In der lyrischen Metaphorik stellen sich die räumlichen Relationen des kopernikanischen Systems vor Augen.

9 Vgl. Muncker-Pawel Bd. I, S. 126: »Hier steh ich Erde! Was ist mein Leib, Gegen diese selbst den Engeln unzählbare Welten.«

10 Diese Vatergottheit redet zum Menschen durch die Natur, aber noch deutlicher durch die Offenbarung: »... Jehova redet! / Zwar durch den rollenden Donner auch, / Durch den fliegenden Sturm, und durch sanftes Säuseln; / Aber erforschlicher, daurender, / Durch die Sprache der Menschen.« Muncker-Pawel Bd. I, S. 139.

11 Robert Ulshöfer hat in seiner Interpretation der »Frühlingsfeyer« auf diese Verschmelzung von naturwissenschaftlicher Erkenntnis und positivem Christentum aufmerksam gemacht und damit einen entscheidenden Zug des Verhältnisses zwischen Gott, Mensch und Kosmos in Klopstocks Weltbild erhellt.

12 Für die Partnerschaft des Menschen zu Gott und seine Berufung zur Antwort auf die Anrede Gottes s. Muncker-Pawel, Bd. I, S. 95 f: »Der Seraph stammelt, und die Unendlichkeit / Bebt durch den Umkreis ihrer Gefilde nach / Dein hohes Lob, o Sohn! wer bin ich, / Daß ich mich auch in die Jubel dränge? – Von Staube Staub! Doch wohnt ein Unsterblicher / Von hoher Abkunft in den Verwesungen! / Und denkt Gedanken, daß Entzückung / Durch die erschütterte Nerve schauert.« Im gleichen Sinne der programmatische Beginn der Messiade (I, 15 ff): »Rein sey das Herz! So darf ich, obwohl mit der bebenden Stimme / Eines Sterblichen, doch den

Gottesversöhner besingen / Und die furchbare Bahn, mit verziehenem Straucheln, durchlaufen.«

13 Vgl. Muncker-Pawel Bd. I, S. 126: »Hier steh ich Erde! was ist mein Leib, / Gegen diese selbst den Engeln unzählbare Welten, / Was sind diese selbst den Engeln unzählbare Welten, / Gegen meine Seele!«

14 Ebd. I, S. 72.

15 Ebd. I, S. 142f.

16 Vgl. ebd. I, S. 123: »Allgegenwärtig, Vater, / Schließest du mich ein!«

17 Vgl. ebd. I, S. 154f: »Es tönet Lob Feld, und Wald, Thal und Gebirg, / Das Gestad' hallet, es donnert das Meer dumpfbrausend / Des Unendlichen Lob, siehe des Herrlichen, / Unerreichten von dem Danklied der Natur!« usw.

18 Vgl. die Attribute Gottes Muncker-Pawel Bd. I, S. 127: »Der war! und der ist! und der seyn wird!«; desgl. ebd. I, S. 138: »Du warest! du bist! wirst seyn!« u. ö. Sie gehen letzten Endes auf die Selbstprädikation des alttestamentlichen Gottes vor Moses zurück: Ich werde sein, der ich sein werde. 2. Mos. 3,14.

19 Vgl. Muncker-Pawel Bd. I, S. 126: »Augenblicke deiner Erbarmungen, / O Vater, sinds, wenn du das himmelvolle Gefühl / Deiner Allgegenwart / Mir in die Seele strömst. – Ein solcher Augenblick, / Allgegenwärtiger, / Ist ein Jahrhundert / Voll Seligkeit!« In seinem Aufsatz »Über die beste Art von Gott zu denken« (F. G. Klopstock: Sämmtliche Werke. Leipzig 1832, Bd. XI, S. 207-16) schildert er die nach seiner Meinung beste Art durch ein Selbstzitat aus der Messiade als die der Zeitaufhebung: »... der Athem stand bebend! Das Leben / Stutzt', hielt inne! die Zeit ging nicht fort! ...«.

20 Schon Ulshöfer hat den Blick auf die in der Zeitebene des Gedichts gegebene Aktualität des Schöpfungsgeschehens gelenkt: »In jedem Augenblick, da der Mensch seinen Blick mit Bewußtsein zum Himmel erhebt, erkennt er, wie Gott das Schöpfungswunder vollbringt. Jeder Augenblick der Welt ist Schöpfungsgeschichte, Schöpfungsbeginn.« (Die deutsche Lyrik. Hg. von Benno von Wiese, Bd. I, S. 178). Der Gedanke gewinnt aber erst seine volle Fruchtbarkeit für die Interpretation, wenn über diese allgemeine Feststellung hinaus auf die unmittelbar im Gedicht gegebenen Korrespondenzen hingewiesen wird.

1 Goethe: Werke. Hamburger Ausgabe [= HA]. Hg. von Erich
   Trunz. Bd. 1-14. Hamburg 1948 ff. Bd. 1, S. 18.

2 Ebd. Bd. 1, S. 27 f. Entgegen der neueren Praxis, der Interpreta-
   tion den Erstdruck in der Zeitschrift »Iris« von 1775 zugrunde zu
   legen, folge ich dem von Erich Trunz nach Max Morris (Der junge
   Goethe. Bd. 2. Leipzig 1910. S. 59 f) dargebotenen, freilich so
   nicht überlieferten Text. Er bringt die ersten zehn Zeilen nach
   dem in einer Abschrift von 1835 erhaltenen ältesten Manuskript
   mit einer Fassung wohl aus dem Frühjahr von 1771, die allerdings
   dann abbricht. Der weitere Text erfolgt auch bei Morris und
   Trunz nach der »Iris«. Ich sehe das Mißliche dieser Kontamina-
   tion, möchte aber auf den Eingang mit »Es schlug mein Herz ...«
   (statt: »Mir schlug das Herz ...«) nicht verzichten, den Goethe
   auch in seiner Bearbeitung des Gedichts für die Werkausgabe von
   1789, die sonst mit der Erstfassung sehr stiefmütterlich umgeht,
   wieder hergestellt hat.
       Die anderen Abweichungen des Bruchstücks vom »Iris«-Druck
   sind weniger tiefgreifend. Im übrigen interpretiert Klaus Weimar
   (K. W.: Goethes Gedichte 1769-1775. Interpretationen zu einem
   Anfang. Paderborn, München, Wien, Zürich 1982. S. 21-31) den
   »Iris«-Gedichteinsatz »Mir schlug das Herz ...« ähnlich wie ich
   den Anfang: »Es schlug mein Herz ...« Vgl. zu den frühen Text-
   fassungen: Der junge Goethe. Neu bearbeitete Ausgabe in fünf
   Bänden. Hg. von Hanna Fischer-Lamberg. Berlin 1963 ff. Bd. 2.
   S. 31 f und S. 293 ff.

3 Dieses Gedicht gehört zu den meist interpretierten Goethes. Es ist
   deshalb unmöglich, auf knappem Raum alle Abhängigkeiten und
   Übereinstimmungen im Verhältnis zu früheren wissenschaftlichen
   Deutungen kenntlich zu machen. Eine ganze Reihe gehört ohnehin
   zum Gemeingut der Forschung – etwa die metrisch-rhythmischen
   Beobachtungen zum Gedichtanfang oder die Kontrastbeziehungen
   zwischen den beiden Ritt-Strophen und der Begegnungsstrophe.
   Trotzdem führe ich solche Details noch einmal an, denn sie tragen
   wesentlich zur Qualität und Eigenart des Gedichts bei. Ich bedaure
   die neuere Tendenz in der Forschung, vorhandene Ergebnisse links

liegen zu lassen – sei es, weil man nicht mit ihnen übereinstimmt, sei es, weil man sie als bekannt voraussetzt –, denn sie macht unsere Wissenschaft, statt zur Vermittlungshilfe zwischen Literatur und Leser, zum Expertengemurmel, wo jeder jedes vorhandene Ergebnis und jede Forschungsmeinung schon kennt.

Der Neuansatz meiner Interpretation besteht zunächst darin, daß ich das Gedicht konsequent als Ausdruck einer historisch neuen Programmatik und Erfahrung der Liebe lese, deren Konstituenten eine Art psycho-historischen Systems bilden. Von hier aus deute ich die Aufbruchstimmung des Reiters, das begründungslose Nebeneinander von Begegnung und Abschied, die nur rudimentäre Sprachlichkeit der Liebessituation und die Beschränkung der Geliebten im Gedicht darauf, nur in der Imagination des Liebenden anwesend zu sein. Die Grenze der Wechselseitigkeit und der Ansprechbarkeit der Liebe ist deshalb für mich kein ›noch nicht‹, wie für die jüngste Interpretation von Gerhard Sauder (Willkomm und Abschied: wortlos. Goethes Sesenheimer Gedicht »Mir schlug das Herz«. In: Gedichte und Interpretationen II. Aufklärung und Sturm und Drang. Hg. K. Richter. Stuttgart 1983. S. 412-424, dort S. 418).

Vor allem versuche ich eine Bestimmung des ›Erlebnisgedichts‹ zu geben, die sich von zwei entgegengesetzten Forschungsrichtungen gleichermaßen abhebt:

1.) von der in Emil Staigers Auffassung des Lyrischen kulminierenden Tendenz, das Literarische des Gedichts in seiner gefühlshaften Innerlichkeit verschwinden zu lassen (E.S.: Grundbegriffe der Poetik. Zürich 1946).

2.) von der heute herrschenden Tendenz, das Erlebnisgedicht als Gedicht zu definieren, das Erlebnisse fingiert und einen außerliterarisch vorgegebenen Realiätsgehalt suggeriert. In diesem Sinne spricht z.B. Marianne Wünsch von einem »Realitätspostulat« in der Lyrik Goethes (M.W.: Der Strukturwandel in der Lyrik Goethes. Stuttgart 1975. S. 57). Suggestion und Fiktion sind das Ergebnis der Anwendung literarischer Techniken (so z.B. Klaus Weimar: Goethes Gedichte 1769-1775. Interpretationen zu einem Anfang. Paderborn, München, Wien, Zürich 1982. S. 21-31). Diese Forschungsrichtung neigt zur Einebnung des epochalen Schnittes gegenüber der älteren Lyrik. Es wird die Verwendung traditioneller Muster betont (in unserem Gedicht z. B. das Sehen in »Ich sah dich ...« als ›visus‹, die erste der ›quinque lineae‹ der erotischen Poesie. S. Gerhard Sauder: Willkomm und Abschied: wortlos. Goethes Sesenheimer Gedicht »Mir schlug das Herz«. A. a. O. S. 418). Dabei wird nicht gesehen, daß die veränderte Anwendungsintention eine radikale Neubestimmung bedeutet, und zwar nicht nur geistes- oder mentalitätsgeschichtlich, sondern in der Struktur des Gedichts selbst.

Ich versuche demgegenüber, die gefühlshafte Innerlichkeit des Gedichts daraus zu bestimmen, daß das Gedicht *als Literatur* Impulsivität und Reflexivität zugleich zum Sprechen bringt. Dergestalt erscheint im und am Erlebnisgedicht, was Erlebnis ist. Es fingiert nicht Erlebnisse, es suggeriert nicht Erlebnisse, es kreiert Erlebnisse im Produzenten und im Rezipienten.

An einem Beispiel aus einem verwandten Bereich möchte ich noch einmal illustrieren, was ich damit meine: Wenn die jagdfähigen Männer archaischer sozialer Verbände den Jagdtanz zelebrieren, sind sie in einer Gestimmtheit zur Jagd, die den Tanz steuert und zugleich in ihm gesteuert wird. In diesem Tanz werden frühere Jagderfahrungen aktualisiert und artikuliert, aber es wird in ihm auch vorweggenommen, wie die künftige Jagd sein soll. In der vermittelten Unmittelbarkeit des Tanzes wird der Sachverhalt ›Jagd‹ deutlicher als in jeder unmittelbaren Realität. Ich verwende im folgenden den Begriff ›Erlebnislyrik‹ immer in dem hier entwickelten Sinne.

4 Goethe: Werke. HA Bd. 1. S. 28 f.
5 Goethe: Briefe. Hamburger Ausgabe. Hg. von K. R. Mandelkow. Bd. 1-4. Hamburg 1962. Bd. 1. S. 127.
6 Joseph Görres: Gesammelte Schriften. Hg. von Wilhelm Schellberg. Bd. 1-13, 15/16. Köln 1926-1958. Bd. 3, S. 178
7 Johann Gottfried Herder: Sämmtliche Werke. Hg. von Bernhard Suphan. Bd. 1-33. Berlin 1877-1913. Bd. 25, S. 12.
8 Herder: Sämmtliche Werke. A. a. O. Bd. 5, S. 159-207.
9 Alte hoch- und niederdeutsche Volkslieder. Mit Abhandlung und Anmerkungen hg. von L. Uhland. 1844 ff. 1. Buch, Nr. 47.
10 Schiller sagt über diese Verwandlung der Natur aus einem Gegenstandsbereich in Seelenausdruck: ». . . der tote Buchstabe der Natur wird zu einer lebendigen Geistersprache . . .« (Über Matthisons Gedichte [1794]. Schiller: Werke. Nationalausgabe. Bd. 22, Hg. von

H. Meyer. Weimar 1958. S. 265-283, dort S. 273.) – Die Frage,
woher sich die Erregung der ersten zwei Strophen erklärt, wird
auch von James R. Mc Williams gestellt (A new reading of »Will-
kommen und Abschied«. In: German Life and Letters. XXXII.
1978/79. S. 293-299), aber anders als von mir beantwortet.

11 Goethe: Werke. HA. Bd. 1, S. 25 f.

12 Mündliche Mitteilung. Zum juristischen Begriff s. Deutsches
Rechtswörterbuch. Weimar 1914-1932. Bd. 1, S. 246. Im ›Allge-
meinen Landrecht für die Preußischen Staaten‹ von 1794 (Textaus-
gabe, mit Einführung von Hans Hattenbauer, 1970) finden sich die
Termini »Willkommen und Abschied« für eine »von dem Richter
zu bestimmende Anzahl von Peitschenhieben« bei Antritt und
Ende einer Zuchthaus- oder Festungsstrafe in den §§ 169, 964 (für
Gebärerinnen toter Kinder, die Schwangerschaft und Geburt ver-
heimlicht und das tote Kind nicht der richterlichen Untersuchung
zugeführt haben), 1005, 1014, 1015, 1028 (für Hausbediente, s.
Text), 1070, 1072, 1140, 1167, 1181, 1190, 1197, 1209, 1211, 1227,
1244. Zwar sind die genannten Belege jünger als Goethes Titelge-
bung des Gedichts, aber die Art der Begriffsverwendung läßt deren
völlige Geläufigkeit erkennen.

13 In der Tat löste Klopstocks Dichtung auch eine völlig neuartige
Erschütterung im Publikum aus – sei es in Vorleseabenden, sei es
zwischen einzelnen, wie etwa in der berühmten Gewitterepisode in
den »Leiden des jungen Werthers« zwischen Lotte und Werther.
(HA Bd. 6, S. 27), vgl. dazu Richard Alewyn: »Klopstock!«. In:
Euphorion 73. 1979. S. 357-364 und – für Werther – Friedrich
Adolf Kittler: Autorschaft und Liebe. In: Austreibung des Geistes
aus den Geisteswissenschaften. Hg. von Friedrich A. Kittler. Pa-
derborn, München, Zürich 1980. S. 142-173, dort S. 144.

14 Friedrich Gottlieb Klopstock: Die Frühlingsfeyer. In: F.G.K's
Oden. Hg. von F. Muncker und J. Pawel. Bd. 1-2. Stuttgart 1889,
dort Bd. 1, S. 133.

15 Siehe Konrad Burdach: Faust und Moses. Sitzungsberichte der Kgl.
Preuß. Akademie der Wissenschaften. 11. Juli 1912. (XXXV).
S. 627 f.

16 Goethe: Werke. HA. Bd. 1, S. 53.

17 Herder: Sämmtliche Werke. A. a. O. Bd. 2, S. 47 u. 54, Bd. 1, S. 396.

17a In diesem Sinne trifft Hans Magnus Enzensbergers Feststellung im

»Untergang der Titanic« provokatorisch daneben, wenn er den Erlebnisgehalt und -charakter der Dichtung bestreitet,

> »Weil der Augenblick,
> in dem das Wort *glücklich*
> ausgesprochen wird,
> niemals der glückliche Augenblick ist.
> . . .
> Weil, wer verzweifelt,
> nicht Lust hat, zu sagen:
> ›Ich bin ein Verzweifelnder.‹
> . . .
> Weil die Wörter zu spät kommen,
> oder zu früh.
> Weil es also ein anderer ist,
> immer ein anderer,
> der da redet,
> und weil der,
> von dem da die Rede ist,
> schweigt.«

(Der Untergang der Titanic. Eine Komödie. Frankfurt 1978, S. 61, Abschnitt »Weitere Gründe dafür, daß die Dichter lügen.«)
Wenn irgendwo, dann in der Lyrik können derjenige, der redet, und der, von dem die Rede ist, derjenige Augenblick, in dem das Wort ›glücklich‹ ausgesprochen wird, und der glückliche Augenblick zusammenfallen; und zwar dergestalt, daß zwar nicht im glücklichen Augenblick Glück gesagt wird, aber im sprachlichen ›Erinnern‹ von Glück solches Glück aufsteigt, das noch nie war und wie es noch nie war. Deshalb kann auch und wieder die Lyrik der sogenannten neuen Subjektivität mit der Kategorie ›Erlebnis‹ arbeiten. So schreibt Jürgen Theobaldy im Nachwort der Anthologie ›Und ich bewege mich doch. Gedichte vor und nach 1968‹ (2. Auflage München 1978, S. 223 und 231): »Der Bezug auf das Selbsterlebte ist der Versuch, Verläßliches, Überprüfbares zu sagen angesichts der öffentlichen Parolen.« Allerdings geht auch Theobaldy wieder von einem dem Gedicht vorausliegenden Erlebnis aus bei der Überlegung: »Selbstverständlich gibt es keine Identität zwischen Erlebnis und Gedicht, aber es gibt die Möglichkeit, den Ab-

stand zwischen beiden gering zu halten, das Gedicht an seinen Ge-
genstand heranzuschieben, es ihm auf den Körper zu schreiben.«

18 Siehe Emil Staiger: Grundbegriffe der Poetik. a. a. O. Kap.: Lyri-
scher Stil: Erinnerung, der allerdings Leistung und Reflexion der
Erinnerung außer acht läßt.

19 Goethes Gespräche. Bd. 1-4. Hg. von Wolfgang Herwig. Zürich
1971. Bd. 3, S. 611.

20 Georg Wilhelm Friedrich Hegel: Werke. Bd. 1-20. Frankfurt
1970 ff. Bd. 15, S. 418 (»Vorlesungen über die Ästhetik«, III. Teil).

21 F. G. Klopstock: Oden. A. a. O. Bd. 1, S. 84.

Mutter Natur am Zürcher See.
Johann Wolfgang Goethe: »Ich saug' an meiner Nabelschnur ...«

1 Friedrich Gottlieb Klopstocks Oden. Hg. F. Muncker und J. Pa-
wel. 2 Bde. Stuttgart 1889. Bd. 1, S. 83.

2 Siehe Artikel Natur in: Trübners Deutsches Wörterbuch. Hg. A.
Götze. Bd. 4. Berlin 1943.

3 Siehe Hans Blumenberg: Die Lesbarkeit der Welt. Frankfurt 1981.

4 In dem 1800 von Herder übersetzten und redigierten sog. Natur-
hymnus von Shaftesbury aus »The Moralists« (1709) biegt Herder
den Sinn gemäß den modernen Tendenzen um, indem er den er-
mächtigenden (impowering) Schöpfer gegenüber der Natur zu-
rücktreten läßt (J. G. H.: Sämmtliche Werke. Hg. B. Suphan. Bd.
27 [= Poet. Werke Bd. 3. Hg. C. Redlich]. S. 397-406; dort S. 397):

> »Der Gottheit Freundin, weise Statthalterin
> Der Vorsicht, oder – Schöpferin, Schöpfer selbst? –
> O Schöpfer, sieh, ich knie und bete ...«

Im englischen Text heißt es: »O mighty Nature! Wise Substitute of
Providence! impower'd Creatress! Or Thou impowering Deity,
Supreme Creator! Thee I invoke, and Thee alone adore.« (An-
thony, Earl of Shaftesbury: Characteristicks of Men, Manners,
Opinions, Times. 3 Bde. 6. A. o. Ort 1737-38. Bd. 2: The Mora-
lists. S. 345). Shaftesbury nennt zwar die Natur »our common Pa-
rent« (352), aber sein Gebet richtet sich an den höchsten Schöpfer,
und die Feier der Natur verdichtet sich nicht im Bild ihrer Mütter-
lichkeit.

5 Goethes Werke. Hamburger Ausgabe. Hg. E. Trunz. 1948 ff. Bd.
  1. S. 102.
6 Bei dem im Tagebuch unmittelbar folgenden Kurzgedicht »Wenn
  ich , liebe Lili, dich nicht liebte« wird aus dem Namen das Sprach-
  spiel des Gedichts. Bemerkung von Karl Pestalozzi während eines
  gemeinsamen Seminars Basler, Freiburger und Straßburger Ger-
  manisten im Wintersemester 1982/83, bei dem das Zürichsee-Ge-
  dicht behandelt worden ist. Die folgenden Ergebnisse sind durch
  die Diskussion angeregt worden. Auf die reiche Literatur zu Goe-
  thes Gedicht kann in diesem Rahmen nicht eingegangen werden.
  Am fernsten stehe ich Emil Staiger, der den Zusammenhang der
  Eingebungen des Gedichts nur im Biographischen sieht (E.S.:
  Grundbegriffe der Poetik. Zürich 3. A. 1956. S. 26 f); am nächsten
  Joachim Dyck (J.D.: Die Physiognomie der Selbsterkenntnis:
  Goethes Gedicht »Auf dem See«. In: Euphorion 67. 1973. S. 74-
  84). Auch Dyck legt seiner Untersuchung die Erstfassung zu-
  grunde. Übereinstimmung mit ihm besteht in der Auffassung der
  Zeitstruktur und der Reflexionsstruktur, in der Betonung der Pola-
  rität der Vorstellungen (bei Dyck allerdings erst für den dritten Teil
  des Gedichts), in der Feststellung einer Erotisierung der Land-
  schaft sowie in der Akzentuierung der rhythmischen Besonderheit
  von Vers 12. Die jüngste Interpretation von Bernhard Sorg im Rah-
  men seiner Habilitationsschrift (B.S.: Das lyrische Ich. Untersu-
  chungen zu deutschen Gedichten von Gryphius bis Benn. Tübin-
  gen 1984. S. 68-72) ist demgegenüber harmonistisch.
7 In der ersten Zeile werden nur zwei der vier metrischen Akzente
  rhythmisch realisiert (saug'; Nabel-). In der zweiten Zeile trägt
  »Nun« einen so starken Nebenton, daß er die metrische Senkung
  fast überdeckt. In der dritten und vierten Zeile kommen rhythmi-
  sche und metrische Betonung einander fortschreitend näher. Die
  dritte Zeile realisiert rhythmisch drei von vier metrischen Betonun-
  gen, die vierte Zeile alle drei metrischen Hebungen, aber in einem
  Abfallen des Tones, der dem Satzende in seinem Zusammenfall mit
  dem ersten Durchgang des Reimschemas entspricht. Zu den Span-
  nungen der ersten Strophenhälfte gehört noch die Gliederung in
  zwei Sätze, während die zweite Strophenhälfte nur aus einem Satz
  besteht, und das Gegeneinander zwischen Satzende und Beginn des
  folgenden Satzes mit dem Bindewort »und«. – Aus Raumgründen

gehe ich auf die kunstvollen Lautverhältnisse des Gedichts nicht ein; nur exemplarisch verweise ich auf die Korrespondenz Nabel – Nun – Nahrung – Natur, die eine besonders enge Beziehung zwischen Kernvorstellungen begründet.

8 Johann Wolfgang Goethe: Arianne an Wetty. In: Der junge Goethe. Neu bearb. Aufl. Hg. H. Fischer-Lamberg. Berlin 1963-74. Bd. 2. S. 23.

9 Auch sonst vereinigt die zweite Hälfte der zweiten Strophe formale Eigenheiten der vorhergehenden Gedichtteile: Die Kreuzreime der ersten Strophe sind durchgehend männlich, die Paarreime der vier folgenden Verse erst weiblich, dann männlich. Im Anschluß kommen die Kreuzreime wieder, aber erst weiblich, dann männlich.

10 Goethes Werke, Hg. i. A. der Großherzogin Sophie von Sachsen. Weimar 1887-1920. Abt. II. Bd. 5/I. S. 394-397.

11 Hinweis Karl Pestalozzi.

12 Vgl. u.a. »Torquato Tasso«, Vers 3442 ff; »Faust II«, Anmutige Gegend; den »Gesang der Geister über dem Wasser« und das Sonett »Mächtiges Überraschen«.

13 Richard Wagner: Parsifal. 3. Aufzug. In: R.W.: Die Musikdramen. München 1978 (DTV). S. 864.

14 Wie schon angedeutet, hat Goethe sein Gedicht für die »Schriften« von 1789 im Sinne der Klassik bearbeitet. Die wichtigste Änderung ist die Untergliederung der zweiten Strophe nach dem vierten Vers, so daß nun ein klarer dreistrophiger Aufbau vorliegt. Die erste Strophe blickt auf die Welt, die zweite aufs Ich, die dritte vereinigt Ich und Welt im Symbol. Die Erotisierung des Blicks, die in der ersten Fassung auffiel, verschwindet mit der Umwandlung von »Liebe Nebel« in »weiche Nebel«, die zugleich das Wortspiel: Lieb und Leben – Liebe Nebel zerstört. Es widersprach der Objektivierungstendenz, die nun gegen die Subjektivierungstendenz durchgesetzt wird, wo die erste Fassung beide in eine labile Balance bringt. Das Eingangsbild der embryonalen Mutter-Kind-Einheit, Emphase und Deklaration sind getilgt. Die Dynamik ist abgebremst. Aus den *ent*gegnenden werden *be*gegnende Berge. Damit setzt sich das ›Weltbild‹ gegen den personifizierten Naturbegriff durch. Der Programmentwurf des geborgenen Ich wird zum Modell des Ich in freier Weltbegegnung.

15 Ein literarisches Beispiel für dieses Herrschaftsdenken gegenüber

»Mutter Natur« zitiert Willi Flemming (W. F.: Der Wandel des deutschen Naturgefühls vom 15. zum 18. Jahrhundert. Halle 1931. S. 50): »So wenig eine Mutter ihrem Kinde mit der Geburt zugleich alle Vollkommenheiten beyläge; so wenig habe die Natur auch ihre Geschöpfe dero Gestalt gefertigt / daß sie dem menschlichen Nachdencken nichts daran zu verbessern übriggelassen. Sie habe ja so viel wilde Bäume gezeugt / daß die Kunst ihnen durch Pfropfung hülfe. Dem Agsteine und dem schönsten Diamanten müsten die rauhesten Schalen abgeschliffen / das Gold aus häßlichen Schlacken geschmeltzet / die Perlen allererst durchlöchert werden.« (Daniel Caspar von Lohenstein: Großmüthiger Feldherr Arminius. Theil I. Neudruck 1973. S. 372. Agstein = Bernstein).

16 Schillers Werke. Nationalausgabe. Hg. J. Petersen, G. Fricke u.a. Weimar 1943 ff. Bd. 1. S. 259.

Vater und Mutter oder Heilsgeschichte und Natur. Matthias Claudius: »Der Mensch«

1 Matthias Claudius: Werke. Hg. von Urban Roedl. Stuttgart 1954. S. 304. Anregungen verdanke ich den Teilnehmern meines Proseminars im Wintersemester 1982/83. Zur Form des Gedichts s. Johannes Pfeiffer: Dichtung und Glaube: Über Matthias Claudius. In: J. Pf.: Über das Dichterische und den Dichter. Berlin 1967. S. 77-97; dort S. 92 f. Zur Grundspannung von Kunst und Existenz bei Claudius s. Werner Kraft: Matthias Claudius und die Existenz. In: W. K.: Augenblicke der Dichtung. Kritische Betrachtungen. München 1964. S. 81-120.

2 Es kann dabei außer Betracht bleiben, daß Luther den Psalmtext zumindest mißverständlich übersetzt: »Unser Leben währet siebenzig Jahre, und wenn's hoch kommt, so sind's achtzig Jahre, und wenn's köstlich gewesen ist, so ist's Mühe und Arbeit gewesen.« In der korrigierten Luther-Bibel heißt es seit 1965 korrekt: ». . . und was daran köstlich scheint, ist doch nur vergebliche Mühe . . .« Claudius steht im Horizont der Lutherformulierung und der gemeinprotestantischen Auslegung im Sinne einer Heiligung der Arbeit, die noch der Mühe und Arbeit einen Kern von Köstlichkeit zuspricht. Vgl. soeben: A wie Arbeit: von Luther fälschlich als köstlich bezeichnet. In: Die Zeit. Nr. 23. 4. Juni 1982. Seite 59.

3 Siehe Werner Kraft. A.a.O. S. 114.

4 G.E. Lessing: Emilia Galotti (IV,7).

5 So steht im Zusammenhang einer Auslegung der Sündenfallparabel eine besonders trostlose Charakterisierung des Menschen durch Claudius: »Wir kommen mit Angst und Geschrei in die Welt und fahren mit Herzeleid wieder in die Grube ... und unsern lieben Schöpfer und Vater hören und sehen wir nicht! gehen trostlos und verlassen, in Frost und Hitze, in Regen und Schnee, in Schmerz und Krankheit, sind wahnsinnig und unsinnig, können nicht schlafen, müssen gehen und husten Tag und Nacht und Eiter und Blut speien.« (M.C.: Sämtliche Werke. S. 324).

6 Annelen Kranefuss: Die Gedichte des Wandsbecker Boten. Göttingen 1973. S. 197. Von hier kommen auch einige Anregungen zu meiner Interpretation. Werner Kraft betont die Ambivalenz in Claudius' Todeserfahrung, die, zuweilen christlich aufgefangen, doch auch wieder trostlos bleiben kann.

7 Siehe dazu: Friedrich Adolf Kittler: Lullaby of Birdland. In: Der Wunderblock. Zeitschrift für Psychoanalyse. 3. 1979. S. 5-19.

8 M.C.: Sämtliche Werke. S. 67.

9 Ebd. S. 101.

10 Ebd. S. 135.

11 Ebd. S. 297f.

12 Werner Kraft findet die schöne Formulierung, daß Claudius »paradoxerweise die Privatheit an das Publikum weitergibt«; a.a.O. S. 108.

Mutter Natur als Himmelsbraut.
Joseph von Eichendorff: »Mondnacht«

1 Text nach: Sämtliche Werke des Freiherrn Joseph von Eichendorff. Hist.-krit. Ausgabe. Hg. W. Kosch. Regensburg 1908ff. Bd. 1,1: Gedichte. Hg. H. Schulhof und A. Sauer. (1921). S. 382. – Für die syntaktische Analyse s. Friedrich Nemec: Zur »Trivialität« in Eichendorffs ›Mondnacht‹ (in: Literaturwissenschaftliches Jahrbuch. Neue Folge 15. 1974. S. 123-134; dort auch Faksimile des handschriftlichen Entwurfs), dem ich allerdings in seiner Auffassung des »nun« im vierten Vers der ersten Strophe nicht folgen kann. Er versteht es so, als erreiche das Träumen damit die Zeitebene, auf der

das Ich des Gedichts spricht. Dagegen wäre auf die im folgenden durchgehende Vergangenheitsform hinzuweisen. Erreichten die Folgen des hypothetischen Himmelskusses die Gegenwart des Sprechers, müßte das Gedicht von der zweiten Strophe an im Präsens stehen. – In meiner Interpretation bestehen Übereinstimmungen mit Klaus-Dieter Krabiel: Tradition und Bewegung. Zum sprachlichen Verfahren Eichendorffs. Stuttgart, Berlin, Köln, Mainz 1973. S. 44-56.

2 Nach dem Vorgang Paul Koldeweys (P. K.: Wackenroder und sein Einfluß auf Tieck. Leipzig 1904. S. 141) weist neuerdings Wolfgang Frühwald (W. F.: Die Erneuerung des Mythos. Zu Eichendorffs Gedicht »Mondnacht«. In: Gedichte und Interpretationen. Bd. 3: Klassik und Romantik. Hg. W. Segebrecht. Stuttgart 1984. S. 394-407; dort S. 400) auf einen speziellen Anklang an Tiecks und Wakkenroders »Herzensergießungen eines kunstliebenden Klosterbruders« hin.

3 Vgl. zu dieser Konstruktion Hans-Henrik Krummacher: Das ›als ob‹ in der Lyrik. Erscheinungsformen und Wandlungen einer Sprachfigur der Metaphorik von der Romantik bis zu Rilke. Köln, Graz 1965.

4 Richard Alewyn bemerkt, daß in Eichendorffs Bewegungslandschaften »alles Unbewegte ... durch einen Anflug von Verzauberung berührt« ist (R. A.: Eine Landschaft Eichendorffs. In: Eichendorff heute. Stimmen der Forschung mit einer Bibliographie. Hg. P. Stöcklein. München 1960. S. 19-43; dort S. 32).

5 Vgl. die Ausführungen von Paul Stöcklein: Dichtung, vom Dichter gesehen; alte und neue Winke der Dichter für den Literarhistoriker. In: Wirkendes Wort. Sonderheft 1. 1952. S. 72-93; dort S. 81 f. Schon Stöcklein betont den »sakralen Rahmen« des Gedichts (ebda. S. 82). Das Kellergedicht s. G. K.: Sämtliche Werke. Historisch-kritische Ausgabe. 22 Bde. Hg. Jonas Fränkel und Carl Helbling. Bern und Erlenbach-Zürich 1926-1948. Bd. 1. S. 20f.

6 Stöcklein: Dichtung, vom Dichter gesehen. S. 81.

7 Vgl. Alewyn a. a. O. S. 24.

8 Siehe August Graf von Platen: Legende. In: Werke. Hg. G. A. Wolff und B. Schweizer. 2 Bde. Leipzig und Wien (Bibliograph. Institut) o. J. Bd. 1. S. 70.

9 Siehe Frühwald a. a. O. S. 399f.

10 Wolfgang Frühwald: Eichendorff-Chronik. München, Wien 1977. S. 23, 77. – Oskar Seidlin spricht in seinem grundlegenden Aufsatz »Eichendorffs symbolische Landschaft« (In: Eichendorff heute. S. 218-241) von Eichendorffs Landschaften als »sichtbarer Theologie« (S. 222). Natur und Landschaft sind bei ihm »... ein Kryptogramm, das es zu entziffern gilt, eine bildhafte Zeichensprache, die ... vom Dichter selbst oft eine Hieroglyphenschrift genannt wird« (S. 219f; s.a. S. 234). Vgl. hierzu auch Richard Alewyn: Ein Wort über Eichendorff (ebda. S. 7-18; dort S. 17). Zur Abhebung von Goethe und zum Zusammenhang von Eichendorffs Hieroglyphik der Natur mit der Frühromantik, speziell Novalis, s. Gerhard Möbus: Eichendorff und Novalis (ebda. S. 165-179). Es ist allerdings nicht zu übersehen, daß die Lehre von der Hieroglyphenschrift der Natur bei Eichendorff die spekulativen Züge wieder aufgegeben hat, die sie bei Novalis auszeichnen. Gewiß ist die zeichenhafte Durchbildung der Dichtung bei Eichendorff von äußerster Konsequenz. Die Strukturen und Bedeutungen aber sind einfach und traditionell christlich.

11 Siehe Paul Stöcklein: Joseph von Eichendorff in Selbstzeugnissen und Bilddokumenten. Reinbek 1963. S. 49.

12 In der Messe »In conceptione immaculata B. Mariae virginis« ist die Lectio Proverbia 8, 22-35 (= Sprüche Salomonis); in der »Missa de Sancta Maria in Sabbato«, die allsamstäglich – mit Ausnahme spezieller Heiligenfeste – gefeiert wurde, ist die Lesung Ecclesiasticus 24, 14-16 (= Jesus Sirach). Vgl. das 4. Buch von Augustins »Confessiones« und Alois Miller: Ecclesia-Maria. Die Einheit Marias und der Kirche. Freiburg 2. A. 1955. S. 194f. Ich verdanke alle diese Hinweise Bernhard Casper.

12a Siehe Artikel ›Maiandacht‹ in: Die Religion in Geschichte und Gegenwart. 3. A. Hg. K. Galling. Tübingen 1957ff. Vgl. a. die Schallplatte: »Maria Maienkönigin«. Die schönsten schlesischen und sudetendeutschen Marienlieder sowie Chorwerke von Ignaz Reimann (1820-1885) und Ferdinand Schubert (1798-1859). Wünschelburger Edition (4772 Bad Sassendorf. Berliner Str. 41).

13 Siehe Franz Heiduk im Nachrichtenblatt der Eichendorff-Gesellschaft Nr. 9, 1983, S. 18. Vgl. Friedrichs von Logau sämmtliche Sinngedichte. Hg. G. Eitner. Stuttgart 1872, S. 300 (2. Tausend, 4. Hundert, Nr. 34).

14 Theodor W. Adorno: Zum Gedächtnis Eichendorffs. In: Th. W. A.:
   Noten zur Literatur I. Berlin, Ffm. 1958. S. 105-143; dort S. 112.
15 Vgl. Frühwald: Die Erneuerung des Mythos. S. 359, nach Erörte-
   rung von Assonanz und unreinem Reim. Davon und von den leich-
   ten Diskrepanzen im Gedicht handelt auch Egon Schwarz: Joseph
   von Eichendorff. New York 1972. S. 98-101.
16 Siehe Karl Pestalozzi: Die Entstehung des lyrischen Ich. Studien
   zum Motiv der Erhebung in der Lyrik. Berlin 1970.

»Ihr liebt, und schreibt Sonette! Weh der Grille!«
Das Verhältnis von Erlebnis und Dichtung als Thema
von Goethes Sonettenzyklus 1807/1808

1 Zitiert nach: Goethes Werke. Hamburger Ausgabe. Hg. Erich
  Trunz. 1948 ff. Bd. 1. S. 294-303.
2 Bearbeiteter und erweiterter Text eines Vortrags vom 27. Januar
  1982 im Rahmen des Goethe-Zyklus des Freien Deutschen Hoch-
  stifts, Frankfurt.

Der Sonettenkranz ist von der Forschung weithin mit Reserve
behandelt worden. Hermann August Korff sieht in der Sammlung
»Etüden in Sonettenform« neben »vollendeten Meisterstücken«
(H. A. K.: Goethe im Bildwandel seiner Lyrik. 2 Bde. Leipzig
1958; dort Bd. 2. S. 92). Hans Jürgen Schlütter spricht in seiner
ausführlichen monographischen Behandlung der Sonette (H. J.
Sch.: Goethes Sonette. Anregung – Entstehung – Intention. Bad
Homburg, Berlin, Zürich 1969) von einem »opusculum« (S. 122).
Friedrich Gundolf bestimmt die Sonette als »Kunst ... zweiten
Grades ...«, geboren ... aus dem dekorativen Willen«. Von dieser
Wertung abgesehen, ist die Charakterisierung der Sonette hellsich-
tig im Blick auf Goethes »künstlerische[n] Spieltrieb und das über-
legene, fast ironische, selbstbespiegelnde Wissen um Liebe, und
um das Dichten als Handwerk wie als Seelenausdruck ... Sie ma-
chen sich ... über sich selbst diskret lustig ...« (F. G.: Goethe. 5.
A. Berlin 1918. S. 576-579). Ähnlich, wenn auch nicht ganz so ent-
schieden, ist die Stellung Emil Staigers (Goethe. Bd. 2. 3. A. 1962.
S. 444-448). Genau diesem Bild entgegengesetzt ist Paul Hanka-
mers Würdigung, in der er die Sonette einer biographisch-geistes-
geschichtlichen Epoche Goethes zuordnet und sie als deren Aus-

druck sieht. Er betont die »ungeheure Bewegung«, die Minna
Herzlieb in Goethe hervorrief, und die innere Notwendigkeit für
die Anwendung der Sonettform. Schon Hankamer bezeichnet im
Blick auf die erweiterte Fassung des Sonettenkranzes den Zusam-
menhang von Sonettenwut und Raserei der Liebe als »das Geheim-
nis, dessen Tiefe der Reiz und Zauber dieser einmaligen Dichtung
Goethes ist« (P. H.: Spiel der Mächte. Ein Kapitel aus Goethes Le-
ben und Goethes Welt. Stuttgart 1943. S. 40-90; dort S. 73). Hans
M. Wolff widmet sich den Sonetten in ausschließlich biographi-
schem Interesse und rekonstruiert aus ihnen eine »Liebeshand-
lung« mit Silvie von Ziegesar. Minna Herzlieb ist für Wolff eine
bloße Deckadresse (H. M. W.: Goethe in der Periode der »Wahl-
verwandtschaften« [1802-1809]. München 1952. S. 141-151). Korff
versucht sogar, in einer Reduktion auf sechs Sonette den »idealen
Phantasieroman« des »Minchen-Erlebnisses« zu rekonstruieren
(H. A. K.: Goethe im Bildwandel seiner Lyrik. 1958 Bd. 2. S. 92).
Kuno Fischers Abhandlung (Goethes Sonettenkranz. In: K. F.:
Goethe-Schriften. 2. Reihe. Nr. 4-6. Heidelberg 1896. S. 7-112) ist
im Kernteil eine die Gedichte paraphrasierende Nacherzählung
dieses ›Romans‹. – Die im Zusammenhang meiner Erörterungen
nicht erhebliche Frage der biographischen Anregungen, speziell
des Anteils von Bettina Brentano, Silvie von Ziegesar und Minna
Herzlieb, die immer wieder kontrovers beantwortet worden ist,
scheint mir in sehr ausgeglichener und differenzierter Weise beant-
wortet durch die Monographie von Schlütter. Dort findet sich auch
eine einläßliche Sichtung der Forschung.

Die Frage der zyklischen Komposition der Sonette ist eindring-
lich und ins einzelne gehend nur von Elisabeth Reitmeyer gestellt
worden (E. R.: Studien zum Problem der Gedichtsammlung mit
eingehender Untersuchung der Gedichtsammlungen Goethes und
Tiecks. Bern 1935. S. 88). Sie konstruiert von dem als Mittelpunkt
des Zyklus angenommenen Sonett IX aus eine symmetrisch nach
vorwärts und rückwärts greifende Anordnung. Mit anderer Argu-
mentation entsteht dabei wie bei mir ein Beziehungsspiel zwischen
Sonett I und Sonett XVII. Sonst haben unsere Gliederungsversuche
nichts miteinander zu tun. Daß sich einige Sonette dem Schema
Reitmeyers nicht fügen – wie sie selbst einräumt –, sehe ich nicht als
Argument für Goethes freies Umspielen einer sonst zu starren

Ordnung an, sondern eher dafür, daß der Gliederungsvorschlag nicht tragfähig ist. Joachim Müller (Goethes Sonette – lyrische Epoche und motivische Kontinuität. Berlin 1966 = Abhandlungen der Sächsischen Akademie der Wissenschaften zu Leipzig. Philologisch-historische Klasse. Bd. 58. Heft 3) arbeitet zwar die Einheitlichkeit des Zyklus, aber kein strenges Bauschema im einzelnen heraus. Er bleibt in dieser Hinsicht bei der konventionellen Vorstellung einer »lyrisch gefaßten Liebesgeschichte« stehen (S. 21). Die bei mir zentrale Thematik der Kritik der Poesie erscheint bei ihm unter dem Stichwort »lyrische Verfremdung«. Auch Schlütter behandelt die Frage der zyklischen Anordnung leichthin. »... das Gewichtigere steht am Anfang, weniger Schwerwiegendes rückt ans Ende. Im einzelnen ist nach inhaltlicher Zusammengehörigkeit gruppiert.« (S. 129) Er unterscheidet nach stilistischen Gesichtspunkten, die er entstehungsgeschichtlich begründet sieht, eine Gruppe Jenaer von einer Gruppe Weimarer Sonette und kann wahrscheinlich machen, daß sich in dieser Gruppierung ein Wandel Goethes von anfänglich noch vorhandenen Skrupeln gegenüber der Sonettform zur vollen Adaption abzeichnet, aber selbst dann bliebe doch zu fragen, ob nicht der Wandel der Einschätzung zum Moment der Komposition geworden ist – so wie etwa im ›Faust‹ entstehungsgeschichtliche Schichtungen zu Strukturen des Aufbaus werden. Die Gattungsdarstellung von Walter Mönch (Das Sonett. Heidelberg 1955) bringt für Goethes Zyklus keine über die Ergebnisse der Spezialforschung hinausgehenden Erträge.

3 Schlütter, S. 127.

4 Siehe Trunz, Kommentar.

5 Joachim Müller (S. 18) erinnert hier an Schillers ›Glocke‹: »Doch der Segen kommt von oben.« Schiller hat eben auch die Bibel gekannt.

6 Zu meiner Sicht der ›Römischen Elegien‹ s. den Aufsatz: Wandrer und Idylle. Die zyklische Ordnung der ›Römischen Elegien‹. In: G. K.: Wandrer und Idylle. Goethe und die Phänomenologie der Natur in der deutschen Dichtung von Geßner bis Gottfried Keller. Göttingen 1977. S. 148-174. Durch den ganzen Band zieht sich die Frage nach der Kritik der Kunst und des Künstlers als Thema von Goethes Dichtung.

7 In meinen Ausführungen zu Petrarca folge ich Hugo Friedrich: Epochen der italienischen Lyrik. Frankfurt 1964. S. 157-277. Vgl. auch Leonard Forster: Das eiskalte Feuer. Sechs Studien zum europäischen Petrarkismus. Kronberg/Ts. 1976.

8 Zit. Hugo Friedrich, S. 197.

9 Emil Staiger sieht im Wechsel von geistreicher Dame und holdselig-naivem Geschöpf einen Mangel an Deutlichkeit der Gestalt (S. 445).

10 Siehe Schlütter, S. 96f.

11 Das Sonett spielt auf einen Brief Bettina Brentanos an Goethe vom Dezember 1807 an, dieser wiederum auf eine Episode, die zwischen beiden in Goethes Bibliothek stattgefunden hat. Siehe Schlütter, S. 86f und 109. Zu Joachim Müllers Meinung, Bettina paraphrasiere vielmehr brieflich Goethes Sonette, s. Schlütter, S. 130f.

12 Ich greife hier auf Ergebnisse meiner Studie: Der Dichter und die Gesellschaft in Goethes »Torquato Tasso« (in: G. K.: Wanderer und Idylle. S. 175-208) zurück.

13 Max Kommerell (Gedanken über Gedichte. Frankfurt 3. A. 1956. S. 309) sieht hier ein »fast heimtückisches Symbol, der monumentalisierte Goethe...«.

14 Dagegen spricht nicht, daß Minna Herzlieb das Sonett entschieden auf sich und ihr Verhältnis zu Goethe bezog. Siehe Schlütter, S. 131.

15 Siehe Schlütter, S. 100.

16 Ein Motiv aus Bettinas Brief vom Dezember 1807. Siehe Schlütter, S. 109. Der Hinweis auf ›Alexis und Dora‹ steht schon bei Kuno Fischer, S. 94.

17 In Sonett IX liegt wiederum ein Bettina-Zitat aus dem gleichen Brief vor. Siehe Schlütter, S. 109.

18 Selbstironisch greift Goethe hier auf Anreden zurück, die Bettina sich brieflich im Namen Goethes gibt. Überhaupt ist die Rollenlyrik der Sonettbriefe des Mädchens eng an Bettinas Briefe angelehnt. Siehe Schlütter, S. 117f.

19 Siehe Joachim Müller, S. 31.

20 Ich verstehe das zweite Quartett von Sonett XIV wie Trunz in seinem Kommentar. Eine entgegengesetzte Auffassung vertritt Schlütter, S. 88: »Das Herz mag sich nicht mehr ungebunden aussprechen.«

21 Für die Bedeutung der Äolsharfe vgl. August Langen: Zum Symbol
der Äolsharfe in der deutschen Dichtung. In: Festschrift zum 70.
Geburtstag von Joseph Müller-Blattau (= Saarbrücker Studien zur
Musikwissenschaft. Bd. 1). Kassel, Basel, Paris, London, New
York 1966. S. 160-191. Langen zitiert dort S. 176 Goethes ›Zueig-
nung‹ zum ›Faust I‹, entstanden 1797: »Es schwebet nun in unbe-
stimmten Tönen / Mein lispelnd Lied, der Äolsharfe gleich, / Ein
Schauer faßt mich, Träne folgt den Tränen, / Das strenge Herz, es
fühlt sich mild und weich ...« Auch hier signalisiert die Äolsharfe
den Naturlaut der Seele an der Grenze der Sprache – das Lispeln,
das Wehen. »Über die Fülle des Herzens« ist der Titel einer Sturm-
und-Drang-Schrift von Friedrich Leopold Graf zu Stolberg. Zum
religiösen Hintergrund der Formel s. August Langen: Der Wort-
schatz des deutschen Pietismus. 2. A. Tübingen 1968. S. 22f.

22 Vgl. das Stichwort Epoché im Historischen Wörterbuch der Phi-
losophie. Hg. Joachim Ritter. Bd. 2. Darmstadt 1972.

23 Zum Motiv der synchronistischen Einheit der Jahreszeiten und zur
Früchtesymbolik bei Goethe s. Wilhelm Emrich: Die Symbolik
von Faust II. Sinn und Vorformen. 2. A. Bonn 1957. S. 143ff. Der
»ewige Maitag« bezieht sich auf den Geburtstag von Minna Herz-
lieb am 22. Mai. Siehe Kuno Fischer, S. 22.

24 Neben dem geläufigen Verweis auf »Mahomets-Gesang« und »Ge-
sang der Geister über den Wassern« stellt Walter Müller-Seidel für
die Strom-Metapher einen Bezug auf die »metaphorische Bered-
samkeit« August Wilhelm Schlegels her, der davon spricht, »daß
das Gemüt in der lyrischen Darstellung wie ein sich vergrößernder
Strom erscheine, dessen Bewegung von dem gehinderten Wellen-
schlagen bis zum tobenden Wassersturz anwachsen könne und im
Sonett aller Fortgang abgeschnitten sei ...«. Siehe W.M.-S.: Goe-
thes Verhältnis zu Johann Heinrich Voss (1805-1815). In: Goethe
und Heidelberg. Hg. von der Direktion des Kurpfälzischen Mu-
seums. Heidelberg 1949. S. 240-263; dort S. 251. Auch in Bettinas
Brief vom Dezember 1807, der für die »Sonette« insgesamt so
wichtig ist, kommt die Strom-Metapher vor (s. Schlütter, S. 109),
und Bettina hat sich – laut Brief von Anfang Januar 1808 – in Oreas
wiedererkannt (s. Schlütter, S. 115).

25 Dichtung und Wahrheit. 4. Teil. 20. Buch.

26 Schlütter, S. 94f.

Doktor Faust, sind Sie des Teufels?
Heinrich Heine: »Seegespenst«

1 Text nach: Gedichte von Wilhelm Müller, Vollständige kritische
  Ausgabe. Hg. James Taft Hatfield. Berlin 1906. S. 280f.

2 Alle Heine-Zitate nach: Heinrich Heine: Sämtliche Schriften. 6
  Bde. Hg. K. Briegleb. München 1968-1975. Das »Seegespenst«
  dort Bd. 1. S. 192-194. Weitere Heine-Zitate sind im Text in Klam-
  mern nachgewiesen.

3 Siehe Artikel »Seele« in: Trübners Deutsches Wörterbuch. Bd. 6.
  Berlin 1955.

4 Vgl. August Langen: Der Wortschatz des deutschen Pietismus.
  2.A. Tübingen 1968. S. 340.

5 Für Gottfried Keller s. Gerhard Kaiser: Die heilige Musa und die
  Musen. Himmel, Erde und der Ort der Dichtung bei Gottfried
  Keller. In: G.K.: Bilder lesen. Studien zu Literatur und bildender
  Kunst. München 1981. S. 76-128; ferner: ders.: Gottfried Keller.
  Das gedichtete Leben. Frankfurt 1981.

6 E.T.A. Hoffmann: Werke. Hg. G. Ellinger. Berlin, Leipzig o.J.
  Bd. 1. S. 184. Hinweis von Jonas Fränkel in der Heine-Ausgabe
  von O. Walzel. Leipzig 1910-1915. Bd. 1. S. 481.

7 So schon Joachim Müller: Heines Nordseegedichte. Eine Struktur-
  analyse. In: J.M.: Von Schiller bis Heine. Halle 1972. S. 492-580;
  dort S. 531. Sonst bestehen keine Berührungen mit Müllers Inter-
  pretation des »Seegespenstes«. Das gilt auch für Gerhard Storz'
  Würdigung der »Nordseebilder« (in: G.S.: Heinrich Heines lyri-
  sche Dichtung. Stuttgart 1971) sowie für die Interpretationen des
  »Seegespenstes« von Wilhelm Schneider (in: W.S.: Liebe zum
  deutschen Gedicht. Freiburg 1952. S. 256-265) und S.S. Prawer
  (in: S.S.P.: German Lyric Poetry. London 1952. S. 138-143).

8 Auch sonst ist bei Heine das lyrische Motiv des verlockenden Ab-
  grunds ironisiert (»Berg und Burgen schaun herunter ...«; I, 41)
  oder historisiert (»König Harald Harfager«; IV, 394f) oder beides
  (»Der Tannhäuser«; IV, 348ff).

9 Siehe S. 249.

10 Pierre Grappin (P.G.: Heinrich Heine. Histor.-kritische Gesamt-
   ausgabe der Werke. Bd. I/2. Hamburg 1975. S. 1032) sieht unter
   Rückbezug auf Karl Hessel in dem »mysteriöse[n] Mädchen ...

eine Allegorie des verfolgten jüdischen Volkes und Glaubens« und schlägt damit eine Interpretationsrichtung ein, von der ich mich entferne. Für das Kaiserbild in der Stadt auf dem Grund und die beschnittenen Linden verweisen er und andere Kommentatoren auf die Fassade des alten Hamburger Rathauses und die Linden des Jungfernstiegs (ebd. S. 1031).

11 Zum Zusammenhang s. Gerhard Kaiser: Wandrer und Idylle. Goethe und die Phänomenologie der Natur in der deutschen Dichtung von Geßner bis Gottfried Keller. Göttingen 1977.

12 Novalis: Schriften. Hg. P. Kluckhohn (†) und R. Samuel. 2. A. Darmstadt 1960. Bd 1. S. 287.

13 Friedrich Adolf Kittler: Aufschreibesysteme 1800/1900. München 1985. S. 99 u. 112f.

14 E. T. A. Hoffmann: Werke. Bd. 1. S. 245.

15 Im gleichzeitigen Brief vom 21. Juli 1825 meldet Heine dem Onkel Salomon den Vollzug der Promotion und den Wunsch, ein Seebad aufzusuchen.

16 »Der goldne Topf« war Richard Wagners Lieblingslektüre. Siehe Martin Gregor-Dellin: Richard Wagner. Sein Leben. Sein Werk. Sein Jahrhundert. Goldmann-Taschenbuch. München 1983. S. 21.

17 Siehe Gregor-Dellin: Wagner. S. 128, 167.

18 Goethe: Werke. Hamburger Ausgabe. Hg. E. Trunz. 1948ff. Bd. 10. S. 35; Bd. 7. S. 235.

19 Im Abschlußgedicht des ersten »Nordsee«-Zyklus heißt es:

>   »Das Meer war still,
>   Und sinnend lag ich am Steuer des Schiffes,
>   Träumerisch sinnend, – und halb im Wachen
>   Und halb im Schlummer, schaute ich Christus,
>   ...«

Dagegen Goethes »Seefahrt«:

>   »...
>   Doch er stehet männlich an dem Steuer.
>   Mit dem Schiffe spielen Wind und Wellen,
>   Wind und Wellen nicht mit seinem Herzen.
>   Herrschend blickt er auf die grimme Tiefe
>   Und vertrauet, scheiternd oder landend,
>   Seinen Göttern.«

Vgl. auch Heines »Reinigung«, das vorletzte Stück:

»...
           Hoiho! hoiho! Da kommt der Wind!
           Die Segel auf! Sie flattern und schwelln!
           Über die stillverderbliche Fläche
           Eilet das Schiff,
           Und es jauchzt die befreite Seele.«
Dazu Goethe:
           »Und die Segel blühen in dem Hauche,
           Und die Sonne lockt mit Feuerliebe;
           Ziehn die Segel, ziehn die hohen Wolken,
           Jauchzen an dem Ufer alle Freunde
           ...«

Zu den Goethe-Anklängen gehört auch der Gedichttitel »Meeres-
stille« für das neunte Gedicht des ersten Zyklus, der sich wörtlich
bei Goethe findet. Heine hat sich für seine freien Rhythmen auf
Tieck und Robert berufen (s. Pierre Grappin. A. a. O. S. 1002). Die
Forschung hat Berührungen mit der Hymnik des jungen Goethe
nur im zweiten Zyklus der »Nordsee«-Bilder gesehen (Grappin.
S. 1000) und sich dabei auf Heines Freund Christiani bezogen, der
Heine 1826 auf Goethes Hymnen hingewiesen haben will (Grap-
pin. S. 1004). Schon am 23. August 1823 schreibt aber Heine an
Robert Ludwig: »Ich habe jetzt, bis auf eine Kleinigkeit, den gan-
zen Göthe gelesen!!!« Vgl. Walther Wadepuhl: Heines Verhältnis
zu Goethe. In: Goethe. Neue Folge des Jahrbuchs der Goethe-
Gesellschaft. 18. 1956. S. 121-131. Für Heines Verhältnis zu Müller
s. Nigel Reeves: The Art of Simplicity: Heinrich Heine and Wilhelm
Müller. In: Oxford German Studies. Vol. 5. 1970. S. 48-66.

Der poetische Traum.
Clemens Brentano: » Wenn der lahme Weber träumt«

1 Ich zitiere das Gedicht und das Märchen nach: Clemens Brentano:
   Werke. 4 Bde. Hg. Friedhelm Kemp. Darmstadt 1963-68. Bd. 3.
   1965. S. 630-930 (Gedicht S. 866f). – Bei Übereinstimmungen im
   einzelnen unterscheide ich mich von den vorliegenden Interpreta-
   tionen dieses Gedichts vor allem durch seine Auffassung als poeto-
   logisches Gedicht und durch meine Deutung des im Gedicht beste-
   henden religiösen Zusammenhangs. Ich verweise auf: Hans Mag-

nus Enzensberger: Brentanos Poetik. München 1961. S. 41-51; Rosemarie Hunter: Clemens Brentanos »Wenn der lahme Weber träumt« und das Problem der Sprachverfremdung. In: Germanisch-Romanische Monatsschrift 50. 1969. S. 144-152 (dort S. 150 die Vermutung »ohn Opfer« beziehe sich auf Christus); Heinrich Henel: Clemens Brentano: Zwei enigmatische Verse. In: Aspekte der Goethezeit. Hg. S.A. Corngold, M. Curschmann und Th.J. Ziolkowski. Göttingen 1977. S. 255-272; dort S. 261-264; ders.: Brentanos »O schweig nur, Herz«. Das Gedicht und seine Interpreten. In: Jahrbuch des Freien Deutschen Hochstifts 39. 1977. S. 309-349; dort S. 334 u. Anm. 26, S. 329f; ders.: Erfüllte Form. Brentanos Umgestaltung der europäischen Kunstpoesie. In: Jahrbuch der Deutschen Schillergesellschaft 22. 1978. S. 442-473. – Mit Henels Deutung des Webergedichts im Märchen-Zusammenhang, der ich in allem Widerspruch gegen sie viel verdanke, setze ich mich unten auseinander (H.H.: Nochmals: Brentanos Weberlied. Ein Beitrag zur Frage kontextbezogener Interpretation. In: Euphorion 72. 1978. S. 421-438; dort weitere Literatur zur Frage von Brentanos Lyrik im Kontext.).

2 Vgl. Henel: Nochmals ... S. 433 mit Hinweis auf Gerhard Schaub: Die Spee-Rezeption Clemens Brentanos. In: Literaturwissenschaftliches Jahrbuch. Neue Folge 13. 1972. S. 151-179.

3 Friedrich Spee: Trutz-Nachtigall. Hg. G.O. Arlt. Nachdr. Halle 1967 (= Neudrucke deutscher Literaturwerke) S. 5. Die folgenden Zitate S. 10-24.

4 Henel: Nochmals ... S. 435.

5 Die Lutherübersetzung von Jes. 38, 12 faßt den Psalmensänger als den Weber auf. Vgl. dagegen Einheitsübersetzung. Hg. i.A. der Bischöfe Deutschlands, Österreichs ... (Ps. und NT auch im Auftrag des Rates der EKD) Stuttgart. Katholische Bibelanstalt 1980.

6 Zum Gewebecharakter von Brentanos Lyrik s. Bernhard Gajek: Heidelberg – Regensburg – München. Stationen Brentanos. In: Euphorion 76. 1982. S. 58-81; dort S. 70.

7 Vgl. Friedrich Strack: Goethes »Novelle« und Schillers »Idylle«. Zwei Wege ästhetischer Versöhnung. In: Euphorion 77. 1983. S. 438-452; Gerhard Kaiser: Zur Aktualität Goethes. Kunst und Gesellschaft in seiner »Novelle«. In: Jahrbuch der Deutschen Schillergesellschaft 1985, S. 248-265; ders.: Wandrer und Idylle.

Goethe und die Phänomenologie der Natur in der deutschen Dichtung von Geßner bis Gottfried Keller. Göttingen 1977. S. 37-82.

8 »mutternackt« s. Herders Sämmtliche Werke. Hg. B. Suphan. Bd. 1. S. 269; »mutterseeligallein« s. Brentano: Werke. Hg. F. Kemp. Bd. 2. Darmstadt 1963. S. 13.

9 Henel: Nochmals ... S. 425.

10 Henel: Nochmals ... S. 436, 432. – Auch Wolfgang Frühwald weist gegenüber Enzensberger energisch auf den biographischen und den Kontextzusammenhang hin. Wolfgang Frühwald: Stationen der Brentano-Forschung 1924-1972. In: Deutsche Vierteljahrsschrift für Literaturwissenschaft und Geistesgeschichte. Sonderheft 1973. S. 182-269; dort S. 232.

11 Henel: Nochmals ... S. 430 erörtert subtil die Gründe dagegen, daß das Weberlied zur Gänze von Jürgo stammt. Ich finde jedoch, daß die Argumente (er müßte in der 1. Person sprechen; er ist nicht lahm, sondern geisteskrank; er hat den Fackelzug der Wahrheit nicht miterlebt) zu logisch sind, als daß sie für Brentanos Lyrik und Märchen schlüssig wären. Warum sollte Jürgo nicht von sich in der 3. Person singen und seine Geisteskrankheit in Lahmheit ›übersetzen‹; warum soll sein Wahnsinn nicht Zukunft vorwegnehmen können, in einem Märchen, wo Zukunft geträumt und gedichtet wird?

12 Henel: Nochmals ... S. 426.

13 »Gockel, Hinkel und Gackeleia«. A. a. O. S. 866ff. – Zum heidnisch-chaotischen Untergrund der Johannisnacht s. Handwörterbuch des deutschen Aberglaubens. Hg. E. Hoffmann-Krayer u. H. Bächtold-Stäubli. Bd. 1-10. Berlin. Leipzig 1927-1942. Literarisch fruchtbar wird diese Grundschicht u. a. in Shakespeares »Midsummer Night's Dream«, in Wagners »Meistersingern« und in Theodor Storms Novelle »Aquis submersus« (vgl. zu Storm: Leonard L. Duroche: Like and Look Alike: Symmetry and Irony in Theodor Storm's »Aquis subermersus«. In: Seminar 7. 1971. S. 1-13. Ferner: Gerhard Kaiser: Aquis submersus – Versunkene Kindheit. In: G. K.: Bilder lesen. München 1981. S. 52-75).

14 »Gockel, Hinkel und Gackeleia«. A. a. O. S. 858.

15 Deshalb kann die Namengebung nach dem Hugenottenverfolger und Anstifter des Blutbads von Vassy (1562) durchaus auch einen ironischen Anklang haben und muß nicht nur als Provokation der

Protestanten und Liberalen durch Brentano verstanden werden (s. Henel: Nochmals ... S. 425).

16 »Gockel, Hinkel und Gackeleia«. A.a.O. S. 893. – Zur Quellen-frage s. Henel: Nochmals ... S. 427.
17 »Gockel, Hinkel und Gackeleia«. A.a.O. S. 929.
18 Siehe Henel: Nochmals ... S. 428.

O Lied, mein Land.
Eduard Mörike: »Gesang Weylas«

1 Text nach: Eduard Mörike: Sämtliche Werke. Briefe. Hg. von G. Baumann. 3 Bde. Stuttgart 1954-59. Bd. 1. S. 92. Eine einläßliche Interpretation liegt nicht vor. Bemerkungen bei Benno von Wiese: Eduard Mörike. Tübingen und Stuttgart 1950. S. 86f.
2 Ludwig Bauer: Briefe an Eduard Mörike. Hg. B. Zeller und H.-U. Simon. Marbach 1976. S. 57f.
3 Gerhart von Graevenitz weist besonders auf den Roman »Die In-sel« (1788) von Friedrich Leopold Graf zu Stolberg hin, weil dort die Insel-Utopie der Leitgedanke eines Männerbundes ist. Graeve-nitz erkennt solchen Vorstellungen in der geistigen Welt Mörikes eine zentrale Rolle zu. (G.v.G.: Eduard Mörike: Die Kunst der Sünde. Zur Geschichte des literarischen Individuums. Tübingen 1978).
4 Heinrich Heine: Sämtliche Schriften. Hg. K. Briegleb. 6 Bde. Darmstadt 1968-1976. Bd. 6/1. S. 241ff.
5 Vgl. Gerhard Kaiser: Mutter Nacht – Mutter Natur. Anläßlich ei-ner Bildkomposition von Asmus Jacob Carstens. In: Austreibung des Geistes aus den Geisteswissenschaften. Programme des Post-strukturalismus. Hg. F.A. Kittler. Paderborn. München. Wien. Zürich 1980. S. 87-141.
6 Otto Keller: Wilhelm Heinses Entwicklung zur Humanität. Zum Stilwandel des deutschen Romans im 18. Jahrhundert. Bern. Mün-chen 1972. S. 166.

Der schöne Tag des Gedichts.
Conrad Ferdinand Meyer: »Der schöne Tag«

1 Text nach: C.F. Meyer: Sämtliche Werke. Hist.-krit. Ausgabe.
   Hg. H. Zeller und A. Zäch. Bd. 1. Bern 1963. S. 28. Zum zugrun-
   deliegenden Badeunfall siehe Apparatband der krit. Ausgabe
   S. 156. – Meine Interpretation bezieht sich in Übereinstimmung
   und Differenz auf Friedrich A. Kittler: Der Traum und die Rede.
   Eine Analyse der Kommunikationssituation C.F. Meyers. Bern
   und München 1977, vor allem S. 100ff. Weitere Anregungen ver-
   danke ich einem Seminar-Referat von Joachim Jung. Kittler hat den
   von mir nur angedeuteten Zusammenhang von Mutter- und Vater-
   bild, Kunst und Leben bei Meyer gründlich argumentativ und
   quellenmäßig entfaltet. – Vgl. a. E. Staiger: Das Spätboot. Zu C.F.
   Meyers Lyrik. In: E. St.: Die Kunst der Interpretation. Zürich
   1955. S. 239-273.
2 Gottfried Keller: Sämtliche Werke. Hist.-krit. Ausgabe. Hg. J.
   Fränkel und C. Helbling. 22 Bde. Bern. Erlenbach. Zürich 1926-
   1948. Bd. XIV. S. 26.
3 Für Keller s. Gerhard Kaiser: Gottfried Keller. Das gedichtete Le-
   ben. Frankfurt 1981 (mit weiterer Literatur). Ders.: Gottfried Kel-
   ler. Artemis-Einführungen. München und Zürich 1985.
4 C.F. Meyer: Sämtliche Werke. A. a. O. S. 75.
5 Siehe hierzu die grundlegende Darstellung von Heinrich Henel:
   The Poetry of Conrad Ferdinand Meyer, Madison/Wisconsin
   1954.
6 Vgl. Meyers Gedicht »Der Marmorknabe«. A. a. O. S. 31.

Wortwelten – Weltworte.
Die ersten beiden Dionysos-Dithyramben
Nietzsches

1 Goethe: Werke. Hamburger Ausgabe. Hg. E. Trunz. 1948ff. Bd.
   2, S. 97. – Zum Problemzusammenhang dieser Arbeit siehe Maria
   Bindschedler: Nietzsche und die poetische Lüge (Basel 1954), die
   allerdings »Nur Narr! Nur Dichter!« lediglich flüchtig, »Die Wü-
   ste wächst« gar nicht berührt.
2 Nietzsches Werke werden zitiert nach der KGB. Die römische Zif-

fer in der Klammer bezeichnet die Abteilung, die dem Querstrich
folgende arabische Zahl den Band der Abteilung und die letzte Zahl
die Seite. Die im folgenden zitierte Widmung aus Turin vom 1.
Januar 1889 s. KGB III/5, 571.

3 Friedrich Gottlieb Klopstock: Oden. Auswahl und Nachwort von
K. L. Schneider. Stuttgart 1966. S. 18-39; dort S. 18, 34.

4 Vgl. Gerhard Kaiser: Klopstocks »Frühlingsfeyer«. In: Deutsche
Lyrik von Weckherlin bis Benn. Interpretationen. Bd. 1 (Fischer
Bücherei). Hg. J. Schillemeit. Hamburg 1965. S. 28-39.

5 Vgl. ders.: Das Genie und seine Götter. »Wandrers Sturmlied« von
Goethe. In: G. K.: Wandrer und Idylle. Goethe und die Phänome-
nologie der Natur von Geßner bis Gottfried Keller. Göttingen
1977. S. 127-147.

6 Dichtung und Wahrheit (HA. Bd. 9, S. 521).

7 Vgl. Gerhard Kaiser: Gottfried Keller. Das gedichtete Leben.
Frankfurt 1981. S. 360-372.

8 Max Kommerell (Nietzsches Dionysos-Dithyramben. In: M. K.:
Gedanken über Gedichte. Frankfurt 3. A. 1956. S. 481-491; dort
S. 483 f) spricht von einem »Auseinandertreten des philosophi-
schen Ich in einem solchen Grade . . ., daß der Begriff des Subjekts,
der ja von Nietzsche psychologisch bereits untergraben war, hier
kaum mehr zulässig scheint.« Ebd. heißt es: »Die Stimmung des
Selbstgesprächs, die hier erreicht ist; daß außer ihm nichts mehr
geschieht und daß einer sich selbst als einem, der alles weiß, alles
sagt und doch Rätsel bleibt, hat es wohl noch nie gegeben . . .«
Kommerell faßt jedoch nicht die unaufhörliche Streithaftigkeit und
Umschlägigkeit des Prozesses. So spricht er für »Nur Narr! Nur
Dichter!« von dem »tiefen Widerspruch zwischen Natur und Selb-
stauslegung«. Was aber ist Natur? Sie findet nur in der Wortwelt
der Dichtung statt. Fälschlich spricht Kommerell von der »Er-
kenntnis, daß der Erkennende Panther und Adler ist.«

9 Vgl. Gerhard Kaiser: Mutter Nacht – Mutter Natur. Anläßlich ei-
ner Bildkomposition von Asmus Jacob Carstens. In: Austreibung
des Geistes aus den Geisteswissenschaften. Programme des Post-
strukturalismus. Hg. Friedrich A. Kittler. Paderborn – München –
Wien – Zürich 1980. S. 87-141.

10 Tristan und Isolde. 3. Akt (R. W.: Die Musikdramen. Mit einem
Vorwort von Joachim Kaiser. München 1978. S. 374).

11 Novalis, Schriften. Hg. P. Kluckhohn (†) und R. Samuel. 2. A. Bd.
 1. Darmstadt 1960. S. 133.
12 Arthur Schopenhauer: Sämtliche Werke. Hg. Wolfgang Fhr. von
 Löhneysen. Darmstadt 1968. Bd. 1, S. 456.
13 Ebd. Bd. 1, S. 388.
14 Nietzsches Studie hat den Titel: Zur Geschichte der Theognidei-
 schen Spruchsammlung. Das Wort des weisen Silen findet sich im
 dritten Abschnitt der »Geburt der Tragödie«.
15 Schopenhauer. Sämtliche Werke. Bd. 2, S. 752.
16 Richard Wagner: Die Musikdramen. S. 384. In der »Geburt der
 Tragödie« kann sich Nietzsche noch mit diesen Versen identifizie-
 ren. Siehe III/1, 116ff.
17 Joseph von Eichendorff. Werke in einem Band. Hg. W. Rasch.
 München 1955. S. 265.
18 Diese Stimmung ist in dem Wahnsinns-Zettel für Jacob Burckhardt
 vom 4. 1. 1889 gefaßt: »... denn ich, zusammen mit Ariadne, habe
 nur das goldne Gleichgewicht aller Dinge zu sein ...« KGB III/5,
 574.
19 Das Graben in der eigenen Seele ist ein romantisches, auf die Mystik
 zurückweisendes Motiv. Belege siehe Joachim Schulze: Celan und
 die Mystiker. Bonn 1976. S. 81 ff.
20 Im Blick auf die tragisch-dionysische Kunst fragt Nietzsche im
 »Versuch einer Selbstkritik« zur »Geburt der Tragödie«: »[...]
 wenn es gerade der Wahnsinn war, um ein Wort Plato's zu gebrau-
 chen, der die *grössten* Segnungen über Hellas gebracht hat?« (III/1,
 10).
21 Auf den berühmten Wahnsinns-Zetteln zwischen dem 3. und 7.
 Januar 1889 unterschreibt Nietzsche mehrfach »Der Gekreuzigte«
 und »Dionysos«. S. KGB III/5, 571 ff.
22 Der als der Dichter der »Isoline« apostrophierte Widmungsemp-
 fänger ist Catulle Mendès. S. KGB III/5, 571. Am 4. Januar 1889
 nennt Nietzsche ihn einen »meiner großen Satyrn und Festthiere«
 (ebd. 574). Mendès war Vermittler Richard Wagners nach Frank-
 reich, Mitbegründer des »Parnasse«, dem u. a. Paul Verlaine und
 Stéphane Mallarmé angehörten. Zum Zusammenhang vgl. Erich F.
 Podach: Nietzsches Werke des Zusammenbruchs. Heidelberg
 1961. S. 372 ff. Es gibt eine von Podach nicht beachtete Brücke
 zwischen Mendès und Nietzsche: Richard Wagner. Mazzino Mon-

tinari verdanke ich den Hinweis, daß laut Cosima Wagners Tage-
büchern am 29. und 30. Juli 1870 sowohl Mendès als auch Nietz-
sche im Hause Wagner zu Besuch gewesen sind (C. W.: Die Tage-
bücher. Band 1. 1869-1877. Hg. M. Gregor-Dellin und D. Mack.
München, Zürich 1976. S. 262). Nietzsche und Mendès könnten
sich auch bei den Bayreuther Festspielen 1876 getroffen haben (s.
Martin Gregor-Dellin: Richard Wagner. Sein Leben. Sein Jahrhun-
dert. Neue Auflage München 1983. S. 716f). Als Beispiel dionysi-
scher Selbstverspottung läßt sich auch Nietzsches Zettel an Cosima
Wagner vom 3. Januar 1889 lesen: »Man erzählt mir, daß ein gewis-
ser göttlicher Hanswurst dieser Tage mit den Dionysos-Dithyram-
ben fertig geworden ist.« S. KGB III/5, 572.

23 Diese Rezeption hat jedoch eine ganz eigentümliche Richtung.
Nicht die argumentativen, dialogischen Mittel der Rhetorik zur
Konsensbildung interessieren Nietzsche, sondern ihre Mittel der
apodiktischen, ja demagogischen Rede.

24 Zu Nietzsches lyrischer Sprache s. Karl Pestalozzi: Die Entstehung
des lyrischen Ich. Studien zum Motiv der Erhebung in der Lyrik.
Berlin 1970. S. 198-246. Die musikalische Struktur von Nietzsches
Sprache betont schon Helmut Rehder in seinem rhapsodischen
Aufsatz: Leben und Geist in Nietzsches Lyrik. In: Dichtung und
Volkstum. 37. 1936. S. 187-219, dort S. 202f. Hans-Martin Gauger
(Nietzsches Stil am Beispiel von »Ecce homo«. In: Nietzsche-Stu-
dien Bd. 13. 1984. S. 333-355, dort S. 347) weist neuerdings auf die
Instrumentalisierung lautlicher Anklänge bei Nietzsche hin: »laut-
liche Nähe (oft liegt die Differenz nur in *einem* Phonem) im Dienst
des Semantischen; anders ausgedrückt: die Signifikate der Wörter
und Wendungen werden stimuliert durch die Signifikanten, die
sich, entgegen dem, was normalerweise beim Sprechen geschieht,
als solche vordrängen.« – Zur Poetik Nietzsches s. Friedrich A.
Kittler: Nietzsche (1844-1900). In: Klassiker der Literaturtheorie.
Hg. Horst Turk. München 1979. S. 191-205. Allerdings behandelt
Kittler konsequent das Dionysische von Nietzsches Philosophie,
die Auffassung des Werks als ποίησις, die »Artisten-Metaphysik«
(III/1, 15) als bloße Redeweise. Er kommt damit zu einer einseitig
medientechnischen und ideologiekritischen Bestimmung des Dich-
ters. Dichtung erscheint als Konditionierungstechnik und Medien-
Output. Die Verengung der Sicht ergibt eine schiefe Zitierweise.

Griechenlands Kunstblüte entspringt laut Nietzsche nicht der Skla-
verei, wie Kittler (S. 201) suggeriert, sondern hat sie zur Vorausset-
zung (III/2, 261). Kittler schreibt weiter: »Literatur gibt es, wenn
der ›Sklave Intellekt‹, jener Meister der Verstellung, seine Saturna-
lien feiern darf‹. Sie ist Übertretung, die ›in lauter verbotenen Meta-
phern redet‹, und Parodie, die das ›Bretterwerk der Begriffe‹ ›zer-
schlägt, durcheinanderwirft, ironisch wieder zusammensetzt‹ . . .«.
»Am Sklaven, dessen Arbeit die Kultur und dessen Übertretung
ihre Feste ausmacht, hat der Künstler sein Modell. Davon zeugt im
Griechischen das Wort τέχνη, das Kunst und Handwerk nicht
scheidet . . .« Diese Collage aus Zitat und Kommentar (s. Nietzsche
III/2, 382) ist sinnentstellend. Siehe Nietzsche: »Der Intellekt, je-
ner Meister der Verstellung, ist so lange frei, und seinem sonstigen
Sklavendienste enthoben, als er täuschen kann, ohne zu schaden
und feiert dann seine Saturnalien; nie ist er üppiger, reicher, stol-
zer, gewandter und verwegener. Mit schöpferischem Behagen wirft
er die Metaphern durcheinander und verrückt die Gränzsteine der
Abstraktion . . .« Alle positiven Bestimmungen der Kunsttätigkeit,
die positive Bewertung des Scheins überhaupt, sind von Kittler eli-
miniert, und natürlich hat der Künstler nicht am Sklaven sein Mo-
dell, denn der Handwerker (Banause), der eine τέχνη beherrschte,
war kein Sklave.

25 Diese Interpretation hebt sich entschieden ab von Karlheinz Volk-
mann-Schlucks Abhandlung: Nietzsches Gedicht »Die Wüste
wächst, weh dem, der Wüsten birgt . . .«. Frankfurt 1958. Volk-
mann-Schluck kommt zwar am Ende seiner Überlegungen zu der
Frage, warum Nietzsches Denken in den Gesang mündet, aber
Volkmann-Schluck interpretiert das Gedicht selbst nicht als Ge-
sang, sondern als philosophischen Text, d. h. ohne Blick für Stil,
Form, Bildlichkeit, Atmosphäre. C. A. Miller gibt in seiner Unter-
suchung (Nietzsche's »Daughters of the Desert«: A Reconsidera-
tion. In: Nietzsche-Studien. Bd. 2. 1973. S. 157-195) eine gründli-
che Übersicht über die Forschung zu diesem Dithyrambus, speziell
eine kritische Auseinandersetzung mit Volkmann-Schluck (hierzu
auch: Erich F. Podach: Friedrich Nietzsches Werke des Zusam-
menbruchs. Heidelberg 1961. S 362ff) Er betont unter Bezug auf
eine Äußerung Elisabeth Förster-Nietzsches die parodistischen
Anklänge an Ferdinand Freiligraths Wüstenpoesie und interpre-

tiert den Dithyrambus als Selbstparodie Nietzsches zum Zweck der Selbstbefreiung vom Erbe des Moralismus. Das Gedicht ist nach Miller Spott auf die ›wüsten‹ libertinistischen Träume eines europäisch-christlichen Moralisten und Asketen. Im wesentlichen bezieht sich Miller auf die »Zarathustra«-Fassung in ihrem Kontext. Auch der erweiterte Schluß wird als Parodie der Moral gesehen, die vor den Verwüstungen des Menschen durch die Sinnlichkeit warnt. Während Miller ziemlich abgehoben vom Text argumentiert, versuche ich als Literaturwissenschaftler den strikten Zusammenhang aller Momente, die integrale Einheit des Gedichts (die auch Brüche übergreifen kann) zu fassen. – Es bestehen Übereinstimmungen mit Friedrich A. Kittlers Monographie »Aufschreibesysteme 1800/ 1900. Gütersloh 1985, S. 208, so in der Deutung der tanzenden Palme als Bild der Erektion.

26 Siehe Horst Rüdiger: Weltliteratur in Goethes »Helena«. Jahrbuch der Deutschen Schillergesellschaft. Stuttgart 1964. S. 172-198. Zum Motiv Wandrer und Idylle vgl. meinen gleichnamigen, Anm. 5 zitierten Band.

27 In der berühmten Bordellszene von Thomas Manns »Doktor Faustus«, der bekanntlich auch Züge Nietzsches trägt, heißen die Prostituierten »Nymphen und Töchter der Wüste« (Th. M.: Doktor Faustus. Frankfurt 1982 (= Fischer TB 1230). S. 143). Thomas Mann weist selbst auf das Nietzschezitat hin in dem Essay: Nietzsche im Licht unserer Erfahrung. In: Th. M.: Essays. Hg. H. Kurzke. Bd. 3. Frankfurt 1978. S. 238.

28 Siehe das Gedicht »Nachtzauber«. In: Eichendorff: Werke. S. 432.

29 Gottfried Benn: Akademie-Rede. In: G. B.: Gesammelte Werke. Hg. Dieter Wellershoff. 8 Bde. Wiesbaden 1960ff. Bd. 4, S. 998.

30 Siehe vor allem: Über Wahrheit und Lüge im aussermoralischen Sinne (III/2, 367ff) und: Wie die »wahre Welt« endlich zur Fabel wurde (VI/3, 74f).

31 Vgl. V/1, 105f; VI/2, 20f; VII/3, 382; VII/3, 155f; VIII/3, 50f.

32 Wo Nietzsche noch im »Zarathustra« den Dichter in Frage stellt, da im Vorgriff in »[...] ferne Zukünfte, die kein Traum noch sah, in heissere Süden, als je sich Bildner träumten: dorthin, wo Götter tanzend sich aller Kleider schämen: –« (VI/1, 243).

33 Hier scheint mir die Grenze von Eugen Finks Nietzsche-Darstellung (N.s Philosophie. Stuttgart – Berlin – Köln – Mainz 4. A.

1979) zu liegen, der ich viel verdanke. Fink setzt sich über die von ihm klar erkannte Begriffsfeindlichkeit von Nietzsches Denken hinweg, wenn er Nietzsches Ausbrechen aus dem Begriff als noch nicht Erreichen des Begriffs interpretiert und damit Nietzsches Dichtung als Einkleidung oder Vorform von Philosophie faßt. Statt dessen wäre Nietzsche beim Wort zu nehmen: Wenn die Welt ποίησις ist, »ein sich selbst gebärendes Kunstwerk« (zit. Fink, ebd. S. 169), dann ist Poesie die einzig angemessene Weise von ihr zu sprechen. – Auch Karl Löwith geht in seiner Monographie »Nietzsches Philosophie der ewigen Wiederkehr des Gleichen« (3. A. Hamburg 1978. S. 21) von einem Defizienz-Begriff von Dichtung aus, wenn er sagt: »Nur am Maßstab der positiven Wissenschaft gemessen, muß diese Sprache als das erscheinen, was sie im Grunde nicht ist: als eine bloße Mischung von ›Wahrheit‹ und ›Dichtung‹ und Nietzsche selbst als ein Vermischer, der halb ein Dichter und halb ein Wahrhaftiger ist.« Löwith sieht bei Nietzsche »die uralte Form des philosophischen Lehrgedichts« in neuartiger Sprache wiederkehren. Ich möchte dagegen einwenden, daß das philosophische Lehrgedicht *nach* dem Gang der europäischen Philosophiegeschichte etwas anderes sein muß als bei Parmenides oder Lukrez – schon darin, daß Nietzsche über philosophische Rede hinauswill und das im Werk selbst reflektiert. – Beda Allemanns Darstellung »Nietzsche und die Dichtung« (in: Nietzsche. Werk und Wirkungen. Hg. H. Steffen. Göttingen 1974, S. 45-64) geht nicht bis zu der von mir gezogenen Konsequenz.

34 Deshalb geht es auch nicht an, wie Kittler (Nietzsche S. 191) zu sagen, Nietzsche entziehe die Fiktion [d. h. die Dichtung] dem philosophischen Wahrheitsurteil und entkoppele Literatur von der Erkenntnis. Nietzsche entzieht alles dem philosophischen Wahrheitsurteil, indem er das Denken nicht unter die Wahrheitsfrage, sondern unter die Machtfrage stellt. Gleichermaßen kann man aus Nietzsches Rückführung des Dionysischen auf den Rausch in der »Geburt der Tragödie« nicht schlicht schließen, Nietzsches Poetik »weist Hermeneutiken« ab (a. a. O. S. 197). Ist doch die »Geburt der Tragödie« selbst ein Beispiel hermeneutischer Deutung der griechischen Tragödie. Es ist allerdings eine Hermeneutik des Mediums Tragödie, weniger ihrer Inhalte. Das Medium Tragödie wird metaphysisch interpretiert.

35 In diesem Licht führt der Satz »Seele ist nur ein Wort für ein Etwas am Leibe« (VI/1, 35) nicht einfach eine imaginierte Größe auf eine faktische Gegebenheit zurück, sondern macht umgekehrt die vermeintlich faktische Gegebenheit zu etwas Vieldeutigem. Das übersieht z. B. Kittler. Er spricht zwar vom »dionysischen Körper« (a. a. O. S. 198), vergißt fortan aber das »dionysisch«. Er substituiert einerseits Körper als bloßes Faktum und versteckt andererseits eine Fülle von Implikationen in diesem ›Faktum‹ – so wenn er von der »Physiologie des kunstschaffenden Körpers« redet (a. a. O. S. 191) oder vom Protagonisten und Antagonisten in Nietzsches Tragödiendeutung behauptet, »der Gott, den sie feiern, heißt Zagreus, zerstückelter Körper« (a. a. O. S. 199). Davon stimmt allenfalls die erste Hälfte. Nietzsche schreibt vom Dionysos, der als Zerstückelter Zagreus genannt wird (III/1, 68). Aber Zagreus heißt weder bei Nietzsche noch etymologisch zerstückelter Körper. Pauly-Wissowa läßt offen, ob es sich bei Ζαγρεύς um eine echt griechische Bildung handelt, welche die Funktion des ›Fängers‹ und ›Jägers‹ bezeichnet, oder um einen prähellenischen Namen, der in diesem Sinne gedeutet wurde (22,25).

36 Stefan George: Der siebente Ring. Gesamt-Ausgabe der Werke. Endgültige Fassung. Berlin 1927 ff. Bd. 6/7, S. 12 f.

37 Zu der hier entwickelten Sicht Nietzsches vgl. Walter Jens: Der Rhetor Friedrich Nietzsche. In: W. J.: Republikanische Reden: München 1976, S. 101-112.

38 Gottfried Benn: Gesammelte Werke Bd. 1, S. 198.

Der Dichter als Herr der Insel, Herr der Welt.
Stefan George: »Der Herr der Insel« und
Hugo von Hofmannsthal: »Der Kaiser von China spricht«

1 Text nach: Stefan George: Gesamt-Ausgabe der Werke. Endgültige Fassung. Berlin 1927 ff. 3. Band: Die Bücher der Hirten- und Preisgedichte, der Sagen und Sänge und der hängenden Gärten. Berlin 1930. Seite 20 f.

2 Clemens Heselhaus (in: Deutsche Lyrik der Moderne von Nietzsche bis Yvan Goll. Hg. C. Heselhaus. Düsseldorf 1961. Seite 21 f) spricht von einer »erfundenen Legende«. Auch ein Rückbezug auf Nietzsches Zarathustra scheint mir denkbar, der zeitweilig auf den

glückseligen Inseln lebt. Zum Baudelaire-Bezug s. Lawrence Ryan: Jahrhundertwende. In: Geschichte der deutschen Lyrik vom Mittelalter bis zur Gegenwart. Hg. W. Hinderer. Stuttgart 1983. S. 387–419, dort S. 396. »L'Albatros« s. Baudelaire: Sämtliche Werke/Briefe. Hg. F. Kemp und C. Pichois. 8 Bde. Bd. 3 München 1975, S. 64 ff. Georges Übersetzung s. Gesamt-Ausgabe, Bd. 13/14, S. 14.

3 Text nach: Hugo von Hofmannsthal: Sämtliche Werke. Kritische Ausgabe. Veranstaltet vom Freien Deutschen Hochstift. Hg. R. Hirsch, C. Köttelwesch, H. Rölleke, E. Zinn. Band I: Gedichte 1. Hg. E. Weber. Frankfurt 1984. Seite 72 f. – Mein Verständnis des Gedichts steht zwischen den Interpretationen von Freny Mistry und Karl Pestalozzi. Freny Mistry, die sehr umsichtig Hofmannsthals China-Kenntnisse erörtert, versteht das Gedicht als deren exakte Umsetzung. Dabei bleibt die Frage offen, welchen persönlichen Impuls Hofmannsthal gehabt haben muß, die altchinesische Kaiser-Ideologie in Verse zu bringen. Karl Pestalozzi versteht das Gedicht als direkte Aussage von Hofmannsthals dichterischem Selbstverständnis und läßt damit die Frage offen, welche Funktion das Sprechen in der Rolle des Kaisers von China hat. Siehe: K. P.: Sprachskepsis und Sprachmagie im Werk des jungen Hofmannsthal. Zürich und Freiburg/Br. 1958 Seite 100; F. M.: Hofmannsthal's »Der Kaiser von China spricht«. In: The Modern Language Review Vol. 71, 1976. Seiten 66-72. Vgl. a. dies.: Hofmannsthal's response to China in his unpublished »Über chinesische Gedichte«. In: German Life and Letters. 26. 1973. Seiten 306-314. – Zum Lebens- und Weltgefühl von Hofmannsthals Gedicht vgl. die Briefe an Richard Beer-Hofmann vom 15. und vom 13. Mai 1895, den letzteren in der Interpretation von: Hartmut Scheible: Literarischer Jugendstil in Wien. München und Zürich 1984. S. 28 ff.

4 Siehe Marcel Granet: Das chinesische Denken. Inhalt, Form, Charakter, Hg. M. Porkert. Vorwort H. Franke. München 1963 (französisch Paris 1936), S. 240.

5 Schon Heinrich Heine benutzt die Vorstellung vom chinesischen Kaiser zur politischen Satire. Siehe sein Zeitgedicht »Der Kaiser von China«.

6 Goethes Werke. Hamburger Ausgabe. Hamburg 1948 ff. Band I, S. 134.

7 Siehe Hofmannsthal: Sämtliche Werke Band III, S. 137. – In meine
Interpretation sind einige Anregungen aus einer Seminararbeit von
Thomas Kurz eingegangen.

Paul Celan: »Sprachgitter«

1 Siehe Alfred Kelletat: Accessus zu Celans »Sprachgitter«. In: Über
Paul Celan. Hg. D. Meinecke. Frankfurt 1970. S. 113-137.
2 Das Gedicht erschien zuerst in: Jahresring 1957/58. Stuttgart 1957.
Ich zitiere nach: Paul Celan: Gesammelte Werke. Hg. B. Allemann
und S. Reichert. Bd. 1. Frankfurt 1983. S. 167. Eine metrische Ana-
lyse des Gedichts findet sich bei Dietger Bansberg: Paul Celans
»Sprachgitter«: Eine Interpretation. In: Seminar. A Journal of Ger-
manic Studies. Vol. 12. 1976. S. 26-37. In seiner Interpretation
führt Bansberg Kelletats Hinweis auf Goethes »Wink« weiter.
3 Rainer Maria Rilke: Ausgewählte Werke. Hg. E. Zinn. 2 Bde.
3. Aufl. Leipzig 1948. Bd. 1. S. 189f; Jerry Glenn (Celan's transfor-
mation of Benn's »Südwort«: An interpretation of the poem
»Sprachgitter«. In: German Life and Letters. Vol 21. 1967/68.
S. 11-17) verweist auf die Verwandtschaft mit Gottfried Benns Ge-
dicht »Die Gitter« (G. B.: Gesammelte Werke. Hg. D. Wellers-
hoff. Bd. 1: Gedichte. Wiesbaden 1960. S. 263). Auch der Hinweis
auf die Beziehungen von Celans »Sprachgitter« auf Benns Marbur-
ger Rede stammt von Glenn. Allerdings ist hervorzuheben, daß
»Sprachgitter« als Widerspruch zu Benns Gedicht gelesen werden
muß. Bei Benn hat sich das Ich unter Aufgabe aller Kommunika-
tion hinter Gitter gerettet:
>>du rettetest dich in Gitter,
die nichts mehr öffnen kann.<<
Das ist offensichtlich ein Wort über die Situation des Dichters, der
sich unter schuldhaftem Lebensverzicht um der Dichtung willen
isoliert, während es bei Celan ja gerade um Herstellung von Kom-
munikation durch die Dichtung geht.
4 Siehe Kelletat, a. a. O. S. 116.
5 Vgl. Bansberg, a. a. O. S. 33 ff. Ich kann jedoch Bansbergs Assozia-
tion »blakender Span« = »Hauch des Todes« = »Tod der Juden in
den Gaskammern der Konzentrationslager« nicht folgen, durch die
das Gitter, wie schon bei Glenn, zum Gefängnisgitter wird. Mit

dieser Interpretation hört das Gedicht auf, ein Gedicht über Sprache zu sein, und wird eine Totenklage. Celans Situation als moderner Dichter wird spezifiziert als Situation des Juden, dem das Schicksal seines Volkes die traditionellen Möglichkeiten der poetischen Sprache zerstört (a. a. O. S. 37). – Ähnliche Übereinstimmungen bei grundsätzlicher Differenz bestehen mit Marlies Janz: Vom Engagement absoluter Poesie. Zur Lyrik und Ästhetik Paul Celans. Frankfurt 1976; zu »Sprachgitter« S. 89-93. Janz klammert die Lesung von »Sprachgitter« als Sprachgedicht aus, indem sie es als Gedicht über das Scheitern von *sinnlicher* Kommunikation liest. Übrigens halte ich es für abwegig, »Standen wir nicht unter *einem* Passat« auf die Bedeutung hin zu lesen, wir standen zwar unter *einem*, aber nicht unter *demselben* Passat.

6 P. C.: Gesammelte Werke. Bd. 1. S. 61.

7 Goethes Werke. Hg. E. Trunz. Hamburger Ausgabe. 1948 ff. Bd. 1. S. 367.

8 Vgl. Winfried Menninghaus: Paul Celan. Magie der Form. Frankfurt 1980. S. 25 ff. Dort auch Belege und S. 14, 83, 85 eine differenzierte Auseinandersetzung mit Peter Szondis grundsätzlichen und speziell auf Celan bezogenen Einwänden gegen eine Parallelstellenphilologie (P. S.: Celan-Studien. Frankfurt 1972; ders.: Zur Erkenntnisproblematik in der Literaturwissenschaft. In: Die Neue Rundschau. 73. Jg. 1962. 1. Heft. S. 146-165).

9 P. C: Gesammelte Werke. Bd. 1. S. 135. Vgl. ebd.:

>»Gib deinem Spruch auch den Sinn:
>gib ihm den Schatten.«

Von hier aus wird auch das Bunte fragwürdig:

>»Weggebeizt vom
>Strahlenwind deiner Sprache
>das bunte Gerede des An-
>erlebten ...«

(Gesammelte Werke. Bd. 2. Frankfurt 1983. S. 31). Zum Zusammenhang vgl.: Beda Allemann: Nachwort zu: P. C.: Ausgewählte Gedichte. Frankfurt 1968. S. 151 ff.

10 Aus: Deutsche Lyrik des Mittelalters. Ausgewählt und übersetzt von Max Wehrli. 2. Aufl. Zürich 1962. S. 34.

11 Goethe. Werke. Bd. 1. S. 26.

12 Ebd.: Bd. 1. S. 28.

13 Ebd.: Bd. 1. S. 31.
14 Ebd.: Bd. 1. S. 122f.
15 Hinweis von Leonard M. Olschner.
16 Eine Privatsymbolik dieser Zeile dürfte darin liegen, daß Celans
   Ehefrau mit Mädchennamen Lestrange heißt. – Thematisch ver-
   wandte Gedichte sind: »Lob der Ferne« (Gesammelte Werke. Bd.
   1. S. 33), »Fernen« (Bd. 1. S. 95) und »Die Halde« (Bd. 1. S. 118).
17 Hinweise bei Glenn, a. a. O. S. 14 und bei Bansberg, a. a. O. S. 37.
18 Joachim Schulze (Celan und die Mystiker. Bonn 1976. S. 56) weist
   für Celans Gewohnheit, Zeichen aus dem Bereich der optischen
   Kommunikation als Hinweise auf sprachliche Kommunikation zu
   setzen, auf die Tradition der Mystik hin und zitiert für »Sprachgit-
   ter« Martin Bubers Einleitung zu den »Ekstatischen Konfessionen«
   (1909): »Es gibt freilich ein allerstillstes Sprechen, das nur Dasein
   mitteilen, nicht beschreiben will. Es ist hoch und still, als sei es gar
   nicht in der Sprache, sondern wie ein Heben der Lider im Schwei-
   gen.«
19 Die Selbstreflexivität von Celans Lyrik ist schon oft von der For-
   schung bemerkt und nach verschiedenen Richtungen hin ausgelegt
   worden. Gerhard Buhr, der die Forschung unter diesem Gesichts-
   punkt referiert, begründet hier die Möglichkeit des Verstehens und
   damit der Interpretation (G. B.: Celans Poetik. Göttingen 1976).
   Bei Szondi (a. a. O.) ansetzend und sich von ihm abstoßend, geht
   neuerdings die Arbeit von Winfried Menninghaus (a. a. O.) der
   Selbstreflexivität von Celans Sprache nach, wobei allerdings der
   Wert der Ergebnisse eingeschränkt wird durch eine unkritische
   Anwendung der Benjaminschen Sprachphilosophie, die mit der
   Tradition der Sprachmystik kurzgeschlossen wird, auf Celans Ly-
   rik. Lediglich Celans Benjamin-Kenntnis dient hierfür als Begrün-
   dung. Menninghaus erfaßt angemessen eine Intention von Celans
   Sprechen über die Zeichenfunktion der Sprache hinaus und findet
   sie – in Rückbindung von Celans Dichtung an poetologische Kate-
   gorien, die sich letztlich eher der Goethezeit als der Sprachmystik
   verdanken dürften – in deren Intention auf Ausdruck des Ich. Men-
   ninghaus bedenkt nicht weiter, daß Celans Lyrik sprechend nicht
   nur die Welt, sondern auch das Ich allererst zu konstituieren unter-
   nimmt. Das Ich muß nicht sprechend ausgedrückt, es muß spre-
   chend erzielt werden.

20 Siehe Bansberg (a. a. O. S. 28) und Hans-Georg Gadamer (Wer bin Ich und wer bist Du? Ein Kommentar zu Paul Celans Gedichtfolge »Atemkristall«. Frankfurt 1973. S. 115): »Man wird nicht vom Text auf eine in ihrer Kohärenz vertraute Sinnwelt verwiesen. Sinnfragmente sind wie ineinandergekeilt, man kann nicht den Weg der Transposition von einer Ebene schlichten Gemeintseins zu einer zweiten Ebene des eigentlich Gesagtseins gehen – das eigentlich Gesagte ist vielmehr auf eine schwer beschreibbare Weise noch immer dasselbe, das die Rede meinte.«

21 Zuversicht. Paul Celan: Gesammelte Werke. Bd. 1. S. 153.

22 Zur Ambivalenz des Schweigens siehe Georg-Michael Schulz: Negativität in der Dichtung Paul Celans. Tübingen 1977. S. 41.

23 Die folgenden Zahlen in Klammern sind Seitenzahlen des Abdrucks der Rede im dritten Band der Gesammelten Werke. Frankfurt 1983.

24 Im Blick auf das Gedicht »Inselhin« (P. C.: Gesammelte Werke. Bd. 1. S. 141), wo die Dichter als Ruderer »umgittert ... von der Reuse« erscheinen, spricht Bernhard Böschenstein von Celans »Gittererfahrung« und bezieht sie auf »aller Dichter heutiges Schicksal im Verlies der von einer überindividuellen Schuld gezeichneten Sprache ...« (B.B.: Drostische Landschaft in Paul Celans Dichtung. In: B.B.: Leuchttürme. Von Hölderlin zu Celan. Wirkung und Vergleich. Frankfurt 1977. S. 273-296; dort S. 289.). Das ist nach meiner Ansicht eine zu speziell zeitgeschichtliche und auf die deutsche Sprache eingeengte Fassung der Sprachproblematik. Wie tief die Vorstellung vom Durchstoß (damit vom Gitter) in Celans Denken verankert ist, bezeugt Dietlind Meineckes Bericht aus Gesprächen mit Celan: »Das Ursprungsmoment des Dichterischen bezeichnet Celan als ein sich querstellendes Aufbegehren gegen die historische Zeit.« (D. M.: Wort und Name bei Paul Celan. Zur Widerruflichkeit des Gedichts. Bad Homburg v. d. H. – Berlin – Zürich 1970. S. 50).

24a »Weggebeizt ...« P. C.: Gesammelte Werke. Bd. 2, S. 31.

25 Gottfried Benn: Gesammelte Werke, Bd. 4, Reden und Vorträge. Wiesbaden 1968. S. 1059.

26 Ebd.: S. 1064.

27 Ebd.: S. 1088.

28 Ebd.: S. 1074.

29 Ebd.: S. 1075.
30 Ebd.: S. 1076.
31 Glenn (a. a. O.) sieht den Gegensatz zwischen Benn und Celan so, daß Benn das dichterische Wort zu finden hofft, Celan nicht. Glenn bemerkt nicht, daß bei Benn das Wort gegen die Wirklichkeit steht und bei Celan die Wirklichkeit sucht. Vgl. Judith Ryan: Monologische Lyrik. Paul Celans Antwort auf Gottfried Benn. In: Basis. Jahrbuch für deutsche Gegenwartsliteratur. 2. 1971.. S. 260-282. Zum Zusammenhang siehe auch Hans Mayer: Erinnerung an Paul Celan. In: H. M.: Der Repräsentant und der Märtyrer. Konstellationen der Literatur. Frankfurt 1971. S. 169-188.

Eugen Gomringer: schweigen

1 Text nach: konkrete poesie. deutschsprachige autoren. anthologie von eugen gomringer. stuttgart 1972 s. 58. Erstveröffentlichung in: worte sind schatten. reinbek 1969.
2 Eugen Gomringer: konkrete poesie. Ebd. S. 159f; dort S. 160.
3 Ebd. S. 159. Er unterscheidet dabei allerdings nicht zwischen Information und Kommunikation.
4 Éventail. In: S. M.: Gedichte. Zweisprachige Ausgabe. Deutsch von R. von Schaukal. Freiburg 1947. S. 68f.
5 Ich folge hier und in der Absetzung Celans von dieser Tradition Gerhard Neumann: Die »absolute« Metapher. Ein Abgrenzungsversuch am Beispiel Stéphane Mallarmés und Paul Celans. In: Poetica 3. 1970. S. 188-225.
6 Friedrich A. Kittler weist mich auf die Wende in Mallarmés Spätwerk »Un coup de dés« (1897) hin. Dort steht im Préface: »J'aimerais qu'on ne lût pas cette Note ou que parcourue, même on l'oubliât; elle aprend, au Lecteur habile, peu de chose situé outre sa pénétration: mais, peut troubler l'ingénu devant appliquer un regard aux premiers mots du Poëme pour que de suivants, disposés comme ils sont, l'amènent aux derniers, le tout sans nouveauté qu'un espacement de la lecture. Les »blancs« en effet, assument l'importance, frappent d'abord; la versification en exigea, comme silence alentour, ordinairement, au point qu'un morceau, lyrique ou de peu de pieds, occupe, au milieu, le tiers environ du feuillet: je ne transgresse cette mesure, seulement la disperse. Le papier inter-

vient chaque fois qu'une image, d'elle-même, cesse ou rentre ...«
(Œuvres complètes [Pléiade], Paris 1945, S. 455). Diese Position
erinnert stark an Gomringer: Papierzwischenräume (»>blancs‹«) als
Graphien des »silence«, gegen das sich dann die vielen verschiede-
nen Letterngrößen des Gedichts abheben können; Rückbezug auf
die übliche Art von Gedichten, ein Leseschweigen anzuzeigen; da-
bei aber Thematisierung des Papiers selber, dem die aktive Fähig-
keit zum Intervenieren zugesprochen wird.

7 Ch. M.: Alle Galgenlieder (Erstveröffentlichung 1905). Wiesbaden
  1956. S. 31.

8 Ders.: Stufen. Eine Entwickelung in Aphorismen und Tagebuch-
  Notizen. München 1918. 81-86. Tausend 1949. S. 39.

9 e.g.: vom vers zur konstellation. a.a.O. S. 153-158; dort S. 156.
  konkrete dichtung. a.a.O. S. 160. Zum sprachtheoretischen Zu-
  sammenhang von Gomringers Lyrik siehe Günther Seybe: Sprache
  und Kritik. Untersuchungen zur Sprachkritik der Moderne. Göt-
  tingen 1977. S. 24-37.

DRUCKNACHWEIS

Folgende Beiträge dieses Bandes sind schon vorher veröffentlicht worden:

Martin Luthers Jesaja-Lied. In: Pastoraltheologie. Monatsschrift für Wissenschaft und Praxis in Kirche und Gesellschaft. 1985. S. 83-91.

Sprachliche Spazier-Lust (Unter dem Titel: Mancherlei Lust. Ein Gedicht von Johann Klaj). In: Neue Deutsche Hefte 28. 1981. S. 513-516.

Der Dichter als vorbildlich Fühlender (Unter dem Titel: Klopstocks »Frühlingsfeyer«). In: Interpretationen. Hg. J. Schillemeit. Bd. 1: Deutsche Lyrik von Weckherlin bis Benn. Frankfurt 1965. S. 28-39.

Mutter Natur am Zürcher See. Zu einem Gedicht Goethes. In: Schweizer Monatshefte 1984. S. 623-634.

Vater und Mutter oder Heilsgeschichte und Natur. In: Neue Deutsche Hefte. Jahrgang 30. 1983. S. 699-711.

»Ihr liebt und schreibt Sonette! Weh der Grille!« (Unter dem Titel: Literatur und Leben. Goethes Sonettenzyklus von 1807/1808). In: Jahrbuch des Freien Deutschen Hochstifts 1982. S. 57-81.

Doktor Faust, sind Sie des Teufels? In: Euphorion 78. 1984. S. 188-197.

Wortwelten – Weltworte (Unter dem Titel: Wie die Dichter lügen. Dichten und Leben in Nietzsches ersten beiden Dionysos-Dithyramben). In: Nietzsche-Studien 1986, S. 184-224.

Eugen Gomringer: schweigen (Unter dem Titel: Der Rest ist schweigen). In: FAZ vom 4. August 1984. Nr. 171.

Alle vorher veröffentlichten Beiträge sind überarbeitet, besonders tiefgreifend der Aufsatz »Mutter Natur am Zürcher See«.

Weitere Gedichtinterpretationen des Verfassers finden sich in folgenden Publikationen:
1. Das Genie und seine Götter. »Wandrers Sturmlied« von Goethe.
2. Wandrer und Idylle. Die zyklische Ordnung der »Römischen Elegien« von Goethe.
   Beides in: G. K.: Wandrer und Idylle. Goethe und die Phänomenologie der Natur in der deutschen Dichtung von Geßner bis Gottfried Keller. Göttingen 1977.

3. »Als ob die Gottheit nahe wär ...« Mensch und Weltlauf in Schillers Balladen.
   in: G. K.: Von Arkadien nach Elysium. Schiller-Studien. Göttingen 1978.
4. Ein Blick in Kellers Bestiarium (Gottfried Keller: »Friede der Kreatur«),
   in: G. K.: Friedrich A. Kittler: Dichtung als Sozialisationsspiel. Studien zu Goethe und Gottfried Keller. Göttingen 1978.
5. Naturlyrik und Praxis (Goethes Lied des Türmers Lynkeus).
6. Das Schöne zeigt die kleinste Dauer (Heimito von Doderer: »Auf die Strudlhofstiege zu Wien«)
   beides in: G. K., Bilder lesen. Studien zu Literatur und bildender Kunst. München 1981.
7. Eine schöne Bescherung. Ein Gedicht-Paar Gottfried Kellers. (»Berliner Pfingsten«, »Weihnachtsmarkt«).
   in: europaLyrik 1775 – heute. Gedichte und Interpretationen. Hg. Klaus Lindemann. Paderborn, München, Wien, Zürich, 1982.
8. Gottfried Keller: »Abendlied«
   in: G. K.: Gottfried Keller. Eine Einführung. München und Zürich 1985.

BILDNACHWEISE

Umschlagentwurf unter Verwendung einer Grafik von Edgar Jené, dem Paul Celan in seiner Wiener Zeit nahestand. Davon zeugt ein Essay aus dem Jahre 1948: Edgar Jené und der Traum vom Traum (in: P. C.: Gesammelte Werke in fünf Bänden, Bd. 3, Frankfurt 1983, S. 155-161.) Die Vorlage stellte H. Schmidt, Mainz, dem Insel Verlag freundlicherweise zur Verfügung.

Seite 87: Johann Arnd: Sechs geistreiche Bücher vom wahren Christenthum. Stargard, Pommern 1720, Abbildung gegenüber Seite 350.

Seite 161: Anzeige der Deutsche Leasing AG. Frankfurter Allgemeine Zeitung, 3. Juni 1986.

Seite 164: Kupferstich von Daniel Chodowiecki. Aus Matthias Claudius: ASMUS omnia sua SECUM portans, oder sämmtliche Werke des Wandsbecker Bothen. IV. Theil, Wandsbeck 1783.

Seite 193: Caspar David Friedrich: Das Kreuz im Gebirge. Ölgemälde (1807-1808) Dresden, Gemäldegalerie.

Seite 214: Des Dichters Geburtstag. Stich von A. H. Payne. Einzelblattdruck. Druck und Verlag der Enghschen Kunstanstalt. Leipzig und Dresden o.J. (1859). Stadt- und Landesbibliothek Dortmund, Handschriften-Abt. Foto: Hermann Stroever.

Seite 270: Flugblatt der Studentendiskothek Sitis, Freiburg i. Br. 12. Juni 1986.

Seite 275: Arnold Böcklin: Die Toteninsel. Fünfte Fassung (1886). Museum der bildenden Künste zu Leipzig.

Seite 297: Max Klinger: Verführung. Radierung und Aquatinta aus der Reihe »Ein Leben« (1884). Hamburger Kunsthalle. Foto: Ralph Kleinhempel.

Romane, Erzählungen, Prosa

Hans Christian Andersen. Glückspeter
Mit Scherenschnitten von Alfred Thon. it 643

Bettina von Arnim. Bettina von Arnims Armenbuch
Herausgegeben von Werner Vordtriede. it 541
– Dies Buch gehört dem König
Herausgegeben von Ilse Staff. it 666
– Die Günderode
Mit einem Essay von Christa Wolf. it 702

Apuleius. Der goldene Esel
Mit Illustrationen von Max Klinger zu »Amor und Psyche«. Aus dem
Lateinischen von August Rode. Mit einem Nachwort von Wilhelm
Haupt. it 146

Jane Austen. Emma
Aus dem Englischen von Charlotte Gräfin von Klinckowstroem. it 511

Honoré de Balzac. Die Frau von dreißig Jahren
Deutsch von W. Blochwitz. it 460
– Das Mädchen mit den Goldaugen
Aus dem Französischen von Ernst Hardt. Vorwort Hugo von Hof-
mannsthal. Illustrationen Marcus Behmer. it 60

Joseph Bédier. Tristan und Isolde
Roman. Deutsch von Rudolf G. Binding. Mit Holzschnitten von 1484.
it 387

Harriet Beecher-Stowe. Onkel Toms Hütte
In der Bearbeitung einer alten Übersetzung herausgegeben und mit
einem Nachwort versehen von Wieland Herzfelde. Mit 27 Holzschnit-
ten von George Cruikshank aus der englischen Ausgabe von 1852.
it 272

Ambrose Bierce. Aus dem Wörterbuch des Teufels
Auswahl, Übersetzung und Nachwort von Dieter E. Zimmer. it 440
– Mein Lieblingsmord
Erzählungen. Aus dem Amerikanischen von G. Günther. it 39

Die Blümlein des heiligen Franziskus von Assisi
Aus dem Italienischen nach der Ausgabe der Tipografia Metastasio,
Assisi 1901, von Rudolf G. Binding. Mit Initialen von Carl Weidemeyer.
it 48